होमी जहाँगीर भाभा

होमी जहाँगीर भाभा

गणेशन वेंकटरमन

अनुवाद

टी.के. बसु

कैलाश चंद्र भल्ला

प्रकाशक • **प्रभात प्रकाशन प्रा. लि.**
4/19 आसफ अली रोड,
नई दिल्ली–110002

संस्करण • 2025
मूल्य • पाँच सौ रुपए
मुद्रक • नरुला प्रिंटर्स, दिल्ली

HOMI JAHANGIR BHABHA
by Ganeshan Venkatraman ₹ 500.00
Published by Prabhat Prakashan Pvt. Ltd., 4/19 Asaf Ali Road, New Delhi-2
e-mail: prabhatbooks@gmail.com ISBN 978-81-73156-36-6

प्राक्कथन

होमी भाभा बहुमुखी प्रतिभा के धनी थे। ज्यादातर लोग उन्हें केवल एक महान् वैज्ञानिक के रूप में ही जानते हैं, क्योंकि भारत के आधुनिक विज्ञान को एक नई दिशा देने में उन्होंने महत्त्वपूर्ण भूमिका निभाई थी। लेकिन उनकी रुचि और प्रतिभा किसी सीमा में आबद्ध नहीं थी। वे एक महान् स्वप्नद्रष्टा, संस्था-संस्थापक, प्रबंधक, कला व सौंदर्य-प्रेमी तथा प्रकृति प्रेमी वैज्ञानिक थे। अपनी कार्यशैली, कर्मठता और अनुशासन-प्रिय व्यक्तित्व के कारण ही अपने कार्यकाल के केवल पच्चीस वर्षों में उन्होंने देश की वैज्ञानिक व प्रौद्योगिकी के विकास में जो तेजी ला दी, वह बेमिसाल है। एशिया का प्रथम रिएक्टर 'अप्सरा' सन् 1956 में बनकर तैयार हुआ। जल्द ही 'साइरस' (1960) एवं जरलिना (1961) रिएक्टरों का निर्माण हुआ। ये तीनों अनुसंधान रिएक्टर थे। इसके बाद उन्होंने विद्युत् उत्पन्न करने के लिए परमाणु बिजली-घरों के निर्माण की ओर ध्यान दिया। देश का पहला परमाणु बिजली-घर (1969 से कार्यरत) तारापुर में बनाने का निर्णय भाभा का ही था, जिन्होंने सन् 1960 में जगह का चयन किया था। कोटा में कनाडा के सहयोग से भारतीय वैज्ञानिकों द्वारा पहला परमाणु बिजली-घर बनाने का निश्चय भाभा ने किया था। यूरेनियम खदान, जर्कोनियम संयंत्र, ईंधन पुनर्संसाधन संयंत्र यानी प्लूटोनियम निष्कर्षण, भारी पानी संयंत्र, द्रुत अभिजनक रिएक्टर बनाने की संकल्पना आदि सभी कार्यक्रमों की शुरुआत भाभा ने ही की थी। ऊटी में रेडियो टेलिस्कोप स्थापित करने का निर्णय भी उन्हीं का था। उनकी दूरदर्शिता की वजह से ही भौतिकी के अलावा विज्ञान के अन्य क्षेत्रों में भी देश में अनुसंधान हो रहे हैं, जैसे—इलेक्ट्रॉनिक्स, अंतरिक्ष विज्ञान, रेडियो खगोलिकी, सूक्ष्म जैव-विज्ञान आदि।

भाभा का मूलभूत विज्ञान में योगदान तथा भारत में नाभिकीय ऊर्जा की नींव डालने से लेकर भविष्य के कार्यक्रम की रूपरेखा तैयार करने का विस्तृत विवरण इस पुस्तक में है। यह पुस्तक डॉ. जी. वेंकटरमण द्वारा अंग्रेजी में लिखित एवं सन् 1994 में प्रकाशित 'भाभा ऐंड हिज

मैग्नीफिशेंट ऑब्सेशंस' का हिंदी रूपांतरण है। हमने पुस्तक में कुछ जोड़ा या घटाया नहीं है तथा इस बात का भरपूर प्रयास किया है कि लेखक की शैली से विचलित हुए बिना अत्यंत सरल भाषा में भाभा के शोध-कार्यों की जानकारी आम जनता तक पहुँचाई जाए।

तेजेन बासु अपनी पत्नी मिताली एवं पुत्री मिष्टुन को इस कार्य में भरपूर सहयोग देने के लिए आभारी हैं। इस कार्य के दौरान उनकी व्यस्तता को सहने तथा ज्यादतियों को नजरअंदाज करने के लिए कैलाश भल्ला अपनी सहधर्मिणी शांता का धन्यवाद करते हैं। भाभा की जन्म-शताब्दी वर्ष में इसे प्रकाशित करके हमें अत्यंत प्रसन्नता का अनुभव हो रहा है। निश्चित ही उनकी जीवनी भारत की नई पीढ़ी के लिए प्रेरणा का स्रोत बनेगी।

30 अक्तूबर, 2008

—तेजेन कुमार बासु
कैलाश चंद्र भल्ला

लेखकीय

किशोर पाठकों के लिए

मैंने यह पुस्तक और इस श्रृंखला की अन्य पुस्तकें अपने पुत्र सुरेश की स्मृति में लिखी हैं, जो अपनी स्कूली पढ़ाई समाप्त करने के तुरंत बाद इस संसार को छोड़कर चला गया था। हम दोनों अकसर आपस में भौतिक विज्ञान पर चर्चा किया करते थे। इसी दौरान मैंने उसे प्रख्यात 'फेइनमैन व्याख्यानमाला' के बारे में बताया था।

हैंस बेथे ने फेइनमैन को उन्नीसवीं शताब्दी के सबसे अधिक मौलिक वैज्ञानिक होने की संज्ञा दी है। शायद इसमें इतना और जोड़ा जा सकता है कि फेइनमैन भौतिकी क्षेत्र में शताब्दी के सर्वाधिक प्रतिभाशाली प्राध्यापक भी थे।

फेइनमैन व्याख्यानमाला की पुस्तकें बहुत ही बढ़िया हैं, पर वे पाठ्य पुस्तक स्तर की हैं तथा गंभीर अध्ययन के लिए लिखी गई हैं। साथ ही वे साधारण भारतीय विद्यार्थी के लिए थोड़ी महँगी भी हैं। मुझे लगा कि भौतिकी के विभिन्न विषयों पर छोटी पुस्तकों की आवश्यकता है, जो हमारे युवा छात्रों की उत्सुकता को जगा सकें, ताकि बड़े होने पर कम-से-कम कुछ उत्सुक छात्र भौतिकी का गहन अध्ययन करने में प्रेरित होकर फेइनमैन व्याख्यानों व लैंडयू की प्रतिष्ठित पुस्तकों को पढ़ें।

छोटी पुस्तकें मुझे हमेशा गैमो की प्रसिद्ध पुस्तकों की याद दिलाती हैं। वे बहुत ही बढ़िया हैं तथा उनसे मैं बहुत ज्यादा प्रेरित हुआ हूँ। समय बदल चुका है। भौतिकी भी काफी विकसित हुई है और यह स्पष्ट है कि इसी भावना से लिखी गई अन्य पुस्तकों की अब फिर से आवश्यकता है।

इस श्रृंखला की पुस्तकें मैंने अपनी ही शैली में लिखी हैं। विज्ञान की कई लोकप्रिय पुस्तकों में मैंने पाया है कि लंबे-लंबे वाक्यों के इस्तेमाल से मूल वैज्ञानिक तत्त्व ही अस्पष्ट हो जाते हैं। अतः मैंने सरल भाषा का उपयोग किया है और इसका मुझे जरा भी अफसोस नहीं है।

यदि महान् वैज्ञानिक एनरिको फर्मी को सरल शैली पसंद थी तो मेरे लिए भी यह ठीक है। मैंने कई बार जान-बूझकर गपशप की शैली अपनाई है। फेइनमैन ने अपनी लेखनी में इस शैली का कुशलता से प्रयोग किया है और मैंने उन्हीं का अनुसरण किया है। (मैं इसमें सफल हुआ हूँ या नहीं, यह तो पाठकगण ही तय करेंगे।) इस पुस्तक को लिखने का उद्देश्य है कि पाठक इसे पढ़कर जोश व कौतूहल का अनुभव करें। यह किताब बिस्तर पर लेटकर भी पढ़ी जा सकती है; आशा है कि बिना नींद के।

निश्चय ही इसे लिखने के पीछे मेरे कुछ मौलिक उद्देश्य रहे हैं, जिनमें सबसे महत्त्वपूर्ण है पाठक की उत्सुकता को जगाना। किसी-किसी स्थान पर पाठक को शायद पूरा ब्यौरा समझ में न आए; कई बार तो मैंने जान-बूझकर कठिन चीजों का वर्णन किया है। लेकिन उसे पढ़कर पाठक विज्ञान में निहित उत्तेजना का यदि थोड़ा भी अनुभव करता है तो मेरा उद्देश्य पूरा हुआ माना जाएगा। इसके अलावा, मैंने यह भी बताने का प्रयास किया है कि यद्यपि हम प्रकृति को विभिन्न सीमाओं व विषयों में बाँटते हैं; परंतु प्रकृति खुद यह नहीं मानती। अतः प्रकृति के प्रताप को समझने के लिए हम किसी भी विषय से आरंभ कर अपनी इच्छानुसार विषयों का चयन कर अध्ययन कर सकते हैं। जहाँ तक प्रकृति का संबंध है, सभी विषय सजीले हैं। आजकल के युवकों में उन विषयों के प्रति अवांछित आकर्षण है, जिन्हें फैशन में समझा जाता है। मेरे खयाल से यह अनुचित है और मैंने इसका विरोध किया है।

यह पुस्तक-शृंखला विशेषतः उन लोगों के लिए है, जिन्हें ज्ञान की अभिलाषा है। मैं नम्रतापूर्वक निवेदन करना चाहता हूँ कि इसे 'जूनियर फेइनमैन शृंखला' जैसा समझा जाए। बहुत स्नेह और भरे हृदय से सुरेश की स्मृति में समर्पित, जिसकी प्रेरणा से यह पुस्तक लिखी गई है।

युवा पाठकों के लिए

यह पुस्तक एक विलक्षण व्यक्ति होमी जहाँगीर भाभा के बारे में है। सन् 1927 में अठारह वर्ष की अल्प आयु में वे कैंब्रिज गए। भौतिक विज्ञान का अध्ययन करके वहीं शोध-कार्य की शुरुआत की। सन् 1939 में कुछ दिनों की छुट्टी बिताने वे भारत आए, पर द्वितीय विश्व युद्ध के कारण उन्हें यहीं ठहरना पड़ा। हम सबके लिए उनका यहाँ रह जाना बहुत बड़ा वरदान साबित हुआ, क्योंकि आगे चलकर देश के विज्ञान का भाग्य उन्हीं के हाथों लिखा गया।

महान् वैज्ञानिक अपनी विशिष्ट उपलब्धियों के लिए जाने जाते हैं। प्रायः ये उपलब्धियाँ पूर्णतया विज्ञान से ही संबद्ध होती हैं। परंतु भाभा का योगदान बहु-आयामी था। वे क्या थे, यह जानने के लिए इस पुस्तक को पढ़ें।

धन्यवाद-ज्ञापन

इस पुस्तक को लिखने में मुझे बिलकुल ही अनोखा अनुभव हुआ, क्योंकि यह एक ऐसे व्यक्ति के बारे में है जिन्होंने मुझे और मेरे जैसे सैकड़ों लोगों को इस देश में रहकर ही वैज्ञानिक क्षेत्र में संतोषजनक कार्य करने का सुअवसर उपलब्ध कराया। इसे लिखने के लिए मुझे कई स्रोतों से सहायता लेनी पड़ी, जिन्हें मैं धन्यवाद देना चाहता हूँ। सबसे पहले मैं डॉ. वी.के. बालसुब्रमण्यम का कृतज्ञ हूँ, जिनसे हुए लंबे और अत्यंत उपयोगी वार्त्तालापों से होमी भाभा व टाटा इंस्टीट्यूट ऑफ फंडामेंटल रिसर्च (टी.आई.एफ.आर.) के आरंभिक दिनों के बारे में पता चला। प्रो. वीरेंद्र सिंह और प्रो. आर. विजयराघवन ने कृपा करके टी.आई.एफ.आर. से संबंधित मूल दस्तावेज उपलब्ध कराए। मैं प्रो. बी.एम. उद्गाँवकर का आभारी हूँ, जिन्होंने मुझे अध्याय-5 में उद्धृत भाभा और चंद्रशेखर के बीच हुए पत्र-व्यवहार उपलब्ध कराए। मैंने निम्न पुस्तकों से भी सामग्री प्राप्त की—(i) न्यूक्लियर इंडिया (प्रकाशक—डी.ए.इ., अंक 26/1/1989), (ii) कलेक्टेड साइंटिफिक पेपर्स ऑफ होमी भाभा (प्रकाशक—टी.आई.एफ.आर.), (iii) होमी भाभा इज एन आर्टिस्ट (प्रकाशक—मार्ग प्रकाशन, जमशेद भाभा द्वारा संपादित), (iv) द हार्टबीट ऑफ ए ट्रस्ट, लेखक : आर.एम. लाला (प्रकाशक—टाटा मैक्ग्रा-हिल) और (v) साइंस टुडे (प्रकाशक—टाइम्स ऑफ इंडिया, अंक : अक्तूबर, 1984)। लेखागार की सामग्री व छाया चित्रों को उपलब्ध कराने के लिए डॉ. एम.आर. बालकृष्णन (भा.प.अ.कें.) को विशेष धन्यवाद। मुझे लिखने को हमेशा प्रेरित करने के लिए श्री ए. रत्नाकर को धन्यवाद। कई उपयोगी सुझावों और मेरे प्रयत्नों के प्रशंसक श्री जमशेद भाभा का मैं विशेष आभारी हूँ। पांडुलिपि तैयार करने में हमेशा की तरह श्रीमती जी. नागा निर्मला ने सहायता की।

—जी. वेंकटरमण

सूची-क्रम

1
होमी भाभा : संक्षिप्त जीवनी

आज के युवा वर्ग में विदेश जाने की होड़-सी लगी हुई है, यहाँ तक कि कुछ छात्र तो अपनी शिक्षा पूरी करने से पहले ही वहाँ जाना चाहते हैं। उनमें विदेशों में जाने का आकर्षण वहाँ की आरामदायक जिंदगी से है, न कि उच्च शिक्षा अथवा अनुसंधान करने की चाहत से। लेकिन सन् 1939 में उनतीस वर्षीय एक युवक ने इसके ठीक विपरीत किया, यानी तेरह वर्ष विदेश में रहने के बाद स्वदेश की तरफ रुख किया। कैंब्रिज विश्वविद्यालय, इंग्लैंड में अध्ययन करने के बाद वह वहीं कार्य कर रहा था और उसने अपने शोध-क्षेत्र में काफी नाम भी कमाया था। अपने देश भारत में लौटने के बाद उसने यह दिखा दिया कि यहाँ भी उच्च स्तरीय अनुसंधान किए जा सकते हैं। लेकिन उनका सबसे बड़ा योगदान देश के विज्ञान एवं प्रौद्योगिकी क्षेत्र में आमूल परिवर्तन करना था। यह पुस्तक उसी व्यक्ति के बारे में है, जिन्हें हम 'होमी जहाँगीर भाभा' के नाम से जानते हैं।

होमी भाभा पारसी थे। पारसी लोग पर्सिया यानी ईरान से आए थे। ये पारसी ज़रतुश्त धर्म के अनुयायी हैं, जो एक प्राचीन धर्म है, जैसा कि हिंदू धर्म। आदि पारसी एवं आर्य लोगों में काफी समानताएँ थीं। जिस समय इसलाम धर्म का प्रचार अरब से पर्सिया में फैलने लगा, कुछ लोग इससे बचने के लिए अपने देश को छोड़कर अन्यत्र शरण लेने चले गए। उन्हीं में से एक दल आठवीं शताब्दी में भारत के सूरत शहर में आ पहुँचा। कहते हैं कि जब वे लोग सूरत में बसने के लिए तत्कालीन राजा राम जाधव के पास अनुमति माँगने पहुँचे, तब राजा का कहना था कि परदेशियों को यहाँ बसने की अनुमति नहीं है। उनकी भाषा का ज्ञान न होने के कारण राजा ने अपनी बात लाक्षणिक रूप में समझाई। उन्होंने शरणार्थियों के नेता को एक लोटा भेंट किया, जो दूध से लबालब भरा था। तात्पर्य था कि इस लोटे में और कुछ नहीं समा सकता, यानी सूरत में आप्रवासियों के लिए कोई जगह नहीं है। उनके नेता ने दूध से भरे

लोटे में गुड़ का एक टुकड़ा डालकर सांकेतिक रूप में ही अपना जवाब दिया। तात्पर्य था कि जिस प्रकार गुड़ के डालने से लोटे से दूध तो नहीं गिरा बल्कि दूध मीठा हो गया, उसी प्रकार वे लोग सूरतवासियों के साथ जल्दी घुल-मिल जाएँगे तथा उनके जीवन में मिठास भर देंगे, न कि उनके लिए बोझ बनेंगे। इससे राजा बहुत प्रभावित हुए तथा उन लोगों को सूरत में रहने की अनुमति दे दी।

पारसी लोग ज्यादातर बंबई एवं गुजरात के आस-पास पश्चिमी तट पर बस गए। अपने वायदे के अनुसार वे आसानी से यहाँ के निवासियों के साथ मिल-जुलकर रहने लगे तथा उन्होंने न केवल यहाँ की गुजराती भाषा को अपनाया बल्कि यहाँ की कुछ रस्मों को भी मानने लगे। उनके इस रवैए से खुश होकर यहाँ के लोगों ने पारसियों को उनके धर्म तथा रीति-रिवाजों को मानने की स्वतंत्रता दी। पारसी लोग काफी मेहनती होते हैं। वाणिज्य तथा अर्थशास्त्र के क्षेत्र में उनका काफी योगदान है। उनकी सबसे बड़ी खूबी है उनकी शांतिप्रियता। वे समाज के प्रति अपना उत्तरदायित्व समझते हैं, अतः जरूरतमंदों की सहायता के लिए सदा तत्पर रहते हैं, विशेषकर अपने लोगों के लिए।

अंग्रेजों के भारत आने पर पारसी लोग स्वेच्छा से अंग्रेजी सीखने लगे। यही कदम दक्षिण भारतीयों तथा बंगाल निवासियों ने भी उठाया। लेकिन अंग्रेजी शिक्षा का असर इन तीनों समुदायों के लोगों पर अलग-अलग पड़ा। जहाँ बंगालियों के लिए अंग्रेजी शिक्षा का मार्ग पश्चिमी चिंतन से परिचित होना था, वहीं दक्षिण भारत के लोग इसे अच्छी नौकरी पाने का जरिया मानते थे। वोल्टेयर, रॉशाँ, मार्क्स तथा अन्य कई दार्शनिकों की नवचेतना की बातों से लोग काफी प्रभावित हुए, जिसका असर पिछली शताब्दी के अंत में देखने को मिला। प्रो. चंद्रशेखर[1] का मानना था कि बीसवीं शताब्दी में बंगाल में भौतिक विज्ञान के क्षेत्र में जितना काम हुआ—जैसे रमण, बोस तथा साहा द्वारा किए गए अत्यंत महत्त्वपूर्ण कार्य—वह इसी अनुभूति की वजह से था।

इसके विपरीत, दक्षिण भारत में अंग्रेजी सीखकर कुछ लोग तो नौकरी में ऊँचे पद पर पहुँच गए, लेकिन ज्यादातर लोग लिपिक (क्लर्क) बनकर ही रह गए। अतः जैसा बदलाव बंगाल में देखा गया था, दक्षिण भारत में वैसा कुछ नहीं हुआ। लेकिन पारसियों में अंग्रेजी शिक्षा का असर एकदम अलग हुआ। उन्होंने न केवल अंग्रेजी सीखी, बल्कि पश्चिमी संगीत, कला एवं संस्कृति से भी जुड़ गए। अतः बंगालियों एवं दक्षिण भारतीयों की तरह न होकर पारसी लोग अंग्रेजों से काफी घुल-मिल गए तथा उनकी जीवन-शैली भी अपनाने लगे।

पारसियों की जनसंख्या शुरू से ही कम रही है, लेकिन फिर भी इस जाति के काफी लोग उन्नति के शिखर पर पहुँचे हैं, जो इनकी जनसंख्या की दृष्टि से कहीं अधिक है। इनमें

से कुछ प्रमुख नाम हैं—जमशेदजी टाटा, जिनके नाम पर जमशेदपुर शहर का नाम पड़ा है; भारतरत्न जे.आर.डी. टाटा, जिन्होंने विभिन्न क्षेत्रों में अपनी छाप छोड़ी है, जाने-माने वकील नानी पालखीवाला, फील्ड मार्शल सैम मानेकशॉ तथा अंतरराष्ट्रीय ख्याति-प्राप्त संगीतज्ञ जुबीन मेहता। होमी भाभा भी इसी श्रेणी में आते हैं।

होमी भाभा का जन्म 30 अक्तूबर, 1909 को हुआ था। उनके दादा मैसूर राज्य के शिक्षा विभाग में इंस्पेक्टर जनरल थे। होमी के पिता जहाँगीर हरमुसजी भाभा का जन्म सन् 1876 में बंबई में हुआ था; परंतु उनका लालन-पालन एवं शिक्षा बैंगलोर में हुई। भाभा की माँ मेहरेन (मेहरेन पांडे) सर दिनशॉ मानेकजी पेटिट की पोती थीं। भाभा की बुआ मेहरबाई (हरमुसजी की बहन) की शादी जमशेदजी टाटा के पुत्र सर दोराबजी टाटा से हुई थी। इस प्रकार होमी भाभा के संबंध उस समय के प्रतिष्ठित पारसियों के साथ थे, जो आगे चलकर काफी काम आए।

भाभा के पिता ने ऑक्सफोर्ड में उच्च शिक्षा प्राप्त कर वकालत की पढ़ाई की। उसके बाद वे मैसूर राज्य के न्याय विभाग में नौकरी करने लगे; लेकिन शादी के बाद परिवार के साथ वे बंबई आ गए, जहाँ होमी का बचपन बीता। होमी के पिता टाटा उद्योग की कई संस्थाओं के साथ जुड़े थे।

बचपन में होमी अन्य बच्चों की तुलना में बहुत कम सोते थे, जिससे उनके माता-पिता काफी चिंतित थे। उन्होंने कई चिकित्सकों की सलाह ली, लेकिन कोई भी इसका कारण नहीं बता सका। अंत में एक विदेशी चिकित्सक ने बताया कि बच्चे को किसी भी प्रकार की तकलीफ नहीं है बल्कि उसका मस्तिष्क अति-सक्रिय है।

होमी की प्रारंभिक शिक्षा बंबई के कैथेड्रल तथा जॉन कन्नोन हाई स्कूल में हुई। उनकी रुचि खेल-कूद में उतनी नहीं थी जितनी कि पढ़ाई में। पढ़ाई में वे बड़े ही होनहार थे। छात्र-जीवन में उन्हें कई पुरस्कार मिले। संगीत में भी उनकी विशेष रुचि थी। एक बार जब वे बहुत छोटे थे, किसी वजह से फूट-फूटकर रोने लगे। उनकी माँ ने उन्हें मनाने की बहुत कोशिश की, परंतु वे चुप नहीं हो रहे थे। इसी समय पासवाले कमरे से ग्रामोफोन में बज रहे संगीत की धुन सुनाई दी। संगीत की आवाज कान में पड़ते ही होमी का रोना बंद हो गया तथा वे ध्यान से संगीत सुनने लगे। इस घटना से माँ को अपने बेटे के संगीत के प्रति लगाव का पता चला। इसके बाद जब भी होमी रोते थे, उन्हें चुप कराने के लिए माँ संगीत का सहारा लेती थीं।

बचपन में होमी मेकैनो से खेलना ज्यादा पसंद करते थे, क्योंकि इस खिलौने के छोटे पुरजों को जोड़कर कई प्रकार के यांत्रिक उपकरण बनाए जा सकते हैं। उन्हें किताब पढ़ने का

बहुत शौक था। पिता के पुस्तकालय में उपलब्ध विभिन्न विषयों की पुस्तकें, विशेषकर कला एवं संगीत से संबंधित पुस्तकें, उनके इस शौक को पूरा करने में काफी मददगार रहीं। लेकिन उनका लगाव विज्ञान के प्रति ज्यादा था। माता-पिता ने उन्हें प्रोत्साहित करने के लिए विज्ञान संबंधी बहुत सी पुस्तकें उनके लिए खरीदीं। ऐसा कहा जाता है कि सोलह वर्ष की कम उम्र में ही भाभा आपेक्षिकता सिद्धांत जैसा कठिन विषय समझ चुके थे। बचपन में अकसर वे अपनी बुआ मेहरबाई टाटा के घर जाया करते थे, जहाँ महात्मा गांधी जैसे देश के कई महान् नेताओं का आना-जाना लगा रहता था। वहाँ वे लोग बैठकर आपस में राष्ट्र की समस्याओं के बारे में चर्चा किया करते थे। होमी भी कभी-कभी इन चर्चाओं को सुना करते थे। दोराबजी टाटा की तरह होमी के पिता भी राष्ट्रवादी थे। अतः होमी इन्हीं विचारों के साथ बड़े हुए। भविष्य में इन राष्ट्रवादी विचारों ने उनकी सोच को काफी प्रभावित किया।

पंद्रह वर्ष की उम्र में सीनियर कैंब्रिज की परीक्षा पास करने के बाद होमी ने एलफिंस्टन कॉलेज एवं तत्पश्चात् रॉयल विज्ञान संस्थान, बंबई में पढ़ाई की। सन् 1927 में जब वे अठारह वर्ष के थे, उनके माता-पिता ने उन्हें उच्च शिक्षा प्राप्त करने के लिए लंदन भेज दिया। यद्यपि विदेश में पढ़ाई करना काफी महँगा था, परंतु इतना खर्च करना उनके माता-पिता के लिए कोई बड़ी बात नहीं थी।

भाभा ने कैंब्रिज के गॉनविल्ले ऐंड केयस कॉलेज में दाखिला लिया। उनके फूफा सर दोराबजी टाटा उसी कॉलेज के पुराने छात्र थे। उन्होंने सन् 1920 में 25 हजार पाउंड की धनराशि का अनुदान कॉलेज को दिया था। यह आश्चर्य की बात है कि भाभा के पिता ने जबकि ऑक्सफोर्ड में पढ़ाई की थी, उन्होंने अपने बेटे को कैंब्रिज में पढ़ने के लिए भेजा। नेहरू परिवार में इसके ठीक विपरीत बात हुई, पिता जवाहरलाल कैंब्रिज में पढ़े थे, जबकि बेटी इंदिरा ऑक्सफोर्ड में।

होमी को कैंब्रिज भेजने का एक ही उद्देश्य था—उनके पिता चाहते थे उनका होनहार बेटा एक अच्छा इंजीनियर बनकर निश्चित भविष्य के लिए टाटा उद्योग जगत् में काम करे। होमी की हार्दिक इच्छा इंजीनियरी के बजाय विज्ञान पढ़ने में थी। फिर भी, पिता की इच्छा के विरुद्ध न जाकर वे इंजीनियरी में स्नातक की पढ़ाई के लिए भरती हुए। इंजीनियरी पढ़ते हुए उन्होंने अपने मन की बात पिता को एक पत्र में लिख भेजी। सन् 1928 में उन्होंने लिखा—

> "मैं यह स्पष्ट रूप से कहना चाहता हूँ कि इंजीनियर बनकर मेरा इरादा न तो व्यवसाय करने का है और न ही नौकरी। यह मेरे स्वभाव एवं विचार दोनों के खिलाफ है। भौतिकी मेरा विषय है और मुझे पूरा विश्वास है कि मैं इस क्षेत्र में कुछ बड़ा काम करने की योग्यता रखता हूँ। कोई भी व्यक्ति उसी काम में सफल

होता है जिसे करने में उसका मन लगता है। उसे इस बात पर पूरा विश्वास रहता है कि वह उस क्षेत्र में कोई महान् कार्य कर पाएगा तथा उसका जन्म उसी कार्य को करने के लिए हुआ है। मेरी सफलता इस बात पर निर्भर नहीं करती कि कोई मुझे किस रूप में देखना चाहता है, बल्कि इस पर कि मैं अपने कार्यक्षेत्र में कितना कर सकता हूँ। इसके सिवा भारत ऐसी जगह नहीं है जहाँ विज्ञान के क्षेत्र में कुछ भी करना असंभव है।"

यहाँ अंतिम वाक्य द्रष्टव्य है। भाभा ने आगे लिखा—

"मेरे अंदर भौतिकी के क्षेत्र में कुछ करने की प्रबल इच्छा धधक रही है। मुझे कभी-न-कभी यह करना ही है और मैं यह जरूर करूँगा। यही मेरी एकमात्र इच्छा है। मेरी ऐसी कोई इच्छा नहीं है कि मैं किसी बड़ी कंपनी में ऊँचे पद पर काम करके अपने आपको सफल समझूँ। बहुत सारे बुद्धिमान व्यक्ति ऐसा करना पसंद करते हैं, उन्हें ऐसा करने दीजिए। मैं आपको यह कहते सुन सकता हूँ—'पर तुम कोई सुकरात या आइंस्टाइन नहीं हो।' ऐसा ही बेर्लीयोज के पिता ने उनसे कहा था। उन्हें एक असफल संगीतज्ञ कहा गया था, जब वे युवा थे। लेकिन हेक्टर बेर्लीयोज आगे चलकर विश्व के एक महान् व्यक्ति तथा फ्रांस के सुप्रसिद्ध संगीतज्ञ बने। किसी अन्य व्यक्ति को पहले से ही कैसे भनक पड़ सकती है कि कौन व्यक्ति किस कार्य को कब करने में सफल होगा? बीथोवन को ऐसा कहना कि 'तुम्हें तो वैज्ञानिक बनना चाहिए, क्योंकि यह महान् कार्य है', यह कोई युक्तिसंगत बात नहीं है; क्योंकि उनकी रुचि विज्ञान में बिलकुल नहीं थी। ऐसे ही सुकरात से कहना कि 'तुम इंजीनियर बनो, क्योंकि यह बुद्धिमान व्यक्ति का काम है', ठीक नहीं है। प्रकृति में ऐसा कभी नहीं होता। अत: मेरा आपसे विनम्र निवेदन है कि मुझे भौतिकी क्षेत्र में कार्य करने की अनुमति दें।"

भाभा की गणित के क्षेत्र में स्वाभाविक योग्यता थी, जो भौतिक शास्त्र में सफलता हासिल करने के लिए अत्यंत आवश्यक है। अत: उनकी भौतिकी क्षेत्र में कार्य करने की चाह समझ में आती है। इसके अलावा उस समय विशेषतया भौतिक विज्ञान एक नए दौर से गुजर रहा था[2]। कैंब्रिज की रदरफोर्ड प्रयोगशाला में नए-नए प्रयोग हो रहे थे, जहाँ डिराक अपने विशेष अंदाज से इस विषय को और भी आकर्षक बना रहे थे। इन सब कारणों से भाभा का रुझान भौतिकी क्षेत्र में होना स्वाभाविक था।

भाभा के पिता उनके इस नजरिए को समझकर अपने फैसले पर थोड़ा नरम हुए; लेकिन उन्होंने एक शर्त रखी। शर्त यह थी कि भाभा को यांत्रिक इंजीनियरी में अच्छे नंबरों से पास होना पड़ेगा, तभी उन्हें गणित की पढ़ाई करने के लिए अगले दो वर्षों का खर्च मिलेगा। यांत्रिक इंजीनियरी की परीक्षा शुरू होने से पहले भाभा ने पिता को लिखा—"परीक्षा के नतीजे के आधार पर किसी व्यक्ति की काबलीयत का पता नहीं चलता। फिर भी मैं आपको निराश नहीं करूँगा। आप मुझसे जैसी आशा कर रहे हैं, वैसा ही होगा।"

भाभा यांत्रिक इंजीनियरी की परीक्षा में प्रथम श्रेणी में उत्तीर्ण हुए। अपने वायदे के अनुसार पिता ने भी उन्हें गणित की पढ़ाई करने की अनुमति दे दी। दो वर्ष बाद गणित की परीक्षा में भी वे प्रथम श्रेणी में उत्तीर्ण हुए।

कैंब्रिज में रहते समय भाभा खेलकूद में भी रुचि लेने लगे थे, जबकि भारत में वे इससे कोसों दूर रहते थे। कैंब्रिज में भाभा के सहपाठी डब्ल्यू.बी. लुइस ने, जो आगे चलकर कनाडा परमाणु ऊर्जा कार्यक्रम के संचालक बने[3], भाभा के बारे में कहा है—

> "भाभा से मेरी पहली मुलाकात कैंब्रिज में सन् 1927 में गॉनविल्ले ऐंड केयस कॉलेज में हुई, जहाँ हम दोनों नए विद्यार्थी थे; बाद में कॉलेज के बोट क्लब में भी हुई।...उस समय वे बहुत दुबले-पतले थे; परंतु नाव चलाने में खूब दक्ष थे, जिसकी सभी प्रशंसा किया करते थे। बाद में वजन बढ़ने पर उन्होंने व्यायाम के लिए दौड़ना तथा टेनिस खेलना शुरू कर दिया।"

सन् 1932 में गणित में शानदार कीर्तिमान हासिल कर स्नातक की उपाधि पाने पर उन्हें 'राऊज बॉल यात्रा अध्येता वृत्ति' मिली। इस अध्येता वृत्ति की बदौलत वे विभिन्न शिक्षा संस्थानों में जाकर काम कर सकते थे। इसी के अंतर्गत वे ज्यूरिख गए, जहाँ उन्होंने पॉउली के साथ काम किया। तत्पश्चात् रोम में फर्मी के साथ काम किया। अब भाभा अपने अनुसंधान के लिए पहचाने जाने लगे थे। उन्हें सन् 1934 में आइजक न्यूटन अध्येता वृत्ति मिली। यह वृत्ति उन्हें तीन वर्ष के लिए दी गई थी। इस दौरान उन्होंने अपना शोध-कार्य ज्यादातर कैंब्रिज में रहकर ही किया, सिर्फ कुछ समय कोपेनहेगेन के बोह्र संस्थान में बिताया। भाभा अब पी-एच.डी. की उपाधि के लिए आवश्यक शोध-कार्य भी पूरा कर चुके थे। उनके निर्देशक (गाइड) आर.एच. फाउलर थे, जो चंद्रशेखर के भी निर्देशक[4] थे। सन् 1937 में उन्हें '1851 एक्जीबिशन शिक्षा वृत्ति' मिली, जिससे वे कैंब्रिज में अपना शोध-कार्य जारी रख सकते थे।

सन् 1939 में छुट्टी लेकर भाभा भारत आए। सितंबर महीने में द्वितीय विश्व युद्ध छिड़ चुका था, उस समय भाभा देश में ही थे। यद्यपि वे यहाँ कुछ दिनों के लिए ही आए थे,

परंतु युद्ध के कारण उन्हें रुक जाना पड़ा। उस समय ब्रिटेन के कई वैज्ञानिकों को मूलभूत अनुसंधान छोड़कर अन्य काम करने पड़ रहे थे। यही नहीं, पश्चिमी यूरोप में मूल शोध-कार्य लगभग रुक गया था। ऐसी स्थिति में भाभा को ब्रिटेन लौटकर अपना शोध-कार्य जारी रखना उचित नहीं लगा, क्योंकि उस समय हिटलर यूरोप के सभी देशों में एक-एक कर हमला बोल रहा था। ब्रिटेन पर भी हमला होने का अंदेशा था। इस समय भाभा के सामने एक ही प्रश्न था—भारत में रहकर वे क्या कर सकते हैं? इलाहाबाद तथा कलकत्ता जैसे कई विश्वविद्यालयों से उन्हें नियुक्ति के लिए बुलावा आया, परंतु भाभा ने भारतीय विज्ञान संस्थान, बैंगलोर के भौतिकी विभाग में रीडर के पद को स्वीकारा। उनका यह फैसला उनके जीवन में एक नया मोड़ लाया[5]।

भारतीय विज्ञान संस्थान, बैंगलोर की स्थापना जमशेदजी टाटा ने सन् 1911 में की थी। आज भी बैंगलोर के निवासी इस संस्थान को टाटा संस्थान ही कहते हैं, क्योंकि इसकी स्थापना टाटा ने की थी। इस संस्थान की कार्यकारिणी परिषद् में टाटा के प्रतिनिधि के तौर पर उनके द्वारा नियुक्त एक सदस्य हमेशा रहता था। भाभा के दादाजी एवं पिताजी परिषद् में प्रतिनिधि के तौर पर पहले काम कर चुके थे। जब भाभा बैंगलोर आए, उस समय संस्थान के मुख्य आकर्षण के केंद्र भौतिकी विभाग के अध्यक्ष सर सी.वी. रमण थे[6]। भाभा का यहाँ आकर काम करने का निर्णय कुछ इस वजह से भी था। रमणजी ने यहाँ भौतिकी विषय में शोध करने का एक अच्छा वातावरण तैयार किया था।

होमी भाभा को अनुसंधान शुरू करने के लिए आवश्यक वित्तीय सहायता सर दोराब टाटा[7] न्यास ने प्रदान की। इस अनुदान से भाभा ने ब्रह्मांड किरणों के क्षेत्र में शोध करने के लिए एक प्रयोगशाला का निर्माण किया। इस घटना के पहले मेघनाद साहा को, सर दोराब टाटा न्यास से, कलकत्ता में एक साइक्लोट्रॉन त्वरक बनाने के लिए वित्तीय सहायता की मंजूरी मिल चुकी थी। यह सहायता उन्हें जवाहरलाल नेहरू के अनुरोध पर जे.आर.डी. टाटा ने दिलवाई थी, जो न्यास से जुड़े थे। यह उल्लेखनीय है कि भाभा के देश लौटने से पहले रमण ने नाभिकीय भौतिकी पर शोध करने के लिए टाटा न्यास से वित्तीय सहायता की माँग की थी, जो उन्हें नहीं दी गई थी। शायद ट्रस्ट की सोच थी कि साहा को अनुदान देने के बाद दूसरी संस्था को उसी विषय पर अनुसंधान करने के लिए वित्तीय सहायता देने की आवश्यकता नहीं है।

भाभा को बैंगलोर में काम करने का वातावरण कैंब्रिज की तुलना में काफी भिन्न लगा। कैंब्रिज में जरूरत पड़ने पर वे अकसर अपने शोध के बारे में अन्य सहकर्मियों से विचार-विमर्श किया करते थे; परंतु यहाँ वैसा कोई नहीं था, जिसके साथ चर्चा की जा सके।

परंतु इससे भाभा बिलकुल विचलित नहीं हुए। उन्होंने अपना काम जारी रखा। वर्षों बाद, भारत में अनुसंधान क्षेत्र में अच्छी प्रगति होते देख विदेशों में बसे कई भारतीय वैज्ञानिक स्वदेश तो लौटे, परंतु पुनः वापस चले गए; क्योंकि उनकी दृष्टि में यहाँ अनुसंधान का उचित वातावरण नहीं था। लेकिन भाभा अपने इरादों के काफी पक्के थे। उन्होंने न केवल अपना शोध-कार्य जारी रखा, बल्कि अन्य भारतीय वैज्ञानिकों को भी उनके काम में मदद देकर प्रोत्साहित किया। कैंब्रिज में भाभा अंतरिक्ष-किरणों पर प्रायोगिक अनुसंधान कर रहे थे, परंतु भारत आकर उससे उनका संपर्क टूट गया[8], जिससे वे सैद्धांतिक क्षेत्र में काम करने लगे, जिसमें गणित का उपयोग अधिक था। वैसे भी भाभा को गणित विषय बहुत पसंद था। इस बारे में विस्तृत चर्चा अगले अध्यायों में की गई है।

भाभा के कार्य से प्रभावित होकर रमण ने उन्हें भारतीय विज्ञान अकादमी का सदस्य मनोनीत किया। यही नहीं, रमण ने उन्हें रॉयल सोसाइटी का सदस्य (एफ.आर.एस.) बनाने का भी प्रस्ताव रखा और इसके लिए डिराक से भाभा के नाम का अनुमोदन करने के लिए अनुरोध किया। भाभा विधिवत् रॉयल सोसाइटी के सदस्य चुने गए। सन् 1943 में कैंब्रिज विश्वविद्यालय ने उन्हें अंतरिक्ष किरणों के क्षेत्र में उनके शोध के लिए 'एडम्स पुरस्कार' प्रदान किया। सन् 1941 में नागपुर में आयोजित भारतीय विज्ञान अकादमी के वार्षिक सम्मेलन में रमण ने भाभा का परिचय कराते हुए क्या कहा था, इस बारे में प्रो. रामशेषन कहते हैं—

> "इस सम्मेलन में भाभा को दो व्याख्यान देने का सौभाग्य प्राप्त हुआ, जिस सम्मान के अधिकारी अब तक केवल रमण ही हुआ करते थे। भाभा का परिचय कराते हुए रमण ने कहा था, 'भाभा को संगीत से गहरा लगाव है। वे एक गुणी कलाकार हैं, होनहार इंजीनियर हैं तथा एक प्रतिष्ठित वैज्ञानिक हैं…। वे आधुनिक युग के लियोनार्दो दा विंची हैं।"

वैज्ञानिक व प्रौद्योगिकी के क्षेत्र में भाभा के योगदान की चर्चा करने के बाद भाभा की बहुमुखी प्रतिभा की चर्चा अंतिम अध्याय में विस्तार से की गई है।

भाभा का बैंगलोर प्रवास अत्यंत रोचक था, क्योंकि यहीं सैद्धांतिक क्षेत्र में काम करने के साथ भाभा ने प्रायोगिक क्षेत्र में भी अनुसंधान करना शुरू किया था। ऐसे बहुत ही कम भौतिक-शास्त्री हैं, जो अनुसंधान के दोनों क्षेत्रों में रुचि रखते हैं एवं काम भी करते हैं। फर्मी ऐसे ही एक विरले वैज्ञानिक थे। सैद्धांतिक क्षेत्र में शोध करनेवाले वैज्ञानिक साधारणतया प्रयोगात्मक शोध करने से परहेज करते हैं, क्योंकि उनके विचार में प्रयोग से जुड़ी आवश्यक

तैयारियाँ करना नितांत ही साधारण काम है, जिसके लिए समय बरबाद करना बुद्धिमत्ता नहीं है। इस काम में कोई रोमांच नहीं है। उस समय भारत में प्रयोगात्मक क्षेत्र में शोध करना बड़ा ही कठिन था। भाभा के इस क्षेत्र में काम शुरू करने के दो कारण हो सकते हैं—या तो कुछ नया कर दिखाने की जल्दबाजी अथवा अपने पर अटूट विश्वास। इससे भाभा के सकारात्मक रवैए का पता चलता है। आजकल वैज्ञानिक संस्थानों में प्रयोग करने की सभी सुविधाएँ होने के बावजूद भारतीय वैज्ञानिक प्रयोगात्मक क्षेत्र में शोध करने से कतराते हैं। परंतु भाभा प्रतिकूल परिस्थितियों में भी विचलित नहीं हुए।

भाभा ने सबसे पहले बैंगलोर में अंतरिक्ष-किरणों के अतिभेदी घटक पर प्रयोगात्मक अध्ययन प्रारंभ किया। अंतरिक्ष-किरणों पर विस्तृत जानकारी अगले अध्याय में दी गई है, यहाँ सिर्फ भाभा के शोध-कार्य के बारे में चर्चा की जाएगी। अपने सैद्धांतिक शोध से उन्होंने किरणों के सोपानी सिद्धांत की खोज की थी[9], जिसकी सत्यता वे सिद्ध करना चाहते थे। इसके लिए उन्होंने स्वयं गाइगर संसूचक दूरबीन (गाइगर काउंटर टेलिस्कोप) का अभिकल्पन

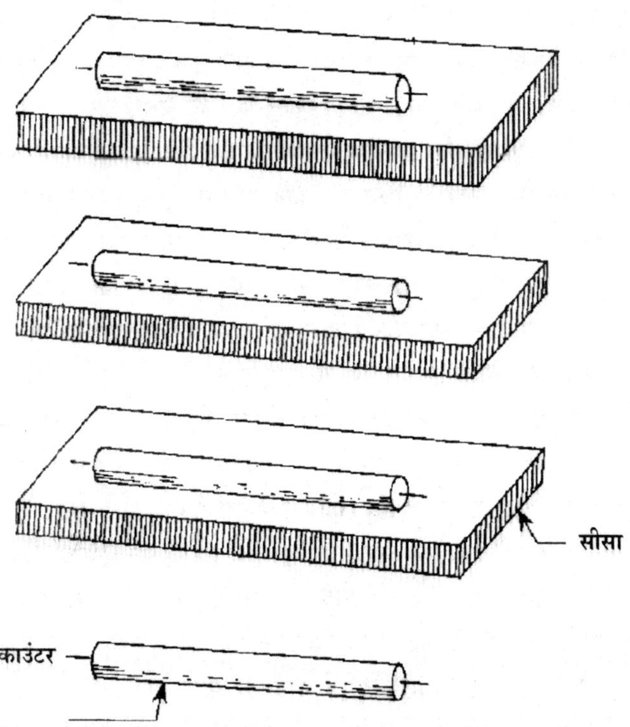

चित्र 1.1 अंतरिक्ष किरणों पर प्रयोगात्मक अध्ययन के लिए भाभा द्वारा प्रयुक्त गाइगर संसूचक दूरबीन।

किया, जिसका निर्माण केंद्र के ही वर्कशॉप में किया गया था। चित्र 1.1 में ऐसी ही एक दूरबीन का रेखाचित्र दिखाया गया है। इसमें चार गाइगर संसूचक हैं, जिनके बीच सीसे (lead) की परत है, जो परिरक्षक (शील्ड) यानी विकिरण को सोखने का काम करती है। विकिरण के संसूचकों से होकर गुजरने पर इसकी पहचान होती है। इस दूरबीन में संसूचकों को इस प्रकार जोड़ा गया है कि जब विकिरण कण सभी चार संसूचकों से होकर गुजरते हैं, तभी इनकी गणना होती है, अन्यथा नहीं। यही कारण है कि इस उपकरण को दूरबीन कहते हैं—यह सिर्फ ऊर्ध्वाधर दिशा से आनेवाले कणों की पहचान करता है। सीसे की परतें अंतरिक्ष-किरणों के अल्पभेदी घटकों का विच्छेदन करती हैं, यानी उन्हें सोख लेती है।

यह समय था सन् 1944 का, जब द्वितीय विश्वयुद्ध जारी था। अमेरिकी वायु सेना के जवान भारत में तैनात थे, जिनके साथ भाभा ने संपर्क किया; क्योंकि वे उनकी सहायता से अपनी गाइगर संसूचक दूरबीन को जमीन से ऊपर भेजकर प्रयोग करना चाहते थे। भाभा अपनी गाइगर दूरबीन को उनके बम वर्षक वायुयान बी-29 की उड़ान द्वारा कुछ ऊँचाई तक भेज सके। 26 दिसंबर, 1944 को दो उड़ानें की गईं, जो दूरबीन को 5 किलोमीटर की ऊँचाई तक ले गईं। इसके दो दिन बाद की उड़ान में दूरबीन को 11 किलोमीटर की ऊँचाई तक ले जाया गया। अगली उड़ान 21 जुलाई, 1945 को बरसात के मौसम में अस्थिर वायुमंडल की स्थिति में की गई। इस बार दूरबीन को 13 किलोमीटर की ऊँचाई तक ले जाया गया। बाद में भाभा ने एक धुंध कोष्ठ (क्लाउड चेंबर) का भी निर्माण किया, जो मैनचेस्टर विश्वविद्यालय के प्रो. ब्लैकेट द्वारा इस्तेमाल किए जानेवाले उपकरण जैसा था। भाभा के ये प्रारंभिक अनुभव भविष्य में विभिन्न प्रायोगिक अनुसंधान प्रारंभ करने में काफी मददगार साबित हुए।

यद्यपि सन् 1944 में भाभा की पदोन्नति रीडर से प्रोफेसर के पद पर हो गई थी और बैंगलोर संस्थान में काम करने में उन्हें किसी भी प्रकार की कठिनाई नहीं थी, फिर भी अपने सपनों को साकार करने के लिए वे एक नए संस्थान का निर्माण करना चाहते थे। इसके लिए जरूरी वित्तीय सहायता के लिए उन्होंने पुनः दोराब टाटा न्यास से आवेदन किया। वे एक ऐसी संस्था की स्थापना करना चाहते थे, जहाँ विशेषतया नाभिकीय भौतिकी पर अनुसंधान किए जा सकें। टाटा न्यास से वित्तीय सहायता मिलने के बाद बंबई में टाटा इंस्टीट्यूट ऑफ फंडामेंटल रिसर्च (टी.आई.एफ.आर.) की शुरुआत हुई। भाभा बैंगलोर छोड़कर बंबई आ गए। भाभा का यह निर्णय न केवल उनके लिए बल्कि देश के लिए भी एक नई आशा की किरण लाया। बैंगलोर में बिताए गए समय के बारे में पूछे जाने पर भाभा ने कहा था, "मेरे जीवन के वे छह वर्ष काफी खुशहाल एवं अत्यंत उपयोगी थे।"

सन् 1945 में द्वितीय विश्वयुद्ध की समाप्ति के बाद विश्व के सभी देशों के

वैज्ञानिकगण फिर से अनुसंधान कार्य में जुट गए, जो युद्ध की वजह से रुक-सा गया था। भारत में भी भाभा ने अपनी योजना के अनुरूप कार्य शुरू कर दिया। भाभा एक कुशल व्यवस्थापक थे, अतः बड़ी-से-बड़ी योजनाओं को आसानी से कार्यान्वित कर सकते थे। ऐसा करना सभी के वश की बात नहीं है। उनके समसामयिकों में परमाणु बम के जनक, ओपॅनहाइमर ही सिर्फ ऐसे गुणी व्यक्ति थे।

व्यवस्थापन चुनौतीपूर्ण कार्य था; पर उसमें काफी व्यस्त रहने की वजह से भाभा को शोध-कार्य करने का समय ही नहीं मिलता था, जिसका प्रभाव उनके शोध-पत्रों के प्रकाशन पर पड़ा। सन् 1954 के बाद उनका कोई भी शोध-पत्र प्रकाशित नहीं हुआ। परंतु उनकी निजी हानि देश में उभरती नई पीढ़ी के भौतिकी वैज्ञानिकों के लिए बहुत ही लाभदायक साबित हुई। भाभा एक ऐसे संस्थान का निर्माण कर चुके थे, जो भविष्य में देश को प्रगति के रास्ते पर ले जाने के लिए योग्य वैज्ञानिकों की माँग को पूरा कर सका, जिन्होंने भारत के वैज्ञानिक इतिहास में नए अध्याय जोड़े।

सन् 1947 में देश आजाद हुआ। यद्यपि देश के बँटवारे से दंगे फैल चुके थे, काफी हत्याएँ हो रही थीं तथा हिंसा का वातावरण बना हुआ था, फिर भी लोगों में आजाद भारत से काफी उम्मीदें थीं। विश्व के अन्य देशों में परमाणु ऊर्जा से विद्युत् उत्पादन करने के बारे में चर्चाएँ चल रही थीं। परमाणु ऊर्जा का विनाशकारी रूप बमों द्वारा प्रदर्शित हो चुका था, परंतु इसकी ऊर्जा को, उसके विनाशकारी रूप के बावजूद, असीमित विद्युत् ऊर्जा भंडार का स्रोत माना जा रहा था।

भाभा भी इस तथ्य से परिचित थे, अतः उन्होंने देश में परमाणु ऊर्जा पर कार्य शुरू करने की योजना बनाई। इस परियोजना की स्वीकृति पाने के लिए भाभा को प्रधानमंत्री जवाहरलाल नेहरू से मिलने के कई अवसर मिले और इस बीच दोनों में गहरी दोस्ती हो गई। दोनों की सूझ-बूझ और मिलकर काम करने से देश प्रगति के रास्ते पर चल पड़ा। आज हम इन दोनों महानुभावों के प्रति कृतज्ञ हैं, जिन्होंने भारत को अतीत के अंधकार से निकालकर आधुनिक युग में ला खड़ा किया।

सन् 1964 में नेहरूजी के स्वर्गवास के बाद सबको यह चिंता हो रही थी कि भाभा अपनी योजनाओं को आगे बढ़ाने के लिए सरकार से उसी प्रकार का सहयोग पाएँगे या नहीं, जैसा कि उन्हें नेहरू के समय मिल रहा था। परंतु थोड़े ही दिनों के अंतराल में लालबहादुर शास्त्री, जो नेहरूजी के बाद प्रधानमंत्री बने थे, अचानक दिल का दौरा पड़ने से चल बसे। उनके निधन पर परमाणु ऊर्जा संस्थान, ट्रांबे (इस संस्थान की स्थापना उन्होंने की थी) में आयोजित एक बड़ी शोकसभा को भाभा ने 22 जनवरी, 1966 को संबोधित किया था। दूसरे

ही दिन उन्हें विएना में एक संगोष्ठी में भाग लेने जाना था। वे एयर इंडिया की उड़ान द्वारा बंबई से जिनेवा जाने के लिए रवाना हुए; लेकिन वह वायुयान जिनेवा नहीं पहुँच पाया। जिनेवा में उतरने के कुछ ही क्षण पहले वह विमान एल्पस पर्वतमाला से टकराकर दुर्घटनाग्रस्त हो गया। इस हादसे में कोई भी यात्री नहीं बचा। दुर्गम दुर्घटनास्थल का मुआयना करने के लिए अगले पंद्रह वर्षों तक कोई भी वहाँ नहीं जा सका। वह जगह हमेशा बर्फ से ढकी रहती है। बाद में एक पर्वतारोही दल को वहाँ से कुछ मलबा मिला था।

भाभा के इस आकस्मिक निधन से सारा देश स्तब्ध रह गया; क्योंकि देश को उनसे अनेक अपेक्षाएँ थीं। तत्कालीन प्रधानमंत्री श्रीमती इंदिरा गांधी ने इस दुःखद घटना पर शोक व्यक्त करते हुए कहा था कि वे भाभा को अपने मंत्रिमंडल में शामिल करना चाहती थीं। उन्होंने अपने उद्‌गार प्रकट करते हुए कहा था—

> "भारतवर्ष होमी भाभा को काफी समय तक याद रखेगा; क्योंकि वे इस देश के भविष्य-निर्माण से जुड़े थे तथा समाज में परिवर्तन लाने का काम कर रहे थे।"

सामान्यतः हमारे देश में किसी भी प्रसिद्ध व्यक्ति के निधन पर श्रद्धांजलि के तौर पर सरकारी कार्यालय एक दिन के लिए बंद रखे जाते हैं। लेकिन इससे हटकर भाभा के निधन पर देश के परमाणु ऊर्जा विभाग के तमाम कार्यालयों में काम जारी रहा : उस महान् हस्ती के सम्मान में जिसने विज्ञान एवं देश के लिए आखिरी क्षण तक अपना सबकुछ न्योछावर कर दिया, कृतज्ञता व्यक्त करने का यह अनोखा तरीका था ।

भाभा अब हमारे बीच नहीं हैं, लेकिन अपने कार्यों के लिए वे सदैव याद किए जाएँगे। देश के बाहर लोग उन्हें विज्ञान के क्षेत्र में योगदान के लिए जानते हैं, जबकि देश के लोग उन्हें विज्ञान संस्थाओं के निर्माता के तौर पर याद करते हैं। लेकिन ये भाभा के सिर्फ दो रूप हैं; जबकि वे बहुमुखी प्रतिभा के धनी थे, जिसकी चर्चा आगे की जाएगी। इस पुस्तक में उनकी विभिन्न उपलब्धियों तथा व्यक्तित्व के बारे में विस्तारपूर्वक जानकारी दी गई है।

बॉक्स 1.1

महालानोबिस की वापसी

भाभा से पहले एक और विशिष्ट भारतीय व्यक्ति थे, जिन्हें इसी प्रकार का अनुभव हुआ था। उनका नाम था—पी.सी. महालानोबिस। प्रशांत चंद्र महालानोबिस का जन्म कलकत्ता के एक संभ्रांत परिवार में सन् 1893 में हुआ था। सन् 1912 में भौतिकी में स्नातक

की उपाधि प्राप्त करने के बाद वे उच्च शिक्षा के लिए लंदन गए। कैंब्रिज में अकस्मात् एक मित्र से मुलाकात होने के बाद उन्होंने गणित पढ़ने का निश्चय किया। बाद में गणित विषय को छोड़कर उन्होंने फिर से भौतिक विज्ञान की पढ़ाई की।

कैंब्रिज में महालानोबिस प्रतिभाशाली गणितज्ञ रामानुजन के संपर्क में आए। एक दिन रामानुजन ने महालानोबिस को अपने घर भोजन पर बुलाया। जब रामानुजन खाना बना रहे थे, महालानोबिस गणित की एक पहेली को सुलझाने में व्यस्त थे। उसे हल करने के बाद महालानोबिस ने पहेली को पढ़कर सुनाया। उसे सुनते ही रसोईघर से रामानुजन ने एक वितत भिन्न (कंटिन्यूड फ्रैक्शन) लिखने को कहा, जिसका प्रथम पद (फर्स्ट टर्म) महालानोबिस की समस्या का हल था!

कैंब्रिज से भौतिकी में ट्राइपॉस की परीक्षा उत्तीर्ण करने के बाद महालानोबिस कैवेंडिश प्रयोगशाला गए, जहाँ के प्रमुख रदरफोर्ड थे। यह तय हुआ कि महालानोबिस सी.टी.आर. विल्सन (मेघ-कोष्ठ के आविष्कार के लिए विख्यात) के अधीन काम करेंगे। महालानोबिस वहाँ काम शुरू करने से पहले कुछ समय के लिए छुट्टी लेकर भारत आए। इस बीच प्रथम विश्व युद्ध छिड़ चुका था, अतः युद्ध के कारण उन्हें रुक जाना पड़ा। यह उनके जीवन में एक नया मोड़ लाया, क्योंकि इसके बाद उन्होंने यहीं रहकर देश की प्रगति में महान् योगदान किया।

उस समय प्रेसीडेंसी कॉलेज में भौतिक विज्ञान के प्राध्यापक (लेक्चरर) एक अंग्रेज थे, जिन्हें युद्ध में लड़ने के लिए लंदन वापस जाना पड़ा। महालानोबिस की नियुक्ति इस रिक्त पद पर हो गई। यद्यपि वे भौतिकी विषय पढ़ाते थे (और युद्ध की समाप्ति के बाद विल्सन के अधीन भौतिकी क्षेत्र में अनुसंधान जारी रखना चाहते थे), उनकी रुचि गणितीय सांख्यिकी तथा उसके अनुप्रयोगों पर ज्यादा होने लगी। उनका यह लगाव आगे चलकर भारतीय सांख्यिकी संस्थान की स्थापना का कारण बना, जो अब काफी बड़ा संस्थान बन चुका है तथा भारत में इसकी कई शाखाएँ हैं। लेकिन यह सब इसलिए संभव हुआ था, क्योंकि महालानोबिस स्वयं एक उच्च कोटि के शोधकर्ता थे, जिसके लिए उन्हें अंतरराष्ट्रीय मान्यता मिली थी। भाभा की तरह नेहरू के चहेते महालानोबिस को भी योजना आयोग में सम्मिलित होने का आमंत्रण मिला था। दूसरी पंचवर्षीय योजना की रूपरेखा तैयार करने में उनका बड़ा योगदान था।

महालानोबिस को अनेक सम्मान मिले थे, जिनमें से एक रॉयल सोसाइटी का फेलो (एफ.आर.एस.) चुना जाना था। सन् 1972 में उनकी मृत्यु हुई।

संदर्भ-सूची

1. वेंकटरमण की पुस्तक 'Chandrasekhar and His Limit' देखिए।
2. वेंकटरमण की पुस्तक 'The Quantum Revolution: Part I' देखिए।
3. संचालक की हैसियत से लुइस का भाभा से काफी निकट का संपर्क था।
4. वेंकटरमण की पुस्तक 'Chandrasekhar and His Limit' देखिए।
5. बॉक्स नं. 1.1 भी देखिए।
6. वेंकटरमण की पुस्तक 'Raman and His Effect' देखिए।
7. सर दोराबजी से भाभा की बुआ की शादी हुई थी।
8. युद्ध की वजह से विदेश में भी भौतिकी में अनुसंधान (प्रायोगिक भी) काफी कम हो गया था।
9. अध्याय-3 देखिए।

□

2
ब्रह्मांड किरणें

भाभा का आरंभिक कार्य ब्रह्मांड किरणों पर केंद्रित था। इसका कारण आगे चलकर स्पष्ट होगा। इस अध्याय में अंतरिक्ष किरणों के बारे में संक्षिप्त रूप से चर्चा की जाएगी, ताकि भाभा के इस क्षेत्र में योगदान को ठीक से समझा जा सके।

ब्रह्मांड किरणें बाह्य जगत् से आती हैं और ये अत्यधिक बेधी विकिरण हैं। इनकी खोज हुए सौ वर्ष से भी अधिक समय गुजर चुका है, पर हम आज भी इनके उत्पत्ति स्थल के बारे में ज्यादा नहीं जान पाए हैं, सिर्फ कुछ अनुमान ही लगा पाए हैं।

यह कहा जा सकता है कि ब्रह्मांड किरणों की खोज सन् 1900 में मेघ-कोष्ठ के आविष्कारक सी.टी.आर. विल्सन द्वारा उस समय हुई, जब एक प्रयोग के दौरान उन्होंने पाया कि पूर्णतः रोधन के बाद भी विद्युत्दर्शी से आवेश विसर्जित हो जाता है[1]। यह स्पष्ट था कि कहीं से विकिरण आ रहा था, जो विद्युत्दर्शी के आवेश को विसर्जित कर रहा था। क्या यह उन पदार्थों से आ रहा था जिनसे विद्युत्दर्शी बना था? सन् 1903 में रदरफोर्ड और कुक ने इस संभावना को खारिज कर दिया। उन्होंने विद्युत्दर्शी को सीसे और लोहे के आवरण से घेरने के बाद पाया कि विद्युत्दर्शी के आवेश-विसर्जन की दर काफी कम हो गई। स्पष्टतः विकिरण उपकरण से नहीं बल्कि बाहर से आ रहा था, पर कहाँ से? शायद वह पृथ्वी पर स्थित रेडियोधर्मी पदार्थों से आ रहा था। यदि ऐसा है तो वायुमंडल में ऊँचाई के साथ विकिरण की तीव्रता में कमी आनी चाहिए। इसकी जाँच के लिए ईसाई पादरी फादर वुल्फ सन् 1910 में एफिल टावर पर चढ़े। उस समय यह मानव निर्मित सबसे ऊँचा ढाँचा था। उन्होंने खुद के बनाए हुए सुग्राहक विद्युत्दर्शी द्वारा तीन दिन वहाँ रहकर निरीक्षण किए (अब इस विद्युत्दर्शी को 'वुल्फ विद्युत्दर्शी' कहा जाता है)। विद्युत्दर्शी वैसे ही निरावेशित होता रहा जैसे कि धरती की सतह पर होता था। यदि विकिरण पृथ्वी से आ रहा था तो उसे टावर

और पृथ्वी तल के मध्य में स्थित वायु द्वारा शोषित हो जाना चाहिए था; पर ऐसा नहीं लग रहा था। अतः वुल्फ को इस बात की आशंका हुई कि 'वायुमंडल के ऊपरी भागों में स्थित अन्य स्रोत' मौजूद है। इसकी जाँच के लिए अगस्त 1912 में ऑस्ट्रिया के विक्टर हेस इन अज्ञात किरणों की तीव्रता नापने को गुब्बारे में उपकरण के साथ बैठकर ऊपर उठे। वे 5,500 मीटर की ऊँचाई तक गए और यह देखकर कि विकिरण-तीव्रता वास्तव में बढ़ गई थी, चकित रह गए। यह स्पष्ट हो गया था कि विकिरण वायुमंडल के बाहर कहीं से आ रहा था। लेकिन अमेरिकी वैज्ञानिक मिलिकन, जो इसी विकिरण पर अध्ययन कर रहे थे, पहले तो इस बात से सहमत नहीं हुए, पर उन्हें प्रमाणों की अधिकता और विश्वसनीयता के आगे झुकना पड़ा। काफी समय तक इसे अल्ट्रास्ट्राहलुंग[2] कहा जाता रहा। बीसवीं शताब्दी के प्रारंभ में मिलिकन ने इस विकिरण को कॉस्मिक रे, यानी ब्रह्मांड किरणों का नाम दिया, तब से यही नाम प्रचलित है।

पिछले आठ दशकों से ब्रह्मांड किरणों पर हो रहे अनुसंधान निम्न प्रश्नों के उत्तर खोज रहे हैं—

1. ये किरणें कहाँ से आती हैं?
2. ये कैसे उत्पन्न होती हैं?
3. वायुमंडल की ऊपरी सतह पर पहुँचने तक इनकी संरचना क्या होती है?
4. वायुमंडल में प्रवेश करने के बाद इनका क्या हाल होता है?

प्रश्न 3 और 4 के बारे में हमारी जानकारी अब शायद बेहतर है, पर प्रश्न 1 और 2 के बारे में हम अब भी केवल अनुमान ही लगा सकते हैं। हम प्रश्न 3 से प्रारंभ करते हैं। बाह्य जगत् से वायुमंडल की ऊपरी सतह पर पहुँचनेवाली विकिरण को प्राथमिक ब्रह्मांड किरणें कहते हैं। इनमें विभिन्न प्रकार के नाभिक होते हैं, पर प्रोटॉनों की संख्या अधिक होती है। वायुमंडल की ऊपरी सतह पर इनकी संरचना दो विभिन्न अक्षांशों पर तालिका 2.1 में दी गई है।

तालिका 2.1 दो विभिन्न अक्षांशों पर प्राथमिक ब्रह्मांड किरणों की संरचना सब ऊर्जाओं का समावेश है, पर सिर्फ सापेक्षिक मान दिए गए हैं। Z नाभिकीय आवेश दरशाता है।

नाभिक के प्रकार	55° उत्तरी अक्षांश	30° उत्तरी अक्षांश
प्रोटॉन (Z = 1)	1	1
अल्फा (Z = 2)	0.3	0.15
6 < Z < 9	0.007	0.005
10 < Z	0.003	0.002

दो विभिन्न अक्षांशों पर विकिरण की संख्याओं में अंतर का कारण कणों का आवेश है, जिससे वे भू-चुंबकीय क्षेत्र से प्रभावित होकर विक्षेपित (विचलित) होते हैं।

अब हम प्राथमिक किरणों की ऊर्जाओं के बारे में चर्चा करेंगे, जिसे समझने के लिए बॉक्स 2.2 में दी गई सामान्य सूचनाएँ सहायक होंगी। प्राथमिक किरणें काफी ऊर्जावान् होती हैं। इनकी ऊर्जा कई सौ करोड़ ईवी यानी जीईवी (1 गेगा इलेक्ट्रॉन वोल्ट = 10^9 इलेक्ट्रॉन वोल्ट) तक की होती है। इनमें 10^{17} ईवी ऊर्जा तक के कण भी पाए गए हैं। वस्तुतः जब तक बड़े त्वरकों का निर्माण नहीं हुआ था, अंतरिक्ष किरणों को ही उच्च ऊर्जा भौतिकी क्षेत्र की प्रयोगशाला माना जाता था[3]।

प्राथमिक किरणें आवेशित कण हैं। चूँकि पृथ्वी एक बड़े छड़-चुंबक की तरह कार्य करती है (चित्र 2. 1), अतः ये कण जब पृथ्वी की ओर आते हैं तो चुंबकीय क्षेत्र की वजह से अपने पथ से विचलित हो जाते हैं।

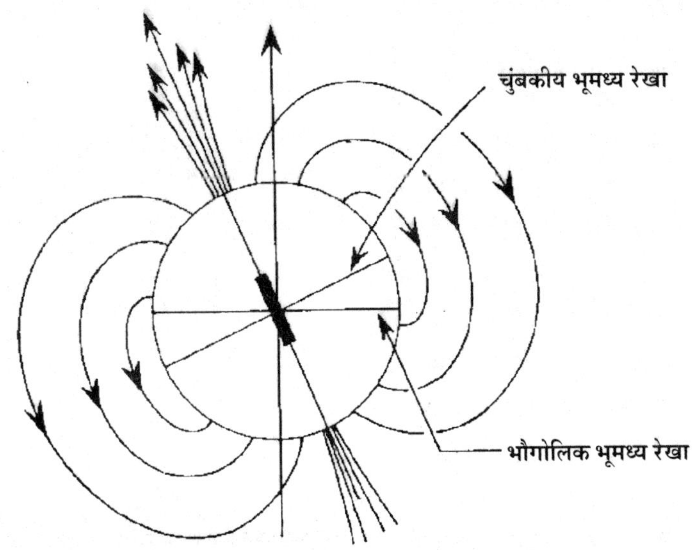

चित्र 2.1 पृथ्वी के चारों चुंबकीय क्षेत्रों का रेखा चित्र।

स्वाभाविक तौर पर इनका विचलन परिमाण (i) उनकी ऊर्जा और (ii) उनकी निकटतम पहुँच की दूरी (इंपैक्ट पैरामीटर) पर निर्भर करता है (चित्र 2.2a)। यदि हम समान ऊर्जा पर भिन्न-भिन्न निकटतम पहुँच की दूरीवाले प्रोटॉनों की तुलना करें तो जैसा कि चित्र 2. 2b में

देखा जा सकता है, उनका विचलन काफी अलग है। मुख्य निष्कर्ष इस प्रकार है—(i) अपनी निकटतम पहुँच-दूरी और ऊर्जा के मान के आधार पर कुछ कण पृथ्वी पर पहुँच ही नहीं सकते। (ii) निकटतम पहुँच-दूरी का मान चाहे कुछ भी हो, ऊर्जा का एक न्यूनतम मान होता है, जिससे कम ऊर्जा के कण पृथ्वी पर पहुँच ही नहीं सकते। (iii) इस न्यूनतम ऊर्जा का मान पृथ्वी के स्थल के अक्षांश पर निर्भर करता है और सिर्फ चुंबकीय ध्रुवों पर यह मान शून्य है। निष्कर्ष (iii) महत्त्वपूर्ण है, क्योंकि यह अक्षांश प्रभाव से संबद्ध है। चित्र 2.1 से यह स्पष्ट होता है कि ऊर्ध्वाधर दिशा से आनेवाले सभी कण पृथ्वी की सतह के ध्रुवों पर ही पहुँचते हैं। यहाँ चुंबकीय क्षेत्र की दिशा कणों की गति के समानांतर होती है, जिससे कणों पर कोई प्रतिकूल बल नहीं लगता।

इन सभी बातों को ध्यान में रखते हुए अब हम वायुमंडल की ऊपरी सतह पर आनेवाली प्राथमिक किरणों की ऊर्जा पर चर्चा करेंगे। हम सिर्फ प्रोटॉनों पर ही विचार करेंगे, क्योंकि प्राथमिक किरणों में इनकी संख्या सबसे ज्यादा होती है। इनके ऊर्जा-वितरण या संवेग-वितरण को देखने से पहले बॉक्स 2.3 को देखें।

पृथ्वी के ध्रुव पर आनेवाले प्राथमिक प्रोटॉनों का संवेग-वितरण चित्र 2.3 (a) में दरशाया गया है, जबकि निम्न अक्षांशों पर यह वितरण (b) तथा (c) में देखा जा सकता है, जहाँ कम अक्षांश पर न्यूनतम संवेग या कट-ऑफ मोमेंटम भी कम होता है। यह हमें पूर्व वर्णित अक्षांश प्रभाव की याद दिलाता है। यहाँ यह स्पष्ट कर देना आवश्यक है कि भूगोलीय और चुंबकीय ध्रुव एक ही स्थान पर नहीं हैं। अतः चुंबकीय भूमध्य रेखा

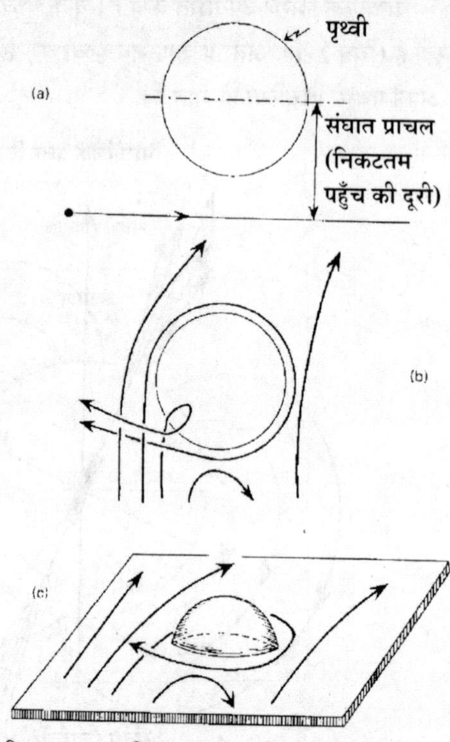

चित्र 2.2 (a) निकटतम पहुँच की दूरी दरशाता है।
(b) एक ही ऊर्जा पर विभिन्न संघात प्राचलवाले प्रोटॉनों का पथ दरशाता है। वृत्त भूमध्य रेखा को इंगित करता है। कागज से बाहर निकलती हुई दिशा चुंबकीय क्षेत्र की दिशा है।
(c) b में दरशाए गए पथों का त्रिआयामी चित्रण।

और भूगोलीय भूमध्य रेखा दोनों अलग-अलग हैं। वास्तव में भूगोलीय भूमध्य रेखा से बिलकुल अलग चुंबकीय भूमध्य रेखा तिरुवनंतपुरम के बहुत ही निकट से गुजरती है। इस स्थिति का लाभ उठाते हुए तिरुवनंतपुरम में स्थित विक्रम साराभाई अंतरिक्ष अनुसंधान केंद्र के वैज्ञानिक भू-चुंबकीय प्रभावों से संबंधित प्रयोग करते हैं।

सन् 1927-28 में डच वैज्ञानिक क्ले ने अक्षांश प्रभाव की खोज की थी। उन दिनों इंडोनेशिया डच लोगों के अधीन था और उसे डच ईस्ट इंडीज के नाम से जाना जाता था।

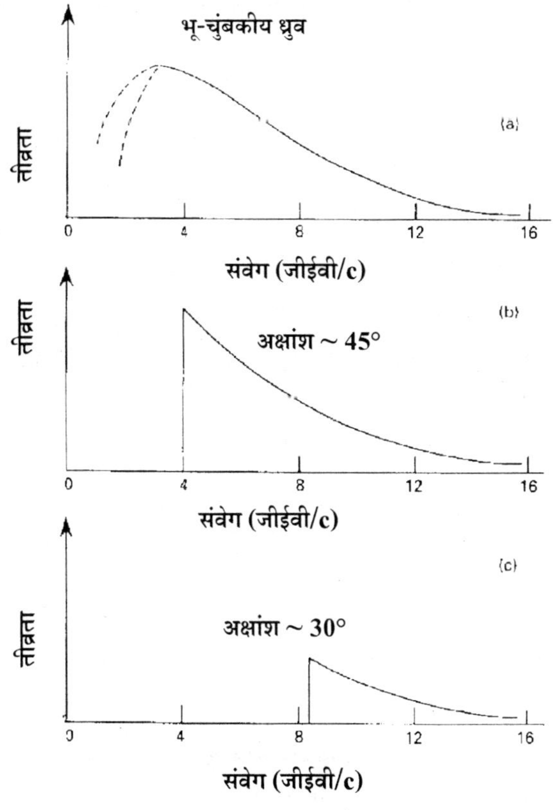

चित्र 2.3 (a) भू-चुंबकीय ध्रुव पर पहुँचनेवाले प्राथमिक प्रोटॉनों का ऊर्जा-वितरण। बिंदु-अंकित रेखाएँ कम ऊर्जा के प्रोटॉनों का परिकल्पित चित्रण हैं, जिनके बारे में निश्चित जानकारी नहीं है।

(b) तथा (c) दो कम अक्षांशों पर प्राथमिक प्रोटॉनों के ऊर्जा-वितरण दरशाते हैं। भू-चुंबक के कारण ऊर्जा का एक न्यूनतम मान होता है, जिससे कम ऊर्जा के कण पृथ्वी पर पहुँच ही नहीं सकते।

अतः हॉलैंड और डच ईस्ट इंडीज के बीच यातायात के लिए जलयानों का काफी इस्तेमाल होता था। क्ले ने इन्हीं जहाजों द्वारा एक बार हॉलैंड से जावा द्वीप की वापसी यात्रा की थी। जब जहाज मंथर गति से सागर पर चल रहा था तब उनके उपकरण अंतरिक्ष किरणों की तीव्रता को (समुद्री सतह पर) नाप रहे थे। अपनी इन नापों से उन्हें पता चला कि भूमध्य रेखा पर किरणों की तीव्रता सदैव कम थी। चित्र 2.2 को देखने से अब यह अजीब नहीं लगता, पर उस समय लोगों को इस विश्लेषण का पता नहीं था।

यहाँ इस बात पर ध्यान दिलाना चाहेंगे कि पहले हम वायुमंडल की ऊपरी सतह पर आनेवाली प्राथमिक अंतरिक्ष किरणों की बातें कर रहे थे, जबकि क्ले ने अपना निरीक्षण समुद्री तल पर किया था। अतः इन किरणों में प्राथमिक किरणों द्वारा वायुमंडल में जनित कण भी शामिल थे। इस प्रकार की जटिलता के बारे में आगे चर्चा की जाएगी।

क्ले की खोज के कुछ ही समय बाद स्वीडन के स्टॉर्मर ने 'पृथ्वी के चुंबकीय क्षेत्र में आवेशित कणों की गति' के सिद्धांत पर कार्य किया। भाभा ने स्वयं स्टॉर्मर के कार्यों का सारांश इन शब्दों में दिया है—

> "स्टॉर्मर ने पता लगाया है कि पृथ्वी की उस सतह पर जहाँ भू-चुंबकीय अक्षांश का मान i /Λ है, कोई कण भू-चुंबकीय क्षेत्र से विचलित हुए बिना ऊर्ध्वाधर दिशा से तभी पहुँच सकता है जब उसका संवेग कम-से-कम p हो, जिसकी गणना निम्न सूत्र से की जाती है—
>
> $$cp = 1.54 \times 10^{10} \cos^4(\Lambda)\ eV$$
>
> यह यथार्थ सूत्र दरशाता है कि कण का न्यूनतम आपेक्षिकीय संवेग उसके द्रव्यमान पर निर्भर नहीं करता। सैद्धांतिक गणना से पता चला है कि किसी भी एक स्थल पर विभिन्न दिशाओं से आनेवाले कणों की संख्या भिन्न होती है। यदि सभी प्राथमिक कण धनावेशित हैं तो अधिकतर कण पश्चिमी दिशा से आ रहे होंगे, पर यदि वे ऋणावेशित हैं तो अधिकतर कण पूर्व दिशा से आ रहे होंगे।
>
> इस प्रभाव को 'पूर्व-पश्चिम' प्रभाव के नाम से जाना जाता है।

यद्यपि क्ले प्राथमिक कणों में अक्षांश-प्रभाव को देख पाए थे, कई अन्य वैज्ञानिक इसे नहीं देख सके (जैसे कैनेडी, बोथे, कोल्होरस्टर और हॉफमैन)। मिलिकन ने भी इस पर विश्वास नहीं किया; क्योंकि उनके अनुसार अंतरिक्ष विकिरण कुछ और नहीं, उच्च ऊर्जा की गामा किरणें ही थीं। चूँकि गामा किरणें विद्युत् चुंबकीय तरंगें होती हैं, अतः इन्हें

भू-चुंबक विक्षेपित नहीं कर सकता। इस विवाद का हल ढूँढ़ने के लिए सन् 1930 में ए.एच. कॉम्पटन (प्रसिद्ध वैज्ञानिक, जो अपने नाम से जानेवाले प्रभाव से विख्यात हैं) ने आर.डी. बेनेट और जे.सी. स्टर्न्स के सहयोग से 'अंतरिक्ष किरणों के विश्वव्यापी भौगोलिक वितरण का अध्ययन' किया। सन् 1933 में प्रकाशित शोध-पत्र में कॉम्पटन ने इसका विस्तृत विवरण दिया है। इससे एक महत्त्वपूर्ण संदेश मिलता है कि अच्छे विज्ञान संबंधी कार्य करने के लिए हमेशा प्रतिभा का होना आवश्यक नहीं है (प्रतिभा का होना अच्छा है, परंतु यह विरल है!), अपितु उसके लिए ज्यादा जरूरी है सतर्कतापूर्वक अध्ययन और मापन करने की, जिसे शुरू करने से पहले पूरी तैयारी एवं छोटी-छोटी बारीकियों का पूरा ध्यान रखना अत्यंत आवश्यक है।

कॉम्पटन ने आठ वैज्ञानिक अभियानों का आयोजन किया, जिसमें संसार के विभिन्न क्षेत्रों पर पड़ रहीं अंतरिक्ष किरणों का मापन कर आँकड़े इकट्ठे किए गए थे। कुल मिलाकर साठ भौतिकविदों ने इसमें भाग लिया था। सभी प्रयोगों में एक समान रिकॉर्डिंग यंत्रों का इस्तेमाल किया गया था, जिनका अभिकल्पन अत्यंत सावधानी से किया गया था। इन यंत्रों के अभिकल्पन में इस बात का विशेष ध्यान रखा गया था कि इनके पुरजे न केवल आसानी

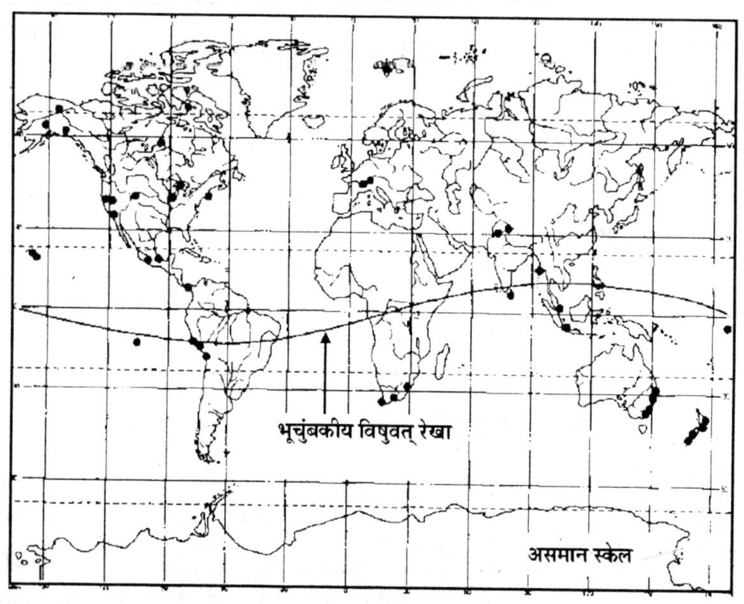

चित्र 2.4 संसार के मानचित्र में विभिन्न क्षेत्रों पर अंतरिक्ष किरणों को मापने के लिए कॉम्पटन द्वारा आयोजित वैज्ञानिक अभियानों के निरीक्षण,स्थलों की स्थिति बिंदुओं द्वारा दरशाई गई है।

से जोड़कर संचालन के लिए तैयार किए जा सकें, बल्कि वजन में भी वे हलके हों, क्योंकि कई अभियान दुर्गम क्षेत्रों में भी किए गए थे, जहाँ सिर्फ पैदल ही जाना संभव था। चित्र 2.4 में संसार का मानचित्र दिखाया गया है, जिसमें परीक्षण-स्थलों की स्थितियाँ चिह्नित हैं। यह गौरतलब है कि उत्तरी भारत में भी निरीक्षण किए गए थे। कॉम्पटन ने अपने धन्यवाद-ज्ञापन में अन्य लोगों के साथ लाहौर के प्रो. रॉस विल्सन और इलाहाबाद के प्रो. शर्मा को हिमालय-क्षेत्रों में निरीक्षण करने का श्रेय दिया है।

अब हम भू-चुंबकीय प्रभावों से संबंधित महत्त्वपूर्ण परिणामों की चर्चा करेंगे। चित्र 2.5 में अंतरिक्ष किरणों की संपूर्ण तीव्रता विभिन्न अक्षांशों पर दरशाई गई है। तीव्रता में परिवर्तन भू-चुंबकीय प्रभाव के कारण होता है। लेकिन चित्र 2.6 में प्रदर्शित परिणाम अधिक महत्त्वपूर्ण हैं। भाभा अकसर इस चित्र का जिक्र किया करते थे और इसका तात्पर्य समझाने की कोशिश करते थे। चेन्नई में रिकॉर्ड किए गए आँकड़े भी इस चित्र में शामिल हैं। इन आँकड़ों का संग्रहण करने के लिए सन् 1937 में मिलिकन चेन्नई आए थे। इस दौरान वे रमण से मिलने बैंगलोर भी गए थे। उनकी यह भेंट शायद उस भेंट का प्रतिदान थी, जो रमण ने सन् 1924 में की थी जब वे कैलिफोर्निया प्रौद्योगिकी संस्थान में मिलिकन के अतिथि थे।

चित्र 2.6 से संबंधित कुछ और निष्कर्ष इस प्रकार हैं। प्रथमतः, चित्र की सारी रेखाएँ दरशाती हैं कि सब अक्षांशों पर वायुमंडलीय ऊँचाई के साथ अंतरिक्ष किरणों की तीव्रता

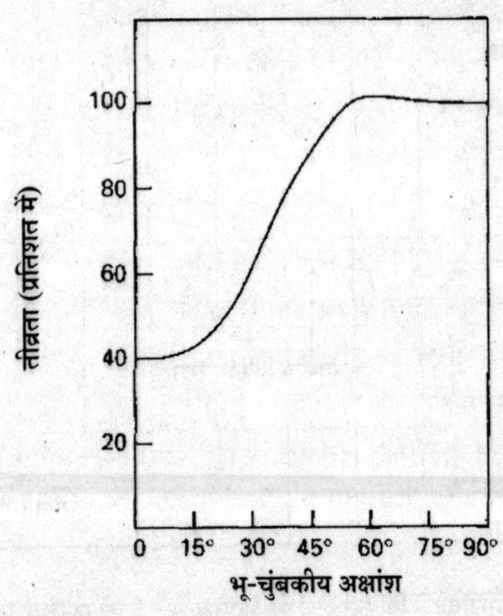

चित्र 2.5 समुद्र तल पर अक्षांश आधारित अंतरिक्ष किरणों की तीव्रता का विवरण।

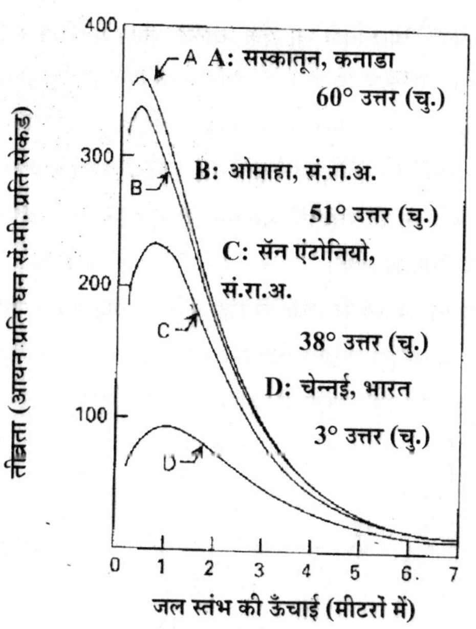

चित्र 2.6 चार विभिन्न अक्षांशों पर वायुमंडल की ऊँचाई के साथ अंतरिक्ष किरणों की तीव्रता में बदलाव का स्वरूप। X-अक्ष का '0', वायुमंडल की सर्वोच्च ऊँचाई को दरशाता है।

बढ़ती है, ठीक वैसे ही, जिसकी खोज हेस ने सबसे पहले की थी। दूसरे, एक विशिष्ट ऊँचाई के बाद तीव्रता में कमी आती है। तीसरे, उच्च अक्षांशों पर तीव्रता बढ़ जाती है; जैसा कि हम पिछले चित्र से भी जान चुके हैं। चित्र में X-अक्ष पर लिखी 'जल स्तंभ की ऊँचाई—मीटरों में' स्केल शायद कुछ परेशानी का कारण बन रहा है, परंतु बॉक्स 2.5 को पढ़कर यह कठिनाई दूर हो जाएगी।

चित्र 2.6 में दिए गए तीव्रता वक्रों के चरम स्तर या शिखर को देखकर यह स्पष्ट है कि प्राथमिक किरणों के वायुमंडल में प्रविष्ट होते ही वहाँ कुछ होने लगता है। एक संभावना यह है कि प्रवेश करते ही प्राथमिक किरणें अवशोषित कर ली जाती हैं, परंतु ऐसा होने से उनकी तीव्रता में कमी आनी चाहिए। तीव्रता में पाई गई वृद्धि सुझाती है कि प्राथमिक किरणें अन्य कणों को उत्पन्न करती हैं, अर्थात् द्वितीयक किरणें, जिससे तीव्रता वक्रों की इस वृद्धि की व्याख्या की जा सके।

सारांश यह है कि प्राथमिक किरणें दो भिन्न घटकों का मिश्रण हैं—एक अतिभेदी घटक तथा दूसरा अल्पभेदी घटक। अल्पभेदी घटक सीसे जैसे पदार्थ के कुछ मिलीमीटर से लेकर कुछ सेंटीमीटर तक की मोटाई में ही सोख लिया जाता है, जबकि अतिभेदी घटक कई

मीटर मोटाई तक के सीसे को भी भेद सकता है। अल्पभेदी किरणें समय-समय पर आकाश में कणों की बौछार के रूप में फैली हुई होती हैं, बंदूक की गोलियों की फुहार की तरह।

ब्रह्मांड किरणों में इन घटकों की मौजूदगी तथा इनके बौछार-स्वरूप की खोज पिछली शताब्दी के तीसरे दशक में ही हो चुकी थी। उस समय सिर्फ इलेक्ट्रॉन, प्रोटॉन, न्यूट्रॉन तथा फोटॉन कणों के बारे में ही पता था। केवल इन्हीं की मौजूदगी से कणों के बौछार-रूप की व्याख्या करना संभव नहीं था; परंतु पॉजिट्रॉन की खोज ने इस परिघटना को समझने का एक रास्ता दिखाया। भाभा ने कैसे इस खोज का उपयोग किया, इसके बारे में अगले अध्याय में चर्चा की जाएगी।

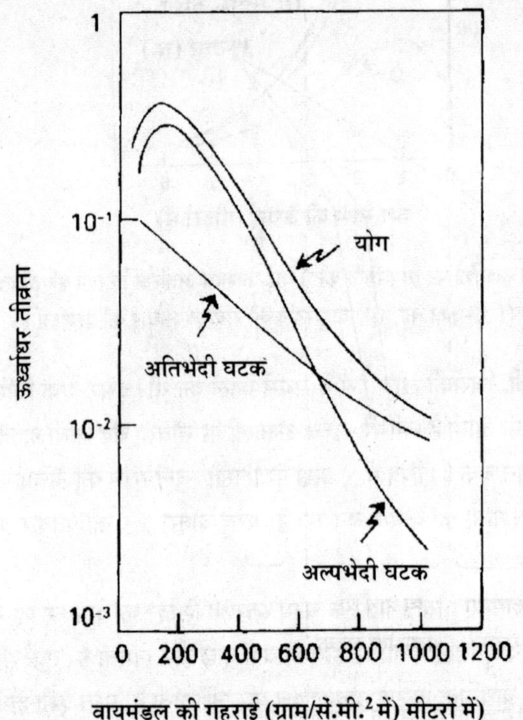

चित्र 2.7 वायुमंडल की गहराई के साथ अंतरिक्ष किरणों की कुल तीव्रता में बदलाव का स्वरूप। अतिभेदी तथा अल्पभेदी घटकों में बदलाव भी दिखाया गया है।

चित्र 2.7 में प्राथमिक किरणों के दोनों घटकों की ऊर्ध्वाधर तीव्रता में बदलाव को दरशाया गया है। कणों की बौछार के क्षेत्र में भाभा ने जो शोध-कार्य किए हैं, उन्हें समझने के

लिए दोनों घटकों के स्रोत को जानना होगा, जिनका सरल रूप चित्र 2.8 में दिया गया है। यहाँ इस चित्र की थोड़ी सी व्याख्या देना जरूरी है। सबसे पहले हम चित्र में वर्णित प्रक्रियाओं में भाग लेनेवाले कणों से परिचित होंगे। जब उच्च ऊर्जावाली प्राथमिक किरणें परमाणु के नाभिक से टकराती हैं तो कई कण उत्पन्न होते हैं। ये कण खुद ऊर्जात्मक होते हैं, अतः दूसरे नाभिकों से टकराकर और कण पैदा करते हैं। इस प्रकार यह प्रक्रिया चलती रहती है, जिससे

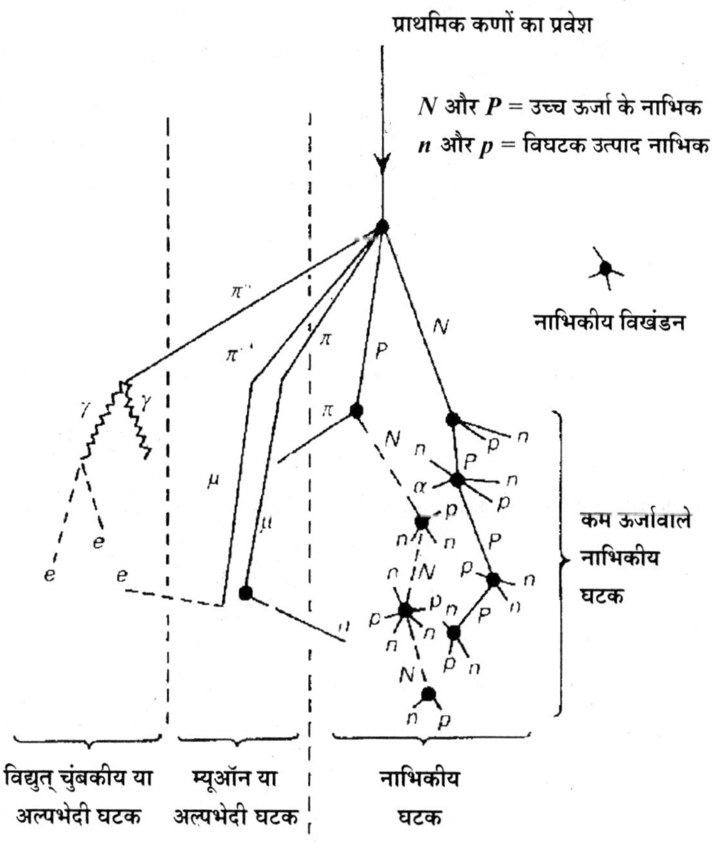

चित्र 2.8 पृथ्वी के वायुमंडल में द्वितीयक अंतरिक्ष किरण-कणों का उत्पादन।

एक सोपानी प्रक्रम विकसित होता है। कणों में बढ़ोतरी की यह प्रक्रिया तब तक चलती रहती है जब तक कि उत्पादित कणों की ऊर्जा इतनी कम नहीं हो जाती कि वह अन्य नाभिकों को विघटित करने में अक्षम हो जाए। वायुमंडल में द्वितीयक कणों की उत्पत्ति का यह संक्षिप्त विवरण है।

अब जरा प्रक्रियाओं में भाग लेनेवाले कणों पर गहरी दृष्टि डालें। जब कोई नाभिक, जैसे ऑक्सीजन, खंडित होता है तब कई न्यूट्रॉन (n) और प्रोटॉन (p) बाहर निकलते हैं। ये कण खुद अभिक्रियाएँ कर सकते हैं, जैसा कि चित्र 2.8 में दिखाया गया है। कभी-कभी फोटॉन (γ) भी उत्पन्न होते हैं और जब ये फोटॉन उच्च ऊर्जा के होते हैं तो वे युग्म-उत्पादन प्रक्रिया से इलेक्ट्रॉन-पॉजिट्रॉन की जोड़ी में परिवर्तित हो जाते हैं। चित्र 2.8 में कुछ कण π^+, π^- या π° से चिह्नित हैं। इन्हें π-मेसॉन या संक्षेप में पायॉन कहते हैं। ये तीन प्रकार के होते हैं—आवेश-विहीन π°, धनावेशित π^+ तथा ऋणावेशित π^- । मेसॉनों की खोज के बारे में चर्चा तो बाद में करेंगे, जिसमें भाभा का भी योगदान था, परंतु यहाँ इस बात का जिक्र करना चाहूँगा कि इन कणों का नाम 'मेसॉन' रखने का सुझाव भाभा ने ही दिया था। अभी इतना जानना काफी होगा कि आवेशित पायॉन 2.5 x 10^{-8} सेकंड में क्षय होकर μ-मेसॉन बन जाता है, यानी—

$$\pi^{\pm} \xrightarrow{2.5 \times 10^{-8}\text{ सेकंड}} \mu^{\pm} \pm \nu \text{ (न्यूट्रिनो)}$$

लेकिन π°-मेसॉन का क्या होता है? इसका क्षय दो फोटॉनों में हो जाता है, लेकिन यह प्रक्रिया इतनी तीव्र गति से (~10^{-16} सेकंड में) होती है कि π° वायुमंडल में प्रत्यक्ष नहीं मिलता है। परंतु इसके अस्तित्व के बारे में अच्छे प्रायोगिक प्रमाण तथा सुदृढ़ सैद्धांतिक कारण मौजूद हैं। π-मेसॉन का द्रव्यमान 273 m_e होता है, जबकि इससे हलके μ-मेसॉन का 207 m_e; यहाँ m_e इलेक्ट्रॉन का स्थिर द्रव्यमान है।

आप शायद सोच रहे होंगे कि आखिर ये π-मेसॉन आते कहाँ से हैं? क्या ये नाभिक में ही रहते हैं? यदि ऐसा है तो हमें क्यों बताया गया था कि नाभिक में केवल प्रोटॉन और न्यूट्रॉन ही होते हैं? यह प्रश्न उचित है। पायॉन की बात ही कुछ निराली है।

अब हम इसके बारे में सरल जानकारी देते हैं। यह तो हम जानते हैं कि आवेशित कण आपस में अभिक्रिया करते समय फोटॉनों का आदान-प्रदान करते हैं[4]। फोटॉनों का यह आदान-प्रदान चुंबकीय अभिक्रियाओं का आधार है। इसी प्रकार न्यूक्लियॉन (प्रोटॉन और न्यूट्रॉन का संयुक्त नाम) आपस में अभिक्रिया करते समय पायॉनों का आदान-प्रदान करते हैं। दूसरे शब्दों में, नाभिकीय बलों या प्रबल अभिक्रियाओं का आधार पायॉन ही हैं[5]।

फोटॉन की तरह पायॉन भी बोसॉन कण होते हैं, अर्थात् वे बोस-सांख्यिकी के अनुसार आचरण करते हैं[6]। नाभिक के अंदर स्थित न्यूट्रॉनों तथा प्रोटॉनों में परस्पर पायॉनों का आदान-प्रदान होता रहता है। जब नाभिक का खंडन प्राथमिक अंतरिक्ष कण द्वारा होता है, तब कुछ पायॉन बाहर निकल पड़ते हैं। इसके बाद ये आवेशित पायॉन पहले तो μ-मेसॉनों

में, जो फिर क्रमबद्ध तरीके से जल्द ही इलेक्ट्रॉनों में (~2.2 x 10^{-6} सेकंड में) परिवर्तित हो जाते हैं। हम आशा करते हैं कि इस सरल व्याख्या से चित्र 2.8 को समझने में आसानी होगी।

अब फिर से पिछली शताब्दी के तीसरे दशक के मध्यकाल (सन् 1935 के करीब) में अंतरिक्ष किरणों के क्षेत्र में हुए कुछ शोधों की चर्चा करेंगे। जापान के यूकावा ने नाभिक के अंदर स्थित कणों पर परस्पर लग रहे बलों के सिद्धांत का विकास किया। यूकावा ने इस न्यूक्लियॉन बल को विद्युत् चुंबकीय बल के सदृश माना और इस हेतु एक नए कण की संकल्पना की, जिसे उन्होंने U-कण कहा। यह U-कण फोटॉन के समान माना गया; परंतु यह आवेश-युक्त (धनात्मक अथवा ऋणात्मक) था तथा उसका द्रव्यमान भी था। यूकावा के अनुसार रेडियो-सक्रियता भी इसी कण के कारण होती है, या यों कहें कि यूकावा का यह कण प्रबल एवं दुर्बल दोनों प्रकार के नाभिकीय बलों में भाग लेता है। इसी दौरान एंडरसन और नेडरमेयर को एक नए कण की उपस्थिति के प्रमाण मिले, जिसकी पहचान यूकावा ने तुरंत अपने U-कण से की। उस समय लोगों ने अंतरिक्ष किरणों के अल्पभेदी घटक को इलेक्ट्रॉन तथा अतिभेदी घटक को U-कण समझ लिया। लेकिन असली बात का पता चौथे दशक के अंत में (सन् 1948 के करीब) चला कि अतिभेदी घटक μ-मेसॉन होता है तथा यूकावा कण और कुछ नहीं, पायॉन ही है।

तालिका 2.2 ब्रह्मांड किरणों में खोजे गए मूल कणों की सूची

मूल कण		**द्रव्यमान (m_e इकाई में)**	**आवेश (e)**
पॉजिट्रॉन		1	+1
μ-मेसॉन	(μ^-)	207	–1
	(μ^+)	207	+1
π -मेसॉन	(π^-)	273	–1
	(π^+)	273	+1
	(π°)	266	0
K-मेसॉन	(K^-)	966	–1
	(K^+)	966	+1
	(K°)	974	0
हाइपेरॉन (Λ°)		2183	0
	(Σ°)	2332	0

मूल कण	द्रव्यमान (m_e इकाई में)	आवेश (e)
(Σ^+)	2328	+1
(Σ^-)	2341	–1
(Ξ°)	2566	0
(Ξ^-)	2580	–1

ब्रह्मांड किरणों के शोध में भाभा के आरंभिक योगदान को समझने एवं सराहने के लिए आवश्यक सामान्य ज्ञान की जानकारी अब तक दी जा चुकी है। मुख्यतः निम्नलिखित बातों को याद रखने की जरूरत है—

- ब्रह्मांड किरणें आवेशित कण होते हैं, जो बाह्य जगत् से आते हैं।
- ये कण काफी ऊर्जावान् होते हैं।
- प्राथमिक कण वायुमंडल से प्रक्रिया करके द्वितीयक कण उत्पन्न करते हैं।
- इन किरणों के दो घटक होते हैं—अतिभेदी तथा अल्पभेदी।
- वर्तमान सोच के अनुसार अतिभेदी घटक μ-मेसॉन है।
- सन् 1930 के करीब π-मेसॉन तथा μ-मेसॉन में अंतर का ज्ञान न होने से अतिभेदी घटक को गलती से यूकावा कण मान लिया गया था। वास्तव में यूकावा कण π-मेसॉन है।

यहाँ ब्रह्मांड किरणों के विषय में पूरी जानकारी नहीं दी जा रही है, क्योंकि यह पुस्तक इसके बारे में नहीं है। फिर भी, यह बताना जरूरी है कि सन् 1960-65 तक अंतरिक्ष किरणें ही अति-उच्च ऊर्जा कणों को प्राप्त करने का एकमात्र साधन थीं। तब इन किरणों का उपयोग दो तरह से—एक, इनके बारे में जानने तथा दूसरा, इनके द्वारा जनित प्रक्रियाओं को समझने के लिए किया जाता था। इन अध्ययनों से कई मूल कणों की खोज हुई, जिनकी सूची तालिका 2.2 में दी गई है। सन् 1970 के बाद से अभिक्रियाओं के अध्ययन में उच्च ऊर्जा त्वरकों का प्रयोग हो रहा है। लेकिन अभी भी यदि प्रयोग करने के लिए अत्यधिक ऊर्जा, जैसे 10^6 जीईवी के कणों की आवश्यकता होती है तो अंतरिक्ष किरणों का ही ध्यान आता है।

वर्तमान में ब्रह्मांड किरणों को मुख्यतः खगोल भौतिकी अन्वेषणों का साधन माना जाता है, यद्यपि कुछ लोग इसे 'गरीब आदमी की' उच्च ऊर्जा भौतिकी प्रयोगशाला का खिताब देते हैं। कई लोगों के लिए तो ब्रह्मांड किरणें रेडियो-सक्रिय समस्थानिकों का स्रोत हैं, जो विभिन्न प्रकार के भू-भौतिकी तथा भू-रासायनिकी अन्वेषणों में सहायक हैं। अगले अध्यायों में इनमें से कुछ विषयों पर संक्षिप्त चर्चा की जाएगी।

बॉक्स 2.1
विद्युत्दर्शी

आवेश की उपस्थिति जानने का एक सबसे पुराना उपकरण विद्युत्दर्शी है। इसमें सोने से बने दो पत्रक होते हैं, जैसा कि नीचे के चित्र (a) में दिखाया गया है। इस उपकरण में चित्र (b) के अनुसार कुछ आवेश जमा करने से दोनों पत्रकों पर समान आवेश हो जाने के कारण उनमें विकर्षण होता है, जिससे ये पत्रक एक-दूसरे से अलग हो जाते हैं। जब तक विद्युत्दर्शी आवेश को रोककर रख सकता है, ये पत्रक फैले रहते हैं। विल्सन ने पाया कि सावधानी बरतने के बावजूद विद्युत्दर्शी में संचित आवेश विसर्जित हो रहा था। यही निरीक्षण अंतरिक्ष किरणों की खोज का कारण बना।

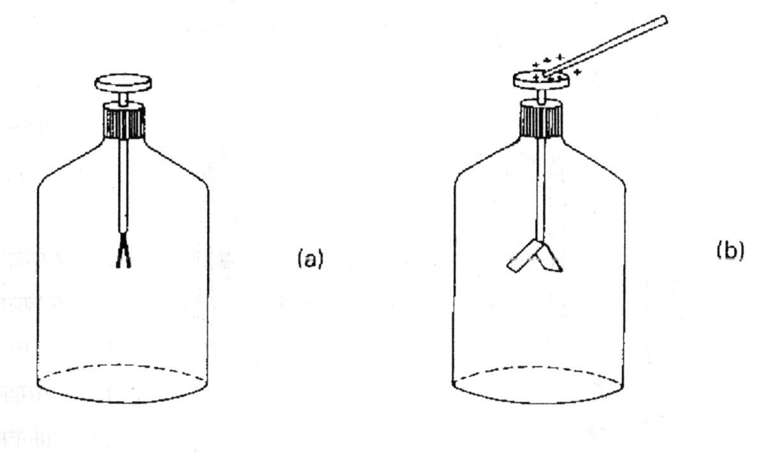

बॉक्स 2.2
इलेक्ट्रॉन वोल्ट इकाई

एक इलेक्ट्रॉन को विद्युत् बल के विपरीत दिशा में चलाने के लिए कुछ काम करना पड़ता है, जैसा कि नीचे के चित्र (a) में दिखाया गया है। यह काम वैसा ही है जैसे एक पत्थर को ऊपर उठाने के लिए गुरुत्वाकर्षण बल के विरुद्ध काम करना पड़ता है। एक वोल्ट विभव के विपरीत एक इलेक्ट्रॉन को चलाने में आवश्यक कार्य को 1 इलेक्ट्रॉन वोल्ट (ईवी) कहते हैं। 1 इलेक्ट्रॉन वोल्ट = 1.602×10^{-12} अर्ग। परमाणु भौतिकी में इलेक्ट्रॉन वोल्ट ऊर्जा की एक सुविधाजनक इकाई है। नाभिकीय भौतिकी में ऊर्जा की इकाई मेगा इलेक्ट्रॉन वोल्ट (यानी 10 लाख ईवी) है, जबकि मूल कण भौतिकी में गीगा इलेक्ट्रॉन वोल्ट (यानी 1 अरब ईवी) इकाई का उपयोग होता है। ब्रह्मांड किरणों की ऊर्जा को गीगा इलेक्ट्रॉन वोल्ट या इससे भी बड़ी इकाइयों में दरशाया जाता है।

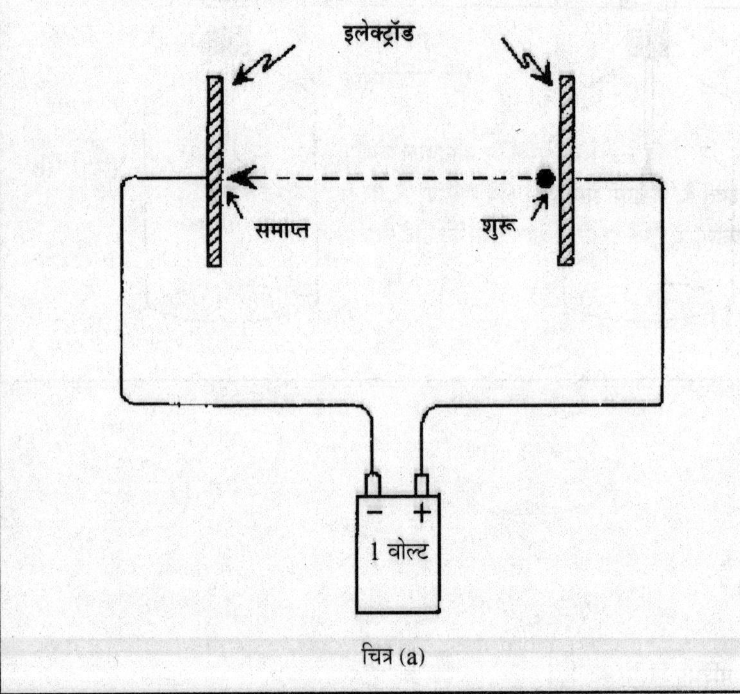

चित्र (a)

बॉक्स 2.3

संवेग की इकाई

विशिष्ट आपेक्षिकता सिद्धांत के अनुसार किसी कण की कुल ऊर्जा E उसके द्रव्यमान m तथा संवेग p पर निर्भर करती है—

$$E = \sqrt{(m^2 c^4 + p^2 c^2)}$$

यहाँ c प्रकाश की गति है। कण की गतिज ऊर्जा, K.E. = p.c, अतः,

$$p = (K.E./c)$$

इसलिए, ब्रह्मांड किरणों के कणों का संवेग जीईवी/c या एमईवी/c की इकाइयों में नापा जाता है।

बॉक्स 2.4

पूर्व-पश्चिम प्रभाव

चित्र 2.2(b) में पृथ्वी पर आनेवाले कणों को, जो किसी भी एक दिशा के समानांतर आते हैं, दिखाया गया था। अब अक्षांश Λ पर गौर करें (नीचे का चित्र a) जहाँ विभिन्न कोणों से पृथ्वी पर आने वाले कणों को नीचे के चित्र (b) में दिखाया गया है।

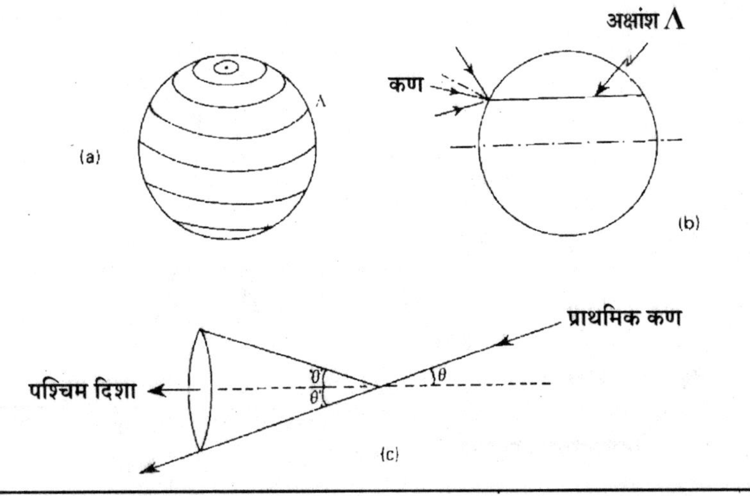

अब पश्चिम दिशा और कण के पृथ्वी पर टकराने की दिशा के बीच बननेवाला कोण यदि θ है (चित्र c), तो स्टॉमर सिद्धांत के अनुसार इस कण को Λ अक्षांश पर पहुँचने के लिए इसके संवेग का मान p_{min} से ज्यादा होना आवश्यक है। निम्न तालिका में इस p_{min} का मान भिन्न दिशाओं से आनेवाले प्रोटॉनों के लिए दिया गया है—

प्रोटॉनों की दिशा	$\Lambda = 0°$	$\Lambda = 45°$	$\Lambda = 90°$
पूर्व से ($\theta = 0$)	60	4.6	0
शिरोबिंदु से ($\theta = \pi/2$)	15	3.7	0
पश्चिम से ($\theta = \pi$)	10	3.1	0

इस तालिका से यह स्पष्ट है कि यदि प्राथमिक किरणों में अधिकतर धनात्मक कण हैं तो ज्यादातर कण पूर्व दिशा की अपेक्षा पश्चिम दिशा से आएँगे, क्योंकि p_{min} का मान पश्चिम से आनेवाले कणों के लिए कम है। यही पूर्व-पश्चिम असममिति प्रभाव है, जिसकी प्रयोगों द्वारा पुष्टि हो चुकी है।

बॉक्स 2.5
वायुमंडलीय दाब

प्रति इकाई क्षेत्रफल पर लगनेवाले बल को दाब या दबाव कहते हैं। सम-घनत्व वाले पदार्थ से बना M द्रव्यमान का एक प्रिज्माकार ठोस, जैसा कि चित्र (a) में दिखाया

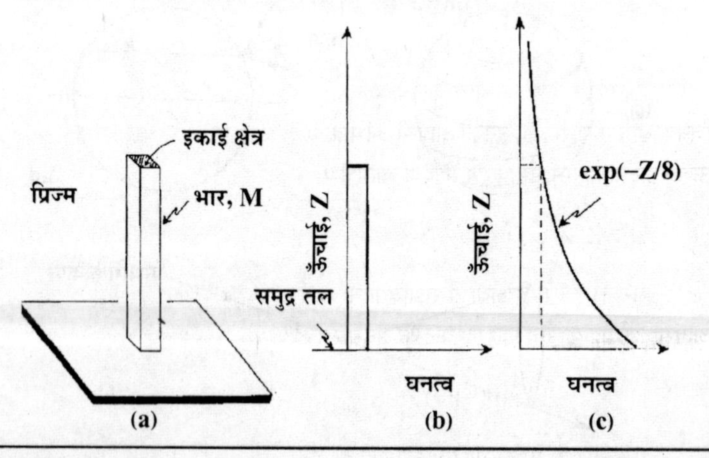

गया है, अपने नीचे रखे तख्त पर M x g के बराबर दाब डालता है, यहाँ g गुरुत्वीय त्वरण है। दाब को यदि ग्राम/सें.मी.^{2} इकाई में व्यक्त करें तो समुद्री सतह पर वायुमंडलीय दाब 1030 ग्राम/सें.मी.^{2} होता है। यदि यह मानकर चलें कि वायुमंडल का घनत्व सभी ऊँचाइयों पर समान है, जैसा चित्र (b) में दिखाया गया है (यद्यपि यह सच नहीं है!), तो वायुमंडल की ऊँचाई 8 कि.मी. प्राप्त होती है। वास्तव में वायु का घनत्व ऊँचाई के साथ बदलता है, जिसका स्वरूप चित्र (c) में दिखाया गया है, लेकिन 8 कि.मी. को वायुमंडल की औसत ऊँचाई माना जा सकता है। इस व्याख्या से Z कि.मी. की ऊँचाई पर वायुमंडलीय दाब P(Z) का मान निम्न सूत्र से प्राप्त कर सकते हैं—

$$P(Z) = 1030 \exp(-Z/8) \text{ ग्राम/सें.मी.}^2$$

जल का घनत्व 1 ग्राम/सें.मी.^{3} होता है, अतः P सें.मी. ऊँचा जल-स्तंभ P ग्राम/सें.मी.^{2} का दाब डालेगा। अंतरिक्ष किरण भौतिकी अध्ययन के आरंभिक काल में वायुमंडल की ऊँचाई कभी-कभी जल-स्तंभ की तुल्य ऊँचाई (मीटरों में) द्वारा दरशाई जाती थी। यानी,

वायुमंडलीय ऊँचाई Z कि.मी. = दाब P(Z) ग्राम/सें.मी.^{2}

= [P(Z) / 100] मीटर जल तुल्य ऊँचाई

ब्रह्मांड किरणों के अध्ययन में इनकी गति का निरीक्षण न केवल वायुमंडल में बल्कि अन्य पदार्थों जैसे सीसे और लोहे के माध्यम में भी किया जाता है। अतः अवशोषक पदार्थों की मोटाई अब ग्राम/सें.मी.^{2} इकाई में दी जाती है। इस इकाई में यदि अवशोषक पदार्थ की मोटाई 150 ग्राम/सें.मी.^{2} है तो वह 13 सें.मी. मोटे सीसे के बराबर होती है।

बॉक्स 2.6
पायॉन का आदान-प्रदान

आवेशित कणों के बीच कुलंब-बल होता है। Z_1e और Z_2e आवेश के दो कण जिनके बीच की दूरी r है, उनकी आपसी अभिक्रिया के लिए इस स्थिर वैद्युत बल (स्थितिज ऊर्जा) का मान निम्न समीकरण से दिया जाता है—

$$U = Z_1 Z_2 e^2 / r \quad (1)$$

सन् 1935 में यूकावा ने सुझाव दिया था कि नाभिकों (प्रोटॉन और न्यूट्रॉन) की आपसी अभिक्रिया नीचे दिए गए बल के अनुसार होती है—

$$U_{\text{नाभिक}} = -g^2 \exp(-k.r) / r \quad (2)$$

यह ऊपर के समीकरण (1) जैसा ही है। यहाँ g^2 की भूमिका समीकरण (1) के e^2

की भाँति है। कणों के बीच की दूरी r की बढ़ोतरी के साथ स्थिर वैद्युत् बल (U) की तुलना में यूकावा बल ($U_{नाभिक}$) तेजी से कम होता है। समीकरण (2) में स्थिरांक k का मान नाभिकीय बलों के परास (रेंज) पर निर्भर करता है,

$$\text{परास} \sim (1/k) \qquad (3)$$

क्वांटम विद्युत् गतिकी (QED) से हम जानते हैं कि वैद्युत् बल फोटॉन के आदान-प्रदान से कार्य करते हैं[7]। इसी के अनुरूप, यूकावा ने सुझाया कि नाभिकीय बल की क्रिया भी किसी नए प्रकार के क्वांटम से युक्त होनी चाहिए। इस क्वांटम को U कण का नाम दिया गया तथा यह माना गया कि इसमें धनात्मक अथवा ऋणात्मक आवेश होता है। पिछली शताब्दी के चौथे दशक के अंत में π-मेसॉन की खोज के बाद, U^+ को π^+ तथा U^- को π^- के रूप में पहचाना गया था। उस समय नाभिकीय बल के बारे में मोटे तौर पर निम्न तसवीर उभरी थी—

नाभिक में न्यूट्रॉन कुछ समय प्रोटॉन तथा π^- का मिश्रण होता है, यानी $n \rightarrow p^+ + \pi^-$। इसी तरह $p \rightarrow n + \pi^+$। जिस प्रकार परमाणु के विखंडन से फोटॉन निकलते हैं, वैसे ही प्राथमिक कणों द्वारा नाभिक के विघटन से पायॉन निकलते हैं।

संदर्भ-सूची

1. बॉक्स 2.1 देखिए।
2. जर्मन भाषा का शब्द, जिसका अर्थ है—वायुमंडल के बाहर से आनेवाला विकिरण।
3. त्वरकों के संक्षिप्त परिचय के लिए वेंकटरमण की पुस्तक 'Why Are Things the Way They Are?' देखिए।
4. वेंकटरमण की पुस्तक 'QED : Jewel of Physics Quantum Revolution–Part II' देखिए।
5. देखिए बॉक्स 2.6।
6. वेंकटरमण की पुस्तक 'Bose and His Statistics' देखिए।
7. वेंकटरमण की पुस्तक 'QED : Jewel of Physics, Quantum Revolution: Part II' देखिए।

3
कैंब्रिज में भाभा

परिचय

भाभा का सक्रिय वैज्ञानिक जीवन सन् 1933 से 1953 की अवधि तक जारी रहा। सन् 1933 में उन्होंने पहला शोध-पत्र जर्मन भाषा में प्रकाशित किया था और 1953 में टोकियो में आयोजित सैद्धांतिक भौतिकी के अंतरराष्ट्रीय सम्मेलन में अपना अंतिम शोध-पत्र पढ़ा। इन दो दशकों में केवल छह वर्ष उन्होंने यूरोप में बिताए थे, जबकि इसके दुगुने से भी अधिक समय वे भारत में थे। इस प्रकार भाभा ने अपना कार्य न केवल दो भिन्न स्थानों पर बल्कि दो, एकदम ही अलग, परिस्थितियों में किया था। जब हम उनके समस्त कार्यों को एक साथ देखते हैं तो कई रोचक तथ्य सामने आते हैं ।

दिसंबर 1940 में मेघनाद साहा के आमंत्रण पर उन्होंने कलकत्ता में कई व्याख्यान दिए थे। प्रथम व्याख्यान की शुरुआत में भाभा ने, भौतिक प्रक्रिया[1] के आधार पर, ऊर्जा-स्केल को तीन वर्गों में बाँटा—

(i) ऊर्जा का मान 0.5 मेगा इलेक्ट्रॉन वोल्ट से कम, (ii) ऊर्जा का मान 0.5 और 100 मेगा इलेक्ट्रॉन वोल्ट के बीच तथा (iii) ऊर्जा का मान 100 मेगा इलेक्ट्रॉन वोल्ट से ज्यादा। इस विभाजन के निम्न कारण थे—ऊर्जा की इकाई में इलेक्ट्रॉन का स्थिर द्रव्यमान 0.5 मेगा इलेक्ट्रॉन वोल्ट होता है, अतः इससे कम ऊर्जा पर सबसे हलके कण, यानी इलेक्ट्रॉन का भी निर्माण नहीं हो सकता। दूसरे ऊर्जा वर्ग में इलेक्ट्रॉन तथा पॉजिट्रॉन तो उत्पन्न हो सकते हैं, पर मेसॉन का निर्माण नहीं हो सकता, क्योंकि उनके लिए 100 मेगा इलेक्ट्रॉन वोल्ट ऊर्जा की आवश्यकता होती है, जो ऊर्जा इकाई में मेसॉन के स्थिर द्रव्यमान के करीब है। स्पष्टतः 100 मेगा इलेक्ट्रॉन वोल्ट से ज्यादा ऊर्जा अलग वर्ग में आती है। भाभा का कार्यक्षेत्र विशेषतः ऊर्जा वर्ग (ii) और (iii) से संबद्ध था।

सन् 1920-35 का समय कैंब्रिज की केवेंडिश प्रयोगशाला का स्वर्णिम काल था। लॉर्ड रदरफोर्ड वहाँ के सर्वेसर्वा थे तथा नाभिकीय भौतिकी में उस समय वास्तविक तौर पर महत्त्वपूर्ण खोजें हो रही थीं। संक्षेप में कहें तो केवेंडिश मक्का था और काम करने का विषय नाभिकीय भौतिकी। भाभा ठीक उसी समय वहाँ उपस्थित थे, जहाँ ये सब घटनाएँ हो रही थीं। फिर भी उन्होंने नाभिकीय भौतिकी पर शोध जारी रखने का विचार त्याग दिया। इस पर उनके सहयोगी हेटलर[2] ने टिप्पणी करते हुए कहा था—

> "सन् 1936 में सैद्धांतिक भौतिकी पर कम लोग ही काम करते थे। उस समय नाभिकीय भौतिकी पर काम करना ज्यादा प्रचलित था। भाभा उन थोड़े से व्यक्तियों में थे, जिन्हें भविष्य की भौतिकी में उच्च ऊर्जा क्षेत्र का महत्त्व स्पष्ट नजर आ रहा था।"

प्रथम अध्याय के विवरण से यह स्पष्ट है कि भाभा गणितीय भौतिकी की ओर ज्यादा आकर्षित थे, क्योंकि इसमें गणित व भौतिकी दोनों विषयों का अपूर्व मिलन था। जब वे विद्यार्थी थे, तभी से डिराक के शोध के दूरगामी योगदान से काफी प्रभावित थे। इसके अलावा, वे डिराक के साथ भौतिकी विषय पर चर्चा करके खुश व लाभान्वित भी हुए थे। उन दिनों अंतरिक्ष किरणों के बारे में ज्यादा जानकारी नहीं थी; पर भाभा को इसमें डिराक की क्वांटम विद्युत्-गति सिद्धांत (क्यू.ई.डी.) तथा मूल कणों के अन्य संभावित सिद्धांतों को जाँचने का अवसर दिखाई दे रहा था। अतः यह कोई आश्चर्य की बात नहीं है कि भाभा के लगभग सभी शोध-पत्र अंतरिक्ष किरणों व मूल कणों से संबद्ध हैं। इससे पहले कि हम उनके योगदान की चर्चा करें, विकिरणों के पदार्थों से होकर गुजरने के बारे में कुछ जानकारी का होना आवश्यक है।

पदार्थों में विकिरण गमन

यहाँ 'विकिरण' शब्द व्यापक अर्थ में प्रयुक्त किया गया है, जिसमें आवेशित कण, जैसे इलेक्ट्रॉन, प्रोटॉन, अल्फा आदि और फोटॉन दोनों शामिल हैं। जब विकिरण-पुंज किसी पदार्थ, जैसे सीसे की पट्टिका पर लंबवत् दिशा में पड़ता है, तब क्या होता है?

इसे समझने के लिए मान लें कि विकिरण आवेशित कणों का किरण-पुंज है। जब यह किरण-पुंज सीसे की पट्टिका से होकर गुजरता है तो यह पट्टिका के पदार्थ के परमाणुओं को उत्तेजित करता है, यानी सीसे के परमाणुओं में विद्यमान इलेक्ट्रॉन ऊर्जा सोखकर उच्च ऊर्जा स्तर पर चले जाते हैं। कभी-कभी तो इस प्रक्रिया में इलेक्ट्रॉन परमाणुओं को आयनित अवस्था में छोड़कर उनसे एकदम अलग हो जाते हैं। दोनों ही स्थितियों में आपतित कण

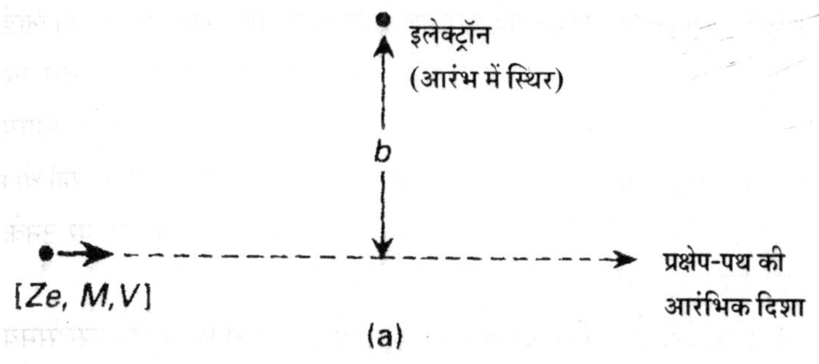

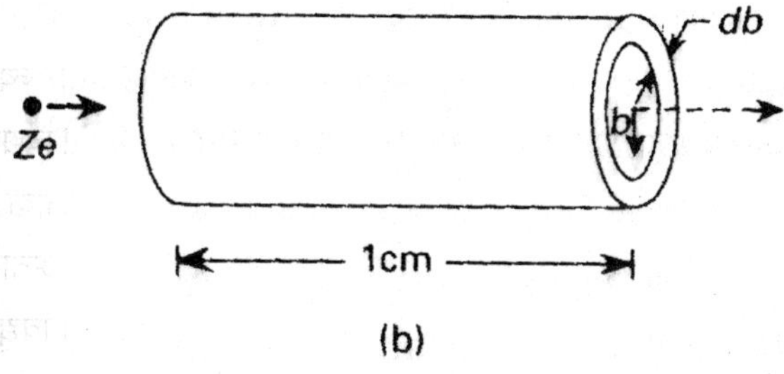

चित्र 3.1 (a) आवेशित कण एक स्थिर इलेक्ट्रॉन की ओर बढ़ते हुए। संघात-प्राचल b निकटतम पहुँच की दूरी को दरशाता है। (b) इलेक्ट्रॉनों को आवेशित कण से कितनी ऊर्जा प्राप्त होती है, इसके लिए सबसे पहले 1 सें.मी. लंबे व db मोटाईवाले बेलनाकार गोलाई के अंदर स्थित इलेक्ट्रॉनों की संख्या की गणना करनी पड़ती है। यह गणना सूत्र (3.4) को इंगित करती है।

पदार्थ में अपनी ऊर्जा खोते हुए आगे बढ़ता चला जाता है।

विकिरण की पदार्थों में ऊर्जा खोने की इस प्रक्रिया का अध्ययन सबसे पहले बेथे, ब्लॉख तथा बोह्र ने किया था। संक्षेप में इसका विश्लेषण कुछ इस प्रकार है—M द्रव्यमान और Ze आवेशवाला एक कण V वेग से इलेक्ट्रॉन के निकट से होकर गुजरता है, जैसा कि चित्र 3.1(a) में दिखाया गया है । इलेक्ट्रॉन मुक्त अवस्था में है तथा प्रारंभ में स्थिर है, यानी उसका वेग शून्य है। चित्र में दिखाई गई दूरी b निकटतम पहुँच की संभाव्य दूरी को दरशाती है, जिसे संघात-प्राचल कहते हैं। आपतित कण तथा इलेक्ट्रॉन की परस्पर स्थिर-विद्युत् प्रक्रिया के कारण इलेक्ट्रॉन को I मान का आवेग प्राप्त होता है, जो निम्न समीकरण से दिया जाता है—

I = स्थिर-विद्युत् बल x संघात काल

$$\sim \frac{(Ze.e)}{b^2}.\frac{b}{V} = \frac{Ze^2}{bV}. \qquad (3.1)$$

अधिक सही गणना से,

$$I = \frac{2Ze^2}{bV}. \qquad (3.2)$$

इस आवेग से इलेक्ट्रॉन को संवेग P = I मिलता है, यानी इलेक्ट्रॉन गतिशील हो जाता है; उसकी गतिज ऊर्जा निम्न समीकरण से दी जाती है—

$$\frac{p^2}{2m} = \frac{2Z^2e^4}{mV^2b^2}. \qquad (3.3)$$

यदि इलेक्ट्रॉनों की संख्या N प्रति घन सें.मी. है तो चित्र 3.1(b) में दिखाई गई बेलनाकार गोलाई के अंदर इलेक्ट्रॉनों की संख्या 2.π.b.db.N होगी। गोलाई के प्रति सें.मी. लंबाई में आपतित कणों का ऊर्जा-क्षय (जो इलेक्ट्रॉनों से टकराने के कारण होता है) को निम्न सूत्र से दरशाते हैं—

$$dE(b) = \frac{4\pi Z^2e^4N}{mV^2}.\frac{db}{b}. \qquad (3.3)$$

अतः सभी बेलनाकार गोलाइयों का, जहाँ b का मान b_{min} से b_{max} तक बदलता है, सम्मिलित ऊर्जा-क्षय इलेक्ट्रॉनों से टकराने के कारण निम्न सूत्र से दिया जाता है—

$$-\frac{dE}{dx} = \frac{4\pi Z^2e^4N}{mV^2}\log\left(\frac{b_{max}}{b_{min}}\right) \qquad (3.3)$$

यहाँ b_{max} आपतित कण तथा इलेक्ट्रॉन के बीच की वह दूरी है, जिससे अधिक दूरी होने पर आपतित कण का परमाणु के इलेक्ट्रॉनों पर कोई प्रभाव नहीं पड़ता है; तथा b_{min} कम-से-कम दूरी है, जहाँ पर आपतित कण की इलेक्ट्रॉन के साथ सीधी टक्कर हो सकती है। ऐसी स्थिति में इलेक्ट्रॉन अधिक-से-अधिक 2.V का वेग प्राप्त कर सकता है; यानी इलेक्ट्रॉन की गतिज ऊर्जा $(1/2).m.(2\,V)^2$ से ज्यादा नहीं हो सकती। इस ऊर्जा-मान के लिए संवेग का एक विशिष्ट मान है, जो b का न्यूनतम मान निर्धारित करता है।

वैसे भी सूत्र 3.5 से ऊर्जा-क्षय के मान का सिर्फ अनुमान ही लगाया जा सकता है। लेकिन इस विवरण से विश्लेषण-विधि के तर्क को आसानी से समझा जा सकता है। ऊर्जा-क्षय (dE/dx), जिसे पदार्थ की निरोधन शक्ति भी कहा जाता है, आमतौर पर इलेक्ट्रॉन-वोल्ट प्रति ग्राम प्रति वर्ग सें.मी. की इकाई में दरशाया जाता है। स्पष्ट है, निरोधन शक्ति का मान कई

चीजों पर निर्भर करता है, जैसे कणों की ऊर्जा, कणों का प्रकार तथा जिस पदार्थ से होकर कण गुजरते हैं, उसकी प्रकृति। यह बदलाव चित्र 3.2 में दिखाया गया है।

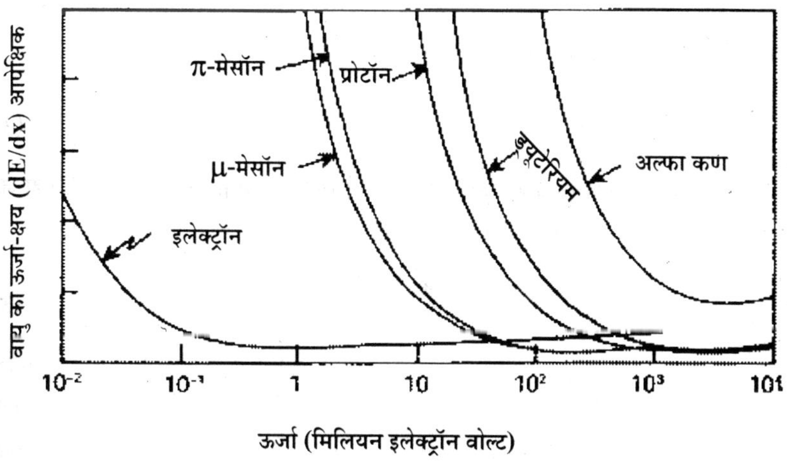

चित्र 3.2 भिन्न ऊर्जा के विभिन्न कणों के लिए वायु की निरोधन शक्ति में बदलाव।

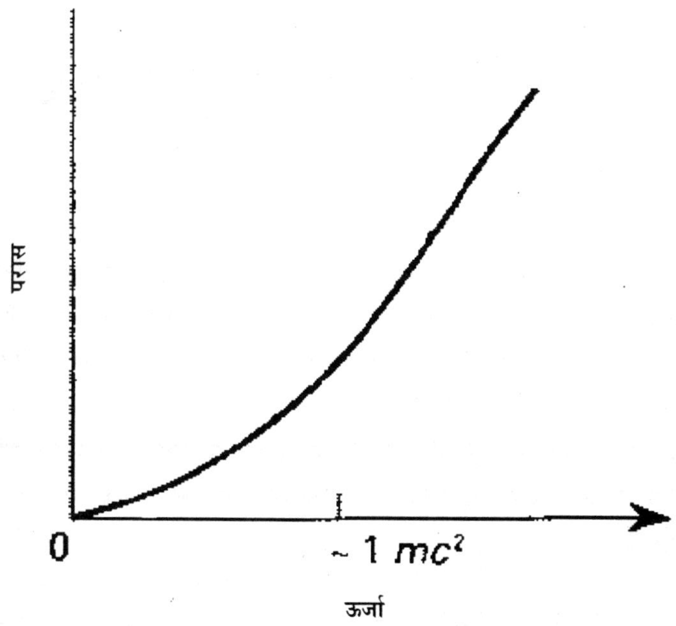

चित्र 3.3 भिन्न ऊर्जा के लिए परास में बदलाव का सामान्य रूप।

पदार्थ की निरोधन शक्ति तथा आपतित कण की ऊर्जा E_o का मान ज्ञात होने पर कण उस पदार्थ में कितनी दूरी तक जा सकता है, इसकी गणना की जा सकती है। इस दूरी को परास R कहते हैं। इतनी दूरी तय करने के बाद कण पदार्थ में और आगे नहीं जा सकता तथा वहीं रुक जाता है। इसकी गणना निम्न सूत्र से की जाती है—

$$R = \int_{-Eo}^{o} \frac{dE}{(dE/dx)}. \tag{3.6}$$

ऊर्जा के साथ परास में बदलाव को चित्र 3.3 में दरशाया गया है।

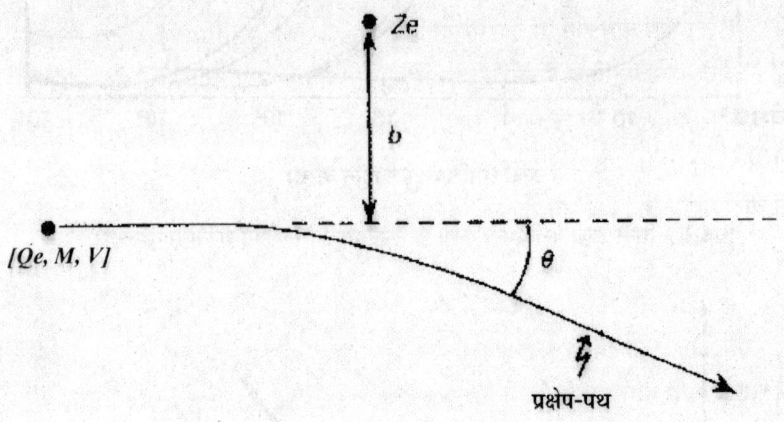

चित्र 3.4 स्थिर कण Ze द्वारा आवेशित कण Qe का प्रकीर्णन।

dE/dx, पदार्थ से होकर गुजरनेवाले कण द्वारा खोई हुई ऊर्जा की औसत दर को दरशाता है। इसका तात्पर्य यह बिलकुल नहीं है कि कण चलते समय अपने पथ से विचलित नहीं होता और सिर्फ अपनी ऊर्जा खोता है। इसके विपरीत, परमाणु के इलेक्ट्रॉनों से अनियमित टक्कर की वजह से कण टेढ़े-मेढ़े पथ पर चलता है। ऐसा विशेषतः इलेक्ट्रॉन के साथ होता है।

यदि आपतित कण इलेक्ट्रॉन से टकराकर अपने रास्ते से हटकर θ कोण पर बिखर जाता है, जैसा कि चित्र 3.4 में दिखाया गया है, तो चिरसम्मत यांत्रिकी से θ का मान इस सूत्र से दिया जाता है—

$$\tan(\theta/2) = \frac{ZQe^2}{MbV^2} \tag{3.7}$$

यहाँ Qe आपतित कण का आवेश है। यह माना गया है कि कण का वेग प्रकाश के वेग से बहुत कम है, यानी $V << c$... इसका तात्पर्य है कि सूत्र 3.7 केवल अनापेक्षिकीय स्थिति में लागू होता है। आपेक्षिकीय स्थिति में θ का मान निम्न सूत्र से दिया जाता है—

$\theta \sim$ (आवेग / आपतित संवेग)

$$= (1/P).\frac{2ZQe^2}{Vb} \quad (\theta \text{ के कम मानों के लिए}) \qquad (3.8)$$

अनापेक्षिकीय सीमा पर $P = MV$, अतः

$$\frac{\theta}{2} = \frac{ZQe^2}{MV^2b}. \qquad (3.9)$$

θ का मान कम होने पर चिरसम्मत सूत्र 3.7 और सूत्र 3.9 समान परिणाम देते हैं।

जब आवेशित कण पतली पट्टिका से गुजरकर दूसरी ओर से निकलता है तो उसके प्रवेश काल की दिशा की तुलना में बाहर निकलने की दिशा में बदलाव आ जाता है, जिसे Θ से दरशाया जाता है। यह Θ हर प्रकीर्णन में हुए विचलनों का सांख्यिकीय योग है। Θ का वर्ग माध्य-मान निम्न सूत्र से दिया जाता है—

$$\langle\Theta^2\rangle = \sum_{i=0}^{N}\langle\theta_i^2\rangle \qquad (3.10)$$

यहाँ θi, i-वीं टक्कर में हुआ प्रकीर्णन कोण है और यदि N, कुल टक्कर या प्रकीर्णनों की संख्या है तो चूँकि सांख्यिकी के अनुसार हर टक्कर एक-दूसरे से भिन्न नहीं होती, अतः $\langle\theta i^2\rangle = \langle\theta^2\rangle$, जिससे

$$\langle\Theta^2\rangle = N\langle\theta^2\rangle \qquad (3.11)$$

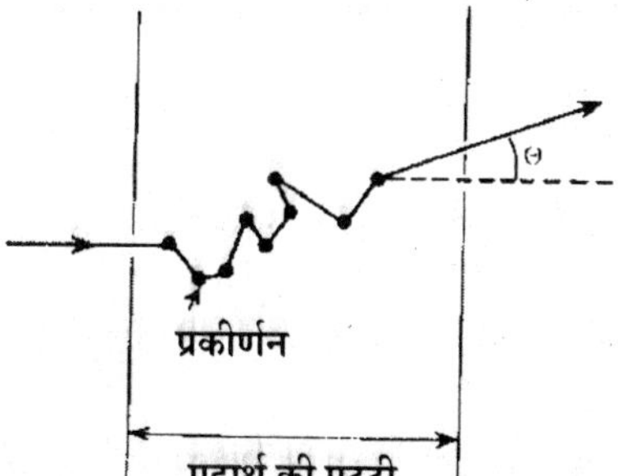

चित्र 3.5 पदार्थ की पतली पट्टिका में काफी मात्रा में परमाणु होते हैं। अतः आपतित कण जब इसमें से गुजरते हैं तब चित्र 3.4 में दिखाए गए प्रकीर्णन जैसी कई क्रियाएँ होती हैं। यहाँ Θ विचलन कोण है, जो सभी प्रकीर्णनों का जोड़ है।

विस्तृत गणना से पता चलता है कि Θ^2 और Z^2 आपस में समानुपाती हैं, अतः आवर्ती-सारिणी की सूची में आगे के तत्त्वों (यानी Z के मान में बढ़ोतरी के साथ) में प्रकीर्णन की प्रक्रिया तेजी से बढ़ती है।

परास और अवशोषण के गणनात्मक सूत्रों को समझने के लिए कणों के प्रकीर्णन का भी ध्यान रखना पड़ता है। यदि किसी पदार्थ की L मोटाई से कण रुक जाता है तो इसका यह अर्थ नहीं है कि उसने कुल L दूरी तय की है। वास्तव में कण द्वारा चली गई दूरी L से अधिक होगी।

यदि आपतित कण की ऊर्जा E_0 है तथा पट्टिका की मोटाई x है तो x के बढ़ने के साथ पदार्थ से निकलनेवाले कणों की संख्या में परिवर्तन होगा। प्रकीर्णन के बिना यह तीव्रता चित्र 3.6 (a) में दिखाई गई है, जबकि प्रकीर्णन के प्रभाव से तीव्रता में परिवर्तन चित्र 3.6(b) में दिखाया गया है। यह अंतर कणों के अनियमित विचरण के कारण होता है, जो इलेक्ट्रॉनों में ज्यादा महत्त्वपूर्ण है।

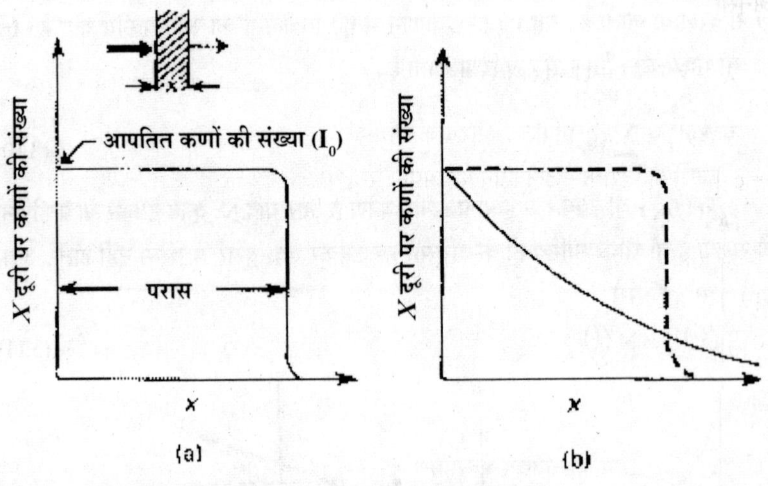

चित्र 3.6 पदार्थ की मोटाई के बढ़ने के साथ निर्गत कणों की संख्या में परिवर्तन।

(a) प्रकीर्णन के बिना निर्गत कणों की तीव्रता में परिवर्तन।

(b) बहु-प्रकीर्णन के कारण कणों के विचरित होने से निर्गत कणों की तीव्रता में परिवर्तन।

जब विद्युत् चुंबकीय विकिरण किसी पदार्थ से होकर गुजरता है तो तीन प्रक्रियाएँ होती हैं, जिनसे फोटॉनों की ऊर्जा में कमी आती है या उनका अवशोषण होता है। ये प्रक्रियाएँ हैं—(i) प्रकाश-विद्युत् अवशोषण, (ii) कॉम्पटन प्रकीर्णन तथा (iii) युग्म-कण उत्पादन। संक्षेप में उनका वर्णन आगे दिया गया है।

प्रकाश-विद्युत् अवशोषण : जब $h\nu$ ऊर्जा का फोटॉन परमाणु के इलेक्ट्रॉन से टकराता है तो यह संभव है कि फोटॉन अवशोषित हो जाए, जिससे वह इलेक्ट्रॉन उच्चतर उत्तेजक अवस्था में चला जाए। यह प्रक्रिया तब सबसे अधिक होती है जब फोटॉन की ऊर्जा का मान और परमाणु के दो ऊर्जा-स्तरों में अंतर का मान समान हो।

कॉम्पटन प्रकीर्णन : इलेक्ट्रॉन की खोज के तुरंत बाद जे.जे. थॉमसन ने पाया कि इलेक्ट्रॉन द्वारा फोटॉन का प्रकीर्णन हो सकता है। इस प्रक्रिया को थॉमसन प्रकीर्णन कहते हैं, जिसका सैद्धांतिक आधार थॉमसन ने खुद दिया था। यह प्रक्रिया तब होती है जब फोटॉन की ऊर्जा $h\nu << m_e c^2$, यहाँ m_e इलेक्ट्रॉन का स्थिर द्रव्यमान है। लेकिन जब $h\nu \sim m_e c^2$, तब कॉम्पटन प्रकीर्णन होता है। ऐसी स्थिति में फोटॉन की ऊर्जा से इलेक्ट्रॉन की बंधन ऊर्जा का मान कम होता है, इस कारण इलेक्ट्रॉन को मुक्त माना जा सकता है।

जब आपतित फोटॉन की टक्कर स्थिर व मुक्त इलेक्ट्रॉन से होती है तो वह अपनी कुछ ऊर्जा एवं संवेग इलेक्ट्रॉन को दे देता है। यदि θ फोटॉन का प्रकीर्णन कोण है तो कॉम्पटन के अनुसार—

$$\lambda_S - \lambda_I = \frac{h}{mc}(1-\cos\theta) \tag{3.12}$$

यहाँ λ_I और λ_S आपतित और प्रकीर्णित विकिरण के तरंग-दैर्घ्य हैं। ध्यान रहे कि $\nu\lambda = c$ । जैसे ही डिराक ने इलेक्ट्रॉन पर अपना सिद्धांत दिया, क्लाइन और निशिना ने तुरंत

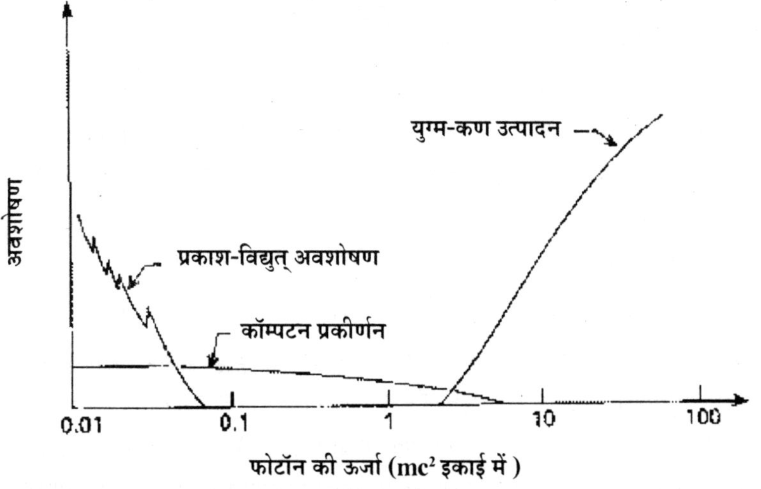

चित्र 3.7 विभिन्न फोटॉन ऊर्जा पर तीन प्रक्रियाओं के लिए द्रव्यमान अवशोषक गुणांक μ के मान में बदलाव।

डिराक सिद्धांत के आधार पर कॉम्पटन प्रकीर्णन सिद्धांत की रचना की।

युग्म-कण उत्पादन : जब फोटॉन की ऊर्जा का मान इलेक्ट्रॉन के स्थिर द्रव्यमान के दुगुने मान से अधिक होता है (अर्थात् $h\nu > 2.m_e c^2$), तब फोटॉन परिवर्तित होकर इलेक्ट्रॉन-पॉजिट्रॉन की जोड़ी बन जाता है।

जब ν आवृत्ति के फोटॉन किरण-पुंज, x मोटाई की पतली पट्टिका पर पड़ता है तो आपतित तीव्रता I_0 और निर्गत तीव्रता $I(x)$ का संबंध निम्न सूत्र द्वारा दिया जाता है—

$$I(x) = I_0 . e^{-\mu x} \qquad (3.13)$$

यहाँ μ उस पदार्थ का द्रव्यमान अवशोषक गुणांक है, जिसे सें.मी.$^{-1}$ इकाई में दरशाते हैं। इसमें ऊपर वर्णित तीनों अभिक्रियाओं का सम्मिलित योग है। क्वांटम यांत्रिकी से μ की गणना ν के विभिन्न मानों के लिए की जा सकती है, जिसे चित्र 3.7 में दिखाया गया है।

पॉजिट्रॉन भौतिकी की कुछ समस्याएँ

भाभा के सबसे पहले छपे शोध-पत्र पॉजिट्रॉन भौतिकी से संबंधित थे, जो सन् 1934-36 के दौरान प्रकाशित हुए थे। पॉजिट्रॉन की खोज उसी दौरान हुई थी, जो डिराक सिद्धांत की एक अपूर्व सफलता थी। पॉजिट्रॉन भौतिकी उस समय नया तथा रोचक विषय था, अतः इसमें कोई आश्चर्य नहीं कि भाभा इसकी ओर आकर्षित हुए थे। साथ ही इससे उन्हें अपनी प्रिय विधि डिराक समीकरण पर कार्य करने का अवसर जो मिला था। डिराक के कार्य के प्रति भाभा का आकर्षण जीवन भर बना रहा।

भाभा का यह प्रारंभिक कार्य उनका शोध-प्रबंध भी बना। एच.आर. हुल्मे और गोनविले व केयस के साथ उनका शोध-पत्र 'प्रोसीडिंग्स ऑफ द रॉयल सोसाइटी' में छपा था। इससे पूर्व हुल्मे ने भारी परमाणुओं में प्रकाश विद्युत् प्रभाव का अध्ययन किया था। अब दोनों साथ मिलकर अंतरिक्ष किरणों द्वारा जनित पॉजिट्रॉनों के विलोपन से उत्पन्न फोटॉन का अध्ययन करना चाहते थे।

इस गणना की पृष्ठभूमि कुछ ऐसी है—एंडरसन द्वारा पॉजिट्रॉनों की खोज के तुरंत बाद ओपॅनहाइमर और प्लेसेट ने युग्म-निर्मिति की व्याख्या प्रकाश-विद्युत् प्रभाव से की। सामान्यतः प्रकाश-विद्युत् प्रभाव में एक परमाणु फोटॉन का अवशोषण करता है, जिससे परमाणु का एक इलेक्ट्रॉन छिटककर (अपनी कक्षा से) बाहर निकल आता है, जैसा कि चित्र 3.8 (a) में दरशाया गया है। ओपॅनहाइमर और प्लेसेट ने कुछ इसी तरह युग्म-उत्पादन प्रक्रिया को भी समझा, जैसा कि चित्र 3.8 (b) में दिखाया गया है।

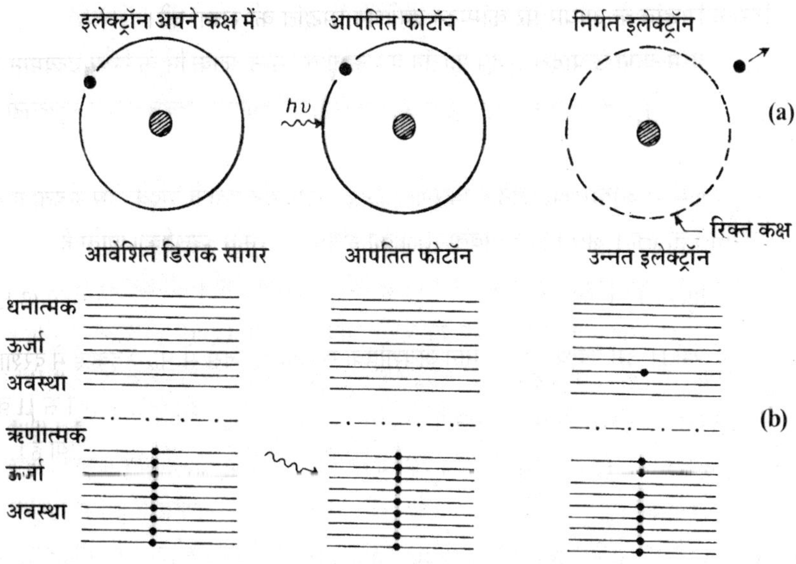

चित्र 3.8 (a) प्रकाश-विद्युत् प्रभाव का दृष्टांत। फोटॉन के अवशोषण से एक आबद्ध इलेक्ट्रॉन का निष्कासन। (b) ओपॅनहाइमर और प्लेसेट ने युग्म कण उत्पादन की व्याख्या इसी ढंग से दी।

अब यदि फोटॉन (ऊर्जा) पदार्थ में बदल सकता है तो इसके विपरीत प्रक्रिया भी संभव होनी चाहिए, यानी e^+- e^- की जोड़ी (यानी पदार्थ) का विनाश होकर फोटॉन (ऊर्जा) बन सकता है। ब्लेकेट और ओश्चियालिनी ने इस विचार का उपयोग करके ग्रे और टरांट द्वारा प्राप्त कुछ दिलचस्प परिणामों की व्याख्या की। ग्रे और टरांट ने पदार्थ द्वारा उच्च ऊर्जावाली गामा किरणों के प्रकीर्णन पर शोध की थी। अपनी खोज में उन्होंने पाया था कि प्रकीर्णित विकिरण में कॉम्पटन प्रकीर्णन के अतिरिक्त काफी मात्रा में 0.5 मिलियन इलेक्ट्रॉन वोल्ट (m_ec^2) व ~1 मिलियन इलेक्ट्रॉन वोल्ट ($2m_ec^2$) ऊर्जाओं के फोटॉन भी होते हैं। इन दो समूहों के एकवर्णी फोटॉनों को प्रकीर्णित पुंज के अल्पभेदी व अतिभेदी घटक कहा गया।

सन् 1933 में फर्मी और यूहलेनबेक ने इन घटकों के उत्पादन की निम्न व्याख्या दी—

(i) आपतित फोटॉन पहले e^+—e^- युग्म (पदार्थ) में बदलता है ।

(ii) उसके बाद e^+ अपनी गतिज ऊर्जा का कुछ अंश टक्करों द्वारा गँवाता हुआ विचरण करता है।

(iii) अपने विचरण पथ के अंत में निम्न दो में से एक क्रिया द्वारा e^+ लुप्त हो जाता है—

(a) या तो e^+ एक मुक्त इलेक्ट्रॉन से मिलकर लुप्त हो जाता है, जिससे दो 0.5 मिलियन - इलेक्ट्रॉन वोल्ट ऊर्जावाले फोटॉन बनते हैं (अल्पभेदी घटक)।

(b) या फिर वह K- कक्ष के इलेक्ट्रॉन से क्रिया करके लुप्त हो जाता है, जिससे एक फोटॉन बनता है।

क्या यह दूसरी प्रक्रिया संवेग-संरक्षण सिद्धांत के विरुद्ध नहीं है? नहीं, इससे सिद्धांत का खंडन नहीं होता, क्योंकि परमाणु की नाभिक प्रतिक्षेप ऊर्जा ले लेती है। इस प्रकार, K-कक्ष विलोपन एक-फोटॉन उत्सर्जन का स्रोत समझा जाता था (अतिभेदी घटक)।

फर्मी और यूहलेनबेक ने इन फोटॉनों की उत्पादन दरों, R_1 (अतिभेदी घटक, पॉजिट्रॉन का K- कक्ष के इलेक्ट्रॉन से टकराकर फोटॉन बनना) व R_2 (अल्पभेदी घटक, पॉजिट्रॉन का मुक्त इलेक्ट्रॉन से टकराकर फोटॉन बनना) की गणना की है। उन्होंने अपनी गणना में डिराक समीकरण से पहले की पुरानी क्वांटम यांत्रिकी का इस्तेमाल किया था, अर्थात् उनकी गणना में आपेक्षिकता को शामिल नहीं किया गया था। सीसे के लिए उनकी गणना के अनुसार R_1 का मान 2×10^{-5} और R_2 का मान 2.5×10^{8} प्राप्त हुआ। इस तरह अतिभेदी व अल्पभेदी घटकों की दरों का अनुपात 10^{-13} प्राप्त हुआ, जो प्रयोग से प्राप्त मान की तुलना में बहुत कम था। फर्मी और यूहलेनबेक ने निष्कर्ष निकाला कि उनकी गणना से यह समझना मुश्किल है कि ग्रे व टरांट के अतिभेदी घटक की व्याख्या डिराक सिद्धांत के अनुसार पॉजिट्रॉन के नष्ट होने के कारण है।

फर्मी और यूहलेनबेक के कार्य को भाभा और हुल्मे ने आगे बढ़ाया। फर्मी और यूहलेनबेक ने कम ऊर्जावाले पॉजिट्रॉन (ऊर्जा ~ $m_e c^2$) के लिए ही गणना की थी। यद्यपि यह पता था कि अंतरिक्ष किरणों की बौछार में काफी बड़ी संख्या में उच्च ऊर्जा ~100 $m_e c^2$ (50 मेगा-इलेक्ट्रॉन वोल्ट) के पॉजिट्रॉन होते हैं। उस समय तो ऐसा भी लगता था कि प्राथमिक विकिरण स्वयं अंशतः पॉजिट्रॉन से बना है। अतः भाभा और हुल्मे ने उच्च ऊर्जा के पॉजिट्रॉनों के R_1 की गणना करने का निश्चय किया।

इस गणना के लिए नए तरीकों की आवश्यकता थी, जो डिराक समीकरण पर आधारित हों। समस्या का समाधान करने के लिए K-कक्ष के इलेक्ट्रॉन की अपनी कक्षा से ऋणात्मक ऊर्जा की अवस्था में स्वतः स्थानांतरण होने की संभाव्यता की गणना करना आवश्यक है। पर यह स्थानांतरण तभी हो सकता है, जब ऋणात्मक ऊर्जा अवस्था का कोई स्थान रिक्त हो, जैसा कि चित्र 3.9 में दिखाया गया है। भाभा और हुल्मे ने दो उत्तम युक्तियाँ लगाईं। पहले उन्होंने माना कि सभी ऋण-ऊर्जा अवस्थाएँ रिक्त हैं और यह परमाणु से (किसी माध्यम द्वारा) क्रिया करती हैं। यह इसके तुल्य है कि परमाणु पर पॉजिट्रॉन पुंज की बौछार की जा रही है।

वास्तव में सभी आपतित पॉजिट्रॉन K-कक्ष के इलेक्ट्रॉनों को विलोपित नहीं करेंगे, केवल कुछ ही करेंगे। भाभा और हुल्मे ने इसका हल एक गुणांक के रूप में निकाला, जो कि पॉजिट्रॉनों की वास्तविक टक्करों की संख्या और सभी ऋण ऊर्जा अवस्थाएँ रिक्त होने पर टक्करों की संख्या का अनुपात है। दूसरे, उन्होंने माना कि इलेक्ट्रॉन को आवश्यक स्थानांतरण करने के लिए फोटॉनों द्वारा प्रेरित या उद्दीप्त किया जाता है। शायद आप सोच रहे होंगे कि फोटॉन कहाँ से आए? भाभा और हुल्मे यह जानते थे, अतः उन्होंने उद्दीप्त स्थानांतरण दर से स्वतः स्थानांतरण दर (जो कि हमें चाहिए) की गणना की। उन्हें गणना के लिए यह तरीका ज्यादा अनुकूल लगा।

शायद आप सारी बातें पूरी तरह न समझ पाए हों, पर यह आवश्यक भी नहीं है। सिर्फ

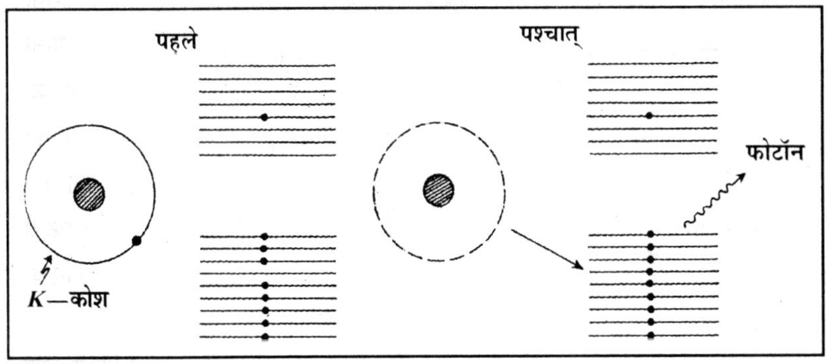

चित्र 3.9 भाभा-हुल्मे के मतानुसार अतिभेदी घटक की उत्पत्ति। डिराक समुद्र में पॉजिट्रॉन एक रिक्त स्थान है। K-कोश से एक इलेक्ट्रॉन द्वारा इस रिक्त स्थान को भरने पर विकिरण का उत्सर्जन होता है।

इतना जानना जरूरी है कि भाभा और हुल्मे ने R_1 की उचित गणना सापेक्षिकता द्वारा की थी। R_2 की अनुमानित मान की गणना डिराक पहले ही अपने डिराक समीकरण से कर चुके थे। फर्मी और यूहलेनबेक की तरह ही भाभा व हुल्मे को भी R_2 / R_1 का मान प्रयोगात्मक मान से ज्यादा प्राप्त हुआ, यद्यपि उन्होंने डिराक समीकरण का प्रयोग किया था और अधिक उच्च ऊर्जा के पॉजिट्रॉनों पर गणना की थी। भाभा को इस कार्य पर पी-एच.डी. की डिग्री प्राप्त हुई।

कण टकराव में युग्म-उत्पादन

विद्युत्-गतिकी प्रक्रिया में भाभा का अगला विषय तीव्र आवेशित कणों के टकराव से पैदा होनेवाले इलेक्ट्रॉन-पॉजिट्रॉन युग्मों का अध्ययन करना था। यदि एक $Z_2.e$ आवेश का कण मूल बिंदु पर स्थिर है और $Z_1.e$ आवेश का दूसरा कण V वेग तथा b संघात-प्राचल के

साथ इसकी तरफ आता है, जैसा कि चित्र 3.10(a) में दिखाया गया है। दूसरा कण पहले स्थिर कण से भारी है। इन दोनों कणों द्वारा F(r) तथा G(r) दो स्थिर विद्युत् क्षेत्र पैदा होते हैं। ये कण आपेक्षिक गति के कारण स्थिर विद्युत् क्षेत्र द्वारा अभिक्रिया न करके विद्युत् चुंबकीय क्षेत्र द्वारा अभिक्रिया करते हैं। यह बल या क्षेत्र इलेक्ट्रॉनों से भरी हुई ऋण ऊर्जा-अवस्थाओं में गड़बड़ी या क्षोभ पैदा करता है (डिराक सागर : चित्र 3.10(b) देखिए), जिसकी वजह से किसी एक इलेक्ट्रॉन को धन-ऊर्जा अवस्था पर स्थानांतरित कर देता है; इस तरह जोड़ी या युग्म पैदा होता है। यद्यपि भाभा ने इस शोध को करने की प्रेरणा का विशद वर्णन नहीं किया है, पर कुछ संकेत जरूर मिलते हैं; वे $e^- - e^+$ युग्मों की निर्मिति का प्रतिरूपण करना चाहते थे, जो युग्म ऊपरी वायुमंडल में प्राथमिक अंतरिक्ष किरणों द्वारा वायु के अणुओं से टकराने पर बनते हैं, या मेघ-कोष्ठ में सीसा धातु की परतें रखने पर बनते हैं। भाभा के अनुसार यह अंतिम

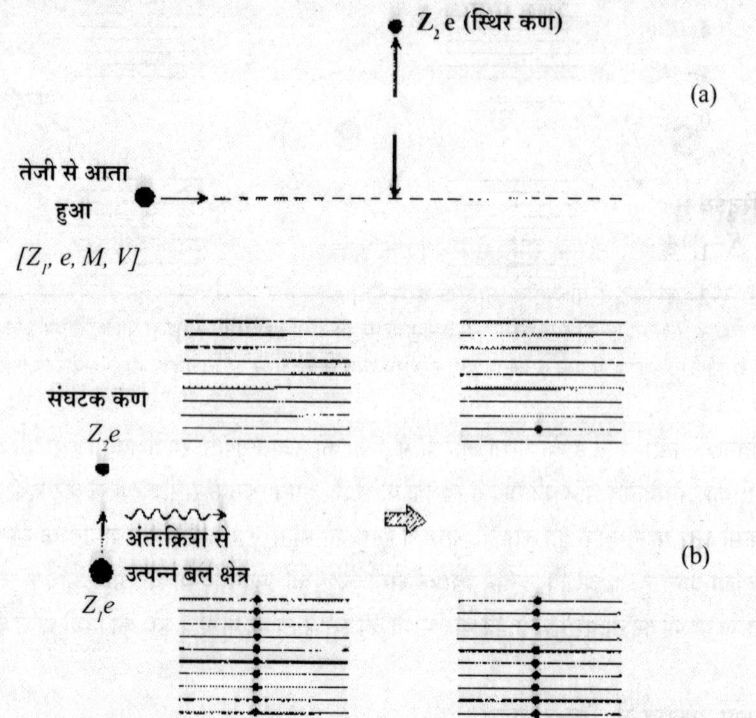

चित्र 3.10 (a) संघात प्रक्रिया का चित्रण। कण Z_1 तेज गति से आकर वायुमंडल के एक स्थिर नाभिक Z_2 से टकराता है।

(b) इस अंतःक्रिया में सबसे पहले एक बल-क्षेत्र उत्पन्न होता है, जो डिराक सागर में क्षोभ पैदा करता है। तब युग्म कण पैदा होता है, जैसा कि चित्र में दिखाया गया है।

स्थानांतरण एक मिली-जुली प्रारंभिक अवस्था से दूसरी मिली-जुली अवस्था में होता है। प्रथम अवस्था वह होती है जब दोनों कण 1 व 2 टकराने की स्थिति की ओर बढ़ते हैं, जो डिराक सागर परिप्रेक्ष्य पर होती है। दूसरी अवस्था वह है जब इलेक्ट्रॉन-पॉजिट्रॉन युग्म पैदा करके कण (1 व 2) दूर चले जाते हैं।

भाभा के अनुसार ऐसा दो तरीकों से हो सकता है—

परिदृश्य I

1. ऋण-ऊर्जा सागर भरा हुआ है।
2. कण 1 डिराक सागर से प्रतिक्रिया करता है।
3. इलेक्ट्रॉन-पॉजिट्रॉन का एक युग्म पैदा होता है।
4. कण 1 एक मध्यम स्थिति में जाता है।
5. कण 1 तब कण 2 से टकराता है।
6. दोनों कण 1 व 2 अपनी-अपनी अंतिम स्थितियों में जाते हैं।

परिदृश्य II

1. कण 1 डिराक समुद्र में स्थित एक इलेक्ट्रॉन से टकराता है।
2. इलेक्ट्रॉन-पॉजिट्रॉन का एक युग्म पैदा होता है।
3. कण 1 अपनी अंतिम स्थिति में जाता है, लेकिन इलेक्ट्रॉन एक मध्यम स्थिति में जाता है।
4. मध्यम स्थिति में पहुँचा हुआ इलेक्ट्रॉन कण 2 से प्रतिक्रिया करता है।
5. इलेक्ट्रॉन व कण 2, दोनों अपनी-अपनी अंतिम स्थितियों में जाते हैं।

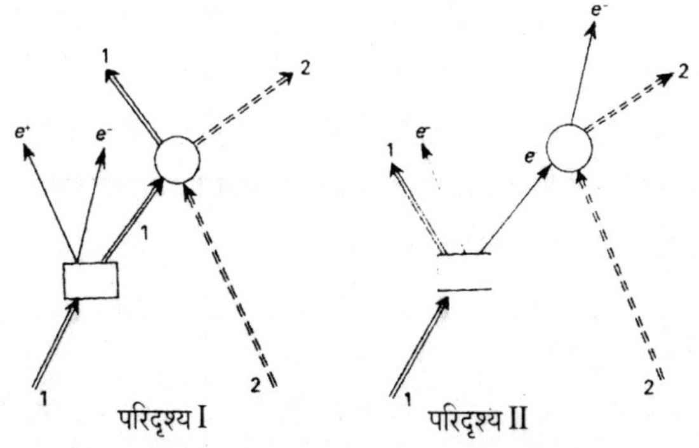

चित्र 3.11 कणों के संघात से युग्म कण-उत्पादन के दो तरीकों के रेखाचित्र।

चित्र 3.11 में दोनों प्रक्रियाओं को रेखांकित किया गया है। ये फेइनमैन की पुस्तक में दिए गए चित्रों की तरह हैं, जिनका अत्यधिक उपयोग मैंने क्यू.ई.डी. की पुस्तक में किया है। पर ये फेइनमैन-चित्र नहीं हैं, ये तो सिर्फ घटनाओं की क्रमबद्धता को दरशानेवाले चित्र हैं।

इस पूरी प्रक्रिया में मुख्यतः चार पात्र हैं—टकरानेवाले कण (1 और 2), इन कणों की परस्पर प्रक्रिया से उत्पन्न विद्युत् चुंबकीय बल तथा डिराक सागर, जो शुरू में एक प्रेक्षक है। विद्युत् चुंबकीय क्षेत्र डिराक सागर में विक्षोभ पैदा कर वहाँ से एक इलेक्ट्रॉन को निकालकर उसे धनात्मक ऊर्जा अवस्था में पहुँचाता है, जिससे इस प्रक्रिया में एक युग्म बनता है। इस भौतिकी परिदृश्य को भाभा ने डिराक समीकरण पर आधारित एक गणितीय परिसंकल्पना का रूप दिया।

पूरी गणनाएँ काफी जटिल थीं, जिनमें कई कठिन समाकलों का मान ज्ञात करना था और विभिन्न वस्तु-स्थितियों हेतु गणना करनी थी। E_- व E_+ इलेक्ट्रॉन व पॉजिट्रॉन की ऊर्जाएँ हैं तथा p_- व p_+ उनके संवेग तथा $\gamma = \sqrt{[1 - (V^2/c^2)]}$। तीन परिस्थितियों पर विचार किया गया—(i) $p_-, p_+ << m_e c$, (ii) $E_-, E_+ >> m_e c^2, E_-, E_+ >> m_e c^2/\gamma$ (इस परिस्थिति का अध्ययन पहले लेंडाव व लिफ्शिज ने किया था) और (iii) $E_-, E_+ >> m_e c^2 / \gamma$ पर $M_1 c^2/\gamma >> E_-, E_+$ ।

एक बात और, जो महत्त्व की है। हमने पहले माना है कि $Z_2 e$ (पूरा आवेश) मूल बिंदु पर स्थिर है। वास्तव में यह एक परमाणु को दरशाता है। पर हम जानते हैं कि परमाणु न केवल एक नाभिक होता है, बल्कि उसे घेरे हुए इलेक्ट्रॉन बादल भी होते हैं। चित्र 3.10 में ये इलेक्ट्रॉन बादल गायब हैं। इस इलेक्ट्रॉन बादल की उपस्थिति कण 1 व कण 2 की आपसी अभिक्रिया के मध्य आवरण का कार्य करती है। भाभा ने अपनी गणनाओं में इस प्रभाव का भी ध्यान रखा।

इस अध्ययन का परिणाम दो शोध-पत्रों में प्रकाशित हुआ। इन गणनाओं की तुलना प्रयोग से प्राप्त परिणाम से नहीं की गई थी, क्योंकि उस समय प्रयोगात्मक परिणाम उपलब्ध नहीं थे। परंतु भाभा ने यह टिप्पणी अवश्य की थी कि द्रुत प्रोटॉनों के भारी नाभिकों से टकराने पर युग्म उत्पादन की दर धीमे प्रोटॉनों की युग्म उत्पादन दर से, जिसकी गणना हेटलर व नोर्धाइम ने की थी, कई गुना ज्यादा थी।

भाभा प्रकीर्णन

अब हम भाभा द्वारा लिखित पॉजिट्रॉन भौतिकी के सबसे महत्त्वपूर्ण शोध-पत्रों पर चर्चा करेंगे, जिनमें उस प्रभाव का वर्णन है, जो अब 'भाभा प्रकीर्णन' के नाम से जाना जाता

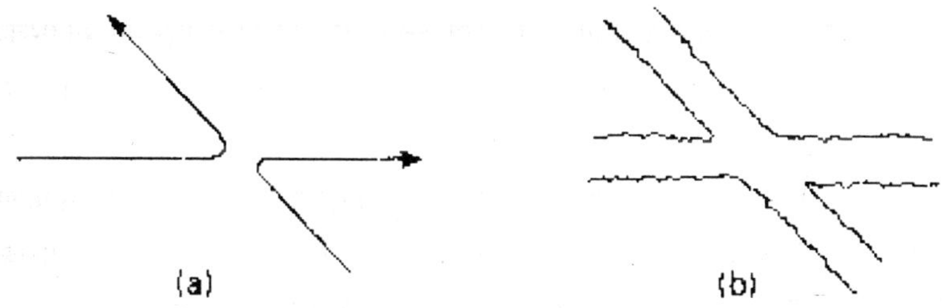

चित्र 3.12 (a) चिरसम्मत भौतिकी में कणों के टकराव के बाद भी वे पहचाने जाते हैं, चाहे कण एक ही जाति के क्यों न हों। ऐसा इसलिए होता है, क्योंकि हरेक कणों का प्रक्षेप-पथ स्पष्ट होता है।
(b) क्वांटम भौतिकी में अनिश्चितता के सिद्धांत के कारण यह प्रभेद लुप्त हो जाता है।

है। प्रो. नीरेंद्र सिंह[3] इसे पॉजिट्रॉन भौतिकी के क्षेत्र में भाभा की सर्वोपरि उपलब्धि मानते हैं।

भाभा प्रकीर्णन इलेक्ट्रॉन-पॉजिट्रॉन प्रकीर्णन के दौरान होनेवाले विनिमय प्रभावों से संबंधित है। भाभा के कार्यों की चर्चा करने से पहले क्वांटम यांत्रिकीय विनिमय के बारे में कुछ जानकारी का होना जरूरी है। चिरसम्मत भौतिकी में एक ही जाति के कणों को एक-दूसरे से सर्वथा पृथक् कणों की तरह पहचाना जा सकता है। जैसे बिलियर्ड में दो सफेद गेंदों को टकराते हुए देखने पर हम कह सकते हैं कि कौन सी गेंद किस दिशा में गई, यद्यपि दोनों गेंदें एक जैसी ही दिखाई देती हैं। यह इसलिए संभव है, क्योंकि हम अलग-अलग कणों के प्रक्षेप-पथों को देख सकते हैं। चिरसम्मत भौतिकी में कणों के प्रक्षेप-पथों की जानकारी मालूम होती है, इसलिए बोल्ट्ज़मैन ने गैसीय पदार्थों के गतिकीय सिद्धांत की अपनी परिकल्पना में परमाणुओं को विभेद्य माना।[4]

क्वांटम यांत्रिकी ने इस सरल स्थिति को जटिल बना दिया। इसे चित्र 3.12 में प्रदर्शित किया गया है। परिणामस्वरूप इसके अंतर्गत एक ही प्रजाति के कणों (जैसे फोटॉन, इलेक्ट्रॉन, प्रोटॉन, न्यूट्रॉन ···) में भेद नहीं किया जा सकता। इस अविभेद्यता के कारण कई महत्त्वपूर्ण प्रभाव सामने आए। इसे समान कणों के तरंग-फलन द्वारा आसानी से समझा जा सकता है।

N अभिन्न कणों के समुच्चय पर गौर कीजिए। कणों के निर्देशांकों को $q_1, q_2, ..., q_N$ व घुमाव (स्पिन) निर्देशांकों की $\sigma_1, \sigma_2, ..., \sigma_N$ से दरशाया गया है। इन युग्म-निर्देशांक q_i, σ_i को संक्षेप में सिर्फ i से दरशाया जाएगा। N-कण का तरंग-फलन $\psi\,(1, 2, ... , i, ..., j, ..., N)$ है। अब यदि i और j कणों के सभी निर्देशांकों की अदला-बदली की जाए तो सरणी $(1, 2, ... , i, ..., j, ..., N)$ की तब्दीली सरणी $(1, 2, ... , j, ..., i, ..., N)$ में हो जाएगी। यह बदला हुए तरंग-फलन ψ' है। अब प्रश्न उठता है कि ψ और ψ' में क्या संबंध है? यानी दो कणों की इस अदला-बदली से तरंग फलन में क्या परिवर्तन आया है?

इसका जवाब इस बात पर निर्भर करता है कि हम किस प्रकार के कणों की बात कर रहे हैं। यदि कण बोसोन हैं, (जिनकी स्पिन पूर्णांक होती है) तो $\psi' = \psi$, पर यदि कण फर्मियॉन हैं (जिनकी स्पिन अर्ध-पूर्णांक है) तो $\psi' = -\psi$। पहली अवस्था में तरंग-फलन को सममित कहते हैं, जबकि दूसरी स्थिति में उसे असममित कहते हैं। ये दो कणों के विनिमय प्रभाव को दरशाते हैं।

अब हम प्रकीर्णन पर चर्चा करेंगे और सबसे पहले इलेक्ट्रॉनों की इलेक्ट्रॉनों से प्रकीर्णन की बात करेंगे। चिरसम्मत भौतिकी में इसका वर्णन सरल है। वास्तव में सबसे पहले जे.जे. थॉमसन ने इसकी विवेचना की थी। महत्त्वपूर्ण बात यह है कि थॉमसन ने इलेक्ट्रॉनों को विभेद्य कण माना था। क्वांटम यांत्रिकी में विभेद्यता लुप्त हो जाती है, अतः कणों के विनिमय प्रभावों को ध्यान में रखना पड़ता है। सन् 1929 में सर नेविले मॉट ने सबसे पहले इस विषय पर कार्य किया था। उन्होंने यह काम केवल अनापेक्षिकीय इलेक्ट्रॉनों तक ही सीमित रखा। जिस प्रकीर्णन की विवेचना उन्होंने की, उसे 'मॉट प्रकीर्णन' कहते हैं। इसके कुछ ही समय बाद डेनमार्क के मोल्लर ने मॉट के कार्य को आगे बढ़ाते हुए आपेक्षिक इलेक्ट्रॉनों के लिए भी इसे लागू किया। आपेक्षिक इलेक्ट्रॉन प्रकीर्णन को (जिसमें विनिमय प्रभाव शामिल है) 'मोलर प्रकीर्णन' कहते हैं।

इस दौरान इस बात पर भी विचार होने लगा था कि इलेक्ट्रॉनों का पॉजिट्रॉनों से प्रकीर्णन होने पर विनिमय प्रभाव होता है या नहीं? एक विचारधारा के अनुसार, इसका प्रभाव नहीं होना चाहिए, क्योंकि धनावेशित पॉजिट्रॉन की पहचान इलेक्ट्रॉन से बिलकुल अलग है। पर दूसरी विचारधारा के अनुसार, जो यह मानती थी कि पॉजिट्रॉन तो इलेक्ट्रॉनों की ऋणात्मक ऊर्जा अवस्थाओं में सिर्फ एक छिद्र है, अतः विनिमय प्रभावों को शामिल करना आवश्यक है। इस शंका का स्पष्ट निवारण तो प्रयोगों द्वारा ही संभव है, परंतु प्रयोग करने से पहले इलेक्ट्रॉन-पॉजिट्रॉन प्रकीर्णन की गणना विनिमय प्रभावों सहित करना जरूरी है। भाभा ने बिलकुल यही गणना की।

प्रकीर्णन समस्या को बारीकी से समझने के लिए चित्र 3.13(a) देखिए। इसमें कण संख्या 2 मूल बिंदु पर स्थिर अवस्था में है, जिसकी ओर कण संख्या 1 तेजी से बढ़ता हुआ दिखाया गया है। दोनों कणों का द्रव्यमान एक समान है। दोनों कण आपस में टकराने के बाद छिटककर चित्र 3.13(b) में दिखाई गई दिशाओं में जाने लगते हैं। बिलियर्ड की गेंदों का प्रकीर्णन ठीक इसी प्रकार होता है। यद्यपि इलेक्ट्रॉन इस तरीके से प्रकीर्णित नहीं होते हैं, फिर भी यहाँ बिलियर्ड गेंदों की चर्चा करना जरूरी है।

यदि कणों के टकराने के पूर्व उनकी फोटो ली जाए तो फोटो में दोनों के स्थिर बिंब

दिखेंगे। दोनों कणों को जोड़नेवाली रेखा का मध्य-बिंदु दो कण-प्रणाली तंत्र का संहति केंद्र होगा। यह संहति-केंद्र भी गतिशील होता है, जब कण संख्या 1 तेजी से कण संख्या 2 की तरफ बढ़ता है। यह सब विवरण प्रयोगशाला में घटनेवाले प्रकीर्णन के लिए है, अतः इसे प्रयोगशाला-फ्रेम कहते हैं। परंतु उस प्रेक्षक की नजर से, जो x संहति केंद्र के साथ गतिशील है, इस घटना की गणना करना आसान होता है। जैसा कि चित्र 3.13(c) में दरशाया गया है—प्रेक्षक को पहले दोनों कण अपनी ओर तेजी से आते हुए दिखेंगे। टकराने के बाद दोनों कण उससे दूर जाते हुए दिखाई देंगे, जैसा कि चित्र 3.13(d) से स्पष्ट है। परंतु कोई भी प्रयोग संहति केंद्र प्रणाली में नहीं किया जाता बल्कि प्रयोगशाला में/यानी प्रायोगिक प्रणाली में किया जाता है। अतः संहति केंद्र प्रणाली में की गई गणनाओं को प्रायोगिक प्रणाली में परिवर्तित करना होगा, ताकि सैद्धांतिक परिणामों की तुलना प्रायोगिक परिणामों से की जा सके। यह परिवर्तन सरलता से किया जा सकता है, जैसा कि बॉक्स 3.1 में समझाया गया है।

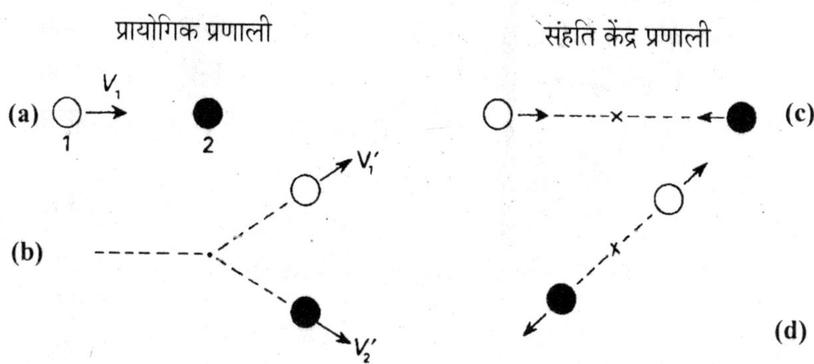

चित्र 3.13 दो कण 1 और 2 के बीच टक्कर को प्रायोगिक प्रणाली व संहति केंद्र प्रणाली में दरशाया गया है। (a), (b) प्रायोगिक प्रणाली तथा (c), (d) संहति केंद्र प्रणाली का परिदृश्य है।

अब हम अनुप्रस्थ परिच्छेद के बारे में कुछ जानकारी लेंगे। यदि कणों का पुंज एक गोले पर पड़ता है, जैसा कि चित्र 3.14 में दिखाया गया है, तो यह स्पष्ट है कि केवल कुछ ही कण गोले से टकराएँगे। यदि अनुप्रस्थ काट का क्षेत्र आपतित किरण पुंज का A है और गोले का a है, तो आपतित कणों का सिर्फ कुछ ही अंश यानी (a/A) ही गोले से टकराएगा। यदि A क्षेत्र से प्रति सेकंड I_0 कण गुजरते हैं तो अभिक्रिया दर यानी प्रति सेकंड टकरानेवाले कणों की संख्या I_0 (a/A) होगी। इस उदाहरण में क्षेत्र $a = \pi.r^2$ गोले का ज्यामितीय अनुप्रस्थ परिच्छेद दरशाता है, जबकि r गोले की त्रिज्या है।

सूक्ष्म भौतिकी के क्षेत्र में प्रयोग होनेवाले लक्ष्य शायद ही ठोस गोलकों जैसे होते हैं, जहाँ

ज्यामितीय अनुप्रस्थ परिच्छेद का उपयोग किया जा सकता है। मूल कण हमेशा, चाहे वे एक-दूसरे से सीधे संपर्क में न भी हों, पारस्परिक अभिक्रिया करते हैं। यह अभिक्रिया एक उचित बल-क्षेत्र के माध्यम से होती है। उदाहरणतः इलेक्ट्रॉन एक-दूसरे से तथा अन्य आवेशित कणों से विद्युत् चुंबकीय क्षेत्र द्वारा अभिक्रिया करते हैं। इसके कारण ही अभिक्रिया या प्रक्रिया अनुप्रस्थ परिच्छेद का मान ज्यामितीय अनुप्रस्थ परिच्छेद के मान से काफी अधिक होता है।

अनुप्रस्थ परिच्छेद 10^{-24} सें.मी.^{2} की इकाइयों में दरशाए जाते हैं, जिसे 'बार्न' कहा जाता है। सन् 1935 के दौरान नाभिकीय भौतिकविदों को यह जानकर हैरानी हुई कि कुछ

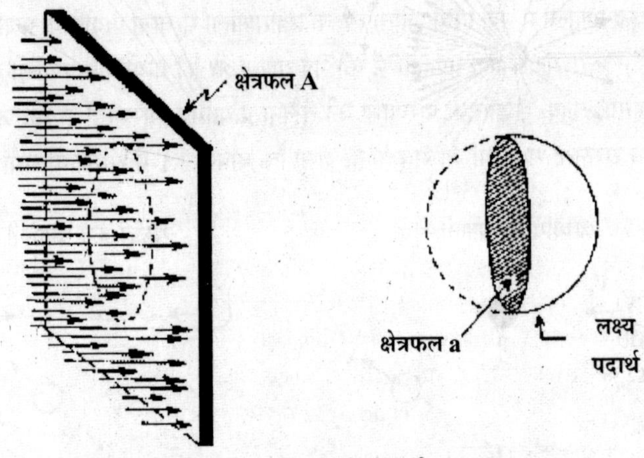

चित्र 3.14 ज्यामितीय अनुप्रस्थ परिच्छेद की संकल्पना।

प्रक्रियाओं में अनुप्रस्थ परिच्छेद का मान ज्यामितीय अनुप्रस्थ परिच्छेद के मान से कई हजार गुना ज्यादा है। इस पर प्रतिक्रिया करते हुए किसी ने आश्चर्यचकित होकर कहा कि नाभिक तो बार्न (यानी खलियान) जितना बड़ा है, और तभी से इस इकाई का नाम 'बार्न' पड़ गया।

जब कणों का पुंज लक्ष्य से टकराता है तो कई घटनाएँ घट सकती हैं; कण लक्ष्य द्वारा अवशोषित हो सकते हैं, वे उससे अभिक्रियाएँ कर सकते हैं या उसके द्वारा सिर्फ प्रकीर्णित हो सकते हैं। प्रत्येक प्रक्रिया से एक अनुप्रस्थ परिच्छेद जुड़ा है; पर हम यहाँ केवल प्रकीर्णन की विवेचना करेंगे।

चित्र 3.15 (a) को देखें । यह प्रकीर्णन के कई संभावी परिदृश्यों को दरशाता है। इस परिस्थिति में प्रकीर्णन का अवकली परिक्षेत्र महत्त्वपूर्ण है, जो दरशाता है कि छोटे से कोणीय अंतराल में कितना प्रकीर्णन होता है। त्रि-आयामी कोणीय अंतराल चित्र 3.15(b) में दिखाया गया है। इस अवकली परिक्षेत्र को $(d\sigma/d\Omega)$ से इंगित करते हैं। यह Ω दिशा में प्रकीर्णन की संभाव्यता से संबंधित है। इस अवकली परिक्षेत्र का सब कोणों पर समाकलन कर पूर्ण

प्रकीर्णन अनुप्रस्थ परिच्छेद σ का मान पाया जाता है। यानी—

$$\sigma = \int_{\theta=o}^{x} \int_{\phi=o}^{2x} \frac{d\sigma}{d\Omega} 2x \sin\theta d\theta d\phi. \tag{3.14}$$

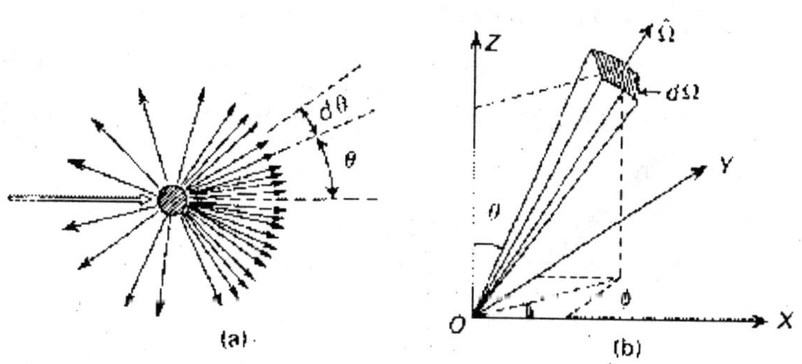

चित्र 3.15 प्रकीर्णन नाम से ही मालूम पड़ता है कि इस प्रक्रिया द्वारा आपतित कण विभिन्न दिशाओं में जाते हैं। अवकली प्रकीर्णन अनुप्रस्थ परिच्छेद का मान अलग-अलग दिशाओं में जाने की संभाव्यता को बताता है। यदि प्रकीर्णन द्वि-आयामी है, जैसा कि बिलियर्ड टेबल में होता है, तो इसे (a) में दिखाए गए dσ / dθ से दरशाते हैं। त्रि-आयामी प्रकीर्णन में आंशिक कोणीय अंतराल dθ के बदले आंशिक घन कोण dΩ का इस्तेमाल करते हैं, जैसा कि (b) में दिखाया गया है। तदनुरूप अवकली अनुप्रस्थ परिच्छेद को dσ / dΩ से दरशाते हैं।

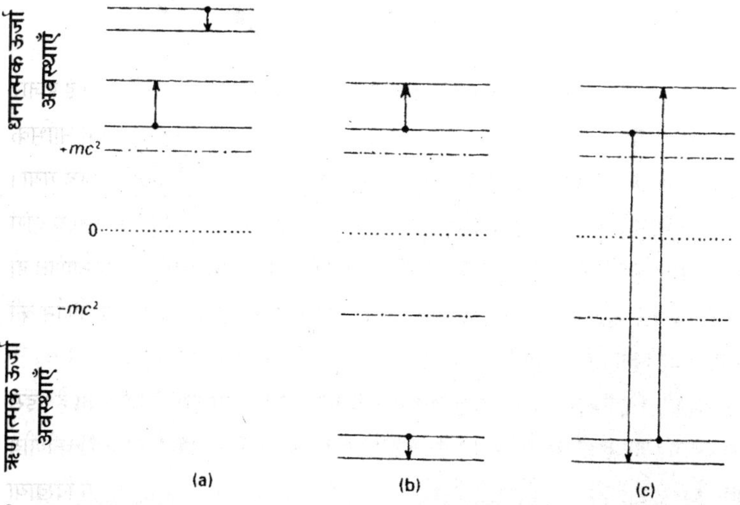

चित्र 3.16 पॉजिट्रॉन की अलग पहचान होने पर (a) में दिखाई गई एक ही क्रिया होती है। यदि पॉजिट्रॉन अविभेद्य है तो दो क्रियाएँ हो सकती हैं, जैसा कि (b) और (c) में दिखाया गया है। इसे सामान्य व विनिमय क्रिया कहते हैं।

अब हम भाभा के कार्य को समझने के लिए तैयार हैं। उनका तर्क इस प्रकार था—यदि हम यह मानकर चलें कि पॉजिट्रॉन इलेक्ट्रॉन से विभेद्य है तो हम केवल धनात्मक ऊर्जा स्तरों की सोच सकते हैं और इस वस्तुस्थिति में प्रकीर्णन में चित्र 3.16(a) के अनुसार स्थानांतरण होता है। पर यदि हम पॉजिट्रॉन को ऋणात्मक इलेक्ट्रॉन स्तर में छिद्र मानते हैं तो स्थिति चित्र 3.16(b) के अनुसार होगी। यह प्रक्रिया (a) को ऋणात्मक ऊर्जा स्तर पर दोहराने जैसा है। भाभा ने इसे 'सामान्य प्रकीर्णन प्रक्रिया' कहा। पर एक अन्य प्रक्रिया भी संभव है, जो चित्र 3.16(c) में दिखाई गई है। दोनों प्रक्रियाओं (b) और (c) में प्रारंभिक व अंतिम स्तर एक जैसे हैं, पर प्रक्रिया (c) में विनिमय सम्मिलित है। आजकल हम (b) और (c) प्रक्रियाओं को फायनमेन चित्रों (चित्र 3.17) से प्रदर्शित करते हैं।[5] चित्र (a) में, इलेक्ट्रॉन और पॉजिट्रॉन, फोटॉन के माध्यम से अभिक्रिया करते हैं; चित्र (b) में प्रारंभिक इलेक्ट्रॉन-पॉजिट्रॉन युग्म काल्पनिक रूप से नष्ट होकर अंतिम स्तरों पर पुनः जनित होता है ।

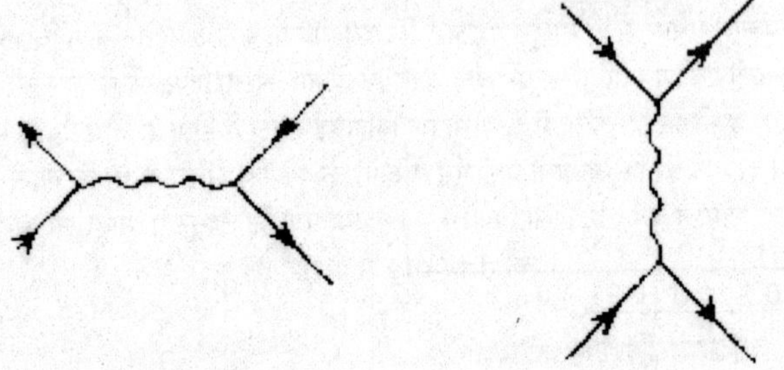

चित्र 3.17 अविभेद्य पॉजिट्रॉन प्रकीर्णन का फायनमेन चित्रों से प्रदर्शन।

भाभा के कार्यों का पूर्ण वर्णन न कर अब भाभा के सूत्र की प्रायोगिक सत्यता की जाँच करेंगे। भाभा के शोध-पत्र प्रकाशित होने के अठारह वर्ष बाद, सन् 1954 में कुछ विधिवत् प्रयोगात्मक मापन किए गए। रेडियोधर्मी स्रोतों से निकलनेवाले इलेक्ट्रॉनों को पतली परतों (जैसे माइलर की) पर डालकर प्रकीर्णित कणों को उचित संसूचकों पर रिकॉर्ड किया गया। अवकलित प्रकीर्णन को स्थिर प्रकीर्णन कोण (90°; संहति केंद्र प्रणाली में) पर विभिन्न आपतित इलेक्ट्रॉन ऊर्जा के फलन रूप में मापा गया। परिणाम चित्र 3.18 व चित्र 3.19 में दरशाए गए हैं। जैसा कि स्पष्ट है, सैद्धांतिक गणना व प्रायोगिक परिणामों में अच्छी समानता है।

अपने शोध-पत्र में भाभा ने अपनी गणना सिर्फ क्षोभ-सिद्धांत की न्यूनतम कोटि तक ही सीमित रखी। क्वांटम विद्युत् गतिकी की भाषा में उन्होंने विकिरणी सुधारों पर ध्यान नहीं

दिया। उनका उद्देश्य यह पता करना था कि विनिमय से कोई अंतर पड़ता है या नहीं; वस्तुतः यह अंतर पड़ा। बाद में प्रयोगों से पता चला कि विनिमय प्रभावों को शामिल करना ही होगा। आजकल भाभा के कार्य में विकिरणी शुद्धियों को भी शामिल किया गया है। चित्र 3.20 में उच्च ऊर्जा पर भाभा प्रकीर्णन के प्रायोगिक परिणाम दिए गए हैं। ये मान त्वरकों से प्राप्त उच्च ऊर्जावाले टकराते पुंजों के प्रयोग से प्राप्त हुए हैं।[6] सैद्धांतिक गणना और प्रायोगिक परिणामों में प्रभावपूर्ण साम्य है।

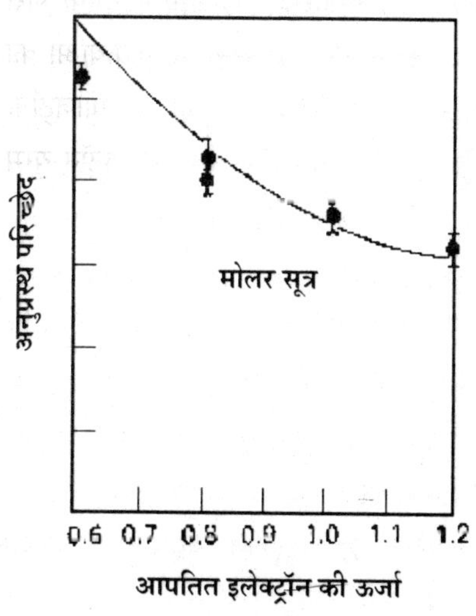

चित्र 3.18 विभिन्न इलेक्ट्रॉन ऊर्जा के लिए इलेक्ट्रॉन-इलेक्ट्रॉन प्रकीर्णन अनुप्रस्थ परिच्छेद में परिवर्तन (नियत प्रकीर्णन कोण के लिए)

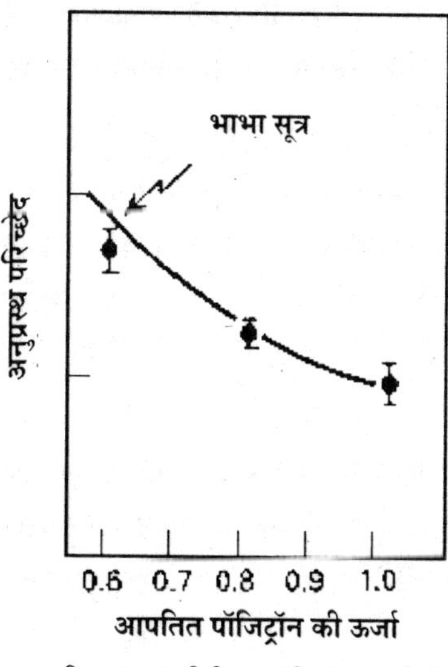

चित्र 3.19 विभिन्न पॉजिट्रॉन ऊर्जा के लिए इलेक्ट्रॉन-पॉजिट्रॉन प्रकीर्णन का प्रायोगिक मान। ठोस रेखा भाभा सूत्र का आकलन है।

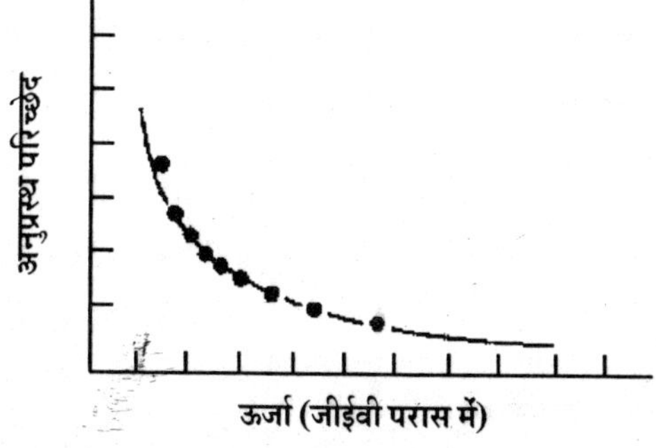

चित्र 3.20 उच्च ऊर्जा पर भाभा प्रकीर्णन का अनुप्रस्थ परिच्छेद। संघात प्रयोगों से प्राप्त आँकड़ों को बिंदु से दरशाया गया है, जबकि वक्र रेखा भाभा सूत्र की गणना को प्रदर्शित करती है।

प्रो. वीरेंद्र सिंह के अनुसार—

भाभा विकर्णन सूत्र की सत्यता में हमारा विश्वास इतना है कि इसका उपयोग नैत्यिक रूप से बड़े त्वरकों के किरण-पुंजों के अंशांकन में पॉजिट्रॉन व अन्य प्रति-कणों के पुंजों का इस्तेमाल करके किया जाता है।

सोपानी सिद्धांत

कैंब्रिज-प्रवास के दौरान भाभा का दूसरा महत्त्वपूर्ण योगदान था अंतरिक्ष किरणों की बौछार के सोपानी सिद्धांत को विकसित करना, जो उन्होंने हेटलर के सहयोग से किया। तीसरे दशक के प्रारंभ में कार्ल एंडरसन (पॉजिट्रॉन के खोजकर्ता) ने उच्च ऊर्जा इलेक्ट्रॉनों के पदार्थ माध्यम से गुजरने पर उनमें होनेवाले ऊर्जा-क्षय को मापा था। उनकी रिपोर्ट के अनुसार जब 300 एमईवी ऊर्जा का इलेक्ट्रॉन 1 सें.मी. मोटी सीसे की प्लेट से गुजरता है तो उसकी ऊर्जा में औसतन 35 एमईवी ऊर्जा-ह्रास होता है। यह ऊर्जा-ह्रास निम्न कारणों से हो सकता है—

(i) प्लेट के परमाणुओं के आयनित होने से, (ii) आपतित कणों के प्लेट के नाभिकों द्वारा विकीर्णित होने से और (iii) अवमंदक विकिरण (ब्रेम्सट्राहलुंग) से। संक्षेप में, जब इलेक्ट्रॉन नाभिक के निकट से गुजरता है तो वह त्वरित होता है। त्वरित इलेक्ट्रॉन से जो विकिरण निकलता है उसे ब्रेम्सट्राहलुंग[7] कहते हैं। सन् 1934 में हेटलर ने इस तीसरी प्रक्रिया के अनुप्रस्थ परिच्छेद का मोटा अनुमान लगाया था। उसके अनुसार—

$$\sigma \sim \frac{Z^2}{137}\left(\frac{e^2}{mc^2}\right)^2$$

यहाँ Ze नाभिक का आवेश है। इसके थोड़े समय बाद ही बेथे व हेटलर ने नाभिक आवेश के आवरण प्रभाव को शामिल कर ऊर्जा-ह्रास का नया सूत्र निकाला। उनकी गणना का मुख्य अंग निम्न स्थानांतरण की संभाव्यता ज्ञात करना था।

प्रारंभिक स्थिति—

कण संवेग = p_0
कण ऊर्जा = E_0

अंतिम स्थिति—

कण संवेग = p
कण ऊर्जा = E
फोटॉन ऊर्जा = $h\nu = E_0 - E$

इस स्थानांतरण का कारण कण द्वारा नाभिकीय क्षेत्र $V = Ze^2/r$ व विकिरण क्षेत्रों से अभिक्रिया के कारण उत्पन्न विक्षोभ है। यदि हम बारीकियों को छोड़ दें तो बेथे व हेटलर ने पाया कि सीसे की प्रति सें.मी. मोटाई में लगभग 550 एमईवी ऊर्जा का क्षय होता है। क्या आपको आश्चर्य हो रहा है कि जब इलेक्ट्रॉन की प्रारंभिक ऊर्जा केवल 300 एमईवी है तो यह 550 एमईवी ऊर्जा-ह्रास कैसे कर सकता है? इसका मतलब सिर्फ इतना है कि 300 एमईवी ऊर्जा का इलेक्ट्रॉन सीसे में 1 से.मी. से कम दूरी तय करेगा। महत्त्वपूर्ण बात यह है कि बेथे व हेटलर ने ज्यादा ऊर्जा-ह्रास की बात की थी, जबकि प्रयोगों से ऊर्जा-ह्रास कम निकला। उन्हें संदेह हुआ कि शायद उच्च ऊर्जाओं पर क्वांटम विद्युत्-गतिकी असफल हो।

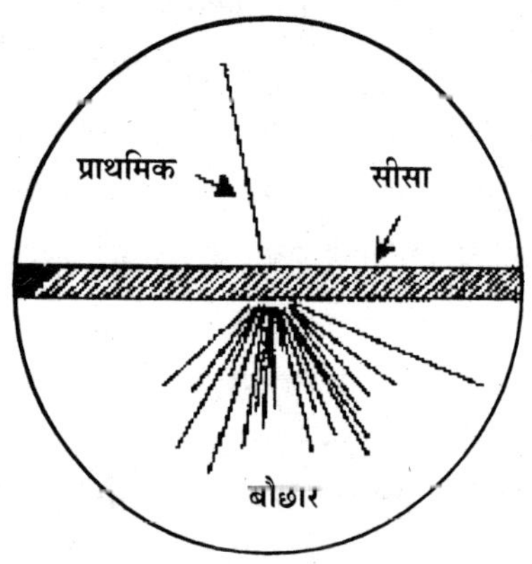

चित्र 3.21 मेघ-कोष्ठ का रेखाचित्र, जिसमें अंतरिक्ष किरणों से प्रेरित बौछार को देखा जा सकता है।

बहुत कम लोग क्वांटम विद्युत्-गतिकी की असफलता मानने को तैयार थे। इसका तात्पर्य यह नहीं है कि ऐसी असफलता हो ही नहीं सकती; लेकिन यदि होती भी है तो बहुत उच्च ऊर्जाओं पर होगी। अतः अन्य व्याख्या क्या हो सकती थी? उस दौरान किए गए मेघ-कोष्ठ के कुछ प्रयोगों ने एक सुराग दिया। इन प्रयोगों से देखा गया था कि आपतित कण प्रायः 'कणों की बौछार' प्रारंभ करता है, जैसा कि चित्र 3.21 में दिखाया गया है। वास्तव में कई तरह की बौछारें संभव हैं, पर इन सबकी जानकारी आवश्यक नहीं है। मेघ-कोष्ठ की इन तसवीरों को देखकर हाइसनबर्ग ने सोचा कि शायद आपतित कण नाभिक से अभिक्रिया करके एक जोरदार विस्फोट करता हो और दिखाई पड़नेवाली बौछार उड़ता हुआ मलबा हो। कुछ वस्तु-स्थितियों में शायद यह व्याख्या ठीक हो सकती थी; पर विस्तारित बौछारें, जिनमें अत्यधिक संख्या में इलेक्ट्रॉन और पॉजिट्रॉन पाए गए थे, इससे नहीं समझी जा सकती थीं। दूसरे संभाव्य हल को मोटे रूप से चित्र 3.22 में दिखाया गया है। यही प्रसिद्ध सोपानी है।

आपतित कण घटनाओं की पूरी शृंखला को शुरू करता है, जिसके कारण सोपानी के निचले हिस्से में कई वंशज ज्यामितीय रूप में फैल जाते हैं। अतः ऊर्जा-ह्रास की गणना करने के लिए बेथे व हेटलर के प्रथम प्रयास में काफी तब्दीली करनी पड़ेगी। भाभा और हेटलर ने ठीक यही किया।

सोपानी का खयाल पहले भी लोगों को आया था। अपने शोध-पत्र में हेटलर ने कहा है कि उससे पहले उन्होंने एल. नॉर्धाइम से इस विचार पर चर्चा की थी तथा भाभा ने कार्माइकेल को इस पर विचार-विमर्श हेतु धन्यवाद दिया है। उनकी सहभागिता को याद करते हुए हेटलर ने कहा था—

यह विचार[8] जरूर रहा होगा और मुझे विश्वास है कि कई भौतिकीविदों ने इसके बारे में सोचा होगा। भाभा और मैंने कदम-दर-कदम गणना करते समय शीघ्र ही पता लगा लिया कि जब एक इलेक्ट्रॉन पदार्थ से गुजरता है तो कई गामा-क्वांटा उत्सर्जित होते हैं, जिनमें से प्रत्येक बाद में युग्म बनाएगा। ये युग्म गामा-क्वांटा उत्सर्जित करेंगे, जो फिर से युग्म बनाएँगे और यह प्रक्रिया तब तक चलती रहेगी जब तक कि पूरी ऊर्जा समाप्त न हो जाए। यही

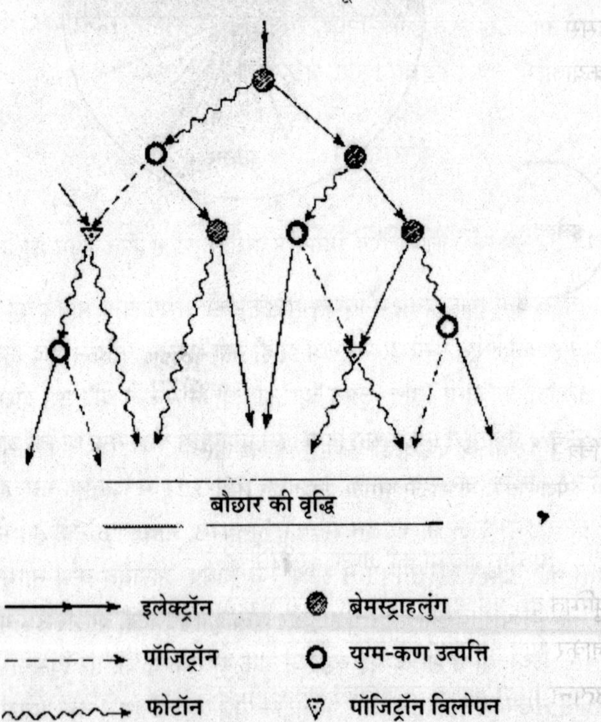

चित्र 3.22 भाभा-हेटलर सिद्धांत, जिसमें सोपानी प्रक्रिया से कणों की बौछार में वृद्धि होती है।

बौछारों का सिद्धांत था।

अपने शोध-पत्र में भाभा और हेटलर ने इस सिद्धांत की प्रस्तावना में टिप्पणी की है कि प्रयोगों द्वारा समुद्री सतह पर द्रुत इलेक्ट्रॉन काफी मात्रा में पाए गए हैं। यदि ये इलेक्ट्रॉन वायुमंडल में प्रवेश कर यहाँ तक पहुँचे हैं तो इन्हें वायुमंडल की 8 कि.मी. वायु से होकर गुजरना पड़ा होगा। जबकि बेथे और हेटलर के सिद्धांतानुसार ये सभी इलेक्ट्रॉन 2 कि.मी. वायु में चलकर थम जाने चाहिए। भाभा व हेटलर ने अपने सिद्धांत को इस विरोधाभास का समाधान माना है। उनका कहना है—

इस शोध-पत्र में वर्णित सिद्धांत को हम बौछारों का सामान्य क्वांटम सिद्धांत कह सकते हैं, क्योंकि पदार्थ और विकिरण की इस परस्पर अभिक्रिया की व्याख्या केवल डिराक के आपेक्षिक तरंग समीकरण व विकिरण के क्वांटम सिद्धांत के आधार पर की जा सकती है। अतः आपेक्षिक क्वांटम-यांत्रिकी की सीमाएँ ही हमारे सिद्धांत की सीमाएँ हैं।

अपने शोध-पत्र में भाभा और हेटलर ने निम्न प्रश्न पर चर्चा की—यदि E_0 ऊर्जा का इलेक्ट्रॉन पदार्थ की मोटी परत में प्रवेश करता है तो ऊपरी परत के स्तर से नीचे किसी बिंदु पर E ऊर्जा[9] या उससे अधिक ऊर्जा के इलेक्ट्रॉनों की संख्या कितनी होगी? इस प्रश्न के उत्तर में उन्होंने अंतराबंध क्रियाओं के लूप पर विचार किया, जैसा कि चित्र 3.23 में दिखाया गया है।

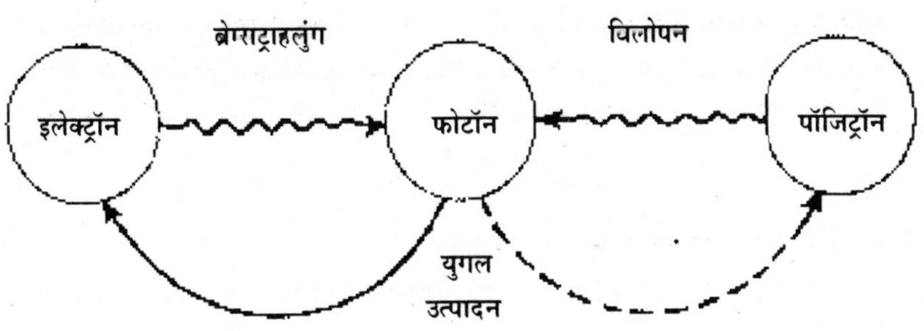

चित्र 3.23 सोपानी प्रक्रिया की रचना में लूप का योगदान। ब्रेम्सट्रांहलुंग व पॉजिट्रॉन विलोपन से फोटॉन पैदा होते हैं। ये फोटॉन युग्म कण उत्पादन से इलेक्ट्रॉन व पॉजिट्रॉन की संख्या में वृद्धि करते हैं।

प्रत्येक प्रक्रिया का अपना दर-समीकरण होता है और पूरी समस्या का वर्णन मुख्यतः युग्मित दर-समीकरणों से किया जा सकता है। स्वभावतः कुछ अड़चनें हैं। हम विस्तार में न जाकर सीधे परिणामों पर नजर डालते हैं। चित्र 3.24 ऊर्जा E_0 के एक प्राथमिक इलेक्ट्रॉन से उत्पन्न E या अधिक ऊर्जावाले इलेक्ट्रॉनों की औसत संख्या दरशाता है। वक्रों का चित्रण पदार्थ परत की मोटाई के फलन के रूप में किया गया है। प्राचल $y = \log (E_0/E)$ के कई मानों

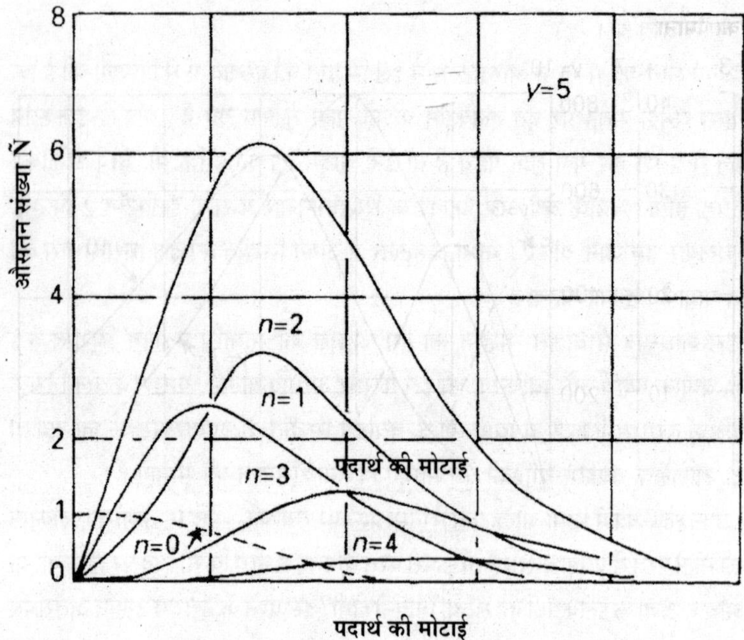

चित्र 3.24 किसी पदार्थ में आपतित E_0 ऊर्जा के एक इलेक्ट्रॉन या पॉजिट्रॉन द्वारा पैदा होनेवाले E से अधिक ऊर्जा के इलेक्ट्रॉन या पॉजिट्रॉनों की औसत संख्या Ñ पदार्थ की मोटाई l के साथ बदलती है, जिसका आकलन दिखाया गया है। अलग-अलग वक्र n कणों को प्राप्त करने का विवरण दरशाते हैं। वक्र n=0 प्राथमिक कण का प्रकीर्णन दिखाता है। प्राचल $y = \log (E_0/E)$ है तथा यहाँ y का मान 5 है। y के अन्य मानों का परिणाम चित्र 3.25 में दिखाया गया है।

के लिए भिन्न-भिन्न वक्र चित्र 3.25 में दिए गए हैं।

सैद्धांतिक गणना से ज्ञात होता है कि किसी प्रदत्त ऊर्जा E के द्वितीयकों की संख्या E_0 के साथ तेजी से बढ़ती है। उदाहरणतः यदि 2×10^5 एमईवी की प्राथमिकी, 5 सें.मी. मोटाई की सीसे की परत से गुजरती है तो 10 एमईवी से अधिक ऊर्जावाले लगभग 600 इलेक्ट्रॉन व 600 पॉजिट्रॉन पट्टी की निचली सतह से बाहर निकलेंगे। इसी को भाभा और हेटलर 'बौछार' कहते हैं। वे यह भी बताते हैं कि इस तरह की बौछार के साथ अतिभेदी क्वांटा भी बड़ी संख्या में निकलेंगे। इन क्वांटों की संख्या करीब-करीब इलेक्ट्रॉनों जितनी होगी। संक्षिप्त में भाभा और हेटलर यह दिखाने में सफल हुए कि "द्रुत इलेक्ट्रॉन की भेदन क्षमता उनके सिर्फ ऊर्जा-ह्रास गणना से प्राप्त परिणामों से ज्यादा है।"[10]

जैसा कि मैं पहले बता चुका हूँ, उसी समय कई लोगों को बौछार का विचार सूझा था।

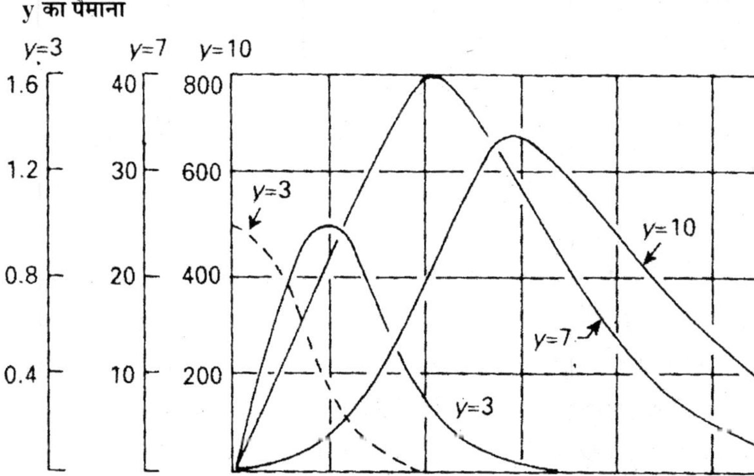

चित्र 3.25 पदार्थ की मोटाई के साथ इलेक्ट्रॉन या पॉजिट्रॉनों की औसत संख्या $\bar{N}$ में बदलाव अलग-अलग y के लिए।

इनमें से केवल कार्लसन और ओपॅनहाइमर ने ही भाभा और हेटलर सिद्धांत के लगभग समान संपूर्ण सिद्धांत का विकास किया। उनका शोध-पत्र 'द फिजिकल रिव्यू' में प्रकाशन हेतु 8 दिसंबर, 1936 को आया था, जबकि भाभा-हेटलर का शोध-पत्र 'रॉयल सोसाइटी' में 11 दिसंबर, 1936 को पहुँचा था। कार्लसन और ओपॅनहाइमर ने यह भी कहा था कि 'बौछार प्राथमिक प्रक्रियाओं की उत्तरोत्तर लंबी शृंखलाओं से बनती है, न कि एक प्राथमिक प्रक्रिया में अत्यधिक संख्या में कणों के एक साथ निकलने से। दूसरे शब्दों में, उन्होंने हाइजनबर्ग के विस्फोट-सिद्धांत को नहीं माना। यहाँ पूरी विवेचना की आवश्यकता नहीं है, सिर्फ इतना बताना चाहूँगा कि भाभा और हेटलर ने अपने शोध-पत्र की एक प्रति ओपॅनहाइमर को भी भेजी थी[11]। इस निजी संदेश के आधार पर कार्लसन और ओपॅनहाइमर ने कहा था—

> "उनके परिणाम[12] हमारे परिणामों से मुख्यतः इसलिए अलग हैं कि उन्होंने आयनीकरण से होनेवाली हानि को शामिल नहीं किया है, इसके अलावा उनके और हमारे परिणामों में बहुत ही बढ़िया संगति है। हम उनके इस निष्कर्ष से सहमत नहीं हैं कि इन गणनाओं से समुद्र तलीय अंतरिक्ष विकिरण के अधिकांश भाग को आरंभिक उच्च ऊर्जा इलेक्ट्रॉनों और फोटॉनों का ऊर्जा-ह्रासित रूप माना जा सकता है।"

मेसॉन का प्रवेश

भाभा-हेटलर शोध-पत्र वस्तुतः अंतरिक्ष किरणों के अल्पभेदी घटक से संबंधित था। चूँकि यह घटक इलेक्ट्रॉनों और पॉजिट्रॉनों का बना होता है, डिराक के प्रमाणित सिद्धांत से इसकी गणना पर्याप्त थी। डिराक सिद्धांत से आगे जाकर गणना[13] करने की दिशा में पहला कदम भाभा ने सन् 1937 में उठाया, जब उन्होंने 'अंतरिक्ष किरणों के अतिभेदी अवयव' पर ध्यान दिया। जैसा कि भाभा ने स्वयं कहा है—

> "जैसा कि कई प्रयोगों में देखा गया है, अंतरिक्ष विकिरण में आयनीकारक कण होते हैं, जो सीसे की एक मीटर से भी मोटी परत को भेदते हैं और कोई भी इलेक्ट्रॉन, चाहे उसकी ऊर्जा कितनी भी ज्यादा क्यों न हो, 15 सें.मी. सीसे से अधिक मोटी परत को पार कर अपना प्रभाव नहीं डाल सकता है, अतः भेदनशील घटक के व्यवहार से यह स्पष्ट है कि निम्न दो परिणामों में से कम-से-कम एक ठीक होना चाहिए—
>
> (a) द्रुत इलेक्ट्रॉनों द्वारा ऊर्जा-ह्रास के सैद्धांतिक समीकरण किसी क्रांतिक ऊर्जा के ऊपर असफल हो रहे हैं।
>
> (b) भेदनशील घटक इलेक्ट्रॉनों का नहीं बना है।"

प्रो. वीरेंद्र सिंह ने भाभा के इस शोध-पत्र को 'अंतरिक्ष किरणों की परिघटना विज्ञान का चमकीला लेख' कहा है। इस विश्लेषण के अंत में भाभा इस नतीजे पर पहुँचे कि अधिकांश भेदनशील कणों की संहति इलेक्ट्रॉन-संहति की लगभग सौ गुना होगी, न कि दस गुना। यह सन् 1937 का वर्ष था और जिन्हें हम आज मेसॉन कहते हैं, वे अज्ञात थे। अतः भाभा का अनुमान काफी साहसिक था। वे वास्तव में मेसॉन की उपस्थिति की भविष्यवाणी कर रहे थे, जो पूर्णतः अंतरिक्ष किरणों के विश्लेषण से थी।

जब भाभा ने यह शोध-पत्र लिखा (अक्तूबर 1937 में) उस समय उन्हें यह ज्ञात नहीं था कि जापान के युकावा ने सन् 1935 में ही नाभिकीय बलों के सिद्धांतों में एक मध्यस्थ कण, यानी मेसॉन की आवश्यकता की घोषणा की थी। जब भाभा ने अपना शोध-पत्र भेजा तो हेटलर ने उनको युकावा के शोध के बारे में बताया।

मैंने पिछले अध्याय में युकावा के कार्य का जिक्र किया है। यहाँ उस बारे में कुछ और बताने की आवश्यकता है। जैसा पहले बताया गया है, युकावा बल न्यूक्लियानों के बीच उसी प्रकार क्रिया करते हैं जैसे कि आवेशित कणों (इलेक्ट्रॉन आदि) के बीच विद्युत् चुंबकीय बल। विद्युत् चुंबकीय क्षेत्र का क्वांटम फोटॉन है। अतः इलेक्ट्रॉन-इलेक्ट्रॉन अभिक्रिया को

फोटॉनों के विनिमय के परिप्रेक्ष्य में समझ सकते हैं। आवेश से r दूरी पर जनित विभव इस सूत्र से दिया जाता है—

$$U = \frac{e}{r}. \tag{3.15}$$

फोटॉन के विपरीत (युकावा) मेसॉन का द्रव्यमान m होता है। तो आपेक्षिकता के अनुसार—

$$E^2 = m^2c^4 + p^2.c^2$$

अतः

$$\frac{E^2}{c^2} - p^2 - m^2c^2 = 0 \tag{3.16}$$

क्वांटम यांत्रिकी में परिवर्तन के सूत्रों के अनुसार[14]

$$E \rightarrow i\hbar \frac{\partial}{\partial t}$$

$$p_x \rightarrow -i\hbar \frac{\partial}{\partial x} \text{ आदि}$$

इस सूत्र के इस्तेमाल से सूत्र (3.16) निम्न रूप लेता है—

$$\left(\frac{1}{c^2}\frac{\partial^2}{\partial t^2} - \frac{\partial^2}{\partial x^2} - \frac{\partial^2}{\partial y^2} - \frac{\partial^2}{\partial z^2} + X^2 \right) = 0 \tag{3.17}$$

$X = \frac{mc}{\hbar}$ है। यह मेसॉन का तरंग समीकरण है। कल्पना कीजिए कि न्यूट्रॉन या प्रोटॉन द्वारा मेसॉन क्षेत्र पैदा होता है। यह क्षेत्र विद्युत् आवेश से पैदा होनेवाले विद्युत् चुंबकीय क्षेत्र के सदृश है। इस स्थिति में विद्युत् आवेश तो नहीं, पर उसी के समान 'कुछ' पैदा होता है, जिसे हम 'आवेश' (अच्छे नाम के अभाव में) ही कहेंगे। मान लीजिए, इसकी शक्ति g_1 है। इसे समीकरण (3.17) के दाईं ओर रखने और समीकरण को हल करने पर हमें निम्न सूत्र मिलता है—

$$g_1 \frac{\exp^{(-xr)}}{r} \tag{3.18}$$

यह 'आवेश' g_1 से r दूरी पर स्थित बिंदु पर विभव का मान है, जिसकी तुलना जानी-मानी स्थिर विद्युत् विभव समीकरण (3.15) से करना है। समीकरण (3.15) के विपरीत

समीकरण (3.18) का विभव दूरी के साथ तेजी से घटता है और इसकी परास $(\frac{1}{r})$ है। जिस तरह दो आवेशों के मध्य प्रतिक्रिया की विभव ऊर्जा (e / r) होती है, उसी तरह से दो नाभिकों के मध्य इसका मान $\approx \left(g_1^2 \frac{\exp(-xr)}{r} \right)$ है।

इलेक्ट्रॉन की तरह नाभिकों की भी स्पिन होती है, जिसका मान (1/2) है। अभिक्रिया की विभव ऊर्जा दो इलेक्ट्रॉनों के मध्य उनकी स्पिन पर निर्भर नहीं करती, परंतु नाभिकों के मध्य करती है। इसे नाभिकीय बलों का स्पिन-आधारित होना कहते हैं। इसकी बदौलत नाभिकों में एक वस्तु g_2 होती है। चिरसम्मत सैद्धांतिकी में इलेक्ट्रॉन के लिए g_2 सदृश का मान शून्य है। अगले अध्याय में इस बारे में और चर्चा की जाएगी।

जैसे कि पहले कहा गया है, भाभा ने अंतरिक्ष किरणों के भेदनशील अवयवों के गुणों का विश्लेषण कर (सन् 1937 में) एक मूल कण के होने का अनुमान लगाया था, जिसका द्रव्यमान इलेक्ट्रॉन और प्रोटॉनों के द्रव्यमानों के बीच का होना चाहिए। जब उन्हें युकावा के अनुसंधान के बारे में बताया गया, उन्होंने नाभिकीय बलों का एक सिद्धांत विकसित किया, जो इस नए कण पर आधारित था तथा फरवरी 1938 में इस पर एक लंबा शोध-पत्र लिखा। भाभा ने इस नए कण को 'भारी इलेक्ट्रॉन' कहा था। वे अपने कार्य का सारांश इस प्रकार करते हैं—

> "इस सैद्धांतिकी का विकास इस संकल्पना पर आधारित है कि प्रोटॉन और न्यूट्रॉन एक ही ऐसे कण की दो स्थितियाँ हैं[5] जो एक आवेशित कण का उत्सर्जन करके एक स्थिति से दूसरी स्थिति में जा सकता है। इस आवेशित कण का द्रव्यमान इलेक्ट्रॉन व प्रोटॉन के द्रव्यमान के बीच होता है, जिसका विचार मूलतः युकावा ने दिया है। इन U-कणों का विवरण चार तरंग-फलनों से दिया जाता है। सैद्धांतिकी का क्वांटीकरण करने पर आमतौर पर हमें धन और ऋण U-कण मिलते हैं, जिनका स्पिन 1 होता है। ये U-कण अंतरिक्ष किरणों में उपस्थित भारी इलेक्ट्रॉनों के समान होते हैं। यह सिद्धांत, विशेषकर लघु परासी बल (g_2 से जुड़ा) की व्याख्या करता है..., यह सिद्धांत बौछारों की भी व्याख्या करता है, जिनमें मुख्यतः भारी इलेक्ट्रॉन, कुछ इलेक्ट्रॉन तथा कुछ भारी कण होते हैं।"

यहाँ कई बातें गौर करने लायक हैं। (i) भाभा ने अभी तक कण का नाम मेसॉन नहीं दिया था—दरअसल यह नाम बाद में रखा गया। (ii) भाभा अपने पहले किए कार्य को आगे

बढ़ाते हुए, जिस कण का उन्होंने अनुमान लगाया था, उसे युकावों का U-कण मान लेते हैं— अर्थात् अतिभेदी घटक U-कण से संबंधित है। (iii) भाभा इस कण को 'भारी इलेक्ट्रॉन' भी कहते हैं। (iv) भाभा बताते हैं कि नए कण का स्पिन पूर्णांक होना चाहिए तथा उन्हें बोस-आइंस्टाइन सांख्यिकी का पालन करना चाहिए। (v) भाभा आगे कहते हैं कि चूँकि युकावा द्वारा प्रस्तावित कण आवेशित हैं, अतः वे न्यूट्रॉन-प्रोटॉन बलों को नहीं समझा सकते (उच्च पदों को न लेने पर)। इसके विपरीत, पहले से ही उपलब्ध कई प्रमाण यह दरशाते हैं कि न्यूट्रॉन-प्रोटॉन बल और प्रोटॉन-प्रोटॉन बल एक जैसे हैं; इस सममिति को तीव्र बल की आवेश-स्वच्छंदता कहा जाता है। अतः भाभा ने कहा, "प्रोटॉन-प्रोटॉन प्रतिक्रिया और प्रोटॉन-न्यूट्रॉन बल दोनों का मान समान दर्जे का होने के लिए यह आवश्यक है कि एक आवेशहीन कण N की अवधारणा करें, जो बोस सांख्यिकी को माने···।"

इसी दौरान एंडरसन ने एक नए कण की खोज की, जिसका द्रव्यमान इलेक्ट्रॉन और प्रोटॉन द्रव्यमान के बीच का था। उसका नाम एंडरसन ने 'मेसोटॉन' रखा। मिलिकन की सलाह पर यह नाम बदलकर 'मेसोट्रॉन' कर दिया गया, यद्यपि एंडरसन को यह नहीं भाया। तब फरवरी 1939 में भाभा ने 'नेचर' पत्रिका को एक लघु शोध-पत्र भेजा, जिसमें उन्होंने मेसॉन नाम रखने का सुझाव दिया। उनकी दलील कुछ इस तरह थी—

> "एंडरसन और नेडरमेयर ने अंतरिक्ष विकिरणों में पाए गए उस नए कण का नाम 'मेसोट्रॉन' प्रस्तावित किया है, जिसका द्रव्यमान इलेक्ट्रॉन व प्रोटॉन द्रव्यमानों के बीच है। इस शब्द में 'ट्रॉ' अनावश्यक है, क्योंकि यह ग्रीक भाषा के मूल शब्द 'मेसो', जिसका अर्थ मध्य होता है, में नहीं आता है। न्यूट्रॉन व इलेक्ट्रॉन में 'ट्रॉ' मूल शब्द 'न्यूट्रॉ' व 'इलेक्ट्रॉ' में आता है···। अतः इस नए कण को मेसोट्रॉन न कहकर यदि मेसॉन कहा जाए तो यह संक्षिप्त और अधिक तर्कसंगत भी होगा।"

भाभा द्वारा दिया गया यह नाम अब तक प्रचलित है और मूल कणों के एक वर्ग को इस नाम से जाना जाता है। यह नाम मित्रों की गोष्ठी में उभरा था, जिनमें केम्मर भी थे। इस घटना को स्मरण करते हुए उनका कहना है—

> "युकावा कणों के लिए प्रयुक्त 'मेसॉन' शब्द का प्रयोग करने का निर्णय कैंब्रिज में एगॅन ब्रेटशर के घर पर मौरिस प्राइस, होमी भाभा और मेरे द्वारा लिया गया था।"

पहले ही बताया गया है कि वास्तव में दो कण होते हैं—π और μ, जिनके द्रव्यमान इलेक्ट्रॉन व प्रोटॉन द्रव्यमानों के बीच हैं। सन् 1930 के दशक में लोगों को यह अनुमान नहीं था कि

इस तरह के दो भिन्न कण हैं। वे सिर्फ इतना जानते थे कि (i) युकावा ने इस तरह के एक कण की भविष्यवाणी की थी तथा (ii) एंडरसन ने इस तरह का एक कण अंतरिक्ष किरणों के प्रयोगों में खोजा था। हरेक ने (भाभा ने भी) यह मान लिया था कि ये दोनों कण एक ही हैं। पर युकावा ने इस विषय पर गंभीर मनन किया और बाद में अनुभव किया कि विभिन्न प्रयोगों से प्राप्त आँकड़ों में कुछ असंगतियाँ और स्पष्ट अंतर्विरोध हैं। जून 1942 में उनके दल के एक युवा वैज्ञानिक शोइची साकाता ने सुझाव दिया कि वास्तव में दो भिन्न कण हैं; पर उस समय युद्ध जोरों पर था और किसी को यह खबर भी नहीं हुई कि ऐसा विचार किसी ने दिया है।

युद्ध के उपरांत, अमेरिका में शेल्टर आइलैंड पर भौतिक-विज्ञानियों की एक संगोष्ठी हुई थी[16]। यद्यपि गोष्ठी में ज्यादातर लैंब की खोज, क्यू.ई.डी. में अनंत और इस तरह के अन्य विषयों पर चर्चा होती रही, पर कुछ चर्चा अंतरिक्ष किरणों पर भी हुई। चर्चा के दौरान रोचेस्टर के रॉबर्ट मार्शाक ने सुझाव दिया कि दो भिन्न द्रव्यमानवाले दो अलग कण हैं। एक वायुमंडल के ऊपरी वातावरण में अंतरिक्ष किरणों की टक्करों से उत्पन्न होता है और दूसरा पहले कण का क्षय-उत्पाद है। संक्षेप में, मार्शाक ने न सिर्फ π और μ कणों का अपितु $\pi-\mu$ क्षय प्रक्रिया का भी सुझाव रखा। शेल्टर आइलैंड की गोष्ठी में इस विचार का स्वागत किया गया। रोचेस्टर वापस लौटने पर मार्शाक यह जानकर अचंभित हो गए कि ब्रिटिश भौतिकविदों ने इस तरह की क्षय-प्रक्रिया को इमल्शनों में रिकॉर्ड भी कर लिया है।

पूरी घटना जानने के बाद हम कह सकते हैं कि (i) भाभा तथा उनके समकालीन अन्य लोग यह नहीं जान पाए थे कि दरअसल दो कण होते हैं—एक, जो आसानी से शोषित हो जाता है और दूसरा, जो नहीं होता। ओपॅनहाइमर ने एक बार $\pi-\mu$ क्षय-प्रक्रिया को दशक का एक निर्दयी मजाक कहा था। (ii) आज हम जानते हैं कि π^+, और π^- के अलावा π^0 भी होता है। ऐसा प्रतीत होता है कि भाभा का N-कण π^0 का पूर्वज था। (iii) आजकल μ-मेसोन को इलेक्ट्रॉन (या तथाकथित लेप्टॉन) परिवार का सदस्य माना जाता है। पारिभाषिक तौर पर μ को अब मेसॉन नहीं माना जाता है। (iv) कुछ समय तक मेसॉन को भारी इलेक्ट्रॉन कहा जाता रहा, भाभा ने भी इसी शब्द का प्रयोग किया। आजकल यह नाम प्रचलित नहीं है।

अतः तथ्यों को स्थापित करने में करीब दो दशक का समय लग गया—(i) अंतरिक्ष किरणों के दो घटक होते हैं। (ii) अल्पभेदी घटक बौछारों से ही संबंधित हैं, जिसकी व्याख्या भाभा-हेटलर सिद्धांत से अच्छी तरह की जाती है। (iii) अतिभेदी घटक म्यूऑनों से संबंधित है। (iv) म्यूऑनों का जन्म पायॉनों से होता है और पायॉन ही युकावा के U-कण के निकटतम हैं।

मेसॉन और समय का प्रसार

आपेक्षिक समय-प्रसार संबंधी चर्चा के बिना मेसॉन की कहानी पूरी नहीं हो सकती। किसी भी गतिशील वस्तु को समय की गति धीमी लगती है तथा इस प्रभाव को मेसॉन से जुड़े एक प्रयोग द्वारा दरशाया भी गया है।[17] भाभा पहले व्यक्ति थे, जिन्होंने जनवरी 1938 में प्रकाशित अपने शोध-पत्र में इसका वर्णन किया था। उस समय यह जानकारी नहीं थी कि वास्तव में दो मेसॉन होते हैं—पायॉन व म्यूऑन; पायॉन पहले क्षय होकर म्यूऑन बनता है, जिसके पुनः क्षय होने पर इलेक्ट्रॉन बनता है। तत्कालीन सोच के अनुसार एक ही कण होता था, जिसे U-कण कहा जाता था—जो दोहरी भूमिका निभाता था। प्रथमतः यह ये क्रियाएँ करता था—

$$N \rightleftharpoons P + U^-$$

$$P \rightleftharpoons N + U^+$$

इस प्रकार की आदान-प्रदान प्रक्रिया से नाभिक में न्यूट्रॉन (N) तथा वे प्रोटॉन (P) आपस में बँधे रहते हैं। आज हम कहते हैं कि यह चिपकानेवाला कार्य यदि कोई करता है तो वह π-मेसॉन है।

नाभिकों से इलेक्ट्रॉन भी निकलते हैं। यह सुपरिचित β-क्षय है। लेकिन हमें पता है कि नाभिक में इलेक्ट्रॉन नहीं होता। फिर नाभिक कैसे इलेक्ट्रॉन उत्सर्जित करता है? इसके लिए यह तर्क दिया गया था कि U-कण का क्षय निम्न प्रक्रिया से होता है—

$$U^- \rightarrow e^- + \nu$$

$$N \rightarrow P + e^- + \nu$$

यहाँ ν न्यूट्रिनों का चिह्न है। यह प्रक्रिया अन्य बातों के साथ न्यूट्रॉन की रेडियो सक्रियता की व्याख्या करती है। न्यूट्रॉन का क्षय निम्न प्रक्रिया से होता है—

इस प्रक्रिया में β-क्षय वास्तव में दो चरणों में होता है—

(i) $N \rightarrow P + U^-$

(ii) $U^- \rightarrow e^- + \nu$

जैसा कि पहले बताया गया है, बीसवीं शताब्दी के तीसरे दशक में यह विश्वास था कि अंतरिक्ष किरणों में U-कण होते हैं। अब समय-प्रसार विषय पर लौटते हैं। भाभा ने कहा था—

> 'स्थिर अवस्था में एक धनात्मक U-कण एक धनावेशित इलेक्ट्रॉन व न्यूट्रिनों में स्वतः विखंडित हो सकता है। चूँकि यह विखंडन स्वतः होता है, U-कण को एक 'घड़ी' जैसा समझ सकते हैं, अतः आपेक्षिकता के सिद्धांत से ही यह निष्कर्ष

निकाला जा सकता है कि कण के गतिशील होने पर उसका विखंडन-काल अधिक होता है।"

भाभा ने जब यह कहा था तब इस परिकल्पना की पुष्टि के लिए विस्तृत प्रायोगिक परिणाम नहीं थे। भाभा ने आगे लिखा—

"हम ऐसा इसलिए मानते हैं, क्योंकि ब्लैकेट और अन्य लोग इस निष्कर्ष पर पहुँचे थे कि अंतरिक्ष किरण के अधिकांश कण, जिनकी ऊर्जा 2×10^8 ईवी से कम होती है, वे इलेक्ट्रॉन होते हैं तथा इससे ऊपर की ऊर्जावाले कण भारी इलेक्ट्रॉन होते हैं।"

दुर्भाग्यवश, जब म्यूऑन से संबंधित समय-प्रसार का वर्णन किया जाता है तो लोग भाभा को भूल जाते हैं। दरअसल मैं भी इस मामले में अपराधी हूँ; पर यह अज्ञानवश था, न कि भूलने के कारण। यह तो जब मैंने इस पुस्तक के लिए सामग्री एकत्रित की, तभी मुझे पता चला कि इस विचार के सर्वप्रथम प्रस्तावक डॉ. भाभा हैं।

कैंब्रिज से भारत लौटने के पहले भाभा ने जो आखिरी शोध-पत्र लिखा, उसका शीर्षक था—'मेसॉन की चिरसम्मत सैद्धांतिकी'। यह 'प्रोसीडिंग्स ऑफ रॉयल सोसाइटी' में प्रकाशित हुआ था। डिराक द्वारा इस शोध-पत्र को भेजना उचित ही था। भाभा के लिए यह नया क्षेत्र था। बैंगलोर आकर भी उन्होंने इस क्षेत्र में काफी कार्य किया। यह उचित होगा कि उनका यह कार्य तथा अन्य लोगों द्वारा इसी तरह के किए गए कार्यों की चर्चा अलग से की जाए। कैंब्रिज में भाभा द्वारा किए गए महत्त्वपूर्ण कार्यों का संकलन संक्षेप में नीचे दिया गया है—

- आपेक्षिक विनिमय प्रकीर्णन की व्याख्या (भाभा प्रकीर्णन)।
- अंतरिक्ष किरणों में इलेक्ट्रॉन-पॉजिट्रॉन बौछारों के उत्पादन की सैद्धांतिकी (भाभा-हेटलर सिद्धांत)।
- युकावा कण का अनुमान, जिससे संबंधित मेसॉन-नामकरण का प्रस्ताव।
- म्यूऑन/क्षय में आपेक्षिक समय-प्रसार प्रभावों की भविष्यवाणी।

भाभा अपने इन समस्त कार्यों के लिए कैंब्रिज तथा अन्य सभी वैज्ञानिक प्रतिष्ठानों में विख्यात हो गए। इसी समय भाभा छुट्टी बिताने भारत आए। जैसा कि आप जानते हैं, बाद में उन्होंने यहीं रहकर अपना अनुसंधान-कार्य जारी रखा। इस बारे में विस्तृत चर्चा अगले अध्याय में की गई है।

बॉक्स 3.1
प्रायोगिक प्रणाली और संहति-केंद्र प्रणाली

प्रायोगिक प्रणाली और संहति केंद्र प्रणाली के बारे में कुछ और जानकारी यहाँ दी जा रही है। चित्र (a) में m_1 द्रव्यमानवाला एक कण v_1 वेग से m_2 द्रव्यमानवाले स्थिर कण से सीधे टकराता है। संहति केंद्र V_{CM} वेग से चलने लगता है, जैसा कि नीचे के चित्र में दिखाया गया है। टकराने के बाद दोनों कण अलग दिशाओं में जाने लगते हैं, जैसा कि चित्र (a) में दरशाया गया है; परंतु हमारा ध्यान कण-1 पर है, जो θ_L कोण की दिशा की ओर जाता है। चित्र (b) में इसी प्रकीर्णन को संहति केंद्र प्रणाली में दिखाया गया है। चित्र (c) में विभिन्न वेगों का संबंध दरशाया गया है।

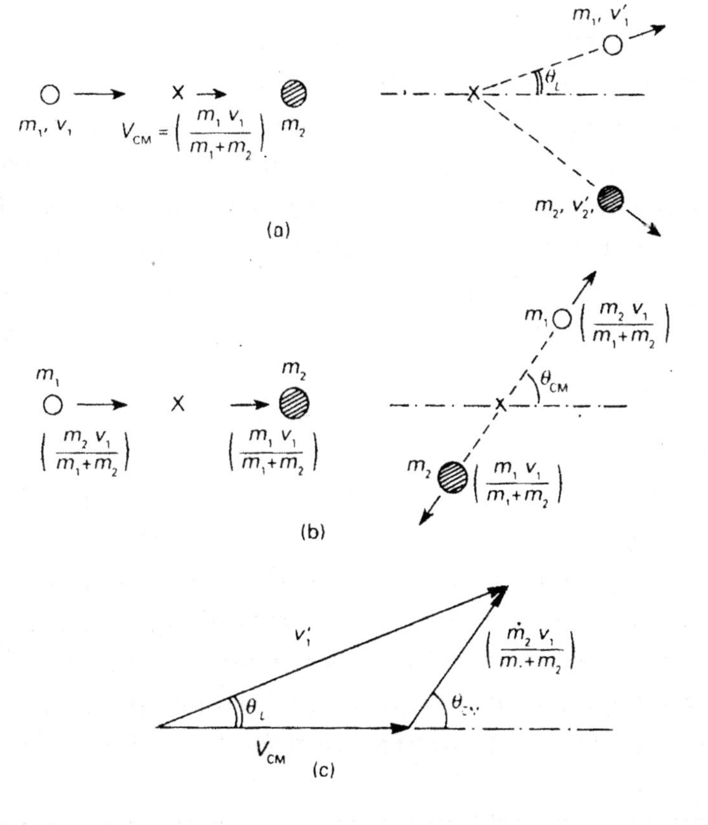

त्रिकोणमिति से

$$\tan\theta_L = \frac{\sin\theta_{CM}}{m_1/m_2} + \cos\theta_{CM}.$$

इस प्रकार दोनों प्रणालियाँ आपस में जुड़ी हैं। सैद्धांतिक गणना से प्रकीर्णन का अनुप्रस्थ परिच्छेद साधारणतया संहति केंद्र प्रणाली में ज्ञात किया जाता है, जिसे ऊपर दिए गए सूत्रों के अनुसार प्रायोगिक प्रणाली में बदला जाता है।

बॉक्स 3.2
उच्च ऊर्जा-त्वरक

भाभा के समय उच्च ऊर्जा अभिक्रियाओं के अध्ययन का एकमात्र साधन अंतरिक्ष किरणों द्वारा प्रेरित अभिक्रियाओं का उपयोग करना था। इसके लिए कई तरह के संसूचक और गाइगर काउंटर, समानुपाती काउंटर, स्फुर दीप्ति काउंटर, सेरेन्कोव काउंटर, मेघ-कोष्ठ और फोटो-ग्राफिक इमल्शन प्रयुक्त किए गए। प्रायः काउंटरों और मेघ-कोष्ठ को संयुक्त रूप में इस्तेमाल किया जाता था। टी.आई.एफ.आर. (टाटा इंस्टीट्यूट ऑफ फंडामेंटल रिसर्च) द्वारा इस तरह की एक प्रणाली ऊटी में इस्तेमाल की जा रही थी, जिसका वर्णन अगले अध्याय में किया गया है। सन् 1955–65 के दौरान उच्च ऊर्जा-त्वरकों के विकास के साथ ही प्रायोगिक उच्च ऊर्जा भौतिकी का स्वरूप पूर्णतः बदल गया। इस परिवर्तन ने सैद्धांतिक भौतिकी पर गहरा असर डाला।[18]

त्वरक में वांछित कणों (इलेक्ट्रॉनों, प्रोटॉनों···) को वांछित ऊर्जा तक त्वरित किया जाता है। फिर त्वरित कणों को उपयुक्त लक्ष्य पदार्थ से टकराकर अभिक्रियाएँ पैदा की जाती हैं। इन प्रयोगों में लक्ष्य पदार्थ के कण स्थिर होते हैं, जबकि कण-पुंज गतिशील होते हैं। यदि लक्ष्य कणों को भी पुंज की विपरीत दिशा में गति करा सकें तो अभिक्रिया हेतु प्राप्त ऊर्जा का मान बढ़ जाएगा। इस तरह की पुंज-प्रणाली विकसित की गई है। वस्तुतः कणों और प्रतिकणों के पुंजों को संचयन वलय में घुमाया जाता है। इसमें दो पुंज विपरीत दिशाओं में, घंटों तक गति करते रहते हैं। कुछ निश्चित जगहों पर उनके अलग-अलग रास्ते आपस में टकराते हैं, जिससे अभिक्रियाओं के घटने का अवसर मिलता है। CERN (सर्न) में एक विशाल इलेक्ट्रॉन-प्रोटॉन संघटक (LEP—लेप) है, जिसकी परिधि 28 कि.मी. है!

संदर्भ-सूची

1. उस समय की जानकारी के आधार पर।
2. सुप्रसिद्ध भाभा- हेटलर सिद्धांत के लिए प्रसिद्ध, जिसके बारे में आगे चर्चा की जाएगी।
3. टी.आई.एफ.आर. के पूर्व निदेशक।
4. वेंकटरमण की पुस्तक 'A Hot Story' देखिए।
5. इन चित्रों की विस्तृत जानकारी वेंकटरमण की पुस्तक 'The Quantum Revolution: Part II' में दी गई है।
6. बॉक्स 3.2 देखें।
7. इसका वर्णन वेंकटरमण की पुस्तक 'QED' में किया गया है।
8. सोपानी प्रक्रिया का विचार।
9. स्पष्ट है $E<E_0$ ।
10. यह बेथे-हेटलर सिद्धांत है।
11. आज की भाषा में इसे पूर्व प्रकाशित प्रति कहेंगे।
12. भाभा और हेटलर के परिणाम।
13. अंतरिक्ष किरणों की कुछ समस्याओं को सुलझाने के लिए यह जरूरी था।
14. वेंकटरमण की पुस्तक 'The Quantum Revolution: Part I' देखिए।
15. आज इसकी व्याख्या समस्थानिक स्पिन से की जाती है।
16. वेंकटरमण की पुस्तक 'The Quantum Revolution: Part-II' देखिए।
17. इसके बारे में सविस्तार वर्णन वेंकटरमाण की पुस्तक 'At the speed of Light' में किया गया है।
18. त्वरकों की संक्षिप्त कहानी वेंकटरमण की पुस्तक 'Why Are Things the Way They Are?' में देखी जा सकती है।

□

4
स्वदेश में अनुसंधान

अब हम भाभा के सबसे रोचक और महत्त्वपूर्ण अनुसंधान के बारे में चर्चा करेंगे, जो उन्होंने भारत वापस आने के बाद किया। निस्संदेह यह कार्य उनके पहले किए गए कार्यों से जुड़ा था; पर देश में आकर उनके विचारों में काफी बदलाव आ गया था। इस बदलाव के दो प्रमुख कारण थे। पहला, युद्ध के चलते (सन् 1939-45) प्रायोगिक परिणामों का आना दुर्लभ हो गया था तथा दूसरा, हेटलर जैसे अनुभवी सहयोगियों का मिलना कठिन था। परिणामस्वरूप भाभा का कार्य ज्यादातर 'अंतर्मुखी' हो गया। इसका अर्थ आगे चलकर स्पष्ट होगा।

भारत में भाभा का कार्य (i) ब्रह्मांड किरणों और (ii) मूल कणों से संबंधित था। ब्रह्मांड किरणों से जुड़ी बौछारों पर अध्ययन भाभा ने जारी रखा। वे कुछ प्रयोगात्मक कार्य भी करने लगे[1]। यद्यपि टी.आई.एफ.आर. (टाटा इंस्टीट्यूट ऑफ फंडामेंटल रिसर्च) की स्थापना के बाद प्रयोगात्मक कार्य की जिम्मेदारी उन्होंने दूसरों पर छोड़ दी थी, परंतु वे इसकी गतिविधियों से जुड़े रहे। सैद्धांतिक क्षेत्र में कुछ समय तक उन्होंने कार्य जारी रखा, पर शीघ्र ही संगठनात्मक कार्यों की व्यस्तता के कारण उन्हें शोध-कार्य छोड़ना पड़ा। इस बारे में चर्चा अगले अध्यायों में की गई है।

बौछारों पर अविरत कार्य

बैंगलोर में भाभा ने बौछारों पर फिर से अपना शोध-कार्य शुरू किया, परंतु मुख्यतः यह हेटलर के साथ पहले किए गए कार्यों के विश्लेषण को उन्नत करना था। इसके बारे कुछ जानकारियाँ आगे दी गई हैं।

भाभा-हेटलर सिद्धांत के प्रथम चरण का सुधार एस.के. चक्रवर्ती के सहयोग से किया गया। अपने इस शोध-पत्र में उन्होंने लिखा है—

"सामान्यत: यह मान लिया गया है कि कार्लसन व ओपॅनहाइमर (1937) तथा भाभा व हेटलर (1937) के सोपानी सिद्धांत से ब्रह्मांड किरणों के अल्पभेदी घटकों के सामान्य गुणों की ठीक से व्याख्या की जा सकती है। साथ ही इन सैद्धांतिकियों से प्रायोगिक तथ्यों, जैसे ब्रह्मांड किरणों के वातावरण में अवशोषण और तीव्र इलेक्ट्रॉनों द्वारा भारी तत्त्वों में जनित इलेक्ट्रॉन-बौछारों के उत्पादन को मात्रात्मक रूप से (चाहे मोटे तौर पर ही सही) समझा जा सकता है। पर अब तक सैद्धांतिकी और प्रायोगिक परिणामों की तुलना बहुत यथार्थता से नहीं की जा सकी है। इसका कारण जहाँ एक ओर सैद्धांतिकी में अनुमानित भौतिकी अभिधारणाओं व गणितीय विधियों में किए गए अनुमानों के कारण उत्पन्न त्रुटियाँ हैं, वहीं दूसरी ओर प्रयोगात्मक आँकड़ों में विद्यमान अनिश्चितताएँ हैं। पर विभिन्न अक्षांशों पर वायुमंडलीय अवशोषण-वक्र प्राप्त करने के लगातार बढ़ते प्रयोगों से उपलब्ध परिणामों के कारण अब स्थिति ऐसी हो गई है कि सोपानी सिद्धांत से इस प्रक्रिया को और अधिक यथार्थता से समझने की आशा बँधी है। प्रायोगिक और सैद्धांतिक परिणामों की आपसी तुलना से अब यह पता चल सकेगा कि सोपानी सिद्धांत से ज्ञात प्रक्रियाओं के अलावा प्रायोगिक परिणाम कोई अन्य प्रक्रियाओं को तो नहीं दरशाते हैं।"

भाभा और चक्रवर्ती ने अपनी सैद्धांतिकी से अब तक के सभी शोध-कार्यों की अपेक्षा अधिक यथार्थता से सोपानी-प्रक्रियाओं को समझाया है। यह कोई संकल्पनात्मक प्रगति तो नहीं थी, परंतु उन्नत गणितीय चतुराई अवश्य थी। इसका विवरण तीन शोध-पत्रों में किया गया था, जिसे आगे बढ़ाते हुए चौथा शोध-पत्र भाभा ने स्वयं लिखा था।

सोपानी सिद्धांत से, चाहे वह भाभा-हेटलर, कार्लसन-ओपॅनहाइमर या भाभा-चक्रवर्ती का रहा हो, निश्चित ऊर्जा के प्राथमिक इलेक्ट्रॉन या फोटॉन द्वारा जनित बौछार में उत्पन्न कणों की केवल औसत या माध्य संख्या की ही गणना की जा सकती है, यानी किसी पदार्थ में निश्चित दूरी तय करने पर बौछार द्वारा औसतन उत्पन्न कणों की संख्या ही आँकी जा सकती है। चूँकि बौछार की उत्पत्ति वास्तव में सांख्यिकी प्रक्रिया है, अतः प्रायोगिक परिणामों का विश्लेषण करते समय कभी-कभी ऐसी संख्याओं पर भी ध्यान देना पड़ता है, जो औसत से कम या ज्यादा होती हैं। सन् 1950 में भाभा और अल्लादी रामकृष्णन ने इस समस्या पर ध्यान दिया। ऐसा नहीं है कि इससे पूर्व किसी ने ब्रह्मांड किरणों की बौछारों में कमी व बढ़त (विचलन) पर ध्यान नहीं दिया था। कई लोगों ने इस समस्या का विश्लेषण बौछारों के

अनुमानित प्रतिरूप बनाकर किया था, पर सिर्फ स्कॉट और यूहलेनबेक ने ही विकिरण-क्षति और युग्म-उत्पत्ति में वास्तविक क्वांटम यांत्रिकी अनुप्रस्थ परिच्छेदों का प्रयोग करके इन विचलनों का अध्ययन किया था। भाभा और रामकृष्णन ने उनके काम को आगे बढ़ाते हुए गणना को अंतिम रूप दिया। उन्होंने विशेषतः निम्न राशियों की गणना की। $N(E_1, E_2)$ उन कणों की संख्या है, जिनकी ऊर्जा E_1 और E_2 के अंतराल में है। यह E_0 ऊर्जा की प्राथमिकी द्वारा जनित कणों की बौछार का ऊर्जा-प्रसार है, जो पदार्थ की t मोटाई से गुजर चुकी है। N का माध्य मान $\langle N(E_1, E_2)\rangle$ और वर्ग का माध्य मान $\langle N^2(E_1, E_2)\rangle$ हो तो भाभा और रामकृष्णन ने $\langle N(E_1, E_2)\rangle - \langle N^2(E_1, E_2)\rangle^2$ राशि के लिए एक व्यंजक प्राप्त किया। बाद में भाभा ने $\langle N^k(E_1, E_2)\rangle$ का सूत्र भी दिया, जहाँ k पूर्णांक है। यदि इस राशि के मान सभी k के लिए यानी $k=1$ से $k=\infty$ तक, ज्ञात हो तो सांख्यिकी सिद्धांत से हम $P\{N(E_1, E_2)\}$ ज्ञात कर सकते हैं, जो E_1 से E_2 ऊर्जा-प्रसार में N कणों की प्रायकिता है। $\langle N^k\rangle$ राशियों को प्रायकिता बंटन का आघूर्ण कहा जाता है।

यहाँ ब्रह्मांड किरणों पर भाभा के सिर्फ मुख्य कार्यों के बारे में संक्षिप्त विवरण दिया गया है। उन्होंने ब्रह्मांड किरणों पर कई शोध-पत्र लिखे हैं। वे कई प्रायोगिक अध्ययनों पर लिखे गए शोध-पत्रों के सह-लेखक भी हैं। यद्यपि ये शोध-पत्र काफी दिलचस्प हैं, पर उनके बारे में चर्चा नहीं करेंगे। अब भाभा द्वारा चिरसम्मत सिद्धांत पर आधारित मेसॉन के शोध-कार्य तथा उनके नाम से प्रसिद्ध भाभा समीकरण की चर्चा करेंगे।

चिरसम्मत सैद्धांतिकी में डिराक की वापसी

मूल कणों पर भाभा के कार्यों को दो स्पष्ट भागों में बाँटा जा सकता है। सन् 1939-45 के दौरान वे चिरसम्मत सैद्धांतिकी में व्यस्त थे, पर उसके बाद वे संभावित क्वांटम सैद्धांतिकी की ओर मुड़े। दोनों ही क्षेत्रों में काम करने की प्रेरणा उन्हें डिराक से मिली थी।

चिरसम्मत सैद्धांतिकियों में कार्य की शुरुआत सन् 1938 में डिराक के उस शोध-पत्र से हुई, जो डिराक समीकरण की खोज के पूरे एक दशक बाद छपा था[2]। डिराक समीकरण से संबद्ध प्रारंभिक हलचल के बाद, विशेषकर पॉजिट्रॉन की खोज के बाद, तो एक नैराश्यपूर्ण समय आ गया था, जो 'अनंतताओं की महामारी' के कारण हुआ था। संक्षेप में, डिराक समीकरण पर आधारित विद्युत्-गतिकी के इस्तेमाल से कई राशियों के मान अपरिमित निकल रहे थे, यद्यपि यह ज्ञात था कि वे सीमित मानवाली हैं। यह परेशानी की बात थी और उस समय किसी को सूझ नहीं रहा था कि क्या करना चाहिए। इस दौरान कई व्यक्ति क्वांटम विद्युत्-गतिकी से निराश हो चुके थे[3], जिनमें डिराक भी थे। अतः सन् 1938 में

डिराक पुनः इलेक्ट्रॉन के चिरसम्मत सिद्धांत की ओर मुड़े। इसकी सफाई देते हुए उन्होंने कहा—

> "शायद हम सोचें कि यह कठिनाई (क्वांटम विद्युत्-गतिकी की अपसरण कठिनाई) इलेक्ट्रॉन की संरचना को क्वांटम नियमों के अनुसार अच्छी तरह समझने से दूर हो जाएगी। पर शायद यह सोचना ज्यादा सही है कि इलेक्ट्रॉन की सरल संरचना को समझने के लिए विशेष नियमों की आवश्यकता नहीं है, अतः इस कठिनाई को सुलझाने हेतु क्वांटम यांत्रिकी को लाना ठीक नहीं है। अब भौतिकी का कोई नया विचार सूझना चाहिए, जो दोनों—चिरसम्मत व क्वांटम—सैद्धांतिकियों में मान्य हो। हमारा सरल पथ चिरसम्मत सिद्धांत में ही सीमित रहना है।"

डिराक के कार्य का वर्णन करने से पहले लॉरेंज द्वारा किए गए आरंभिक कार्य से परिचित होना आवश्यक है[4]। लॉरेंज इलेक्ट्रॉन पर पड़नेवाले उस विद्युत् चुंबकीय बल के बारे में जानने का प्रयास कर रहे थे, जो उसकी अपनी ही गति यानी पश्च अभिक्रिया से उत्पन्न होता है। उन्होंने इलेक्ट्रॉन को a त्रिज्या का गोलक माना, जिसके भीतर आवेश वितरित है। इसके आधार पर लॉरेंज ने उस परिणामी बल की गणना की, जो किसी बिंदु के आवेश से उत्पन्न बल द्वारा दूसरे बिंदु के आवेश पर पड़ता है। पूरा इलेक्ट्रॉन v गति से चलता हुआ माना गया। लॉरेंज द्वारा प्राप्त परिणाम इस प्रकार है—

$$\text{बल} = \frac{e^2}{c^2 a}\dot{\boldsymbol{v}} - \frac{2}{3}\frac{e^2}{c^2}\ddot{v} + \ldots \qquad (4.1)$$

यहाँ $\dot{\boldsymbol{v}} = (d\boldsymbol{v}/dt)$, त्वरण और $\ddot{v} = (d^2 v/dt^2)$ त्वरण की परिवर्तन दर है। समीकरण (4.1) के दाईं ओर का पहला पद जड़त्वीय बल और दूसरा पद विकिरण अभिक्रिया है। हम जड़त्वीय बल को (द्रव्यमान × त्वरण) लिखने के अभ्यस्त हैं। यह जानकर हम (e^2/c^2a) को इलेक्ट्रॉन का द्रव्यमान मान सकते हैं। डिराक की दृष्टि में, 'लॉरेंज के इलेक्ट्रॉन-प्रतिरूप में, सब द्रव्यमानों को विद्युत् चुंबकीय जनित मानना' एक विशिष्ट बात है। पर दुर्भाग्यवश यह संकल्पना सही नहीं मानी जा सकती है, क्योंकि इसके आधार पर न्यूट्रॉन का द्रव्यमान नहीं समझाया जा सकता है। हाँ, एक बात और, समीकरण (4.1) के दाईं ओर अन्य कई पद हैं, जो नहीं लिखे गए हैं।

यदि हम इस बात को मानना छोड़ दें कि इलेक्ट्रॉन का द्रव्यमान विद्युत् चुंबकीय-जनित है तो इसके आमाप को सीमित मानने का कोई बाध्य कारण नहीं रह जाता है। वास्तव में इलेक्ट्रॉन को सीमित आमाप का मानना उलझन पैदा करता है, क्योंकि जब इलेक्ट्रॉन

प्रकाश वेग (c) के लगभग समान वेग से गतिमान होगा (जो संभव है) तो उसकी दृढ़ता खत्म हो जाएगी। इस उलझन की वजह से वैज्ञानिकों ने इलेक्ट्रॉन को एक बिंदु माना। यद्यपि आपेक्षिक दृष्टिकोण से यह सही लगा, पर बिंदु-इलेक्ट्रॉन संकल्पना ने 'स्वतः ऊर्जा अपसरण' की कठिनाई उत्पन्न कर दी। इसका तात्पर्य यह है—कल्पना कीजिए कि प्रारंभ में इलेक्ट्रॉन छोटे-छोटे टुकड़ों में हैं, जो एक-दूसरे से काफी दूरी पर हैं। हम अब इन्हें परस्पर निकट लाते हुए 'जोड़कर' एक गोलक इलेक्ट्रॉन बनाते हैं। इस पूरी प्रक्रिया में लगनेवाला बल 'स्व-ऊर्जा' है। यदि इसके परिणामस्वरूप एक बिंदु-इलेक्ट्रॉन बनता है (यानी $a = 0$) तो 'स्व-ऊर्जा' का मान अनंत होगा—यही चिरसम्मत विद्युत्-गतिकी की अपसरण कठिनाई है। डिराक समीकरण के अनुसार गणना करने पर यह अपसरण कठिनाई और बढ़ जाती है[5]। यहाँ तक पहुँचकर डिराक चिरसम्मत इलेक्ट्रॉन की तरफ लौटे और इस पर नए सिरे से विचार किया।

डिराक से पूर्व बोर्न ने सुझाव दिया था कि अपसरण समस्या को सुलझाने के लिए शायद मैक्सवेलीय समीकरणों में परिवर्तन करना पड़ेगा। डिराक ने इसे अस्वीकृत कर दिया—मैक्सवेलीय समीकरण इतने सुंदर हैं कि उनसे छेड़छाड़ नहीं की जानी चाहिए। उनका अपना मत था—

> "हम मैक्सवेलीय सिद्धांत से बल-क्षेत्र का वर्णन विचित्रता बिंदु तक करेंगे, जो हमारे इलेक्ट्रॉन को निरूपित करता है और अनंत ऊर्जा संबंधी कठिनाइयों को, अवांछित पदों को हटाकर या घटाकर हल करने का प्रयास करेंगे…। पूरी प्रक्रिया गणितीय दृष्टि से परिभाषित और सुसंगत व सर्वमान्य नियमों; जैसे आपेक्षिकता सिद्धांत, ऊर्जा व संवेग संरक्षण सिद्धांत आदि के अनुसार होनी चाहिए।"

अंतिम टिप्पणी बहुत ही महत्त्वपूर्ण है, क्योंकि भौतिकी में सैद्धांतिकी की संरचना करने का यही आधुनिक तरीका है। संरचनाओं के निर्माण की अभिधारणाएँ चाहे कुछ भी हों, पर उन्हें कुछ निश्चित नियमों का पालन करना होगा; सभी संरक्षण सिद्धांतों को मानना पड़ेगा तथा महत्त्वपूर्ण सममितियों के अनुसार होना पड़ेगा। वास्तव में संरक्षण नियम तथा सममितियाँ परस्पर संबंधित हैं। हम इसे शीघ्र ही समझेंगे।

एक इलेक्ट्रॉन की कल्पना कीजिए, जो दिक्-काल[6] में गतिमान है। उदाहरण के तौर पर, हम 1 दिशा + 1 समय आयाम का दिक्-काल लेते हैं, जैसा कि चित्र 4.1 में दिखाया गया है। विद्युत् चुंबकीय क्षेत्र द्वारा जनित बल के कारण इलेक्ट्रॉन गतिमान होता है। यह विद्युत् चुंबकीय क्षेत्र कुछ बाहरी और कुछ इलेक्ट्रॉन की अपनी गति के कारण यानी स्व-जनित है। कुछ हद तक इलेक्ट्रॉन स्वयं को चलाता है। लॉरेंज ने विश्लेषण से समीकरण (4.1) प्राप्त

किया था, जो e^2/c^n की श्रेणी है। जबकि डिराक ने निम्न समीकरण पाया था—

$$\text{बल} = m\dot{v} - \frac{2}{3}\frac{e^2}{c^3}\ddot{v} - \frac{2}{3}\frac{e^2}{c^5}\dot{v}v. \qquad (4.2)$$

इसे यहाँ काफी सरल करके लिखा गया है, पर इससे परिणाम पर कोई गंभीर असर नहीं पड़ता है। मुख्य चीज है, जैसा कि डिराक ने कहा था, "ये वही गति समीकरण, जो लॉरेंज

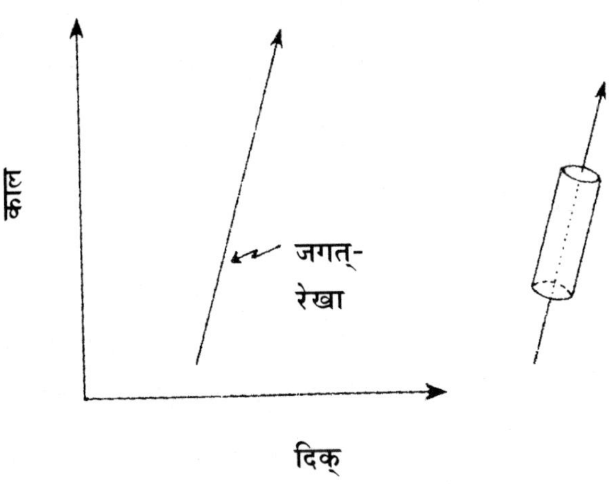

चित्र 4.1 (a) विशिष्ट आपेक्षिकता की जानी-पहचानी जगत् रेखा, (1 दिक् + 1 काल आयाम के लिए)।
(b) जगत्-रेखा को घेरे एक नलिका दिखाई गई है, जिसे बाद में संकुचित किया जाता है।

सैद्धांतिकी में प्रसारित इलेक्ट्रॉन पर लगनेवाले कुल बल को शून्य मानकर और v के प्रथम दो उच्च अवकलोंवाले पदों को छोड़कर, लॉरेंज समीकरण से प्राप्त होते हैं।" डिराक के अनुसार, समीकरण (4.2) "इलेक्ट्रॉन की गति को निर्धारित आपतित क्षेत्र में (जिससे बल उत्पन्न होता है) यथार्थता से दरशाता है।" इसके बाद डिराक ने इसके विभिन्न परिणामों का अध्ययन किया। भाभा ने न्यूट्रॉन व प्रोटॉन की गति के अध्ययनों में इसी विधि का उपयोग किया। भाभा के शोध पर आगे चर्चा करने से पहले हम डिराक के कार्य के एक पहलू पर आपका ध्यान आकर्षित करना चाहेंगे।

चित्र 4.1 को देखिए। चूँकि इलेक्ट्रॉनों की गति से विद्युत् धारा उत्पन्न होती है, अतः विद्युत्-घनत्व की बात कर सकते हैं। इस घनत्व का मान जगत्-रेखा को छोड़कर अन्य सभी

स्थलों पर शून्य होता है, पर जगत्-रेखा में इसका मान असीमित होता है। इसका मतलब हुआ कि जगत्-रेखा पर विचित्रता है। इस जगत्-रेखा को सूत्र 4.2 से प्राप्त करते हैं। डिराक ने जगत्-रेखा को घेरती हुई एक पतली नलिका की कल्पना की (चित्र 4.1 (b) के अनुसार) और इस नलिका में आगत एवं निर्गत ऊर्जा व संवेगों का विश्लेषण किया। ऐसा करते समय ऊर्जा व संवेग संरक्षण नियम का पालन किया गया। इसके बाद डिराक ने नलिका की त्रिज्या को इतना घटाया कि वह सिर्फ जगत्-रेखा से चिपटी रहे। अनंत मानों को घटाने की यह डिराक विधि थी[7]। डिराक के शब्दों में—

> "यदि हमें इलेक्ट्रॉन को प्रतिरूपित करना है तो यह मानना होगा कि उसके केंद्र में अनंत ऋण-द्रव्यमान (नलिका के भीतर गतिज ऊर्जा से संबंधित) विद्यमान है, जिसे घिरे हुए कुलंब क्षेत्र के अनंत धन-द्रव्यमान (नलिका के बाहर की ऊर्जा से संबंधित) से घटाने पर प्राप्त अंतर का मान m होता है, जो इलेक्ट्रॉन के स्थिर द्रव्यमान के बराबर है।"

यह सब उलझन भरा लग सकता है; पर संक्षेप में, डिराक ने माना कि इलेक्ट्रॉन बिंदु-स्वरूप होते हैं और ऐसी कल्पना करने की कोई आवश्यकता नहीं है कि आवेश e के एक बड़े गोलक के असीमित संपीडन से प्राप्त बिंदु ही इलेक्ट्रॉन है। भाभा का चिंतन भी यही था, जिसके बारे में अब चर्चा की जाएगी।

मेसॉन की चिरसम्मत सैद्धांतिकी

भाभा ने डिराक के शोध-पत्र (जिसका संक्षिप्त वर्णन पिछले अंश में किया गया है) से प्रेरित होकर प्रोटॉन, न्यूट्रॉन, उनकी गति व मेसॉनिक बलों से उनकी अभिक्रियाओं पर लगभग एक दर्जन शोध-पत्र लिखे। उनकी प्रेरणा के कारण थे—(i) क्वांटम विद्युत्-गतिकी का सिद्धांत (जैसा उस समय था) ठीक नहीं था; क्योंकि इससे गणना करने पर कई परिमित राशियों का मान असीमित आ रहा था, जैसे स्व-ऊर्जा आदि। (ii) प्रबल अभिक्रियाओं में तो ये अपसरण कठिनाइयाँ और ज्यादा थीं[8]। (iii) उस समय डिराक समीकरण सदृश न्यूट्रॉन और प्रोटॉन हेतु कोई समीकरण नहीं लिखा गया था।[9] अतः इन स्थितियों में डिराक का अनुकरण करना ही सबसे बेहतर लग रहा था। अर्थात् सन् 1938 में प्रकाशित उनके शोध-पत्र (जो इलेक्ट्रॉन की चिरसम्मत सैद्धांतिकी पर था) का अनुसरण करना था। भाभा का इस बारे में कहना है—

> "चिरसम्मत सैद्धांतिकी में कठिनाइयाँ तब आती हैं जब आवेश को पहले एक

निश्चित परिमित आयतन में रखा जाता है, फिर उस आवेश को स्थिर रखते हुए एक बिंदु में परिणत करने के लिए आयतन को शून्य सीमा तक ले जाया जाता है। स्पष्ट है, इस पूरी प्रक्रिया में परिमित आयतन में फैले हुए आवेश को संकुचित करने में स्थिर-विद्युत् बलों के विपरीत किए गए कार्य का मान अनंत होगा। "इसका कोई ठोस कारण नहीं है कि बिंदु-आवेश को परिमित वितरित आवेश का सीमांत माना जाए। सरल तौर पर बिंदु-आवेशों को प्रकृति की देन मान सकते हैं। अब सिर्फ बिंदु-आवेशों की परस्पर ऊर्जा की बात रह जाती है।"

यह नया दृष्टिकोण डिराक ने सुझाया था और भाभा ने इसे अपने कार्य का आधार बनाया। विद्युत् चुंबकीय और मेसॉन क्षेत्रों की समानताएँ व असमानताएँ इस तालिका से जानी जा सकती हैं—

इलेक्ट्रॉन	**विद्युत् चुंबकीय क्षेत्र**	**इलेक्ट्रॉन**
x		x
	अनावेशी क्षेत्र	
	फोटॉन	
द्रव्यमान : m	द्रव्यमान : 0	द्रव्यमान : m
आवेश : e	आवेश : 0	आवेश : e
स्पिन : 1/2	स्पिन : 1	स्पिन : 1/2
द्विध्रुव आघूर्ण नहीं	केवल अनुप्रस्थ ध्रुवण	द्विध्रुव आघूर्ण नहीं

नाभिक	**मेसॉन क्षेत्र**	**नाभिक**
	आवेशी / अनावेशी क्षेत्र	
द्रव्यमान : M	द्रव्यमान : 0	द्रव्यमान : M
'आवेश' : g_1	आवेश : 1, 0, -1	'आवेश': g_1
स्पिन : 1/2	स्पिन : 1	स्पिन : 1/2
'द्विध्रुव आघूर्ण' : g_2	अनुदैर्घ्य व अनुप्रस्थ ध्रुवण	'द्विध्रुव आघूर्ण' : g_2

विद्युत् चुंबकीय क्षेत्र की तुलना में मेसॉन क्षेत्र काफी जटिलताओं से भरा है, जो निम्न हैं—

1. मेसॉन के स्थिर द्रव्यमान का मान परिमित होता है, जबकि प्रकाश कण या फोटॉन का द्रव्यमान शून्य है। इस वजह से प्रकाश की सिर्फ दो तरह की अनुप्रस्थ ध्रुवित तरंगें होती हैं, पर मेसॉन की इनके अलावा अनुदैर्घ्य ध्रुवित तरंगें भी हो सकती हैं।
2. मेसॉन और न्यूक्लियॉन के बीच की अभिक्रिया में g_1 व g_2, दोनों का प्रभाव पड़ता है। यहाँ g_1 विद्युत्-गतिकी के आवेश तथा g_2 चुंबकीय द्विध्रुवीय आघूर्ण के सादृश्य है। इलेक्ट्रॉन का द्विध्रुवीय आघूर्ण पूर्णतः क्वांटम यांत्रिकी की वजह से आता है। अतः इलेक्ट्रॉन की चिरसम्मत सैद्धांतिकी में g_2 तुल्य कोई राशि नहीं है, अतः उसका मान शून्य है। (ध्यान रहे, भाभा की दिलचस्पी चिरसम्मत सैद्धांतिकी में थी।)
3. विद्युत् चुंबकीय क्षेत्र सिर्फ अनावेशी होता है, जबकि मेसॉन क्षेत्र अनावेशी या आवेशी भी हो सकता है।

यह जानना अत्यंत आवश्यक है कि g_1 नाभिकीय आवेश Ze नहीं है, बल्कि यह नाभिकीय बंधन को उत्पन्न करनेवाले बल, यानी प्रबल अभिक्रिया, के स्थिर विद्युत् आवेश का सादृश्य है। ये जटिलताएँ दरशाती हैं कि विद्युत् चुंबकीय समस्या की तुलना में मेसॉन समस्या में कई पहलुओं का अध्ययन करना होगा।

भाभा ने मेसॉन की चिरसम्मत सैद्धांतिकी पर अपना पहला शोध-पत्र भारत लौटने से थोड़ा पहले ही लिखा था। स्वदेश आकर उन्होंने विभिन्न संभव अभिक्रियाओं, जैसे—आवेश

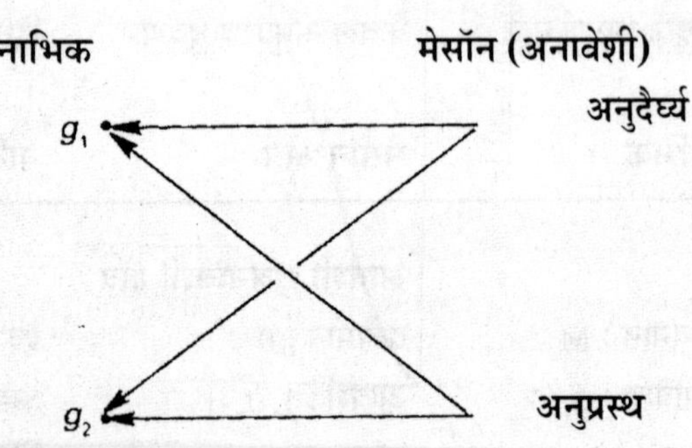

चित्र 4.2 मेसॉन क्षेत्र आवेशित या अनावेशित हो सकता है। इसके दो ध्रुवीकरण संभव हैं। नाभिक का 'आवेश' g_1 और द्विध्रुवण आघूर्ण g_2 होता है। अतः कई तरह की अभिक्रियाएँ संभव हैं। ऊपर इसका एक उदाहरण दिखाया गया है।

क्षेत्र के अनुप्रस्थ ध्रुवण की 'न्यूक्लीय आवेश' g_1 से अभिक्रिया, अनावेशी मेसॉन क्षेत्र की अनुदैर्घ्य ध्रुवण की 'द्विध्रुवण आघूर्ण' g_2 से अभिक्रिया आदि के प्रभावों पर ध्यान दिया। कुछ संभव अभिक्रियाएँ चित्र 4.2 में दिखाई गई हैं।

यहाँ भाभा के शोध का पूरा विवरण देना जरूरी नहीं है, क्योंकि उनका अधिकांश शोध इस क्षेत्र में हुई बाद की प्रगति से दब गया है। फिर भी, तीन बातों का उल्लेख करना जरूरी है। पहला, हरीश चंद्रा के सहयोग से भाभा ने 'बिंदु कणों की किसी भी क्षेत्र से अभिक्रिया करने की यथार्थ चिरसम्मत सैद्धांतिकी' विकसित की। बाद में हरीश चंद्रा गणित की तरफ आकर्षित हुए तथा अमिट प्रसिद्धि पाई[10]। द्वितीय—अनावेशी, अनुप्रस्थ ध्रुवित मेसॉनों का शून्य g_1 वाले नाभिकों के साथ प्रकीर्णन। चित्र 4.3 में भाभा द्वारा प्राप्त परिणाम और सामान्य क्वांटम सिद्धांत से हेटलर द्वारा प्राप्त परिणामों को दरशाया गया है। निश्चित ही, यहाँ साधारण क्वांटम यांत्रिकी असफल दिखाई देती है।

तृतीय, भाभा ने पाया कि आवेशी और अनावेशी मेसॉनों के पहलुओं में एक अंतर है। यूरोप प्रवास के दौरान ही भाभा ने इस बारे में पॉली से पत्र-व्यवहार भी किया था। भारत में आकर भाभा ने इस कार्य को जारी रखा तथा उन्होंने समभारिक नाभिकों का अनोखा विचार रखा। अब हम इस विषय पर चर्चा करेंगे।

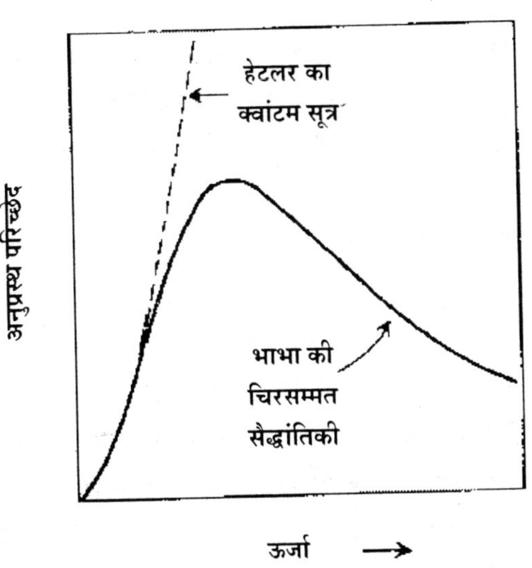

चित्र 4.3 नाभिकों व अनावेशी अनुप्रस्थ ध्रुवित मेसॉनों की g_2 से प्रकीर्णन-अभिक्रिया का अनुप्रस्थ परिच्छेद। हेटलर के क्वांटम सूत्र का वक्र उच्च ऊर्जा पर अपसरण दिखाता है, जो अस्वीकार्य है। भाभा की चिरसम्मत गणना बेहतर परिणाम देती है।

समभारिक नाभिक

मेसॉनों के लिए भाभा ने चिरसम्मत सिद्धांत को उन्हीं कारणों से अपनाया था, जिनकी वजह से डिराक इलेक्ट्रॉन के लिए इस सिद्धांत की ओर मुड़े थे, यानी अपसरण की कठिनाइयों का समाधान। प्रोटॉनों और न्यूट्रॉनों के लिए तो ये कठिनाइयाँ कई गुना अधिक थीं। डिराक यह दिखा चुके थे कि चिरसम्मत सैद्धांतिकी में यह समस्या नहीं आती है। उनकी राह पर चलते हुए भाभा ने यह दिखाया कि अनावेशी मेसॉन के लिए इसी प्रकार की सैद्धांतिकी का सहारा लिया जा सकता है। पर आवेशी मेसॉनों के संबंध में वे थोड़ा हिचकिचा रहे थे। जैसा कि उन्होंने कहा था, "मेरे खयाल से, आवेशी मेसॉन के लिए चिरसम्मत सैद्धांतिकी संभव नहीं है…।" पर क्यों ? भाभा ने स्वयं इसका जवाब दिया है।

अब यह समझा जा सकता है कि दो प्रोटॉन या दो न्यूट्रॉन के बीच की अभिक्रिया उनमें एक आवेशी मेसॉन के विनिमय होने से होती है। भाभा कहते हैं—

> "चिरसम्मत सैद्धांतिकी में प्रोटॉन अवस्था से न्यूट्रॉन अवस्था में आने के लिए भारी कण (मेसॉन) का एक ही झटके में स्थानांतरण होने के बजाय इसमें बदलाव लाना होगा, जिसमें भारी कण से विद्युत् आवेश सतत निकलकर आवेशी मेसॉन क्षेत्र के रूप में फैल जाए।"

और यही समस्या की जड़ है। डिराक और भाभा की चिरसम्मत सैद्धांतिकियों में यह मान लिया गया है कि आवेश-बिंदु होते हैं। अतः अब यह मानना असंभव-सा लगता है कि पहले यह आवेश चारों ओर फैलता है, जो बाद में संपीडित होकर बिंदु-आवेश बनता है (प्रोटॉन का आवेश जब न्यूट्रॉन पर जाता है, तब यही होता है)। इस तरह के संपीडन से ही अनंतता पनपती है, जैसा कि पहले बताया गया है। संक्षेप में, चिरसम्मत सैद्धांतिकी से आवेशित मेसॉन क्षेत्र की व्याख्या करने पर फिर से 'अनंतताओं का अभिशाप' वापस आ जाएगा। तो इसका विकल्प क्या है? भाभा ने दूसरा विकल्प सुझाया—

> "यह कठिनाई क्वांटाकृत मेसॉन क्षेत्र में नहीं आती है, क्योंकि इसके अनुसार जब एक प्रोटॉन परिवर्तित होकर एक न्यूट्रॉन बनता है तब विद्युत् आवेश का फैलाव आवेशी मेसॉन क्षेत्र के रूप में एक परिमित दायरे में होता है, जो केवल सांख्यिकीय वितरण है, अतः यह माना जा सकता है कि यह आवेश हमेशा बिंदु में ही संकेंद्रित होता है…। इन विचारों की सहायता से आवेशी मेसॉनों (न कि अनावेशी मेसॉनों में) की भारी कणों से अभिक्रिया की सैद्धांतिकी में आनेवाली उन विशिष्ट कठिनाइयों का समाधान क्वांटम यांत्रिकी के आधार पर किया जा सकता है।"

भाभा ने इस (क्वांटम) प्रतिरूपण का खुलासा अपने शोध-पत्र 'मूल भारी कणों पर पूर्णांक आवेश' में किया था। भाभा ने यह शोध-पत्र भारत आने के थोड़े समय बाद लिखा था, जिसे रमण ने प्रकाशन हेतु 'प्रोसीडिंग्स ऑफ दि इंडियन एकेडमी' को भेजा था। यह शोध-पत्र अपनी भविष्यवाणियों के लिए ही नहीं अपितु इसलिए भी दिलचस्प है, क्योंकि इसकी एक धारणा को (चाहे उचित परिवर्तन करके) बाद में काफी मान्यता मिली। भाभा ने इस धारणा के बारे में कहा है—

> "हम इसकी (शोध-पत्र की मुख्य धारणा की) रचना इस तरह कर सकते हैं। एक भारी कण किसी भी अवस्था में रह सकता है, जिसमें उसका विद्युत् आवेश n.e (जहाँ n का मान पूर्णांक या शून्य है) है और उसकी संगत-अवस्था का स्थिर द्रव्यमान M_n है।"

यह सब किसलिए? क्योंकि भाभा चाहते थे कि अनावेशी और आवेशी मेसॉन क्षेत्रों में कुछ-न-कुछ सममिति हो। इसको निम्नलिखित ढंग से समझा जा सकता है—

शायद यह याद हो कि क्वांटम यांत्रिकी में द्वितीय कोटि की 'क्षोभ-सैद्धांतिकी' में प्रकीर्णन प्रक्रिया एक माध्यमिक अवस्था के द्वारा होती है। यह पाया गया है कि जब अनावेशी मेसॉन उत्सर्जित या अवशोषित होते हैं तो प्रक्रिया में भाग लेनेवाली माध्यमिक 'अवस्थाओं' की संख्या आवेशी मेसॉनों के विनिमयन के दौरान भाग लेनेवाली माध्यमिक अवस्थाओं की संख्या से दुगुनी होती है। इंग्लैंड प्रवास के समय भी यह बात भाभा के मस्तिष्क में आई थी। अवस्थाओं की संख्या में अंतर को मिटाने के दृष्टिकोण से ही उन्होंने यह नई धारणा दी थी। उनके मतानुसार प्रोटॉन (जिसका आवेश +e है) के अतिरिक्त अन्य कण भी होते हैं, जिनका आवेश जहाँ +2e, +3e,- - - होता है और वहीं –e, –2e, - - - भी होता है। यदि न्यूट्रॉन का द्रव्यमान M_o है तो भाभा की सैद्धांतिकी के अनुसार ne आवेश के कण का द्रव्यमान M_n निम्न सूत्र से दिया जाता है—

$$M_n = M_o + \Delta M_n$$

n के मान में बदलाव के साथ ΔM_n में परिवर्तन (भाभा द्वारा दिया गया) चित्र 4.4 में दिखाया गया है। इससे स्पष्ट है कि प्रोटॉन (P) और न्यूट्रॉन (N) के अलावा बहुत से नए कण हैं, जो सभी आवेशित हैं। जैसा कि P और N के द्रव्यमान लगभग समान हैं, पर आवेश भिन्न, वैसे ही P(2+) और P (–1) के भी द्रव्यमान लगभग समान हैं, पर आवेश भिन्न। यही बात P(3+) और P (2–) पर लागू होती है। नाभिकीय भौतिकी में कई नाभिक ऐसे हैं, जिनके आवेश तो भिन्न हैं, पर उनके द्रव्यमान लगभग समान हैं, जैसे Ca^{40} तथा A^{40}। ऐसे नाभिकों

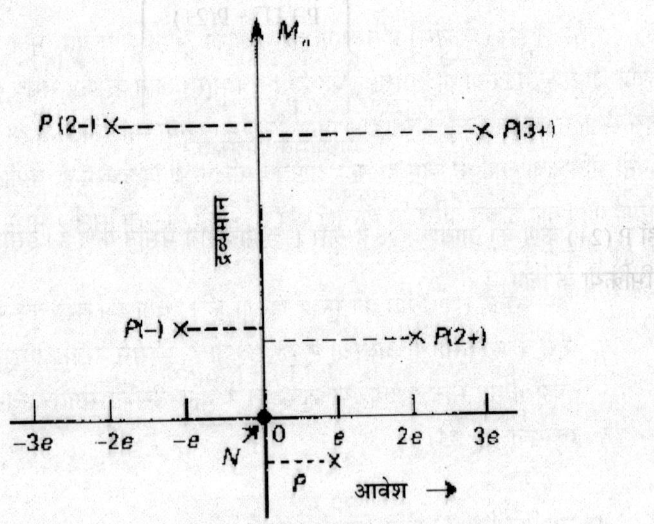

चित्र 4.4 भाभा के अनुसार मूल कणों के द्रव्यमान के सापेक्ष उनके आवेश में परिवर्तन।

को समभारी नाभिक कहते हैं। इसी तर्ज पर नए कणों को समभारिक नाभिक कहा जा सकता है, जैसा कि चित्र 4.4 में दरशाया गया है।

ये नए कण क्या हैं ? उदाहरणतः क्या वह कण जिसका आवेश –e है, यानी P(–) कण, प्रति- प्रोटॉन है? भाभा ने इसका उत्तर दिया है—

> "यह स्पष्ट है कि –e आवेशवाला कण प्रति-प्रोटॉन नहीं है, क्योंकि इसका द्रव्यमान प्रोटॉन के द्रव्यमान से काफी भिन्न है। प्रति-प्रोटॉन, जिसका द्रव्यमान प्रोटॉन के द्रव्यमान के बराबर है, डिराक समीकरण का परिणाम है; अतः ऊपर वर्णित धारणा को स्वीकार करने पर शायद हमें भारी कणों की आपेक्षिक सैद्धांतिकी के लिए डिराक के समीकरण को नामंजूर करना पड़ेगा⋯।"

वर्षों के अंतराल के बाद शायद यह कहा जा सकता है कि भाभा की धारणा रूपांतरित हो चुकी है। इसमें हुए आधुनिक परिवर्तनों के बारे में हम बाद में चर्चा करेंगे। अभी हम भाभा के काम की चर्चा को जारी रखते हैं।

अब हम दो प्रोटॉनों की आपसी अभिक्रिया पर ध्यान देते हैं। भाभा की धारणा के अनुसार माध्यमिक अवस्था निम्न दो तरह की हो सकती हैं—

$$P + P \rightarrow \left\{ \begin{matrix} P + U^{-} + P(2+) \\ \\ P + U^{+} + N \end{matrix} \right\} \rightarrow P(2+) + N$$

माध्यमिक अवस्था

यहाँ P (2+) कण का आवेश +2e है और $U^{\pm}$ आवेशित मेसॉन कण हैं। इसी प्रकार N—N अभिक्रिया के लिए—

$$N + N \rightarrow \begin{matrix} P + U^{-} + N \\ \\ P(-) + U^{+} + N \end{matrix} \rightarrow P(-) + P$$

माध्यमिक अवस्था

यहाँ P(—) कण का आवेश —e है। ध्यान देने की बात यह है कि अब दोनों प्रक्रियाओं (P—P) व (N—N) प्रकीर्णनों में माध्यमिक अवस्थाओं की संख्या समान है। चिरसम्मत सैद्धांतिकी में ऐसा नहीं था ।

भाभा ने यह दलील दी कि P(2+) और P(—) जैसे कण उच्च ऊर्जा के नाभिकों की आपसी टक्करों से पैदा हो सकते हैं। उन दिनों सिर्फ ब्रह्मांड किरणें ही उच्च ऊर्जा कणों की स्रोत थीं। उपलब्ध आँकड़ों के विश्लेषण से कोई निर्णायक प्रमाण प्राप्त नहीं हुए, अतः भाभा ने नए प्रयोगों को करने के कई सुझाव दिए। इसकी प्रतिक्रिया में विल्सन कॉलेज, मुंबई के प्रोफेसर एच.जे. टेलर ने कई फोटोग्राफी प्लेटों को हिमालय क्षेत्र में उद्भाषित करके ब्रह्मांड किरणों की अभिक्रियाओं में इस प्रकार के समभारिकों के होने के प्रमाण ढूँढ़ने के प्रयास किए। पर कोई भी प्रमाण नहीं मिला। भाभा की भविष्यवाणी के पंद्रह वर्ष बाद फर्मी ने पायॉन-नाभिक प्रकीर्णन में प्रथम अनुनाद देखा[11]। इस निरीक्षण ने प्रयोगों के नए रास्ते खोल दिए तथा जल्द ही कई अनुनादों की खोज हुई, जिनमें कुछ को समभारिकों से जोड़ा गया। यह सच है कि आज समभारिकों को कुछ अलग तरीके से समझा व बूझा जाता है, पर यह भाभा की दूरदर्शिता की प्रशंसा करने के आड़े नहीं आना चाहिए। हमें कुछ अन्य लोगों को भी नहीं भूलना चाहिए, जो इसी प्रकार की सोचते थे। क्या हम अपने पूर्वजों को हजारों वर्ष पूर्व परमाणु की कल्पना करने का श्रेय नहीं देते हैं?

अंतर्मन की आवाज

अब हम भाभा के उस कार्य पर आते हैं, जिसे 'भाभा समीकरण' कहा जाता है। मूलतः यह क्वांटम भौतिकी का समीकरण है, जिसकी प्रेरणा उन्हें डिराक समीकरण से मिली थी और यह उस जैसा है। भाभा इसे मूल कणों के संसार का प्रवेश-द्वार बनाना चाहते थे। यद्यपि ऐसा नहीं हुआ, पर इससे भाभा के कार्य की सुंदरता कम नहीं होती है। बाद में इस समीकरण की अमूर्तता और सुंदरता के बारे में बताऊँगा। यहाँ सिर्फ इतना बताता हूँ कि मेसॉन की चिरसम्मत सैद्धांतिकी पर कुछ समय कार्य करने के बाद भाभा ने तय किया कि मेसॉन के क्षेत्र में उचित क्वांटम सैद्धांतिकी से मुखातिब हुए बिना रहा नहीं जा सकता। यदि समभारिक नाभिक पर किया गया शोध, कार्य की शुरुआत थी तो भाभा समीकरण पर कार्य अधिक तीव्र व गंभीर प्रयास था। यही वह कार्य है, जिसे मैंने अंदर झाँकने का दर्जा दिया है। पर क्यों? क्योंकि इस कार्य में भाभा अपने अंतर्मन की भीतरी तह तक जाकर एक तरफ गणित के प्रशंसक तथा दूसरी तरफ प्रकृति के पुजारी की तरह गणित के लालित्य का इस्तेमाल कर प्रकृति के सौंदर्य का निर्माण करते हैं। यहाँ वे अपनी ही दुनिया में रहते हैं, जहाँ उनकी मार्ग-पट्टिका गणित की समूह सैद्धांतिकी है। अतः यदि हमें भाभा के कार्य की प्रेरणा व शैली को ठीक से समझना है तो सममिति और समूहों के बारे में थोड़ा जानना होगा, तभी हम उनके कार्यों की प्रशंसा कर सकेंगे।

निश्चरता

सबसे पहले हम निश्चरता की धारणा के बारे में जानेंगे। निश्चरता का अर्थ है—परिवर्तन का अभाव। परंतु किससे परिवर्तन? भौतिकी में इसका तात्पर्य है—किसी एक विशेष संक्रिया (बल्कि रूपांतरण) या संक्रियाओं के समुच्चय से अपरिवर्तनीय रहना।

इसे समझने के लिए ज्यामितीय निश्चरता का उदाहरण लेते हैं। चित्र 4.5 में दिखाए गए एक समबाहु त्रिभुज पर ध्यान दीजिए। यदि हम इसे इसके मध्य बिंदु पर (जो तीनों कोणों से समान दूरी पर है) दक्षिणावर्त दिशा (घड़ी की सुइयों के घूमने की दिशा) में या वामावर्त दिशा में 120^0 से घुमाएँ तो यह त्रिभुज अपने से अनुरूप ही रहेगा—अर्थात् अपनी पूर्व स्थिति में आ जाएगा। यदि आप त्रिभुज को देखने के बाद आँखें बंद कर लें तथा इस दौरान इसे 120^0 से घुमा दिया जाए तो आँखें खोलने पर आप यह नहीं बता पाएँगे कि त्रिभुज को घुमाया गया है या नहीं। इसी तरह यदि त्रिभुज को a, b, c रेखा पर उन्हें समतल दर्पण मानकर परावर्तित किया जाए तो भी यही परिणाम होगा। ये सब संक्रियाएँ त्रिभुज को उसकी पूर्व स्थिति के संपाती ले आती हैं, जिससे 'पूर्व' और 'पश्चात्' की स्थितियाँ एक जैसी हो जाती हैं। निश्चरता

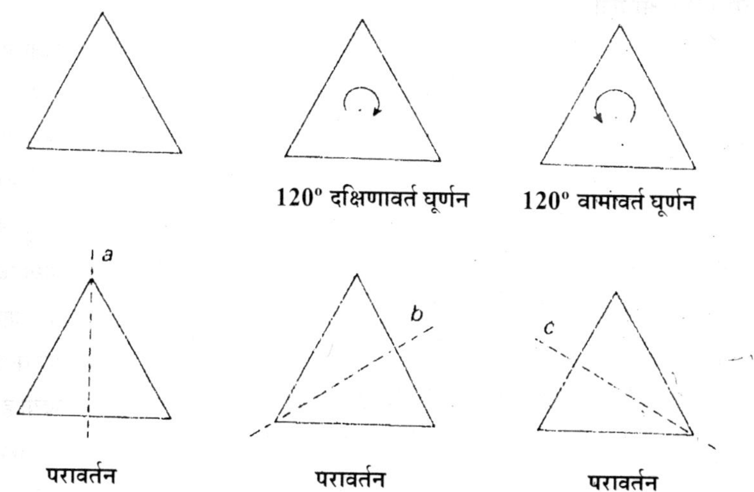

चित्र 4.5 समबाहु त्रिभुज और उसकी कुछ ज्यामितीय संक्रियाएँ, जो त्रिभुज को निश्चर रखती हैं; अर्थात् त्रिभुज को उसके स्वयं के अनुरूप ले आती हैं। इन संक्रियाओं को सममिति संक्रियाएँ कहते हैं।

का मतलब यही है।

ज्यामिति सममिति की वजह से ज्यामितीय निश्चरता उत्पन्न होती है। भौतिकी में सममिति व निश्चरता की धारणा को निकाय के हैमिल्टनी एवं लैग्रांजी प्रचालकों में लागू किया जाता है और असली काम तो ऐसा करने में ही है।

कल्पना कीजिए कि हमें परमाणु के ऊर्जा स्तरों को ज्ञात करना है। ऐसा करने के लिए पहले उसका हैमिल्टनी प्रचालक लिखा जाता है, फिर उसका विकीर्णन किया जाता है—यही क्वांटम यांत्रिकी का सामान्य तरीका है[12]। हैमिल्टनी लिखने के लिए एक निर्देशांक-तंत्र की आवश्यकता होती है, जिसके अनुरूप परमाणु के कणों के निर्देशांक लिखने होंगे। अब प्रश्न उठता है कि क्या परमाणु का ऊर्जा-स्तर निर्देशक अक्षों के चयन पर निर्भर करना चाहिए? स्पष्ट है कि ऐसा नहीं होना चाहिए, अतः प्रारंभिक हैमिल्टनी को लिखते समय इस बात का ध्यान रखना होगा। अर्थात् निर्देशांक-तंत्र के स्थानांतरण करने पर या मूल बिंदु को केंद्रित करके अक्षों के घूर्णन से हैमिल्टनी अप्रभावित यानी निश्चर रहना चाहिए। ऐसे हैमिल्टनी स्थानांतरण और घूर्णन रूपांतरण में सममिति दरशाते हैं। गौर कीजिए, अब हम गणितीय तत्त्व हैमिल्टनी की सममिति पर चर्चा कर रहे हैं, न कि गत्ते से बनी समबाहु त्रिभुज के आकारवाली किसी ज्यामितीय वस्तु की।

सममिति

भौतिकी में सममिति बहुत ही महत्त्वपूर्ण है। वास्तव में उच्च ऊर्जा भौतिकी में अधिकांश प्रगति सुंदर व छिपी हुई ऐसी सममितियों की खोजों से हुई है, जिनके होने का अंदेशा बिलकुल नहीं था, यानी कि वे सममितियाँ जिन्हें हम साधारणतः दिक् व काल से नहीं जोड़ते हैं। यह स्वयं में एक गहन विषय है, जिसके बारे में वर्णन करना जरूरी नहीं है। मैं सिर्फ इतना कहूँगा कि भौतिक प्रणाली में सममिति की उपस्थिति उसमें विपुलता लाती है। उदाहरणतः परमाणु में घूर्णन सममिति होने से उसकी अवस्थाओं को कोणीय संवेग के अनुसार वर्गीकृत किया जा सकता है, आदि। वास्तव में यह वर्गीकरण परमाणु के हैमिल्टनी को पूरी तरह जाने बिना भी किया जा सकता है—सिर्फ उस प्रणाली की सममिति का ज्ञान होना चाहिए। मूल कणों के लिए यह विशेषकर सहायक होता है, क्योंकि उनकी सममिति के बारे में हमें उनकी पारस्परिक अभिक्रियाओं की अपेक्षा ज्यादा जानकारी होती है। अतः सममितियों पर आधारित इन तर्कों से बहुत से कणों का पदानुक्रमी वर्गीकरण किया गया है।

समूह

समूह की संकल्पना और सममिति में निकट का संबंध है, जिसके बारे में अब चर्चा की जाएगी। आपने जरूर समुच्चयों के बारे में सुना होगा, जैसे जानवरों का समुच्चय, संख्याओं का समुच्चय आदि। कल्पना कीजिए कि हमारे पास (E, A, B, C, D, F) अवयवों का एक समुच्चय है, जिसमें छह अवयव हैं। इस समय यह जानना जरूरी नहीं है कि ये अवयव क्या हैं। हम उन्हें अमूर्त वस्तु मान लेते हैं। इस समुच्चय के अवयवों में परस्पर प्रचालन (जैसे संयोजन) संभव है। यदि यह समुच्चय (0, 1, 2, 3, ...) संख्याओं का बना है तो दो अवयवों के बीच का संयोजन या तो दो संख्याओं का जोड़ या गुणा आदि हो सकता है।

जब अवयव A का संयोजन B से होता है तो उसे AB द्वारा दरशाया जाता है। इस संयोजन का परिणाम एक अन्य अवयव होता है, जो समुच्चय में भी हो सकता है, जैसे कि $1 + 2 = 3$, जहाँ 3 समुच्चय का एक अवयव है। यहाँ प्रचालन जोड़ की क्रिया है। हम ऐसे समुच्चयों का अध्ययन करेंगे। संयोजित परिणाम AB को C लिखेंगे ($AB = C$) तथा समुच्चय को अक्षर G से दरशाते हैं।

समूह G एक विशेष तरह का समुच्चय है, जिसमें निम्न गुण होते हैं—

1. G के प्रत्येक अवयव (उदाहरणतः A व B) के साथ संयोजन AB का परिणाम G का ही अवयव होता है।
2. समूह में सहचार्यता है, अर्थात् $(AB)C = A(BC)$। इसका अर्थ यह कि पहले B

का संयोजन C से होता है, परिणाम (BC) का संयोजन A से होता है। इसी प्रकार पहले A का संयोजन B से होता है, जिसके परिणाम (AB) का संयोजन C से होता है। ये दोनों अनुक्रम समान हैं।

3. समूह G में एक विशेष अवयव E होता है, जो G के किसी भी अवयव से संयोजन करके परिणाम में वही अवयव देता है, अर्थात् EA = AE = A, EB = B आदि। इस विशेष अवयव E को तत्समक अवयव कहते हैं।
4. G के प्रत्येक अवयव A के लिए एक दूसरा अवयव Y होता है, जहाँ AY = YA = E। Y को प्राय: A^{-1} के रूप में लिखते हैं और जिसे A प्रतिलोम कहा जाता है। अवयव अपना प्रतिलोम स्वयं भी हो सकता है।

अब इस सारिणी पर गौर करें। यह संयोजन-सारिणी है, जिससे पता चलता है कि जब समूह का एक अवयव दूसरे अवयव से संयोजन करता है तो उसका क्या परिणाम निकलता है; जैसे—BA = E। इस सारिणी से यह पता चलता है कि (E, A, B, C, D, F) समुच्चय में सभी समूह गुण मौजूद हैं। अतः समुच्चय (E, A, B, C, D, F) इस संयोजन नियम के अनुसार एक अमूर्त समूह बनाता है। लेकिन इससे क्या फायदा? इसे समझने के लिए फिर से हम चित्र 4.5 के समबाहु त्रिभुज पर गौर करेंगे।

(संयोजन का पहला अवयव)	**(संयोजन का दूसरा अवयव)**					
	E	A	B	C	D	F
E	E	A	B	C	D	F
A	A	B	E	F	C	D
B	B	E	A	D	F	C
C	C	D	F	E	A	B
D	D	F	C	B	E	A
F	F	C	D	A	B	E

अब हम त्रिभुज पर सममिति संक्रियाओं को समूह अवयव A, B, ... आदि से दरशाएँगे, जैसा नीचे दिया गया है—

A = केंद्र बिंदु पर 120° का दक्षिणावर्ती घूर्णन, B = केंद्र बिंदु पर 120° का वामावर्ती घूर्णन, C, D, F = बिंदुक्रित रेखाओं a, b, c को क्रमशः समतल दर्पण मानकर परावर्तन तथा E = तत्समक।

ऐसा करने पर हम देख सकते हैं कि ऊपर वर्णित ज्यामितीय संयोजन सारिणी का अनुसरण करते हैं—अर्थात् इनके संयोजन परिणाम इस सारिणी से जाने जा सकते हैं। दूसरे

शब्दों में, समबाहु त्रिभुज की ये सममिति संक्रियाएँ इस अमूर्त समूह का व्यावहारिक मूर्त रूप है।

जब किसी भौतिक प्रणाली के बारे में पता रहता है कि इसकी एक समूह-संरचना है तो इस ज्ञान से प्रणाली के बहुत से गुणों के बारे में जानकारी मिलती है। उदाहरणतः समूह सैद्धांतिकी का प्रयोग कर ढोल की झिल्ली (चमड़े) की विविध कंपन-विधाओं को चित्रित किया जा सकता है। इसके लिए उस ढोल के बारे में अन्य जानकारियाँ जैसे ढोल का व्यास, झिल्ली का घनत्व आदि जानना आवश्यक नहीं होता। समूह-सैद्धांतिकी बहुत ही समर्थ है और इसके कई उपयोग हैं।[13]

समूह और उनका निरूपण

गणित में प्रायः अमूर्त समूहों का अध्ययन होता है। इसके विपरीत भौतिकी में समूह संक्रियाओं को व्यावहारिक अर्थ दिए जाते हैं। साथ ही, 'समूह निरूपण' का विस्तार से वर्णन किया जाता है। इस पद्धति को वर्ग के समूह द्वारा समझेंगे।

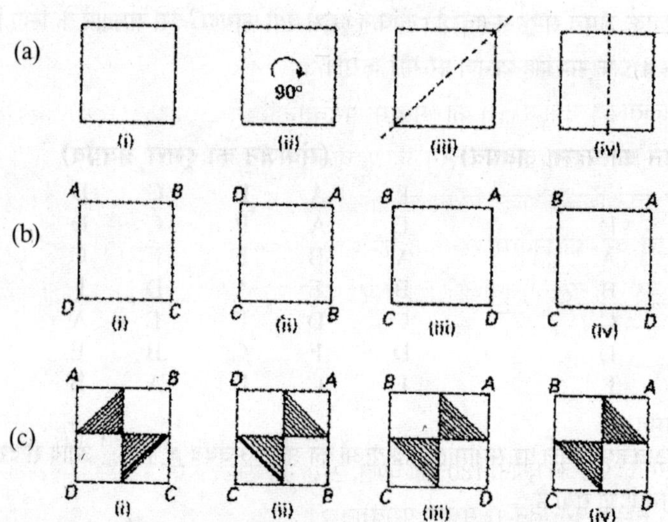

चित्र 4.6 (a) वर्ग और उस पर की गई कुछ संक्रियाएँ, जो वर्ग को निश्चर रखती हैं।

(b) (a) में दर्शित संक्रियाओं का वर्ग के कोनों पर प्रभाव।

(c) प्रतिरूपों में परिवर्तन समूह-संयोजन सारिणी के अनुसार होता है।

(i) प्रारंभिक प्रतिरूप है; इसके 90° दक्षिणावर्ती घूर्णन से प्रतिरूप (ii) प्राप्त होता है। जब (ii) पर विकर्णी परावर्तन करते हैं तो प्रतिरूप (iii) मिलता है। प्रतिरूप (i) को मध्यम परावर्तन करने से प्रतिरूप (iv) मिलता है, जो प्रतिरूप (iii) के समान ही है। ये परिवर्तन संयोजन-नियम के अनुकूल हैं।

कुछ समय के लिए समूहों, निरूपणों आदि को भूलकर सिर्फ चित्र 4.6(a) के वर्ग पर ध्यान दें। कई संक्रियाओं के साथ-साथ यह वर्ग निम्न संक्रियाओं से स्वयं के अनुरूप हो जाता है—(i) 90° का दक्षिणावर्ती घूर्णन, (ii) विकर्णी परावर्तन, (iii) 'मध्यम' परावर्तन। (घूर्णन अक्ष वर्ग के लंबवत् है और केंद्र बिंदु से होकर जाता है। विकर्णी परावर्तन वर्ग की दर्शित कर्ण रेखा में और मध्यम परावर्तन—दर्शित मध्य रेखा में परावर्तन है)। इन संक्रियाओं का परिणाम चित्र 4.6(b) में दिखाया गया है। यदि वर्ग को गत्ते का माना जाए तो वर्ग में इन संक्रियाओं को करने से 'पहले' और 'बाद' की अवस्थाओं में कोई भेद नहीं दिखाई देगा और न ही यह पता चल पाएगा कि कोई संक्रिया की भी गई थी या नहीं और यदि की गई थी तो कौन सी संक्रिया। याद रखिए—

'मध्यम' परावर्तन = विकर्णी परावर्तन तथा 90° का दक्षिणावर्ती घूर्णन—अर्थात् बाईं ओर की संक्रिया से वही परिणाम निकलता है, जो दाईं ओर की संक्रियाओं के संयोजन से प्राप्त होता है। यह संयोजन नियम C=AB का एक उदाहरण है [(iii) = (ii) (i)]।

अब चित्र 4.6(c) के चार प्रतिरूपों को देखिए। c(i) प्रारंभिक प्रतिरूप है। गौर कीजिए कि यह एक खाली वर्ग से भिन्न है। यदि इसे दक्षिणावर्ती दिशा में 90° से उसके केंद्र पर घुमाते हैं तो हमें c(ii) प्रतिरूप मिलता है। अब c(ii) को विकर्ण रेखा में परावर्तित करने पर c(iii) प्रतिरूप मिलता है। जबकि c(i) का 'मध्यम' परावर्तन करने पर c(iv) प्रतिरूप मिलता है; परंतु यह c(iv) प्रतिरूप c(iii) से अलग नहीं पहचाना जा सकता है। स्पष्ट है कि c(i) – c(iv) के प्रतिरूप पूर्व वर्णित संयोजन नियम का पालन करते हैं। एक विशेष बात पर ध्यान दें कि संक्रियाएँ, जो वर्ग को निश्चर रखती हैं, हमेशा प्रतिरूप को निश्चर नहीं रखतीं। समूह-निरूपण में यह एक महत्त्वपूर्ण तथ्य है। नीचे वर्ग के समूह से संबंधित संक्रियाओं की सूची दी गई है ।

वर्ग का समूह :

तत्समक, 90° का घूर्णन, 180° का घूर्णन, 270° का घूर्णन, विकर्णी परावर्तन-1, विकर्णी परावर्तन-2, मध्यम परावर्तन-1, मध्यम परावर्तन-2।

मेरा सुझाव है कि आप इनका उपयोग कर इसकी संयोजन सारिणी तैयार करें। अब चित्र 4.7 में दिए गए सज्जित प्रतिरूपों पर ध्यान दें। इन प्रतिरूपों पर समूह की संक्रियाएँ करने पर आप देखेंगे कि ये संयोजन-सारिणी का पूर्ण रूप से पालन करती हैं। अतः चित्र 4.7 के प्रतिरूप वर्ग-समूह का निरूपण है।

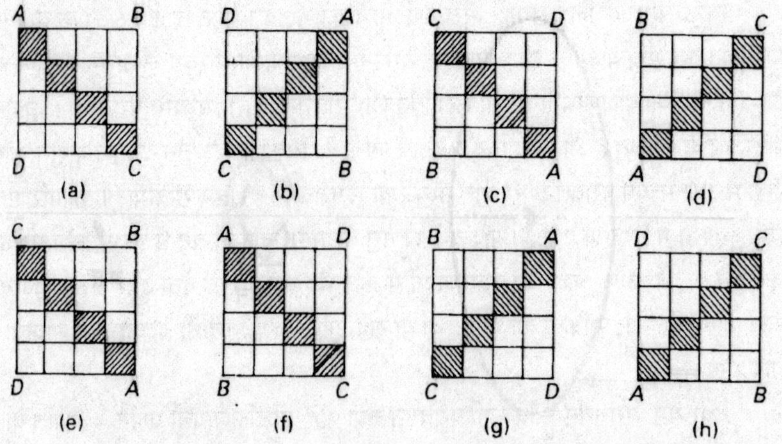

चित्र 4.7 प्रतिरूपों का समुच्चय, जो वर्ग के समूह का निरूपण करता है। हर एक प्रतिरूप इस समुच्चय के एक अवयव से पहचाना जाता है। ये प्रतिरूप समूह के संयोजन सारिणी को मानते हैं।

अब एक महत्त्वपूर्ण सवाल खड़ा होता है—किसी भी समूह के कितने निरूपण होते हैं? जवाब है—असंख्य! इससे तो यही लगता है कि निरूपण का खयाल ही जटिल और निराश करने वाला है। पर ऐसा नहीं है; क्योंकि इस निरूपण-क्षेत्र में कुछ 'अखंडनीय निरूपण' है, जो निर्माण-इकाइयों जैसे हैं। समूह की परिस्थिति के अनुसार अखंडनीय निरूपणों की संख्या सीमित या असीमित हो सकती है। यदि यह संख्या असीमित है तो भी इससे कोई गंभीर समस्या खड़ी नहीं होती है। भौतिक प्रणाली के अखंडनीय निरूपण ज्ञात हों तो उसकी भौतिकी के बारे में बहुत जाना जा सकता है। संक्षेप में, अमूर्त समूह भगवान् विष्णु की तरह हैं और अमूर्त समूह के अखंडनीय निरूपण विष्णु के अवतारों की तरह।

लॉरेंज समूह

भौतिक विज्ञान में विभिन्न प्रकार के समूह होते हैं। उदाहरण के तौर पर, अणुओं व क्रिस्टलों को उनकी ज्यामितीय संरचनाओं के आधार पर विभिन्न समूहों में बाँटा जाता है। ये समूह त्रिभुज या वर्ग के समूहों जैसे ही होते हैं, जिनके बारे में पहले बताया जा चुका है। परमाणु चँकि गोलक है, उसके केंद्र बिंदु से गुजरनेवाले सभी अक्षों के सभी संभावित घूर्णन-संक्रियाओं से वह संपाती रहता है। ये घूर्णन-संक्रियाएँ समूह बनाती हैं। यह घूर्णन समूह भी ज्यामितीय समूह है। परमाणु की सैद्धांतिकी में कई और बातों को ध्यान में रखना पड़ता है, परंतु हम यहाँ उसके बारे में चर्चा नहीं करेंगे।

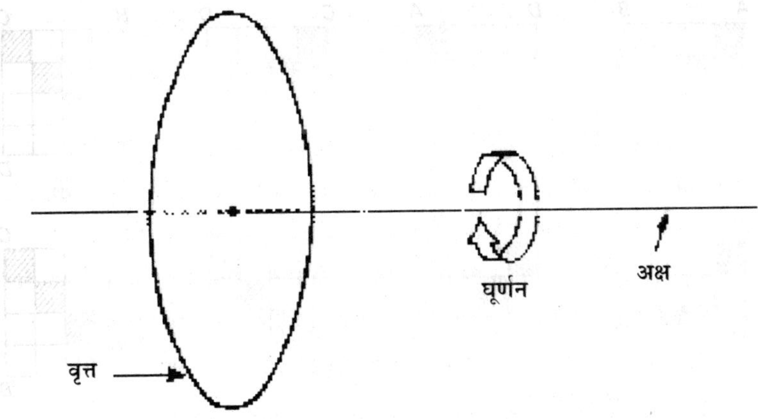

चित्र 4.8 वृत्त को अक्ष के चारों ओर किसी भी कोण पर घुमाने से वृत्त में कोई बदलाव नहीं आता है, यानी वह निश्चर (अपरिवर्तित) रहता है।

ज्यामितीय समूह (यानी जो ज्यामितीय सममिति से संबंधित है) एक तरह के समूहों के उदाहरण हैं। ऐसे ही कई अन्य समूह हैं, जिनमें लॉरेंज समूह एक अत्यंत महत्त्वपूर्ण समूह है। प्रेक्षक O एक निर्देश-तंत्र S में स्थित हो और दूसरा प्रेक्षक O2 दूसरे निर्देश-तंत्र S2 में स्थित हो और दोनों निर्देश-तंत्र एक-दूसरे के सापेक्ष समान वेग से गतिशील हों तो वे दोनों परस्पर एक ही घटना का वर्णन कैसे करेंगे?[14] किसी घटना P का वर्णन करने के लिए प्रेक्षक O निर्देशांक (x, y, z, t) का प्रयोग करेगा, जबकि इसी घटना को प्रेक्षक O2 निर्देशांक (x2, y2, z2, t2) से व्यक्त करेगा। इन दो विभिन्न दिक्-काल निर्देशांकों के समुच्चयों को संबंधित करनेवाला एक रूपांतरण है, जिसे लॉरेंज रूपांतरण कहते हैं। परंतु इसमें समूह का क्या काम? उसके बारे में शीघ्र ही चर्चा करेंगे। पहले एक वृत्त को लें, जो निम्न समीकरण द्वारा व्यक्त किया जाता है—

$$x^2 + y^2 = a^2$$

इसका अर्थ यह है कि वृत्त की परिमिति के प्रत्येक बिंदु पर x^2 व y^2 का योगफल स्थिर ($= a^2$) होता है। दूसरे शब्दों में, $(x^2 + y^2)$ का मान प्रत्येक ऐसी घूर्णन संक्रिया में, जो वृत्त के लंबवत् और केंद्र से गुजरते अक्ष पर की जाती है, निश्चर (अपरिवर्तित) रहता है, जैसा कि चित्र 4.8 में दरशाया गया है। इसी प्रकार गोलक में $(x^2 + y^2 + z^2)$ का मान उसकी सतह पर गोलक के केंद्र से होकर जानेवाले सभी संभव अक्षों के घूर्णन में निश्चर रहता है।

अब विशिष्ट आपेक्षिकता की बात करते हैं। जब प्रकाश की दमक दिक्-काल निर्देशांक

के मूल बिंदु से काल $t = 0$ पर निसर्जित होती है तो प्रकाश तरंग एक फैलते गोलीय सतह के रूप में संचरित होने लगता है, जिसे निम्न समीकरण द्वारा दरशाया जाता है—

$$x^2 + y^2 + z^2 - c^2 t^2 = 0 \qquad (4.3)$$

अब कल्पना कीजिए कि एक प्रेक्षक निर्देश-तंत्र Ox, Oy, Oz के सापेक्ष में v गति से चलता है तथा उसका निर्देशांक O2x2, O2y2, O2z2 है। दोनों निर्देशांकों का मूल बिंदु O व O2 समय $t = t2 = 0$ पर एक ही स्थान में हैं, पर समय गुजरने के साथ उनके बीच दूरी बढ़ती जाती है। विशिष्ट आपेक्षिकता के अनुसार प्रकाश की गति प्रेक्षक की गति पर निर्भर नहीं करती है, अतः गतिशील प्रेक्षक को भी, यद्यपि वह दूसरे निर्देश-तंत्र में है, प्रकाश की गोलीय तरंग दिखाई देती है, जिसे निम्न समीकरण द्वारा दरशाया जाता है—

$$x2^2 + y2^2 + z2^2 - c^2 t2^2 = 0 \qquad (4.4)$$

अवश्य ही दिक्-काल निर्देशांक (x, y, z, t) तथा (x2, y2, z2, t2) लॉरेंज रूपांतरण से संबंधित हैं। समीकरण (4.3) व (4.4) बताते हैं कि $(x^2 + y^2 + z^2 - c^2 t^2)$ का भान लॉरेंज रूपांतरण में निश्चर रहता है। अतः अनुरूपता से लॉरेंज रूपांतरणों का चार-आयामी प्रावस्था में घूर्णन माना जा सकता है तथा इन घूर्णनों से संबंधित समूह को 'लॉरेंज समूह' कहते हैं। भौतिक विज्ञान के कई क्षेत्रों में लॉरेंज समूह का बहुत महत्त्व है। भाभा अपने शोध कार्यों में इसका काफी इस्तेमाल किया करते थे, जिसके बारे में उनका कहना था—

> "मूल कणों के प्रत्येक सैद्धांतिकी की एक प्राथमिक आवश्यकता है कि वे विशिष्ट आपेक्षिकता सिद्धांत के अनुकूल हों। समीकरण में आनेवाली सभी गणितीय राशियाँ निर्देश-तंत्र के परिवर्तन के अंतर्गत अच्छी तरह परिभाषित एवं रूपांतरण गुणोंवाली होनी चाहिए। ये मूल समीकरणों में इस तरह संयुक्त होनी चाहिए, जिससे समीकरण एक निर्देश-तंत्र से दूसरे निर्देश-तंत्र में, जो समान आपेक्षिक वेग से गतिमान हो, लॉरेंज-समूह के रूपांतरणों में निश्चर रहे।"

लॉरेंज वर्ग के बारे में नोबेल पुरस्कार विजेता स्टीवेन वाइनबर्ग का कहना है—

> "मुझे मालूम नहीं है कि प्रकृति में क्यों इतनी सममितियाँ विद्यमान हैं, प्र लॉरेंज निश्चरता सबसे महत्त्वपूर्ण सममिति है। यह सममिति न सिर्फ समीकरणों (जो मूल कणों का वर्णन करते हैं) का रूप निर्धारित करती है बल्कि यह भी बताती है कि ये समीकरण किसके बारे में हैं।"

लॉरेंज समूह दिक्-काल की सममितियों से जुड़े हैं। इनके अलावा अन्य सममितियाँ

भी हैं, जिन्हें आंतरिक सममितियाँ कहते हैं। इनके संगत-समूहों को प्रमापी समूह कहते हैं। मूल-कण भौतिकी में ये काफी महत्त्वपूर्ण हैं। वाइनबर्ग कहते हैं—

> "एक प्रकार से, यदि किसी मूल कण के बारे में यह बताया जा सके कि विभिन्न सममिति संक्रियाओं जैसे स्थानांतरण, घूर्णन, मापन और रूपांतरण में वह कैसे व्यवहार करता है, तो उस कण के बारे में विस्तारित जानकारी हासिल हो जाती है। कणों की पहचान उनके सममिति गुणों से निश्चित होती है, यानी कण और कुछ नहीं, सिर्फ अपने सममिति समूह का निरूपण हैं।"

मूल कणों की कुछ और बुनियादी जानकारी

मूल कणों के सिद्धांत पर शोध-कार्य में भाभा के योगदान को समझने के लिए कुछ अन्य आरंभिक जानकारियों का होना बहुत ही जरूरी है। अब तक हमने सिर्फ समूहों एवं उनके निरूपणों की ही जानकारी दी है, क्योंकि भाभा अपने कार्यों में इनका खूब उपयोग करते थे। 'भाभा समीकरण' को ठीक से समझने के लिए कुछ और बातों का ज्ञान होना आवश्यक है।

सन् 1935 से 1945 तक मूल कणों के बारे में जितना कुछ मालूम था, उसका संक्षिप्त विवरण इस प्रकार है—

1. जिन्हें मूल कण समझा जाता था, वे थे—(i) इलेक्ट्रॉन, (ii) पॉजिट्रॉन, (iii) प्रोटॉन, (iv) न्यूट्रॉन, (v) न्यूट्रिनो[15] तथा (vi) युकावा कण, जिसके बारे में ज्यादा कुछ मालूम नहीं था।
2. मूल कणों का प्रचक्रण (स्पिन) 0, ½ या 1 हो सकता था।
3. ½ स्पिनवाले कण फर्मी सांख्यिकी का पालन करते थे, जबकि 0 व 1 स्पिनवाले कण बोस सांख्यिकी का पालन करते थे।[16]
4. इलेक्ट्रॉन व पॉजिट्रॉन का वर्णन डिराक समीकरण द्वारा किया जा सकता था।
5. डिराक समीकरण पर आधारित क्वांटम विद्युत्-गतिकी ठीक से व्याख्या करने में असफल थी।

इसके अलावा भी कई और बातों की जानकारी थी, परंतु उन सबका वर्णन आवश्यक नहीं है। परंतु उस समय की समझ के अनुसार ज्ञात मूल कणों के अतिरिक्त और भी मूल कण हो सकते थे, जिनकी स्पिन का मान 1 से अधिक हो, जैसे कि 3/2। उस समय दो तरह की समस्याओं का हल ढूँढ़ने की कोशिश हो रही थी। एक तो क्वांटम विद्युत्-गतिकी में अनंत को परिभाषित करना[17] तथा दूसरे, नाभिकीय बलों को समझना और लगातार ब्रह्मांड

किरणों के प्रयोगों से खोजे जा रहे नए कणों की व्याख्या करना। भाभा का प्रयास इन्हीं विषयों से संबंधित था। इस क्षेत्र में भाभा के शोध की मुख्य बातें एवं उनकी उपलब्धियों के बारे में अब चर्चा करेंगे।

अभिधारणाओं से समाधान

मूल कणों के सैद्धांतिक वर्णन करने में भाभा की रुचि थी। सैद्धांतिक भौतिकी में अभिधारणाओं के आधार पर विश्लेषण किया जाता है। सैद्धांतिक भौतिकी का उद्देश्य क्या है? भाभा इस बारे में कहते हैं—

> "सैद्धांतिक भौतिकी में गणितीय अभिधारणाओं के एक संपूर्ण समुच्चय का आविष्कार करना होता है, जो परस्पर सुसंगत हो तथा जिनके जरिए प्रकृति की जानकारी हो सके, यानी सभी प्रकार के प्रयोगों से प्राप्त परिणामों की व्याख्या उन अभिधारणाओं से प्राप्त नियमों / प्रमेयों से दी जा सके।"

असल में भाभा की रुचि सिर्फ मूल कणों में थी। वे ऐसे समीकरणों की खोज करना चाहते थे, जो सब तरह से मूल कणों की व्याख्या उसी तरह कर सकें जिस तरह डिराक समीकरण इलेक्ट्रॉनों की करता है। मूल कणों को ठीक कैसे परिभाषित किया जाता है? इस बारे में भाभा का कहना है—

> "मूल कणों का वर्णन करने के लिए समर्थ राशियाँ (जो लॉरेंज रूपांतरण में निश्चर रहती हैं) केवल टेंसर व स्पिनर होते हैं और हमें अपेक्षा करनी चाहिए कि सिर्फ वे ही राशियाँ मूल कणों की सैद्धांतिकी में आएँगी, जो अखंडनीय हैं, यानी जो दो या अधिक भागों में आपेक्षिकता की स्थिति में निश्चर रहते हुए विभाजित नहीं की जा सकतीं। इसका मतलब यह है कि मूल कण के बल-क्षेत्र का वर्णन करनेवाले समीकरण अखंडनीय होते हैं—अर्थात् इन्हें अन्य समीकरणों के समुच्चय में बाँटा नहीं जा सकता, जो आपेक्षिकता निश्चर हों।"

संक्षेप में कह सकते हैं कि अखंडनीय समीकरणों के समुच्चय द्वारा ही मूल कण-क्षेत्र की व्याख्या की जाती है।

सबकुछ समझना काफी कठिन लग रहा है न? परंतु धैर्य रखिए, थोड़ी ही देर में गुत्थी स्पष्ट होने लगेगी। दरअसल भाभा डिराक समीकरण की तरह मूल कणों को व्यक्त करने के लिए ऐसे तरंग समीकरणों की खोज करना चाहते थे, जो लॉरेंज-निश्चर हों।

अब हम गणितीय अभिधारणाओं की चर्चा करेंगे। भाभा किस प्रकार की अभिधारणाएँ चाह रहे थे? इन सबका विवरण उन्होंने सन् 1949 में कनाडा में आयोजित एक गणितीय सम्मेलन के दौरान अपने व्याख्यान में दिया था। भाभा ने इस प्रकार शुरुआत की थी—

अभिधारणा 1

किसी भी सैद्धांतिकी को बनाते समय इस बात का ध्यान रखना जरूरी है कि उसके समीकरणों से प्राप्त परिणाम विशिष्ट आपेक्षिकता सिद्धांत का उल्लंघन न करें।

अभिधारणा 2

प्रत्येक भौतिक निकाय की हर अवस्था का वर्णन एक तरंग-फलन ψ से किया जाता है, जिसका मान दिक्-सतह के प्रत्येक बिंदु पर परिभाषित होता है। तरंग-फलन ψ ऐसा हो जिससे भौतिक निकाय के प्रयोगों द्वारा प्राप्त किए जा सकनेवाले अधिकाधिक संभावित परिणामों की गणना की जा सके।

अभिधारणा 3

प्रकृति के मूल सिद्धांत ऐसे हैं कि यदि दिक्-सतह के हर बिंदु पर फलन ψ का मान ज्ञात हो तो थोड़े समय बाद दूसरी दिक्-सतह के हर बिंदु पर ψ के मान की गणना की जा सकती है।

अभिधारणा 4

गति के समीकरणों में ψ, ψ^* तथा इनके अवकलों के अतिरिक्त सिर्फ सर्वव्यापी स्थिरांक होने चाहिए।

अभिधारणा 5

निकाय के लैग्रांजी से विचरण नियम के प्रयोग से गति के समीकरणों (जो ψ को परिभाषित करते हैं) का निर्माण संभव होना चाहिए।

विचरण नियम सैद्धांतिक भौतिकी की एक केंद्रीय संकल्पना है[18]।

इस सैद्धांतिकी की एक महत्त्वपूर्ण आवश्यकता है कि निकाय के लैग्रांजी को लॉरेंज समूह वर्ग की संक्रियाओं में निश्चर रहना चाहिए। विशेषज्ञों की भाषा में कहें तो लैग्रांजी खुद ही लॉरेंज निश्चर होता है।

भाभा जिस समीकरण की खोज में लगे थे, उसका रूप कुछ ऐसा था—

$$\left(i\hbar \frac{\partial}{\partial x^k} \alpha^k + \chi \right) \psi = 0 \tag{4.5}$$

विशेष परिस्थिति में यह डिराक समीकरण बन जाता है। समीकरण (4.5) को भाभा समीकरण कहते हैं। इसकी विस्तृत चर्चा करने से पहले कुछ ऐतिहासिक जानकारी लेना उचित होगा।

दूसरों द्वारा की गई खोज

यह तो मालूम हो चुका है कि डिराक समीकरण, जो इलेक्ट्रॉन के लिए था, काफी सफल रहा (यदि विद्युत्-गतिकी के क्षेत्र में इसकी असमर्थता को नजरअंदाज कर दें!)। अतः लोगों में प्रोटॉन, न्यूट्रॉन आदि कणों के लिए भी ऐसे ही समीकरणों की तलाश करने का कौतूहल था। वे यह भी जानना चाहते थे कि 1 से अधिक स्पिनवाले कणों का अस्तित्व है या नहीं।

अनेक लोगों ने इस समस्या को सुलझाने का प्रयत्न किया। इसके लिए चिरसम्मत विद्युत् चुंबकीय सैद्धांतिकी से प्राप्त अनुभव का उपयोग किया गया, जिसके प्रथम कोटि के समीकरण (मैक्सवेल) विद्युत् बल-क्षेत्र तथा चुंबकीय बल-क्षेत्रों का बयान करते हैं और द्वितीय कोटि के समीकरण तरंग के संचरण या फैलाव का। मूल कणों के लिए भी ऐसे ही समीकरणों की खोज की जा रही थी। ऐसा करने के पर्याप्त कारण भी थे, जिनकी भाभा ने स्वयं व्याख्या की है। वे कहते हैं—

प्रकृति के नियमों को लॉरेंज समूह की सभी संक्रियाओं, रूपांतरणों में अपरिवर्तित रहना आवश्यक है, यानी उनसे रूपांतरण करने पर $(x^2 + y^2 + z^2 - c^2 t^2)$ निश्चर रहना चाहिए। सबसे सरल निश्चर अवकल संकारक है—

$$\frac{\partial^2}{\partial x^2} + \frac{\partial^2}{\partial y^2} + \frac{\partial^2}{\partial z^2} - \frac{1}{c^2}\frac{\partial^2}{\partial t^2}$$

अतः एक फलकवाला सरलतम निश्चर आंशिक अवकल समीकरण निम्न तरंग समीकरण है—

$$\frac{\partial^2 u}{\partial x^2} + \frac{\partial^2 u}{\partial y^2} + \frac{\partial^2 u}{\partial z^2} - \frac{1}{c^2}\frac{\partial^2 u}{\partial t^2} = 0$$

जबकि व्यापक तरंग समीकरण है,

$$\left(\frac{\partial^2}{\partial x^2}+\frac{\partial^2}{\partial y^2}+\frac{\partial^2}{\partial z^2}-\frac{1}{c^2}\frac{\partial^2}{\partial t^2}+\chi^2\right)u=0,$$

जहाँ χ निश्चर है।"

इसका अर्थ यह हुआ कि समस्या को सुलझाने के लिए दो चीजों की जरूरत है—(i) प्रथम कोटि का समीकरण, जो क्षेत्र की व्याख्या करता है तथा (ii) द्वितीय कोटि का समीकरण, जो दिक्-काल में तरंग के विस्तार को बताता है। दरअसल सभी ऐसे प्रथम कोटि के समीकरण की खोज कर रहे थे, जो डिराक समीकरण की भाँति हो।

मोटे तौर पर दो तरीकों से काररवाई की गई। एक तरीके का अनुसरण डिराक, फियर्ज और पाउली कर रहे थे। इस तरीके का सकारात्मक नतीजा था कि पाउली ने स्पिन और सांख्यिकी के संबंध को दरशाया[19]। इसमें तरंग क्षेत्र का इस प्रकार क्वांटमीकरण किया गया था, जिससे उसे वास्तविक रूप में समझा जा सके। पाउली ने पाया कि पूर्णांक स्पिनवाले कणों को क्वांटमीकृत करने पर वे बोस सांख्यिकी का पालन करते हैं, जबकि अर्ध-पूर्णांक स्पिनवाले कण फर्मी-सांख्यिकी का पालन करते हैं। व्यावहारिक दृष्टि से इसका तात्पर्य यह हुआ कि एक प्रकार के कण क्रम विनिमय नियम के अनुरूप चलते हैं, जबकि दूसरे प्रकार के कण प्रतिक्रम विनिमय के अनुरूप।[20] डिराक-फियर्ज-पाउली (डी.एफ.पी.) की युक्ति में एक असंतोषजनक बात यह थी कि कण-क्षेत्र को व्यक्त करने के लिए कई पूरक शर्तों को मानना पड़ता था। ज्यादा स्पिन के कणों (स्पिन का मान 1 से ज्यादा) के लिए इन पूरक शर्तों का इस्तेमाल करना कठिन लगने लगा।

भाभा समीकरण

अब हम दूसरे तरीके की बात करेंगे। भाभा ने इस पद्धति को अपनाया, जिसमें पूरक शर्तों की आवश्यकता नहीं थी। भाभा के काम को समझने के लिए समीकरण (4.5) को पुनः देखते हैं—

$$\left(i\hbar\frac{\partial}{\partial x^k}\alpha^k+\chi\right)\psi=0$$

यह आपेक्षिकता के चार-सदिश अंकन (फोर-वेक्टर नोटेशन) में लिखा गया है।[21] इस समीकरण में $\chi = \beta.m.c^2$ रखने प्रर हमें डिराक समीकरण मिलता है, बशर्ते α's व β का उपयुक्त अर्थ[22] किया जाए। यह सब शायद ठीक से समझ में नहीं आ रहा है; अभी सिर्फ इस बात पर गौर करें कि भाभा ने समीकरण (4.5) को डिराक समीकरण के संभावित व्यापक रूप में लिखा था।

डिराक ने अपने समीकरण में α की व्याख्या की थी, पर भाभा समीकरण में वे क्या हैं? भाभा ने दिखाया था कि उनके α एक विशेष समीकरण को मानते हैं और यदि लॉरेंज समूह के पंच-आयामी अखंडनीय निरूपणों का ज्ञान हो तो इस समीकरण का हल निकाला जा सकता है। ध्यान दें कि यह लॉरेंज समूह पाँच आयामों से, न कि केवल चार आयामों से संबंधित है। यह पाँच आयामों में घूर्णन समूह जैसा है, इसे SO(5) से दरशाते हैं।

शायद अब यह स्पष्ट हो रहा है कि समूह-सैद्धांतिकी का उपयोग मूल कणों की व्याख्या में कैसे किया जाता है? संक्षेप में यह इस प्रकार है—

(i) भाभा ने सबसे पहले तरंग बल-क्षेत्र ψ की व्याख्या करने के लिए प्रथम कोटि के समीकरण लिखे, जैसा कि डिराक ने किया था।

(ii) भाभा समीकरण में भी डिराक समीकरण की तरह α की मैट्रिक्स होती है।

(iii) α-मैट्रिक्सों को परिभाषित करना आवश्यक है। भाभा ने बताया कि इन्हें किन विशेष समीकरणों को हल करके प्राप्त किया जा सकता है।

(iv) विशेष समीकरणों का हल सममिति समूह SO(5) के अखंडनीय निरूपणों की सहायता से किया जा सकता है।

इतना कुछ करने के बाद भाभा ने आखिर क्या पाया? उन्होंने पाया कि 'SO(5) समूह का प्रत्येक अखंडनीय निरूपण मूल कण क्षेत्र के लिए एक अखंडनीय समीकरण देता है'।

यह समीकरण ऐसे हल देता है, जिनमें ऊर्जा व संवेग निम्न समीकरण से जुड़े हैं—

$$E^2 = p^2.c^2 + M^2.c^4$$

यहाँ M का मान, पूर्णांक n के लिए, $\pm \chi/n$, $\pm \chi/ \cdot n^{-1}$, $\pm \chi/n^{-2}$, ... , $\pm \chi$ है और n अर्ध विषम पूर्णांक के लिए $\pm 2.\chi$ है। n राशि अखंडनीय निरूपण से संबंध रखती है। अतः कण-क्षेत्र कई विभिन्न स्थिर-द्रव्यमान के कणों का वर्णन करता है, पर इन्हें एक ही भौतिक सत्त्व की विभिन्न अवस्थाएँ समझना चाहिए, जैसे कि पॉजिट्रॉन और इलेक्ट्रॉन, क्योंकि समीकरण अखंडनीय हैं।

भाभा ने पाया कि स्पिन 0, ½ तथा 1 वाले कणों को छोड़कर अन्य मूल कणों के कई स्थिर द्रव्यमान हो सकते हैं, जो न्यूनतम द्रव्यमान के सुपरिभाषित और सरल अनुपातों के अनुसार हैं।

क्या ऐसे कणों की खोज हुई है? यह एक लंबी कहानी है। उच्च त्वरकों के निर्माण के बाद बहुत सारे कणों की खोज हुई है, जिनमें से 1 अधिक स्पिनवाले कण भी शामिल हैं; परंतु ये कण भाभा द्वारा किए गए वर्गीकरण के अनुरूप नहीं हैं। ऐसा प्रत्याशित भी है, क्योंकि

1940 के दशक में जब भाभा ने यह कार्य किया था, उस समय विभिन्न सममितियों का ज्ञान नहीं था। यह सच है कि गॉडस्मिट व यूहलेनबेक ने स्पिन सममिति की खोज कर ली थी, पर इसके अलावा भी कई और सममितियाँ हो सकती हैं (जैसे स्ट्रेंजनेस, चार्म आदि), इसकी किसी ने कल्पना भी नहीं की थी। इन सममितियों की खोज होने के बाद लोगों ने भाभा की युक्ति का इस्तेमाल करके गणना की, जिसमें लॉरेंज निश्चरता के साथ इन नई सममितियों की निश्चरताओं को भी सम्मिलित किया। संक्षेप में, गणना करते समय लॉरेंज समूह के अलावा उपयुक्त प्रमापक समूहों को भी ध्यान में रखना पड़ता है। जहाँ तक समाधान की शुरुआत करने का सवाल है, भाभा व उनके कई समसामयिकों द्वारा अपनाई गई पद्धतियाँ अब भी प्रचलित हैं, जिनमें समरूपता के आधार पर कम-से-कम चीजों का अनुमान करके उसे परिवर्तित सिद्धांत के साथ जोड़ा जाता है।

भाभा इस बात को अच्छी तरह जानते थे कि उनका समीकरण आखिरी हल नहीं है। उनका दृढ़ विश्वास था कि प्रकृति के रहस्य को सुलझाने के लिए केवल कल्पना-शक्ति ही काफी नहीं है बल्कि प्रयोगों के माध्यम से प्राप्त परिणाम-प्रतिपादनों व अनुमानों को प्रभावित करते हैं। वास्तव में ऐसा ही हुआ।

इसके अतिरिक्त 'भाभा समीकरण' में क्या अन्य समस्याएँ भी हैं? हाँ, दो और समस्याएँ हैं। पहली तो अनंत से संबंधित है। परंतु यह समस्या प्रबल नाभिकीय बल के साथ भी है।[23] वस्तुतः "1 से ज्यादा स्पिनवाले कणों के लिए ऐसे तरंग समीकरणों की खोज अब तक नहीं हुई है, जो पूर्णतया सुसंगत, आपेक्षिक, बड़े तथा अंतःक्रियाशील हों।" यह कथन एक विशेषज्ञ का है। और दूसरी समस्या? ज्यादा स्पिनवाले कणों के लिए समीकरण ऋणात्मक संभाव्यताएँ बताता है। शायद बात स्पष्ट नहीं हुई!

कुछ और इतिहास

सन् 1936 में प्रोका ने स्पिन 1 वाले कणों के लिए एक द्वितीय कोटि का समीकरण लिखा। इसके दो वर्ष बाद केमर को सूझा कि प्रोका समीकरण को परस्पर जुड़े कई प्रथम कोटि के समीकरणों के रूप में लिखा जा सकता है तथा उन्होंने 0 स्पिनवाले कणों के लिए ऐसे समीकरणों को लिखा भी। इसके तुरंत बाद पुर्दु विश्वविद्यालय में एक विचार-गोष्ठी के दौरान केमर के इस कार्य पर चर्चा हुई, जिससे प्रेरित होकर डफिन नामक गणितज्ञ ने इस विषय पर एक शोध-पत्र प्रकाशित किया। केमर ने डफिन के इस काम को देखकर उन्हें लिखा कि इस काम को और आगे बढ़ाने का उनका खयाल है; परंतु डफिन चाहें तो इसे स्वयं कर सकते हैं। इसके जवाब में डफिन ने लिखा कि वे दूसरे शोध कार्यों में व्यस्त हैं, अतः केमर चाहें तो इस

काम को आगे बढ़ा सकते हैं। यह सब सन् 1939 के पहले की बात है। केमर के मित्र होने के कारण भाभा को शायद इन सब गतिविधियों का पता था, जिसे डफिन-केमर-प्रोका या 'डी.के.पी. प्रतिपादन' कहा जाता था। भाभा ने डी.के.पी. के काम को आगे बढ़ाया। बैंगलोर में आकर भाभा ने इस विषय पर काम करने के लिए माधव राव को प्रेरित किया। बाद में सन् 1945 के आसपास भाभा ने SO(5) के साथ इसका संपर्क जोड़कर इस क्षेत्र में अपनी पहचान बनाई।

इसके अलावा उस समय जापान के ताकेतानी व सकाता भी स्वतंत्र रूप से इसी से मिलता-जुलता काम कर रहे थे, पर काम पूरा होने से पहले ही ताकेतानी को जापान सरकार ने गिरफ्तार कर लिया। इसके पूर्व ताकेतानी ने एक लेख प्रकाशित किया था, जिसमें उन्होंने कहा था कि विज्ञान अंतरराष्ट्रीय है तथा वैज्ञानिकों को किसी राष्ट्र विशेष का नहीं, बल्कि अंतरराष्ट्रीय समुदाय का सदस्य माना जाना चाहिए। यह लेख उस समय की जापानी फौजी सरकार को अच्छा नहीं लगा। यद्यपि ताकेतानी ने छद्म नाम से यह लेख लिखा था, पर गुप्त पुलिस को उन्हें ढूँढ़कर जेल में बंद करने में कोई कठिनाई नहीं हुई। ताकेतानी के रिहा होने तक डफिन व केमर इस विषय पर काफी काम कर चुके थे, अतः वे इसी विषय से संबंधित दूसरे काम करने में जुट गए। यहाँ लुबंसकी का नाम लेना भी उचित होगा, जिन्होंने सन् 1941 में हॉलैंड में अपने शोध-कार्य का प्रकाशन किया। दुर्भाग्यवश, हॉलैंड उस समय जर्मनी के अधीन था, अतः बहुत कम लोगों ने उनके काम पर ध्यान दिया।

भाभा समीकरण पर चर्चा समाप्त करने से पहले प्रो. वीरेंद्र सिंह के इस कथन का उल्लेख करना चाहूँगा—

> आपेक्षिकता समीकरणों एवं विशेषकर भाभा समीकरणों का जादू उनमें निहित सौंदर्य की वजह से समय के साथ कम नहीं हुआ है, यद्यपि अभी तक भौतिकी अनुप्रयोगों में उनका इस्तेमाल उल्लेखनीय नहीं है।"

भौतिकविद् भाभा

अगले अध्यायों में भाभा के व्यक्तित्व के अन्य पहलुओं पर चर्चा की गई है। उनमें भाभा के विभिन्न वैज्ञानिक रूपों का वर्णन किया गया है। गणित में रुचि होने के कारण भाभा का सर्वप्रथम आग्रह सैद्धांतिक भौतिकी में शोध करने के प्रति था, क्योंकि यही अमूर्त सौंदर्य व प्राकृतिक सौंदर्य के बीच संपर्क स्थापित करने का उपयुक्त मंच था।

सैद्धांतिक भौतिकविद् कई तरह के होते हैं, जिन्हें दो मुख्य श्रेणियों में बाँटा जा सकता है—परिघटना विज्ञानी तथा केवल सिद्धांतविद्। परिघटना विज्ञानी सामान्यतया

कल्पना करते हैं, उसे रूप देते हैं आदि, जिनके आधार पर वे कुछ आँकड़ों की गणना करते हैं जिनकी तुलना प्रायोगिक आँकड़ों से की जाती है। इसके विपरीत सिद्धांतविद् एक ढाँचा बनाता है, उसमें वृद्धि करता है, ताकि भविष्य में दूसरे लोग उसका इस्तेमाल कर सकें। भाभा ने दोनों पद्धतियों पर कार्य किया; परंतु उनका स्वाभाविक झुकाव सिद्धांतवाद की ओर था। पर उनका नजरिया आइंस्टाइन की तरह अत्यंत सख्त भी नहीं था, जो कहा करते थे—" ···केवल विचार के माध्यम से सत्य को समझा जा सकता है··· ।" इस बारे में भाभा का कहना था—

> "प्रकृति के नियमों को जानने के लिए प्रचलित मुख्य दो धाराओं में भेद को समझना अत्यंत आवश्यक है, जिसमें एक में तो प्रयोग के आधार पर तथा दूसरे में केवल मानव कल्पना व ज्ञान-मीमांसा से सिद्धांत का निर्माण किया जाता है। यह दूसरा तरीका न तो उतना सफल हुआ है और न ही वास्तविक जगत् को जानने में सहायक सिद्ध हुआ है। इसके विपरीत, हम यह मानते हैं कि हमारी पद्धति द्वारा बहुत सारे सिद्धांतों का निर्माण किया जा सकता है, जो तर्कसंगत तो होते हैं, परंतु वास्तविक जगत् से उनका कोई सरोकार नहीं है।"

अतः समीकरण-निर्माण के लिए कम-से-कम अनुमान करके ऐसे सिद्धांत का विकास करना होगा, जो केवल गणितीय सुंदरता के लिए न जाने जाएँ, बल्कि प्रकृति के बारे में अधिक-से-अधिक जानकारी देने में सक्षम हों। आज आम स्नातकों को भी इस बात की जानकारी है, परंतु '40 के दशक में यह दृष्टिकोण केवल कुछ लोगों तक ही सीमित था। भाभा भी इस बात में विश्वास रखते थे और यह उनके शोध-पत्रों में साफ झलकता है। इनसे यह भी स्पष्ट होता है कि भाभा की सोच डिराक से काफी प्रभावित थी। आगे हम भाभा के अन्य पहलुओं पर चर्चा करेंगे, जिनमें सुंदरता के प्रति उनकी आसक्ति का बोध होता है।

शायद आप सोच रहे होंगे कि भाभा के बाद मूल कणों के अनुसंधान क्षेत्र में आगे क्या हुआ? उसके बारे में संक्षिप्त विवरण परिशिष्ट में दिया गया है।

परिशिष्ट

जैसा कि आप जानते हैं, मूल कणों का अध्ययन इलेक्ट्रॉन व प्रोटॉन की खोज से शुरू हो गया था। ये दोनों स्थायी कण हैं। उच्च ऊर्जा-त्वरक के निर्माण के बाद तो कई नए कणों की खोज हुई। परंतु अधिकांशतः ये कण अस्थायी पाए गए। इनमें से कई अनुनाद-क्रिया से पैदा होते हैं। यह परिशिष्ट मुख्यतः कण-अनुनाद का परिचय देता है।

'अनुनाद' शब्द का तात्पर्य है कि एक वस्तु किसी अन्य वस्तु से सम स्वर में या तालमेल में है। एक झूले की कल्पना कीजिए, जो स्थिर अवस्था में लटका हुआ है। झूला एक दोलन के समान है, जिसे स्थिर अवस्था से हटाकर छोड़ देने पर वह आगे-पीछे होने लगता है, यानी उसकी प्राकृतिक दोलन आवृत्ति है। अब हम झूले को थोड़ा हिलाकर एक छोर पर खड़े हो जाते हैं और हर बार जब झूला हमारे करीब आता है तो उसे हलका सा धक्का दे देते हैं। यदि ये धक्के उचित ढंग से देते रहें तो वह झूला अधिकाधिक बड़े आयामों से दोलन करने लगता है। इस अवस्था में जो बल हम लगा रहे हैं, वह झूले से अनुनाद में है। इसके विपरीत, यदि हम धक्के अनियमितता से दें तो लगाया गया बल और झूले की स्वाभाविक दोलन प्रवृत्ति में सामंजस्य नहीं होगा तथा दोलन नहीं बढ़ पाएगा। झूले पर खेलनेवाले बच्चे अपने सहज ज्ञान से इसे जानते हैं।

कण-भौतिकी में कणों की आपसी अभिक्रिया का अध्ययन किया जाता है। ये अभिक्रियाएँ साधारणतः दो अलग प्रकार के कणों को आपस में टकराकर उत्पन्न की जाती हैं। कण जो स्थिर रहते हैं, लक्ष्य कहलाते हैं और गति से आनेवाले कण आपतित पुंज। उच्च ऊर्जा भौतिकी में आपतित पुंज त्वरक में उत्पन्न किया जाता है। यदि हम 1 एमईवी से कम

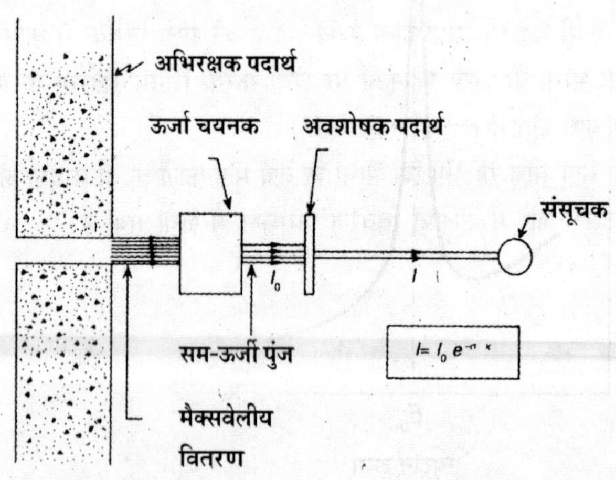

ऊर्जा के न्यूट्रॉनों से अध्ययन करें तो उनके पुंज को रिएक्टर से प्राप्त करना ज्यादा स्वाभाविक और सुलभ है।

अब हम मंद न्यूट्रॉन अनुनाद की चर्चा करेंगे। चित्र (a) में इसकी प्रायोगिक संरचना दिखाई गई है। रिएक्टर से निकलनेवाले न्यूट्रॉन की ऊर्जा का वितरण मैक्सवेलीय[24] होता है, जो रिएक्टर के मंदक तापमान के संगत है। ऊर्जा-चयनक उपकरण द्वारा निश्चित ऊर्जा E वाले न्यूट्रॉनों को जाने दिया जाता है। ऐसा करने के लिए महान् वैज्ञानिक एनरिको फर्मी द्वारा आविष्कृत एक घूमनेवाले यांत्रिकी संकर्तक का प्रयोग करते हैं। इस यंत्र का सिद्धांत बहुत जटिल नहीं है, जिसकी संकल्पना आप भी दुबारा कर सकते हैं।

यह ऊर्जा-चयनक सम-ऊर्जी न्यूट्रॉन-पुंज देता है। इसे हम एक लक्ष्य पदार्थ पर डालते हैं, जिसके पीछे न्यूट्रॉन संसूचक रखा होता है। न्यूट्रॉन संसूचक में पड़नेवाले न्यूट्रॉनों की संख्या का मापन लक्ष्य रखकर एवं बिना लक्ष्य के करते हैं। इन दो मापनों के आधार पर यह पता चलता है कि लक्ष्य पदार्थ में E ऊर्जा के कितने न्यूट्रॉन अवशोषित हुए।

अब इसी प्रयोग को विभिन्न ऊर्जा के न्यूट्रॉनों से दोहराने के बाद नतीजे का आरेखन करने पर चित्र (b) जैसा एक वक्र मिलता है। इसमें न्यूट्रॉन ऊर्जा के साथ लक्ष्य पदार्थ के अवशोषण परिक्षेत्र σ_a के मान में बदलाव को दिखाया गया है। ऊर्जा E_0 पर प्राप्त σ_a के उच्चतम मान को न्यूट्रॉन प्रग्रहण अनुनाद कहते हैं। इसका मतलब यह है कि लक्ष्य पदार्थ द्वारा इस विशिष्ट ऊर्जा E_0 के न्यूट्रॉनों का अवशोषण अन्य ऊर्जाओं के न्यूट्रॉनों की अपेक्षा

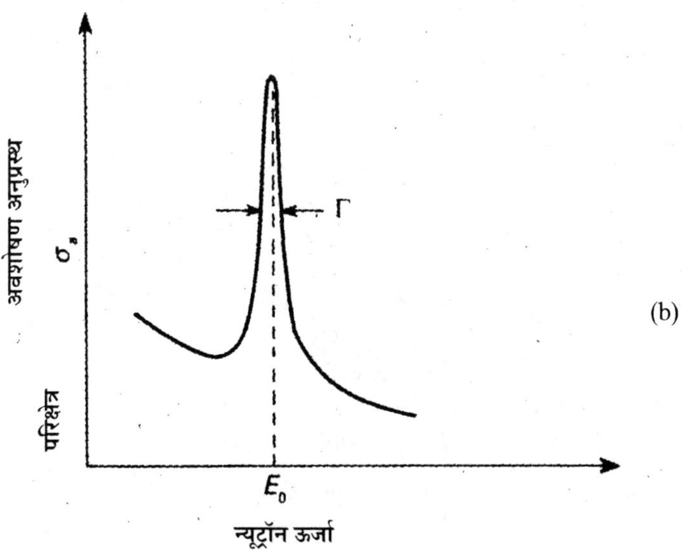

(b)

अधिक होता है।

प्रग्रहण अनुनाद की व्याख्या क्या है? यदि लक्ष्य पदार्थ इंडियम है, जिसका हरेक नाभिक In^{115} है। In^{115} एक न्यूट्रॉन का अवशोषण कर In^{116} में बदल जाता है। In^{116} नाभिक की कई आंतरिक अवस्थाएँ होती हैं और जब न्यूट्रॉन के अवशोषण द्वारा यह पैदा होता है तो इनमें से किसी एक उत्तेजित अवस्था में रहता है। इसे In^{116*} से दरशाया जाता है। यह नव-नाभिक सदा के लिए उत्तेजित अवस्था में नहीं रहता है; अपनी अतिरिक्त ऊर्जा को गामा किरण के रूप में त्यागकर यह अपनी आधारभूत अवस्था (न्यूनतम ऊर्जा की अवस्था) में आ जाता है। अतः In^{116} नाभिक उत्तेजित अवस्था में सिर्फ निश्चित समय के लिए ही रहता है। उत्तेजित अवस्था का औसत जीवन-काल τ है।

In^{116*} नाभिक के उत्तेजित अवस्था से आधारभूत अवस्था में आना वैसा ही है जैसे झूले को जोर से धक्का देकर छोड़ देने पर थोड़े ही समय में दोलन अवमंदित होते-होते झूला रुक जाता है। चित्र (b) में दिखाई गई अनुनाद चौड़ाई Γ उत्तेजित अवस्था के औसत जीवन-काल τ से जुड़ी है; उनका आपसी संबंध समीकरण $\tau.\Gamma \sim \hbar$ द्वारा व्यक्त किया जाता है। यह और कुछ नहीं, सिर्फ अनिश्चितता सिद्धांत $\Delta t.\Delta E \sim \hbar$ का एक उदाहरण है।

अब हम π^+ व π^- मेसॉन के प्रोटॉन द्वारा प्रत्यास्थ प्रकीर्णन की चर्चा करेंगे। इसे आसानी से बिलियर्ड की गेंदों में टकराव जैसा समझा जा सकता है। परंतु फर्मी ने पाया कि यह प्रकीर्णन ऐसा नहीं है। सन् 1950 के दशक के आरंभ में पायॉन और प्रोटॉन प्रकीर्णन पर

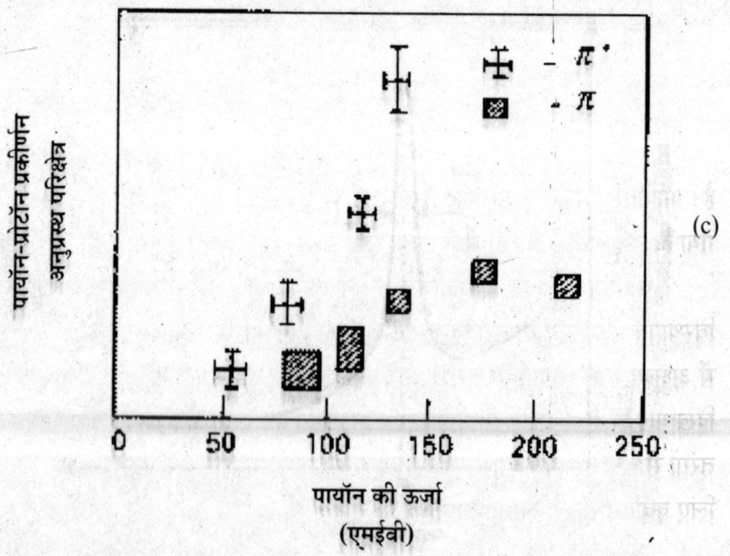

प्रयोग करते हुए फर्मी ने पाया कि पायॉन की ऊर्जा बढ़ाने से प्रकीर्णन अनुप्रस्थ परिक्षेत्र में वृद्धि होती है, जैसा कि चित्र (c) में दिखाया गया है। एक स्पष्ट शिखर, जो अनुनाद की पक्की पहचान है, काफी बाद में मिला, जैसा कि चित्र (d) में देखा जा सकता है। परंतु फर्मी के समय भी अनुप्रस्थ परिक्षेत्र में बढ़त से अनुनाद होने का जोरदार संकेत मिला था। विज्ञानी इस नतीजे पर कैसे पहुँचे? तथाकथित कला-विस्थापन विश्लेषण द्वारा। इसके बारे में संक्षिप्त चर्चा नीचे की गई है।

क्वांटम यांत्रिकी में प्रकीर्णन का विश्लेषण तरंगों के रूप में करना आसान पाया गया

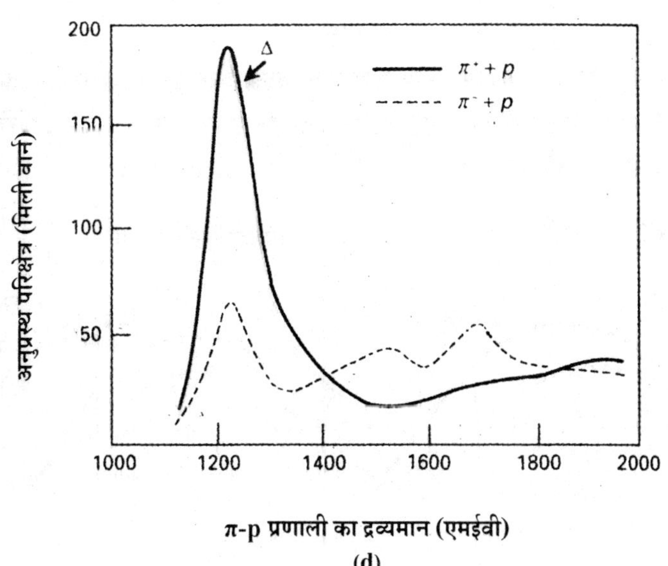

(d)

है। आपतित कणों को समतल-तरंग तथा प्रकीर्णित कणों को गोलीय तरंग के रूप में माना गया है, जैसा कि चित्र (e) में दिखाया गया है।

क्वांटम यांत्रिकी में प्रकीर्णन के लक्षण का वर्णन (पहचान) करने के लिए कला विस्थापन एक उपयुक्त तरीका है। इसका मूल विचार चित्र (f) में दरशाया गया है। इस चित्र में अक्षुब्ध तरंग (आपतित तरंग) और क्षुब्ध तरंग (प्रकीर्णित तरंग) के बीच कला विस्थापन दिखाया गया है। वास्तव में आपतित व प्रकीर्णित दोनों ही तरंगें विभिन्न कोणीय संवेगोंवाली तरंगों से बनी हुई मानी जा सकती हैं। इन्हें आंशिक तरंगें कहते हैं तथा इन्हें चिह्नित करने के लिए क्वांटम संख्या का प्रयोग करते हैं, जैसे $l.\hbar$. कोणीय संवेग की आंशिक तरंग के लिए

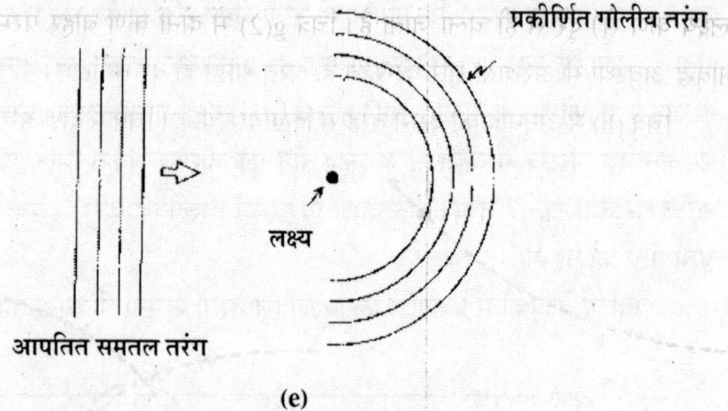

(e)

l का प्रयोग किया जाता है। इस आंशिक तरंग के कला-विस्थापन को δ_l से दरशाते हैं।

कला-विस्थापन δ_l बहुत उपयोगी है। उदाहरण के लिए, कुल अनुप्रस्थ परिच्छेद σ को निम्न रूप में लिखा जाता है—

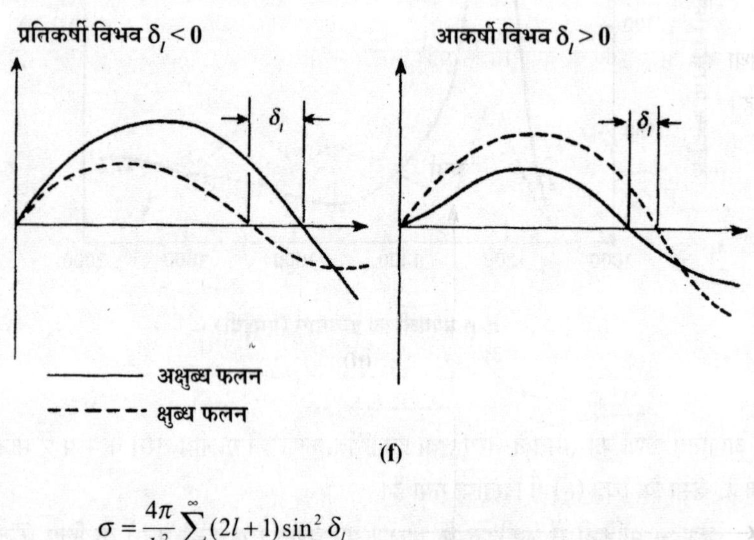

(f)

$$\sigma = \frac{4\pi}{k^2} \sum_{i=0}^{\infty} (2l+1) \sin^2 \delta_l$$

यहाँ $k \sim (2.\pi/\lambda)$ है, जहाँ λ आपतित तरंग की तरंग-दैर्घ्य है। कला विस्थापन δ_l का मान लक्ष्य द्वारा आपतित कण पर पड़नेवाला विभव V(r) तथा आपतित कण की ऊर्जा पर निर्भर करता है। जब δ_l का मान $\pi/2$ के बराबर होता है तो l-वीं आंशिक तरंग की वजह से अनुनाद होता है। इन अनुनादों को स्पष्ट रूप से समझाने का प्रयास चित्र (g) में किया गया है। चित्र g(1) में एक ऐसी स्थिति दिखाई गई है, जो अनुनाद से काफी दूर है; यहाँ आपतित कण

(लक्ष्य कण से) दूर से ही चला जाता है। चित्र g(2) में दोनों कण बोह्र परमाणु की तरह आबद्ध अवस्था में अस्थायी तौर पर रहते हैं, परंतु थोड़ी ही देर के लिए।

चित्र (h) में अनुनाद को दूसरी तरह से दिखाया गया है। चित्र में दाईं ओर विभव V(r)

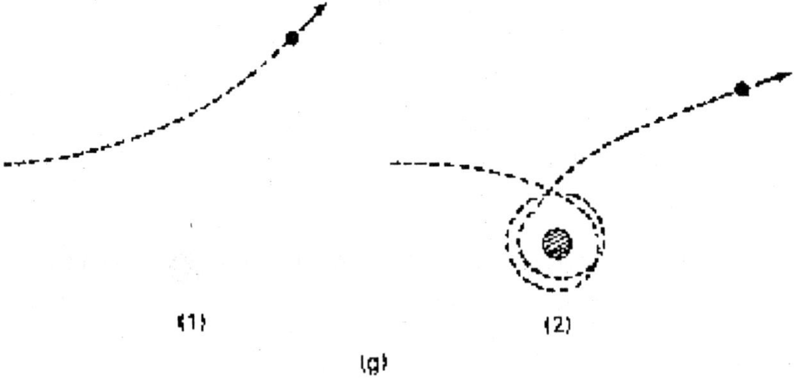

(g)

को तथा बाईं ओर ऊर्जा के बदलाव के साथ कुल अनुप्रस्थ परिच्छेद पर प्रभाव को दरशाया गया है।

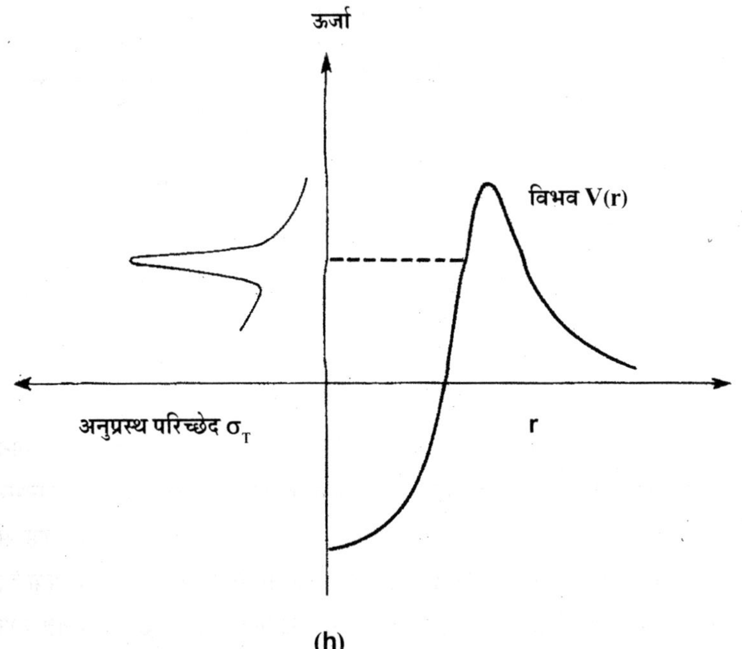

(h)

अब इससे संबंधित इतिहास पर नजर डालेंगे। शिकागो के प्रो. एच.एल. एंडरसन ने सन् 1955 में एनरिको फर्मी के सम्मान में आयोजित एक संगोष्ठी में व्याख्यान दिया था, उसी के सारांश से शुरुआत करते हैं। कार्नेल विश्वविद्यालय के प्रो. हैंस बेथे (नोबेल पुरस्कृत) उस संगोष्ठी की अध्यक्षता कर रहे थे। एंडरसन ने कहा—

> "मैं आपको उस समय के बारे में बताता हूँ जब हम[25] साथ मिलकर π-मेसॉनों पर कार्य कर रहे थे। हमने शिकागो में तब एक बृहत् सिन्क्रोसाइक्लोट्रॉन (त्वरक) का निर्माण किया था, जो प्रोटॉनों को 450 एमईवी तक त्वरित करने में सक्षम था। इस यंत्र से मेसॉनों की सुनिश्चित ऊर्जावाली काफी तीव्र किरण पुंज प्राप्त की जा सकती थी…।
>
> "फर्मी का विचार था कि हमें प्रकीर्णन का मापन करना चाहिए। यह नाभिकीय अभिक्रियाओं के अध्ययन का पारंपरिक तरीका था, जो रदरफोर्ड के समय से चला आ रहा था। यद्यपि यह कोई अनोखी विधि नहीं थी, पर सरलता और प्रत्यक्षता इसकी खूबी थी। हमें प्रचुर मात्रा में द्रव-हाइड्रोजन अर्ल लॉन्ग से मिला करता था, जिन्होंने द्रव-हाइड्रोजन बनाने का संयंत्र तैयार किया था। अतः हम प्रकीर्णन के

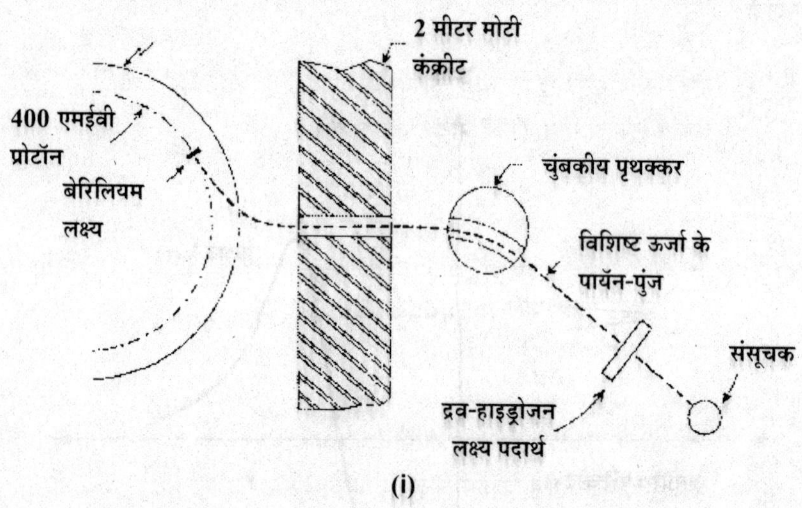

(i)

> मूल प्रयोग, जैसे पायॉनों और प्रोटॉनों के बीच, को करने में सक्षम थे।"

फर्मी द्वारा प्रयुक्त उपकरण व्यवस्था चित्र (i) में दरशाया गया है। पायॉन-पुंज (π^+ या π^- कणों का) द्रव-हाइड्रोजन से होकर गुजरने के बाद पारगत पायॉनों को दूसरी तरफ रखे

संसूचक में मापा जाता है। इससे अनुप्रस्थ परिच्छेद की गणना की जाती है। पहले दिखाए गए चित्र (c) में फर्मी द्वारा प्राप्त परिणामों को दिखाया गया है। यह बताता है कि (i) π^- का अनुप्रस्थ परिच्छेद π^+ के अनुप्रस्थ परिच्छेद से कम है और (ii) π^+ का अनुप्रस्थ परिच्छेद π^- की अपेक्षा ज्यादा तेजी से बढ़ता है। पर क्यों? हम फिर एंडरसन की सुनते हैं—

"यह[26] कुछ अजीब लगा, क्योंकि π^- के साथ अभिक्रियाओं की बहुलता है।

$\pi^- + P \rightarrow \pi^- + P$ प्रत्यास्थ प्रकीर्णन

$\pi^- + P \rightarrow \pi^o + N$ विनिमय प्रकीर्णन

$\pi^- + P \rightarrow N + \gamma$ विकिरणी प्रग्रहण

जबकि π^+ के लिए सिर्फ निम्न प्रक्रिया संभव है—

$\pi^+ + P \rightarrow \pi^+ + P$ प्रत्यास्थ प्रकीर्णन

"स्पष्टतः फर्मी को यह व्याकुल कर रहा था। मुझे वह दिन याद है जब हम इस अनुप्रस्थ परिच्छेद का मापन कर रहे थे। फर्मी संसूचक चला रहे थे, उनके एक हाथ में विराम घड़ी और दूसरे हाथ में परिकलन पट्टिका थी। मेज पर रखा परिकलक चटर-पटर की आवाज कर रहा था। उनकी आँखें चमकते नियॉन संकेतकों पर गड़ी थीं कि कहीं उनमें कुछ खराबी तो नहीं आ रही है। प्रत्येक गिनती के रिकॉर्ड होने पर वे अनुप्रस्थ परिच्छेद की गणना कर रहे थे। वे अपना सिर हिलाते रहे, क्योंकि उसका मान काफी अधिक आ रहा था ।

"मेरे पास ज्यादा कुछ करने को नहीं था, अतः मैं बैठकर अपनी डाक देखने लगा। उस दिन डाक में मेसॉन-नाभिकीय प्रकीर्णन पर कीथ ब्रुकनर के शोध-पत्र की एक पूर्व प्रकाशन प्रति आई थी। शोध-पत्र के कुछ वक्रों को देखने के बाद मैंने कहा, 'एनरिको, इनके खयाल से π^+ अनुप्रस्थ परिच्छेद का मान π^- अनुप्रस्थ परिच्छेद से अधिक होना चाहिए।' फर्मी उपेक्षित स्वर में बोले, 'इसके बारे में उसे कैसे पता होगा?'

"ब्रुकनर के वक्रों से आमापन करने के बाद मैंने फिर कहा, 'परंतु एनरिको, यह ब्रुकनर तो कह रहा है कि हमें अनुप्रस्थ परिच्छेद का मान लगभग 120 मिली बार्न मिलना चाहिए।' फर्मी ने माना, 'लेकिन हमें इससे भी ज्यादा मिल रहा है। मुझे यह शोध-पत्र देखने दो, तब तक क्या तुम 20 मिनटों के लिए कार्य सँभालोगे? मैं अपने दफ्तर जाकर वापस आता हूँ'।"

कहानी को यहीं समाप्त कर यह कहना चाहूँगा कि फर्मी स्वयं के विश्लेषण से इसी

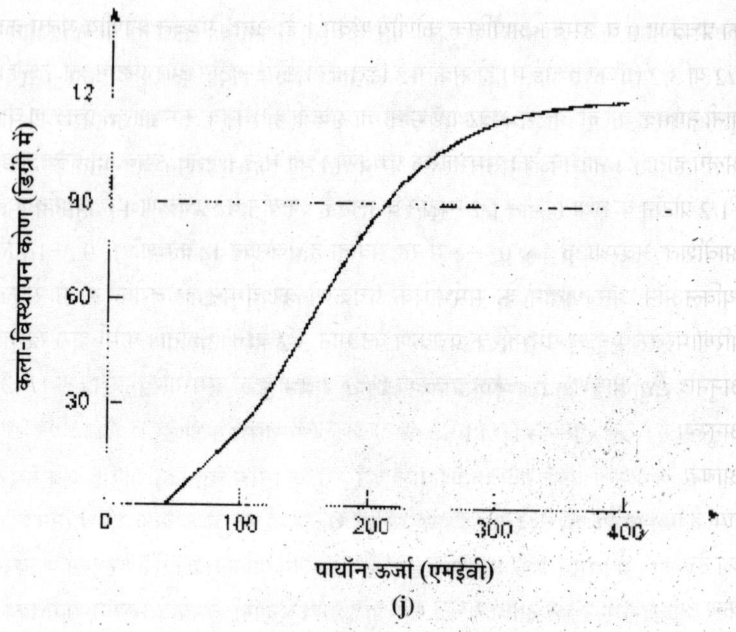

(j)

नतीजे पर पहुँचे कि π^+ का अनुप्रस्थ परिच्छेद वास्तव में π^- के अनुप्रस्थ परिच्छेद से ज्यादा होना चाहिए। यह ठीक है कि π^+ का अनुप्रस्थ परिच्छेद ज्यादा था और ऊर्जा बढ़ने के साथ उसके मान में वृद्धि हो रही थी, परंतु क्या यह अनुनाद होने का संकेत दे रहा था? यही से कला विस्थापन विश्लेषण की शुरुआत होती है; चित्र (j) देखिए।

इस चित्र में पायॉन ऊर्जा की बढ़ोतरी के साथ कला-विस्थापन δ_l में बदलाव को दिखाया गया है, जहाँ $l = 1$ है। गौर कीजिए कि ~ 200 एमईवी की पायॉन ऊर्जा के लिए कला-विस्थापन का मान $\pi/2$ है। आगे चलकर इसी ऊर्जा पर अनुप्रस्थ परिच्छेद वक्रों में स्पष्ट शिखर पाए गए, जैसा कि चित्र (d) में दिखाया गया है।

लेकिन इन सबका भाभा से क्या संबंध? केवल इतना कि भाभा उन व्यक्तियों में थे, जिन्होंने बहुत पहले ही इसका अंदाजा लगाया था कि प्रोटॉन से अधिक आवेश और अधिक द्रव्यमानवाले कण हो सकते हैं। $\pi - P$ अनुनाद एक अल्पायु नाभिकीय कण है, जिसे Δ कहा जाता है। जैसे कि विभिन्न नाभिक, प्रोटॉन और न्यूट्रॉनों के संयोजन हैं, वैसे ही यह Δ भी प्रोटॉन और पायॉनों का संघटन है।

यह संगठन किस तरह बनता है? यह इस बात पर निर्भर करता है कि दो कणों का प्रचक्रण और समभारिक प्रचक्रण आपस में कैसे जुड़ते हैं। प्रोटॉन का प्रचक्रण 1/2 है, पायॉन

का प्रचक्रण 0 व उसका आपेक्षिक कोणीय संवेग 1 है; अतः संयुक्त कोणीय संवेग का मान 1/2 या 3/2 (h की इकाई में) हो सकता है। इतना ही नहीं, न्यूट्रॉन और प्रोटॉन को एक ही कण यानी नाभिक की दो अलग अवस्थाएँ मानी जा सकती हैं, जिनके समभारिक प्रचक्रण का मान अलग होता है। नाभिक की समभारिक प्रचक्रण I का मान 1/2 है, उसके दो प्रत्यालेख I_z = +1/2 प्रोटॉन के तथा I_z = −1/2 न्यूट्रॉन के लिए है। पायॉन का प्रचक्रण 1 है, क्योंकि यह तीन आवेशित अवस्थाओं +e, 0, −e में रह सकता है, जिनका I_z क्रमशः 1, 0, −1 होता है। न्यूक्लिऑन और पायॉन के समभारिक प्रचक्रणों का युग्मन दो तरीके से हो सकता है; परिणामस्वरूप कुल समभारिक प्रचक्रण का मान 3/2 या 1/2 होगा। फर्मी द्वारा खोजा गया अनुनाद Δ, आवेश +2e, कुल प्रचक्रण I = 3/2 तथा कुल समभारिक प्रचक्रण I = 3/2 के अनुरूप है। अतः इस कण को (3/2, 3/2) अनुनादी अवस्था भी कहते हैं। Δ एक कल्पित आबद्ध अवस्था है, जो प्रोटॉन और पायॉन के मेल से बनता है। याद कीजिए, पहले बताया गया है कि न्यूट्रॉन भी प्रोटॉन p और π^- का मेल है। इस अर्थ में (p, π^-) अनुनाद को न्यूट्रॉन की उत्तेजित अवस्था माना जा सकता है। यदि यह मान लें तो उत्तेजक ऊर्जा के सिवा अनुनादी कण और न्यूट्रॉन का द्रव्यमान समान होगा। अतः इसे नाभिक का समभारिक माना जा सकता है। आजकल कणों के अनुनादों को क्वार्क मॉडल से वर्णित करते हैं तथा समभारिकों की वर्तमान संकल्पना अधिक परिष्कृत है।

शायद अब कण-भौतिकी की वर्तमान स्थिति पर कुछ कहना उचित होगा। द्वितीय महायुद्ध के तुरंत बाद जब मूल अनुसंधान फिर से पूरे जोश के साथ शुरू किया गया तो ब्रह्मांड किरणों के प्रयोगों में कई कणों की खोज हुई, जो अब तक अज्ञात थे।[27] लगभग सभी अल्पायु कण थे। जब बृहत् त्वरक यंत्रों का निर्माण किया गया (1950 के आसपास) तो इनमें किए प्रयोगों से इन तथाकथित मूल कणों की संख्या में काफी वृद्धि हुई। इनमें से कई कण अनुनाद प्रक्रिया द्वारा प्राप्त हुए थे (Δ समान)। स्पष्ट है कि 200 के लगभग कणों को मूल कण मानना अर्थहीन था। उस समय गेल मान ने क्वार्क मॉडल की संकल्पना दी। इसके अनुसार लेप्टॉनों (यानी इलेक्ट्रॉन और उसके सगे म्यूऑन) को छोड़कर सभी कण क्वार्कों से निर्मित होते हैं। क्वार्क का प्रचक्रण 1/2 और आवेश आंशिक होता है। आज के समय लेप्टॉनों के अलावा सभी ज्ञात कणों को क्वार्कों के उचित संघटनों का रूप दिया जा सकता है।

बॉक्स 4.1
हरीश चंद्रा का परिचय

हरीश चंद्रा (यही उनका पूरा नाम था!) का जन्म अक्तूबर 1923 में कानपुर में हुआ था। उनके पिता सिविल इंजीनियर थे, जो उत्तर प्रदेश के सिंचाई विभाग में कार्य करते थे। प्राथमिक और माध्यमिक शिक्षा के बाद हरीश चंद्रा ने इलाहाबाद विश्वविद्यालय में दाखिला लिया, जहाँ से उन्होंने भौतिकी में एम.एससी. की डिग्री प्राप्ते की। अंतिम परीक्षा में ध्वनि विज्ञान का परचा सी.वी. रमण ने तैयार किया था, जिसमें एक प्रश्न मृदंगम की झिल्ली के कंपनों से संबंधित था। यह एक जटिल प्रश्न था, जिसे रमण हल कर चुके थे[28]। वे देखना चाहते थे कि क्या कोई विद्यार्थी इतना होनहार है, जो इसे हल कर सकेगा। हरीश चंद्रा ने हल किया। वे केवल इसी प्रश्न का उत्तर लिख पाए थे, क्योंकि उत्तर काफी लंबा व जटिल था। फिर भी रमण इतने प्रभावित और प्रसन्न हुए कि उन्होंने शत-प्रतिशत अंक दिए। उन्होंने कहा, "यह एक ऐसा विद्यार्थी है, जिसने उस प्रश्न को हल करने का प्रयास किया है जिसको अन्य किसी विद्यार्थी ने नहीं किया। साथ ही, इसने एक मौलिक हल दिया है। यदि इसके पास समय होता तो वह अन्य सारे प्रश्नों को भी हल कर देता। इसे अन्य सारे सामान्य प्रश्नों के उत्तर देकर अपनी योग्यता सिद्ध करने की कोई आवश्यकता नहीं है।"

इस दौरान हरीश चंद्रा ने डिराक द्वारा लिखित क्वांटम यांत्रिकी की पुस्तक पुस्तकालय में ढूँढ़ निकाली और शीघ्र ही उस विषय पर निपुणता प्राप्त कर ली। सन् 1942 में सर के.एस. कृष्णन[29] इलाहाबाद विश्वविद्यालय में भौतिकी के प्रोफेसर नियुक्त हुए। हरीश चंद्रा ने अपनी ज्ञान-वृद्धि के लिए गणित और भौतिकी विषयों पर लिखी उच्च स्तरीय पुस्तकें उनसे माँगकर पढ़ीं।

सन् 1943 में हरीश चंद्रा ने एम.एससी. की परीक्षा उत्तीर्ण की तथा कृष्णन से संस्तुति पत्र लेकर भाभा के पास बैंगलोर पहुँचे। हरीश चंद्रा ने भाभा के साथ दो वर्ष कार्य किया। सन् 1945 में भाभा से संस्तुति पत्र लेकर वे महान् गुरु डिराक के अधीन अध्ययन करने कैंब्रिज गए।

कैंब्रिज में डिराक से उनकी मुलाकात कभी-कभार ही होती थी। वे डिराक की कक्षा में जाने लगे, पर जल्दी ही कक्षा में जाना छोड़ दिया, जब उन्हें लगा कि डिराक के व्याख्यान उनकी पुस्तक से ही हैं। परंतु वे डिराक द्वारा आयोजित साप्ताहिक गोष्ठी में कभी भी अनुपस्थित नहीं रहे। डिराक के बारे में उन्होंने कहा है—"वे बहुत ही विनयी व उदार व्यक्ति थे, पर एकांतप्रिय और दूरी बनाए रखनेवाले व्यक्ति थे···। मुझे लगा कि उन्हें ज्यादा परेशान नहीं करना चाहिए, इसलिए मैं उनसे प्रत्येक सत्र में एक बार ही मिला।"

हरीश चंद्रा की पी-एच.डी. डिग्री के लिए शोध का विषय था 'लॉरेंज समूह के अखंडनीय निरूपणों का वर्गीकरण'। यह विषय डिराक ने सुझाया था।

हरीश चंद्रा का कार्य अब गणित की सीमा-रेखा को छू रहा था, परंतु गणितीय दृष्टिकोण से उसका स्तर अब भी कम था। हरीश चंद्रा ने स्वयं बाद में कहा था—

"प्रिंसटन आने के तुरंत बाद मुझे लगा कि लॉरेंज समूह पर मेरा कार्य कमजोर तर्कों पर आधारित था। एक बार मैंने डिराक से कहा था कि मेरे प्रमाण परिशुद्ध नहीं हैं तो उन्होंने जवाब दिया, "मैं प्रमाणों में नहीं अपितु प्रकृति के कार्यों में दिलचस्पी रखता हूँ", उनके इस कथन ने मुझमें पनप रहे संशय की पुष्टि कर दी कि मुझमें वह छठी ज्ञान-शक्ति नहीं है, जो भौतिकी में सफल होने के लिए आवश्यक है और शीघ्र ही मैंने गणित विषय में जाने का निर्णय लिया।

यह परिवर्तन इस प्रकार हुआ। डिराक सन् 1947-48 में प्रिंसटन के इंस्टीट्यूट फॉर एडवांस्ड स्टडी में अतिथि प्रोफेसर के पद पर गए थे, जहाँ चंद्रा को उनका सहायक बनाया गया था। कैंब्रिज में निवास के समय जे.ई. लिटिलवुड व फिलिप हॉल के व्याख्यानों को सुनकर चंद्रा का गणित की ओर आकर्षण और भी बढ़ गया था। प्रिंसटन में आकर उन्होंने गणित की पढ़ाई के साथ व्याख्यानों को भी सुना। अब यह परिवर्तन पक्का हो गया था।

गणितज्ञ के तौर पर चंद्रा ने कई स्थानों का दौरा किया; जैसे हार्वर्ड, कोलंबिया, पेरिस आदि। सन् 1952-53 में एक वर्ष वे टी.आई.एफ.आर. टाटा इंस्टीट्यूट ऑफ फंडामेंटल रिसर्च में भी थे। भारत की इस यात्रा के दौरान थोड़े समय के लिए वे बैंगलोर भी गए थे। हवाई अड्डे पर उन्हें लेने रमण खुद गए थे। भाभा ने उन्हें भारत में रह जाने के लिए सहमत कराने का प्रयास किया, पर असफल रहे। सन् 1961 में हरीश चंद्रा प्रिंसटन के इंस्टीट्यूट फॉर एडवांस्ड स्टडी में लौट गए तथा मृत्यु-पर्यंत, सन् 1983 तक, वहीं रहे।

सन् 1969 में उन्हें पहली बार दिल का दौरा पड़ा था। डॉक्टरों ने उन्हें शारीरिक व्यायाम और मानसिक आराम की सलाह दी। सलाह का प्रथम भाग तो उन्होंने मान लिया, पर दूसरे भाग पर ध्यान नहीं दिया। प्रिंसटन में अक्तूबर 1983 में एक संगोष्ठी थी, जिसमें उन्होंने सक्रिय भाग लिया।

संगोष्ठी के अंतिम दिन हरीश चंद्रा ने कई प्रतिभागियों को अपने घर आमंत्रित किया। अतिथियों के चले जाने के बाद दोपहर को वे अपनी दैनिक सैर पर निकले, पर जीवित नहीं लौटे। उनकी भस्म प्रिंसटन में बिखेरी गई तथा प्रयाग (इलाहाबाद) में गंगा में प्रवाहित की गई।

उनकी साठवीं वर्षगाँठ मनाने के लिए उनके सम्मान में सन् 1984 में एक बड़ी संगोष्ठी की योजना बनाई गई थी। संगोष्ठी तो समय पर हुई, पर जिसके सम्मान में इसका आयोजन किया गया था, वही अनंतकाल में समा चुका था।

बॉक्स 4.2
समूह सैद्धांतिकी

सममिति का संबंध निश्चरता से है। ज्यामिति सममिति में यह संबंध समझना सरल है, पर दूसरी प्रणालियों में यह संबंध कुछ कठिन है। जैसे कि फॉयनमेन कहते हैं—

> "भौतिकी के नियमों की सममिति बहुत ही दिलचस्प है"'। क्वांटम यांत्रिकी में सममिति के प्रत्येक नियम के साथ एक संरक्षण नियम जुड़ा होता है"'।"

फॉयनमेन के ऐसा कहने का आशय क्या है? मैं एक उदाहरण देकर स्पष्ट करता हूँ। बोह्र द्वारा दिए गए परमाणु का प्रतिरूप लेते हैं। इसमें –e आवेश का एक इलेक्ट्रॉन होता है, जो +Ze आवेश के नाभिक से अभिक्रिया करता है। यदि दोनों के बीच की दूरी r है तो अभिक्रिया की स्थितिज ऊर्जा

$$\text{स्थितिज ऊर्जा} = -\,Ze^2/r \qquad (1)$$

होती है। मान लेते हैं कि नाभिक निर्देशांकों के मूल बिंदु पर स्थिर अवस्था में है। अब चाहे इलेक्ट्रॉन r त्रिज्या के गोलक की सतह पर कहीं भी स्थित हो, स्थितिज ऊर्जा का मान हमेशा समीकरण (1) के बराबर होता है। स्थितिज ऊर्जा सदिश r की दिशा पर आधारित नहीं होती है, सिर्फ़ r के अदिश परिमाण पर निर्भर करती है। हम इस निश्चरता को थोड़े अलग तरीके से भी समझ सकते हैं, जैसा कि चित्र (a) में दिखाया गया है।

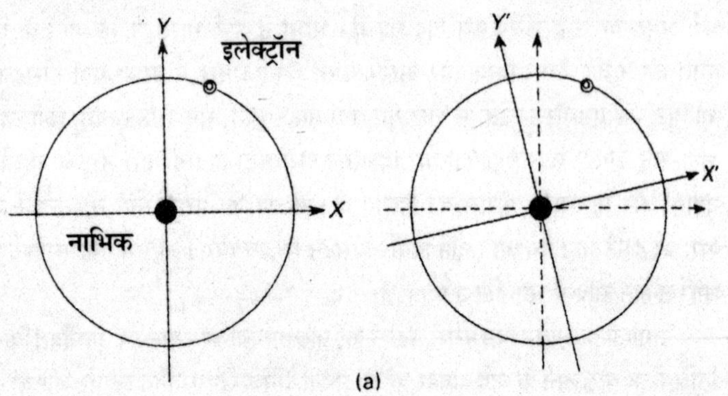

(a)

यहाँ नाभिक और इलेक्ट्रॉन दोनों अपनी जगहों पर स्थित हैं, सिर्फ निर्देशांकों के अक्षों को घुमाया गया है। पर इससे इलेक्ट्रॉन और नाभिक के बीच की आकर्षण ऊर्जा पर कोई अंतर नहीं पड़ता। संक्षेप में कहा जाए तो स्थितिज ऊर्जा पर दिशाओं का कोई प्रभाव नहीं पड़ता है। औपचारिक तौर पर कहें तो घूर्णन प्रचालन में स्थितिज ऊर्जा निश्चर है या उसमें गोलकीय सममिति है। फॉयनमेन ने इसी सममिति का जिक्र किया है। कोणीय संवेग इसके

अनुरूप संरक्षित राशि है।

भौतिकी का अध्ययन शुरू करते समय तीन संरक्षण-नियमों के बारे में बताया जाता है—रेखीय संवेग संरक्षण, कोणीय संवेग संरक्षण और ऊर्जा संरक्षण। ये क्रमशः दिक् की स्थानांतरण सममिति, घूर्णन सममिति और काल की स्थानांतरण सममिति से संबंधित हैं (यानी यदि मैं एक पत्थर गिराता हूँ और उसकी नाप लेता हूँ तो मुझे आज, कल, परसों या आगे के दिनों में भी एक ही परिणाम मिलेंगे, बशर्ते प्रयोग की परिस्थितियाँ एक जैसी हों)। सममिति और संरक्षित राशियों के बीच इन संबंधों को फॉयनमेन 'भौतिकी में सबसे सुंदर और गहन चीज' बताते हैं। वे कहते हैं—

> "ऐसी कई सममितियाँ हैं जो क्वांटम यांत्रिकी में मिलती हैं, पर जिनका कोई चिरसम्मत अनुरूप नहीं है···। इनमें से एक इस प्रकार है—यदि ψ किसी प्रक्रिया का आयाम है तो ψ का निरपेक्ष वर्ग उस प्रक्रिया के होने की सभाव्यता बताता है। अब यदि यही गणना ψ का इस्तेमाल न करके $\psi2$ से किया जाए जो ψ से केवल कला में भिन्न है तो $\psi2$ का निरपेक्ष वर्ग भी प्रक्रिया होने की संभाव्यता बताता है। यानी—
>
> $\psi2 = \psi.\exp(-i.\Delta)$; $|\psi2|^2 = |\psi|^2$
>
> "अतः यदि तरंग-फलन की कला का विस्थापन किसी स्वेच्छ अचर से होता है तो भौतिकी के नियमों में कोई परिवर्तन नहीं होता···। ऐसा प्रतीत होता है कि क्वांटम यांत्रिकी कला से जुड़ा संरक्षण नियम दरअसल विद्युत् आवेश का संरक्षण है। यह अपने आप में बहुत ही दिलचस्प विषय है।"

कला में Δ परिवर्तन को प्रमापी रूपांतरण कहते हैं, जबकि इस तथ्य को कि इससे भौतिकी अपरिवर्तित रहती है, प्रमापी सममिति कहते हैं। अतः समूह सैद्धांतिकी से पता चलता है कि आवेश संरक्षण नियम प्रमापी सममिति का स्वाभाविक परिणाम है। पिछले दशकों में कई नए संरक्षण नियमों की खोज हुई है, जैसे विचित्रता का संरक्षण, चार्म संरक्षण आदि। इनमें से प्रत्येक के साथ एक अंदरूनी सममिति जुड़ी है। इन गुप्त सममितियों की खोज आधुनिक भौतिकी की एक बहुत बड़ी उपलब्धि है।

संदर्भ-सूची

1. अध्याय 1 में इसका जिक्र किया गया है।
2. विस्तृत जानकारी के लिए वेंकटरमण की पुस्तकों 'The Quantum Revolution: Part I & II' देखिए।
3. क्वांटम विद्युत्-गतिकी को 'QED II' भी कहा गया है।

4. इसका कुछ विवरण वेंकटरमण की पुस्तक 'The Quantum Revolution: Part II' में दिया गया है।
5. विस्तृत जानकारी के लिए वेंकटरमण की पुस्तक 'QED' देखिए।
6. वेंकटरमण की पुस्तक 'QED' देखिए।
7. वेंकटरमण की पुस्तक 'QED' में इस विषय पर विस्तृत चर्चा की गई है।
8. वेंकटरमण की पुस्तक 'The Quantum Revolution: Part II' देखिए।
9. भाभा ने स्वयं इस समस्या को सुलझाने का प्रयत्न किया था, जिसका वर्णन बाद में किया गया है।
10. बॉक्स 4.1 देखिए।
11. विस्तृत जानकारी के लिए इस अध्याय के अंत में दिया गया परिशिष्ट देखें।
12. वेंकटरमण की पुस्तक 'The Quantum Revolution: Part I' देखिए।
13. बॉक्स 4.2 देखिए।
14. इसके विस्तृत विवरण के लिए वेंकटरमण की पुस्तक 'At the Speed of light' देखिए।
15. इस कण का अस्तित्व बीटा क्षय की व्याख्या करने के लिए प्रस्तावित किया गया था।
16. कणों की सांख्यिकी के बारे में विस्तृत जानकारी के लिए वेंकटरमण की पुस्तक 'Bose and His Statistics' देखिए।
17. विस्तृत जानकारी के लिए वेंकटरमण की पुस्तक 'The Quantum Revolution: Part II' देखिए।
18. इसके बारे में संक्षिप्त चर्चा वेंकटरमण की पुस्तकों 'The Quantum Revolution: Part I and Part II' में की गई है।
19. वेंकटरमण की पुस्तक 'Bose and His Statistics' में इसकी संक्षिप्त जानकारी दी गई है।
20. वेंकटरमण की पुस्तकों 'The Quantum Revolution: Part I and Part II' में इसके बारे में चर्चा की गई है।
21. वेंकटरमण की पुस्तक 'At the Speed of Light' तथा 'The Quantum Revolution: Part II' में इसके बारे में चर्चा की गई है।
22. वेंकटरमण की पुस्तक 'The Quantum Revolution: Part I' के अध्याय-3 में इसका विशद विवरण दिया गया है।
23. वेंकटरमण की पुस्तक 'The Quantum Revolution: Part II' का अध्याय-7 देखिए।
24. न्यूट्रॉन फर्मी कण होते हैं, पर उनकी ऊर्जा का फैलाव फर्मी-डिराक वितरण की भाँति न होकर मैक्सवेलीय होता है। इसका कारण जानने के लिए वेंकटरमण की पुस्तक 'Bose and His Statistics' देखिए।
25. फर्मी और एंडरसन ने।
26. π+ का अनुप्रस्थ परिच्छेद अधिक होना।
27. तालिका 1.2 देखिए।
28. वेंकटरमण की पुस्तक 'Raman and His Effect' देखिए।
29. वेंकटरमण की पुस्तक 'Raman and His Effect' देखिए। □

5
संस्था-संस्थापक

अब हम बहुमुखी प्रतिभा के धनी भाभा के व्यक्तित्व के अन्य पहलुओं पर चर्चा करेंगे। सबसे पहले टाटा इंस्टीट्यूट ऑफ फंडामेंटल रिसर्च (टी.आई.एफ.आर.) के निर्माण के बारे में बात करेंगे, जो अब नाभिकीय भौतिकी तथा गणित के क्षेत्र में एक राष्ट्रीय केंद्र बन गया है। इसकी शुरुआत कितने छोटे तरीके से हुई थी, इस बात का अंदाजा आज वहाँ के आलीशान नजारे, उत्कृष्ट सुविधाएँ इत्यादि को देखकर लगाना बहुत ही मुश्किल है।

छोटी शुरुआत

टी.आई.एफ.आर. का इतिहास अगस्त 1943 से शुरू होता है, जब भाभा बैंगलोर में प्राध्यापक थे। व्यक्तिगत तौर पर उनका शोध-कार्य बढ़िया चल रहा था, परंतु भारत में विज्ञान के विकास के बारे में वे कुछ करना चाहते थे। वे हमेशा सोचा करते थे कि जिस गति से देश को विज्ञान में प्रगति करने की आवश्यकता है, क्या वह कर पाना संभव है? उन्होंने जे.आर.डी. टाटा को एक पत्र लिखकर अपने इन विचारों से अवगत कराया। उन्होंने लिखा कि युद्ध के बाद वे पश्चिमी देशों में लौटकर कैंब्रिज या प्रिंसटन में कोई नौकरी करने की सोच रहे हैं। लेकिन यदि उचित सुविधाएँ उपलब्ध कराई जाएँ तो वे भारत में रहने के लिए तैयार हैं; क्योंकि "यह हमारा कर्तव्य है कि हम अपने ही देश में रहकर अन्य देशों में जिस प्रकार की संस्थाएँ उपलब्ध हैं वैसी संस्थाओं का निर्माण यहाँ भी करें।" जे.आर.डी. टाटा ने अभिभूत होकर जवाब में लिखा—

> "यदि आप तथा / या विज्ञान क्षेत्र में कार्यरत आपके कुछ साथी कोई ठोस प्रस्ताव भेज सकते हैं तो मैं समझता हूँ कि सर दोराब टाटा न्यास इस बारे में जरूर कुछ करेगा⋯।"

भाभा ने जे.आर.डी. के सुझाव को स्वीकार किया तथा 12 मार्च, 1944 को सर दोराब टाटा न्यास के अध्यक्ष सर सोराब सकलतवाला को औपचारिक पत्र लिखकर एक संस्थान के गठन का प्रस्ताव दिया। यह पत्र एक ही बैठक में लिखा गया था, जिसका समापन भाभा ने इस प्रकार किया था—

> "अभी मैं जिस परियोजना को प्रस्तुत कर रहा हूँ, वह केवल एक प्राथमिक चरण है और मुझे आशा है कि भविष्य में मैं भौतिकी क्षेत्र में एक ऐसे संस्थान का निर्माण कर सकूँगा, जो दुनिया के किसी भी अच्छे संस्थान जैसा होगा।"

भाभा का यह पत्र सबसे पहले न्यास के सदस्य प्रो. आर.डी. चोक्सी के पास गया, जिन्होंने इस प्रस्ताव का समर्थन किया। इसके बाद 14 अप्रैल, 1945 को न्यास के सभी सदस्यों की बैठक में इस पर औपचारिक ढंग से विचार किया गया। बैठक के दौरान भाभा को वहाँ उपस्थित रहने को कहा गया था, अतः वे उपकक्ष में इंतजार कर रहे थे, जबकि अंदर के कक्ष में जे.आर.डी. भाभा की वकालत कर रहे थे कि मूलभूत अनुसंधान करना आवश्यक है। उनके तर्क के आगे न्यास को झुकना पड़ा। इस आयोजित बैठक के कार्यवृत्त में कहा गया—

> डॉ. भाभा के प्रस्ताव तथा उनके द्वारा दी गई वित्तीय लागत के बारे में चर्चा करने के बाद न्यास यह दायित्व लेने का निश्चय करता है। सभी सदस्यों का विचार था कि शुरू में इस जिम्मेदारी का बोझ बंबई विश्वविद्यालय तथा बंबई सरकार के साथ मिलकर उठाया जाय¨। बैठक में इस समय डॉ. भाभा भी उपस्थित थे तथा उन्होंने चर्चा में भाग लिया। उन्होंने भागीदारी में काम करने के न्यास के सदस्यों के इस सुझाव को तत्काल स्वीकार कर लिया।

वस्तुतः, भाभा ने बाद में संयुक्त रूप से कार्य को अंजाम देने के लिए एक बढ़िया तरीका सोचा, जिसमें टाटा न्यास, महाराष्ट्र सरकार तथा भारत सरकार (परमाणु ऊर्जा विभाग के जरिए कार्यरत) के सहयोग से एक त्रिपक्षीय व्यवस्था के गठन का प्रावधान था। इससे काफी पहले भारतीय विज्ञान संस्थान (आई.आई.एससी.) भी इसी प्रकार की त्रिपक्षीय व्यवस्था के अंतर्गत काम करता था, जिसमें टाटा न्यास, भारत सरकार तथा मैसूर सरकार की साझेदारी थी। भाभा ने इसी स्वरूप को अपनाया। इसके बाद यह 'भाभा व्यवस्था' केवल परमाणु ऊर्जा विभाग (जैसे साहा नाभिकीय भौतिकी संस्थान को सहायता प्रदान करना) में ही नहीं बल्कि विज्ञान और प्रौद्योगिकी विभाग (जैसे भारतीय उन्नत विज्ञान संस्था,

कोलकाता को सहायता देना) में भी बारंबार अपनाई गई है।

बीजारोपण

टी.आई.एफ.आर. टाटा इंस्टीट्यूट ऑफ फंडामेंटल रिसर्च का काम बैंगलोर में 1 जून, 1945 से शुरू हुआ। परंतु एक नए संस्थान के विस्तार के लिए बैंगलोर उचित जगह नहीं थी, अतः छह महीने बाद भाभा इसे बंबई ले आए। उस समय संस्थान को टाटा न्यास की ओर से 45 हजार रुपए प्रति वर्ष का अनुदान मिलता था। बाद में बंबई सरकार से 25 हजार रुपए तथा भारत सरकार से 10 हजार रुपए और मिलने लगे।

अब प्रश्न था नए संस्थान के लिए भवन का। भाभा ने कोई चिंता नहीं की और पेडर रोड पर स्थित अपनी बुआ श्रीमती कुवर पांडे के मकान 'केनिलवर्थ' का आधा हिस्सा किराए पर ले लिया। असल में, भाभा का जन्म भी उसी मकान में हुआ था। आज वहाँ उस प्राचीन दो-मंजिला मकान के बदले एक बहु-मंजिला भवन खड़ा है (जिसे पुराने नाम से ही जाना जाता है), जहाँ बी.ए.आर.सी. के पदाधिकारी रहते हैं। श्रीमती पांडे को टी.आई.एफ.आर. से किराए में सिर्फ 200 रुपए प्रति माह मिलता था। 19 दिसंबर, 1945 को बंबई के गवर्नर सर जॉन कलविले ने बंबई के इस परिसर का उद्घाटन किया। उद्घाटन समारोह में उन्होंने कहा था—

> "हम देश की प्रगति के लिए आवश्यक एक ऐसी संस्था की शुरुआत करने जा रहे हैं जिसे बनाने में धन, व्यक्तिगत पहल तथा सरकारी सहयोग—सभी का एक अच्छा मिला-जुला योगदान है। मेरे विचार से, तरक्की के लिए इससे बेहतर पद्धति नहीं हो सकती।"

वास्तव में यह कितनी सही भविष्यवाणी थी!

उन दिनों यह संस्था लघु तो नहीं, परंतु छोटी जरूर थी। वहाँ से नजदीकी चाय की दुकान भी एक किलोमीटर से ज्यादा दूर थी, अतः श्रीमती पांडे ने संस्था के कर्मचारियों के लिए अपने रसोईघर में ही चाय बनाने की इजाजत दे दी थी और वे स्वयं अपने प्यारे भानजे को सुंदर चीनी बरतनों में चाय दिया करती थीं।

भौतिकविद् भाभा गणितज्ञ भी थे, अतः उन्होंने सैद्धांतिक भौतिकी तथा गणित के क्षेत्र में शोध-कार्य को आगे बढ़ाने की योजना तैयार की थी, परंतु बैंगलोर में अधिक ऊँचाई पर किए अपने प्रयोगों के महत्त्व को पहचानकर उन्होंने निश्चय किया कि टी.आई.एफ.आर. में भी भौतिकी के प्रयोगों के लिए एक मजबूत कार्य-योजना का होना आवश्यक है। स्पष्टतः,

ब्रह्मांड-किरण ही ऐसा विषय था, जिस पर कार्य शुरू किया जा सकता था। इन प्रयोगों को करने के लिए गाइगर संसूचकों की आवश्यकता थी, जिनका निर्माण करने में एच.एल.एन. मूर्ति माहिर थे। डॉ. भाभा बैंगलोर से आते समय उन्हें अपने साथ ले आए थे।

मूर्ति ने अपने कार्य-जीवन की शुरुआत ग्लास ब्लोअर के काम से की थी, जो वे रमण के लिए करते थे। मूर्ति इतने गुणी व्यक्ति थे कि भाभा न केवल उन्हें अपने साथ बंबई ले गए बल्कि उन्हें लंदन के ब्रिस्टल विश्वविद्यालय में प्रशिक्षण के लिए भी भेजा। ब्रिस्टल में मूर्ति के काम से वहाँ के लोग इतने खुश थे कि वे उन्हें वहीं रख लेना चाहते थे। मैं सन् 1959 में कनाडा के एक वैज्ञानिक से मिला था, जिन्होंने ब्रिस्टल विश्वविद्यालय से डॉक्टरेट की थी। उन्होंने बताया कि तरल हीलियम की गुणवत्ता के अध्ययन के लिए आवश्यक काँच के निम्न ताप स्थायी उपकरण (क्रायोस्टेट), जिसकी बनावट काफी जटिल थी, उसे उनके प्रयोग के लिए मूर्ति ने ही बनाया था। इसके कुछ वर्षों बाद मूर्ति ने मेरे प्रयोग के लिए एक न्यूट्रॉन स्पेक्ट्रोमीटर बनाया, जो अभी भी ट्रांबे में कार्यशील है। इसे बनाने के लिए कुछ जटिल मशीनी आवश्यकता थी, अतः मुझे आज भी ज्ञात नहीं है कि यह काम मूर्ति ने कैसे किया था। सन् 1960 में मूर्ति को हृदय की तकलीफ हुई। भाभा ने तत्काल उनके ऑपरेशन की व्यवस्था अमेरिका में कराई तथा जिस डॉक्टर ने ऑपरेशन किया था, उन्हें यह कहलवा भेजा कि मूर्ति सिर्फ ग्लास तकनीशियन ही नहीं हैं बल्कि भारत की धरोहर हैं। भाभा के कहने पर ऑपरेशन के बाद भी मूर्ति ने कई महीने अमेरिका तथा यूरोप में बिताए। इस दौरान उन्होंने कई मुख्य प्रयोगशालाओं में रहकर अनुभव प्राप्त किया।

बी.वी. श्रीकांतन उन व्यक्तियों में से हैं, जिनकी नियुक्ति टी.आई.एफ.आर. में सबसे पहले हुई थी। बाद में वे वहाँ के निदेशक बने थे। भाभा ने उनका साक्षात्कार एक ही दिन में दो बार लिया था। उनके चयन के बाद भाभा ने उनसे पूछा था कि वे सैद्धांतिक बनना चाहेंगे या प्रयोगकर्ता? इसके जवाब में श्रीकांतन ने कहा था, "सर, यह निर्णय मैं आप पर छोड़ता हूँ। आपने ही मेरा साक्षात्कार लिया है, अतः इस बारे में आप ही सबसे उपयुक्त फैसला ले सकते हैं।" इस पर भाभा ने कहा था—

> "सुनो, यदि तुम प्रयोगात्मक कार्य से शुरुआत करते हो तो यह संभव है कि तुम सैद्धांतिक कार्य भी कर सकोगे, यदि तुम्हारी रुचि उसमें है; परंतु इसके विपरीत करना लगभग असंभव है। (जबकि भाभा स्वयं सैद्धांतिक कार्य से शुरू करके प्रयोगात्मक कार्य करने लगे थे।) इसके सिवाय, तुम्हें इलेक्ट्रॉनिकी का भी कुछ ज्ञान है। यदि मैं तुम्हारी जगह होता तो प्रयोगात्मक अध्ययन ही करता। परंतु अंतिम निर्णय तुम्हें ही लेना है।"

उस समय श्रीकांतन भारतीय विज्ञान संस्थान, बैंगलोर में शोध छात्र के तौर पर कार्य कर रहे थे जहाँ कार्यशाला, पुस्तकालय इत्यादि की सुविधाएँ काफी अच्छी थीं; जबकि टी.आई.एफ.आर. में केवल कुछ कमरे, कुछ ताकों पर रखी पुस्तकें तथा सिर्फ एक दर्जन कर्मचारी ही थे। फिर भी, श्रीकांतन ने भारतीय विज्ञान संस्थान को छोड़कर टी.आई.एफ.आर. में कार्य करना पसंद किया, क्योंकि भाभा वहाँ के प्रमुख थे। भाभा ने जल्द ही विभिन्न विषयों के विशेषज्ञों को नियुक्त करना शुरू किया, जिससे संस्थान का काम द्रुत गति से चलने लगा। इनमें कुछ ऐसे लोग भी थे जिनसे भाभा की मुलाकात उनके विदेश दौरे के समय हुई थी।

अंकुरण

सन् 1949 तक संस्थान की गतिविधियाँ इतनी बढ़ चुकी थीं कि केनिलवर्थ का मकान छोटा पड़ने लगा था। तब संस्थान को प्रसिद्ध इमारत गेटवे ऑफ इंडिया के बगल में स्थित एक बड़े तथा सुंदर से भवन में ले जाया गया। इससे पहले यह भवन रॉयल बॉम्बे याच क्लब के कब्जे में था। वर्तमान में इस भवन में परमाणु ऊर्जा आयोग का दफ्तर है तथा इसे अभी भी ओल्ड यॉच क्लब (ओ.वाई.सी.) के नाम से जाना जाता है। इस स्थान-परिवर्तन के बावजूद केनिलवर्थ को खाली नहीं किया गया तथा कई वर्षों तक वहाँ भी काम चलता रहा।

भाभा ने सन् 1950 में मूल कण भौतिकी पर एक अंतरराष्ट्रीय संगोष्ठी का आयोजन किया था। इसमें विभिन्न देशों के कई प्रमुख वैज्ञानिकों ने भाग लिया था और संस्थान के युवा वैज्ञानिकों के लिए यह एक प्रेरणादायक अवसर था, क्योंकि उन्हें अपने कार्यों की प्रशंसा इन अग्रणी वैज्ञानिकों से सुनने को मिली थी। समापन सत्र में बोलते हुए प्रो. ब्लैकेट ने कहा था—

> "अपने अनुभव के बारे में मैं यह जरूर कहना चाहता हूँ कि अब तक मैंने ऐसी संगोष्ठी में भाग नहीं लिया था, जो वैज्ञानिक दृष्टिकोण से काफी रोचक थी तथा जिसका आयोजन भी इतनी अच्छी तरह से एक सुंदर स्थान पर किया गया हो। वास्तव में यह संगोष्ठी मेरे लिए अत्यंत उपयोगी साबित हुई है। मुझे यहाँ उपस्थित इतने सारे युवा भारतीय वैज्ञानिकों को देखकर भी बेहद खुशी हो रही है, जिनसे हम भविष्य में काफी उम्मीदें रखते हैं…।"

वास्तव में ऐसा ही हुआ, क्योंकि आनेवाले वर्षों में टी.आई.एफ.आर. ने विभिन्न विषयों में काफी उत्कृष्ट वैज्ञानिकों को तैयार किया तथा आज भी ऐसा हो रहा है।

सन् 1950 में बर्नार्ड पीटर्स अंतरिक्ष किरणों पर प्रयोग करने भारत आए। पीटर्स का जन्म जर्मनी में हुआ था। उन्होंने अपनी युवावस्था में नाजियों के खिलाफ विरोध-प्रदर्शन में

भाग लिया था। हिटलर के सत्ता में आते ही पीटर्स भागकर अमेरिका चले गए तथा वहाँ रोचेस्टर विश्वविद्यालय में काम करने लगे। सन् 1949 में पीटर्स की मुलाकात भाभा से न्यूयार्क में हुई। बातचीत के दौरान भाभा ने पीटर्स को टी.आई.एफ.आर. एवं उसकी कार्य-योजना के बारे में बताया, जिसमें गुब्बारे की उड़ान के प्रयोग भी शामिल थे। इन प्रयोगों में मानव-विहीन गुब्बारे के अंदर मापक उपकरणों को रखकर काफी ऊँचाई तक भेजा जाता था। पिटर्स भी इसी प्रकार के प्रयोग करने की परिकल्पना कर रहे थे, अतः उन्होंने आपसी सहयोग से काम करने का निश्चय किया। इस तरह पीटर्स पहली बार भारत आए।

गुब्बारा-उड़ान प्रयोग करने के लिए पीटर्स अक्तूबर 1950 में मद्रास आए। यह प्रयोग तांबरम नामक उपनगर में स्थित मद्रास क्रिश्चियन कॉलेज के विशाल प्रांगण में होता था। तब मैं उस कॉलेज का विद्यार्थी था। पीटर्स को कुछ छात्र स्वयंसेवकों की जरूरत थी। मैं भी उनमें से एक था, जो पीटर्स को सहयोग करने आगे आए थे। उड़ान प्रयोग शुरू होने से एक दिन पहले हम सब स्वयंसेवकों का शानदार चाय पार्टी में बुलाकर सत्कार किया गया था। इस महत्त्वपूर्ण प्रयोग में जुड़ने से मैं काफी उत्तेजित था, यद्यपि इसमें मेरी भूमिका बहुत ही मामूली थी। गुब्बारे की उड़ान में सहायता करने के लिए हमें सुबह चार बजे क्रिकेट मैदान में पहुँचने को कहा गया था। उस रात मुझे नींद नहीं आई। परंतु सुबह होते ही मैं सोचने लगा कि स्वयंसेवक बनने का निर्णय ठीक था या नहीं, क्योंकि क्रिकेट मैदान में जाने के लिए काफी दूरी तक घनी झाड़ियों से होकर गुजरना पड़ता था। लेकिन मैं फिर भी वहाँ गया, क्योंकि चाय पार्टी में उपस्थित रहने के कारण यह मेरा नैतिक दायित्व बनता था। इसमें शामिल होने के कारण मुझे बाद में कोई पछतावा नहीं हुआ, क्योंकि पीटर्स द्वारा आयोजित चार या पाँच उड़ानों के दौरान मैंने काफी अच्छा वक्त बिताया था। उड़ान प्रयोगों की समाप्ति के बाद एक छोटी सी विदाई पार्टी हुई थी, जहाँ मुझे पता चला कि अमेरिका में पीटर्स काफी मुश्किलों में थे। उन दिनों वहाँ मैकार्थी नामक एक सीनेटर थे, जो उन लोगों की तलाश में थे जिनका वामपंथियों के प्रति थोड़ा सा भी झुकाव था। जर्मनी में रहते समय युवक पीटर्स नाजियों का विरोध करने के लिए साम्यवादी दल से संयुक्त थे, यही उनका जुर्म था।

ऐसे समय भाभा ने पीटर्स को टी.आई.एफ.आर. में काम करने का आमंत्रण दिया, जिसे उन्होंने तत्काल स्वीकार कर लिया। वे इस संस्थान में सन् 1951 से 1958 तक काम करने के बाद व्यक्तिगत कारणों से डेनमार्क चले गए। पीटर्स के यहाँ आने के बाद भाभा ने उन्हें अंतरिक्ष किरणों पर प्रयोग करने का पूरा दायित्व सौंप दिया था। आगे चलकर इन प्रयोगों में विविधता आई, जिसके चलते कई नए कार्यक्रमों की शुरुआत हुई। जाहिर है, प्रारंभ में सभी गतिविधियाँ अंतरिक्ष किरणों पर ही केंद्रित हुआ करती थीं। बैंगलोर में रहते ही भाभा

को इस बात का पता चल गया था कि भारत में अंतरिक्ष किरणों पर शोध करने का अपना अलग लाभ है, जिसके कई कारण हैं—

1. भारत चुंबकीय भूमध्यरेखा के पास स्थित है (यह रेखा तिरुवनंतपुरम के करीब से होकर गुजरती है, जैसा कि पहले भी बताया गया है)। चित्र 2.3 के अनुसार, निम्न अक्षांशों पर अंतरिक्ष किरणों के कम ऊर्जावाले कण नहीं पहुँच पाते हैं। अतः यहाँ अंतरिक्ष किरणों के उच्च ऊर्जावाले कणों का अध्ययन आसानी से किया जा सकता है।
2. विश्व में सर्वोच्च पर्वत शृंखला भारत में है। अतः वहाँ के विरल वायुमंडल में अंतरिक्ष किरणों का अध्ययन अधिक समय तक किया जा सकता है, जबकि गुब्बारा-उड़ान में केवल कुछ ही घंटों तक प्रयोग संभव है।
3. विश्व में सबसे गहरी खान (कोलार में सोने की खान) भारत में है। इसलिए यहाँ कई विशेष प्रकार के परीक्षण करना संभव है।

चूँकि विभिन्न प्रकार के संभावित प्रयोगों को करने के लिए अलग-अलग तकनीकों की आवश्यकता थी, अतः काम को करने के लिए कई वर्ग बनाए गए। एक वर्ग अधिक ऊँचाई पर प्रयोग करने के उपयुक्त खास गुब्बारों का विकास करता था, दूसरा गुब्बारे के साथ जानेवाले इलेक्ट्रॉनिक उपकरणों के भार पर काम करता था, तीसरा इमल्शन से संबंधित काम करता था इत्यादि। परंतु शोध-कार्य केवल गुब्बारे तथा अधिक ऊँचाई पर प्रयोग करने तक ही सीमित नहीं थे। सन् 1950 में भाभा ने श्रीकांतन से कोलार में स्थित सोने की खान के अंदर यानी पृथ्वी के नीचे, अंतरिक्ष किरण दूरबीन से वहाँ पर किरणों की ऊर्ध्वाधर तीव्रता मापने को कहा तथा यह भी जाँचने को कहा कि सभी भेदक कण क्या म्यूऑन ही हैं? इस बारे में विस्तार से चर्चा बाद में करेंगे।

भाभा बहुत पहले से ही गणित को भी एक मजबूत आधार देने की जरूरत को समझ गए थे। भारतीयों के परंपरा से गणित से जुड़े होने के कारण इस विषय में रुचि रखनेवाले छात्रों या लोगों की कमी नहीं थी। वैसे भी, श्रीनिवास रामानुजन की उल्लेखनीय, प्रेरणादायक तथा अपूर्व सफलता से उच्च गणित में अध्ययन करने की लालसा छात्रों में और भी बढ़ गई थी। परंतु इन प्रत्याशियों का मार्गदर्शन करने के लिए देश में विशेषज्ञों की कमी थी एवं जो थे भी, उनके अलग-अलग स्थानों में रहने से कोई एक संयुक्त तथा प्रभावी कार्यक्रम नहीं बन पाया था। भाभा इस परिस्थिति को बदलना चाहते थे, अतः उन्होंने निर्णय लिया कि टी.आई.एफ.आर. में ही एक मजबूत तथा स्वतंत्र गणित विभाग हो। गणितज्ञ प्रो. डी.डी. कोसांबी उन व्यक्तियों में से हैं, जिन्हें भाभा ने सबसे पहले टी.आई.एफ.आर. में आने का

आमंत्रण दिया था। यद्यपि कोसांबी का क्षेत्र गणितीय सांख्यिकी था, वे अन्य क्षेत्रों में भी काम कर सकते थे तथा कई विषयों में उनकी विद्वत्ता थी। आखिरी समय तक वे रोज पुणे से ही आया-जाया करते थे।

भाभा सन् 1949 में प्रो. के. चंद्रशेखरन को, जो उस समय प्रिंसटन के प्रगत अध्ययन संस्थान में कार्यरत थे (आइंस्टाइन ने भी वहाँ काम किया था), यहाँ आने का निमंत्रण दिया। उसके बाद से गणित का कार्य सुचारु रूप से चलने लगा, जो अब भी भली-भाँति चल रहा है। आज संस्थान का गणित संकाय विश्व के सबसे अच्छे विभागों में से एक है, इसलिए टी.आई.एफ.आर. में आने के लिए विदेश के गणितज्ञ उत्सुक रहते हैं; कुछ श्रेष्ठ गणितज्ञ तो नियमित रूप से अतिथि वैज्ञानिक के तौर पर आते रहते हैं। उनमें से एक लॉवरेंट स्वाट्र्ज ने, जो फिल्ड्स पदक (इसे गणित का नोबेल पुरस्कार माना जाता है) के विजेता हैं, वर्ष 1950 में अपने पहले दौरे के बाद कहा था, "मैं टाटा संस्थान में छात्रों से मिला हूँ। वे धरती के आवश्यक लवण समान हैं।" बाद में सन् 1971 में उन्होंने लिखा था—"मैं टाटा संस्थान को एक उल्लेखनीय उपलब्धि मानता हूँ, जो विश्व में बेजोड़ है।" यहाँ इस बात का जिक्र करना उचित होगा कि रामानुजन के बाद भारतीय गणितज्ञ, जिन्हें एफ.आर.एस. के लिए चुना गया, वे टी.आई.एफ.आर. के हरीश चंद्रा थे।

पौधा

'50 के दशक के आरंभ में संस्थान का काम इतनी तेजी से बढ़ रहा था कि ओल्ड याच क्लब भवन भी इन सब गतिविधियों के लिए छोटा लगने लगा। इसकी कुछ वजह यह भी थी कि भारत के परमाणु ऊर्जा कार्यक्रम (जिसके बारे में विस्तार से चर्चा बाद में करेंगे) के काफी प्रारंभिक कार्य भी टी.आई.एफ.आर. की छत्रच्छाया में हो रहे थे। इसलिए भाभा फिर से जगह की तलाश में लगे; लेकिन इस बार वे ऐसी जगह ढूँढ़ रहे थे, जहाँ संस्थान के लिए स्थायी भवनों का निर्माण किया जा सके। उनकी दृष्टि बंबई द्वीप के एकदम छोर पर स्थित विशाल क्षेत्र पर पड़ी। कोलाबा नामक इस क्षेत्र का ज्यादातर हिस्सा रक्षा मंत्रालय के अधिकार-क्षेत्र में था। भाभा ने मंत्रालय को आवेदन पत्र भेजकर कुछ जमीन दान में देने का अनुरोध किया, लेकिन मंत्रालय ने इसे नामंजूर कर दिया। उस समय नेहरू के मित्र वी.के. कृष्णा मेनन, जिनकी मित्रता इंग्लैंड प्रवास के समय से थी, देश के रक्षा मंत्री थे। भाभा को जवाब में ना सुनना पसंद नहीं था, अतः वे नेहरू से मिले, जिन्होंने मंत्रालय के विरुद्ध निर्णय दिया। ऐसा फैसला लेना बहुत बड़ी बात थी, क्योंकि मेनन नेहरू के करीबी एवं विश्वासपात्र थे तथा नेहरू भी कदाचित् ही मेनन का प्रतिवाद करते थे।

कोलाबा परिसर का क्षेत्र लगभग 25 हजार वर्ग मीटर था, जहाँ उस समय द्वितीय विश्वयुद्ध की बैरकों (सैनिकों के लिए बने घर) की कई कतारें मौजूद थीं। प्रयोगात्मक अध्ययन से जुड़े विभिन्न वर्गों ने इन बैरकों में जाकर अपना काम शुरू कर दिया। फिर भी पुस्तकालय, कार्यशाला, सैद्धांतिक तथा गणितीय अध्ययन से जुड़े वर्ग पुरानी जगह ओ.वाई.सी. (ओल्ड याच क्लब) में ही रहकर काम करते रहे। कोलाबा में कोई कैंटीन नहीं थी, अतः वहाँ कार्यरत सभी लोग मध्याह्न भोजन (लंच) के लिए ओ.वाई.सी. आते थे, जहाँ कई होटल थे।

हमारे सीमित बौद्धिक विकास (कम-से-कम विज्ञान एवं प्रौद्योगिकी क्षेत्र में तो जरूर) का एक कारण यह भी है कि हम मुख्यधारा से बिछुड़े हुए हैं। आज फिर भी विदेशों से काफी वैज्ञानिकों का आना-जाना लगा रहता है, अतः परिस्थिति इतनी गंभीर नहीं है; परंतु पचास वर्ष पूर्व बहुत ही कम विदेशी वैज्ञानिक यहाँ आते थे। '40 के दशक के अंत में भाभा ने कई युवा वैज्ञानिकों को प्रशिक्षण के लिए विदेश भेजने का प्रबंध किया, परंतु संस्थान के विस्तार के साथ यह आसान लगने लगा था कि विदेशों के अग्रणी वैज्ञानिकों को आमंत्रण देकर टी.आई.एफ.आर. में बुलाया जाए तथा उनसे व्याख्यान देने को कहा जाए। इस कार्यक्रम के अंतर्गत अनेक सुप्रसिद्ध भौतिकविद् तथा गणितज्ञ यहाँ आए, जिनमें डिराक भी थे। सभी अतिथि वैज्ञानिकों ने पाठ्यक्रम-आधारित व्याख्यान दिए। छात्रों को निर्देश था कि वे इन व्याख्यान शृंखलाओं के लेख तैयार कर उन्हें टाइप करवाकर अतिथि वैज्ञानिक से आवश्यक संशोधन करवाएँ। बाद में उन लेखों की प्रतिलिपियाँ बनाकर सबको वितरित की जाती थीं। अन्य संस्थाओं को भी उनके अनुरोध पर इन व्याख्यान लेखों की प्रतिलिपियाँ दी जाती थीं। मेरे पास ऐसे कई लेख अब भी रखे हैं, जिनमें कुछ डिराक के भी हैं।

कैंब्रिज में रहकर भाभा इस बात को अच्छी तरह जान गए थे कि विज्ञान के विकास के लिए संगोष्ठी एवं चर्चा बहुत ही उपयोगी हैं। वे स्वयं कॉपित्जा क्लब के सदस्य थे, जो एक अनौपचारिक क्लब था, जहाँ सप्ताह में एक बार विज्ञान के क्षेत्र में हुई नवीनतम प्रगति पर चर्चा होती थी। टी.आई.एफ.आर. में भी भाभा ऐसे कार्यक्रम करने के पक्ष में थे, अतः वहाँ शुरू से ही हर सप्ताह, बुधवार के दिन, वैज्ञानिक चर्चा संस्थान का एक महत्त्वपूर्ण अंग बन गई, जो आज भी जारी है। भाभा कदाचित् ही इस चर्चा में भाग लेने से चूकते थे (सिवाय उस समय, जब वे अन्य जगह होते थे) और कदाचित् ही समय पर आते थे। आम तौर पर वैज्ञानिक चर्चा तब तक शुरू नहीं होती थी जब तक कि भाभा वहाँ उपस्थित नहीं हो जाते थे (ऐसा एक बार मेरे साथ भी हुआ था)। बाद में भाभा ज्यादातर परमाणु ऊर्जा से संबंधित कामों को करने में व्यस्त हो गए, तब उन्होंने टी.आई.एफ.आर. के काम को करने के लिए

बुधवार का दिन निर्धारित किया। इस तरह बुधवार उनका 'टी.आई.एफ.आर. दिवस' बन गया।

वृक्ष

इन सब प्रशासनिक एवं वैज्ञानिक कार्यों में व्यस्त होते हुए भी भाभा ने टी.आई.एफ.आर. के लिए एक स्थायी भवन बनाने की योजना तैयार की। भाभा चाहते थे कि उनका संस्थान सभी बातों में विश्व के सबसे अच्छे संस्थानों के अनुरूप हो, अतः उन्होंने एक जाने-माने अमेरिकी वास्तुविद् को भवन की रूपरेखा बनाने के लिए आमंत्रित किया। सन् 1954 में नेहरू ने भवन की आधारशिला रखी। यह कोई आश्चर्य की बात नहीं थी कि इस भवन के निर्माण में आठ वर्ष लग गए, क्योंकि भाभा छोटी-से-छोटी चीजों की बारीकियों पर भी ध्यान देते थे। अंत में सन् 1962 में इस भवन का उद्घाटन भी नेहरू ने ही किया। समारोह एक सप्ताह तक चला, जिस दौरान विश्व के अग्रणी वैज्ञानिकों ने व्याख्यान दिए। व्याख्यान देने वालों में टी.डी. ली भी थे, जो (सी.एन. यांग के साथ) समता में व्यवधान का पता लगाने के लिए प्रसिद्ध हैं। मैं काफी भाग्यशाली था कि इनमें से कुछ मुख्य हस्तियों को मैं स्वयं ट्रांबे में स्थित परमाणु ऊर्जा प्रतिष्ठान दिखाने ले गया था।

संस्थान के लिए सुंदर भवन बनाने में काफी दिलचस्पी लेने के बाद भाभा इसके रख-रखाव के लिए भी उतने ही चिंतित थे। भवन के उद्घाटन से कुछ महीने पहले भाभा ने संस्थान के कर्मचारियों के लिए एक परिपत्र जारी किया था, जिसमें उन्होंने कहा था—

> "ये भवन विश्व में कहीं भी वैज्ञानिक अनुसंधान के लिए बनाए गए उत्कृष्ट भवनों जैसे ही खूबसूरत हैं तथा संस्थान के कर्मचारियों को काम करने के लिए अच्छा वातावरण तथा सुविधाएँ प्रदान करने का हर संभव प्रयास किया गया है, जैसा कि विश्व में अन्यत्र उपलब्ध है…। देखा जाए तो संस्थान के कर्मचारियों को ये भवन भारत के नागरिकों से मिले हैं, क्योंकि इनके निर्माण में लागत खर्च सरकार को देश की जनता द्वारा दिए गए कर (टैक्स) से मिला है।[2]
>
> "प्रत्येक कर्मचारी को इन भवनों के प्रति गर्व का अहसास होना चाहिए तथा अपना कर्तव्य समझकर इन भवनों का इस्तेमाल इस प्रकार करना चाहिए, जिससे इनकी विशेषता तथा स्वच्छता बरकरार रहे…।
>
> "भवनों की हरेक जगह पर—विशेषकर प्रसाधन कक्षों में—सफाई बनाए रखने पर खास ध्यान देना है। भवनों में प्रवेश करने से पहले पैरों को पायदान (डोरमैट) से पोंछकर अंदर जाएँ तथा भवन की दीवारों को गंदे हाथों से स्पर्श करके उनमें हस्त-

चिह्न न छोड़ें। प्रसाधन कक्षों का इस्तेमाल उचित तरीके से करें तथा उन्हें दाग-धब्बे रहित बनाए रखें···।"

केवल आदेश जारी करके ही बात समाप्त नहीं हुई। मैंने स्वयं प्रशासन वर्ग के वरिष्ठ कर्मचारियों को सफाई-कार्य का निरीक्षण करते देखा है। वस्तुतः, आरंभ में वे चौकीदारों को भी पोंछा लगाना सिखाते थे, क्योंकि सफाई कर्मचारी भी इसके अभ्यस्त नहीं थे। भाभा चाहते थे कि सभी सुविधाओं का इस्तेमाल ठीक ढंग से किया जाए, ऐसा न करने पर कई बार तो उन्होंने लोगों को फटकार भी लगाई थी। अपने परिपत्र पर कर्मचारियों की प्रतिक्रिया से असंतुष्ट होकर उन्होंने सन् 1965 में एक चेतावनी भी जारी की थी, जिसमें कहा गया था—

"वे लोग जो स्वच्छता से तथा आपस में घुल-मिलकर कार्य नहीं कर रहे हैं, उन्हें संस्थान छोड़कर जाना होगा।"

आज टी.आई.एफ.आर. के भवन चालीस वर्ष से भी अधिक पुराने हो गए हैं, परंतु इनका रख-रखाव पूरी तरह से वैसा ही है जैसा कि भाभा के समय में हुआ करता था। वास्तव में ये भवन अब भी नए जैसे दिखते हैं, ऐसा भारत के केवल कुछ इने-गिने भवनों के लिए ही कहा जा सकता है। बाद में यहाँ कई नए भवनों का भी निर्माण किया गया है; परंतु वे सभी पूरी तरह से भाभा द्वारा निर्मित प्रारंभिक भवनों से सामंजस्य बनाए हुए हैं। वहाँ अब पानी टपकनेवाले सैनिक-बैरकों का कोई नामोनिशान भी नहीं है (जहाँ हममें से कई लोगों ने अपने व्यावसायिक जीवन की शुरुआत की थी), उनकी केवल कुछ बिछुड़ती हुई यादें ही रह गई हैं। अब उनके स्थान पर उत्कृष्ट उद्यान देखने को मिलते हैं, जो अरब सागर तक फैले हुए हैं।

योग्य व्यक्ति तथा कार्य-योजना

अब तक के विवरण से यह स्पष्ट हो गया होगा कि कार्य की शुरुआत करने के लिए भाभा ने भवनों के तैयार हो जाने तक इंतजार नहीं किया। उनका विचार था कि अच्छे कार्यक्रम शुरू करने के लिए सबसे पहले योग्य व्यक्ति की पहचान करना आवश्यक है। एक बार उस व्यक्ति का पता लग गया तो बाद में केवल उसे पूर्ण समर्थन देने की जरूरत होती है। अपने पूरे जीवनकाल में भाभा ने इसी सिद्धांत का पालन किया। दूसरे संस्था-संस्थापकों की तुलना में भाभा एक और महत्त्वपूर्ण विषय में भिन्न थे। ऐसा देखा गया है कि जब कोई विख्यात वैज्ञानिक इतना महत्त्वाकांक्षी हो जाता है कि वह स्वयं एक अलग संस्थान की स्थापना करना चाहता है, तो वह केवल अपने पसंद के विषय पर ही शोध करने के लिए उस

संस्थान को बनाना चाहता है, जैसे सैद्धांतिक भौतिकी, खगोलिकी, क्रिस्टल विज्ञान, आणविक जीव-विज्ञान आदि। परंतु भाभा ऐसे नहीं थे। वे चाहते थे कि टी.आई.एफ.आर. में मूल विज्ञान के विविध विषयों में शोध होना चाहिए, बशर्ते उस कार्य को करने के लिए योग्य व्यक्ति, काफी धन तथा जगह उपलब्ध हो। वास्तव में योग्य व्यक्ति का अभाव ही मुख्य अड़चन था, न कि धन एवं जगह की कमी।

रेडियो खगोलिकी तथा आणविक जीव-विज्ञान ऐसे दो क्षेत्र हैं, जिनमें '60 के दशक से ही काम शुरू हो चुका था तथा इन क्षेत्रों में उच्च कोटि के शोध भी हुए हैं। भाभा ने स्वयं इस बारे में अंतरराष्ट्रीय वैज्ञानिक संघ परिषद् (आई.सी.एस.यू.) को संबोधित करते समय अपने अंतिम व्याख्यान (निधन के कुछ ही दिन पहले) में कहा था। भाभा उस समय आई.सी.एस.यू. के अध्यक्ष थे तथा परिषद् की बैठक टी.आई.एफ.आर. में हो रही थी। उन्होंने कहा था—

> "शायद यहाँ दो और उदाहरण देना उचित होगा, जहाँ परियोजना का आकार व्यक्ति विशेष की रुचि पर आधारित था, जो काफी सफलता से विकसित हुआ। जून 1944 में ही सर ए.वी. हिल[3] ने मुझे लिखा था कि भारत में जैव-भौतिकी एक उपेक्षित विषय है, अतः इस क्षेत्र में शोध-कार्य की जिम्मेदारी हमारे संस्थान को लेनी चाहिए। यद्यपि मैं उनके इस सुझाव से सहमत था; परंतु मैंने इस विषय पर कोई काररवाई करना तब तक उचित नहीं समझा जब तक कि ऐसा कोई सक्षम व्यक्ति नहीं मिल जाता, जो खुद इस विषय पर काम करके अपना एक समूह बना सके। फिर भी, जब सन् 1962 में स्वर्गीय डॉ. लियो जीलार्ड[4] ने एक बहुत ही उभरते हुए भारतीय आणविक जीव विज्ञानी के बारे में मुझे बताया, तब सूक्ष्म जीव विज्ञान के क्षेत्र में काम शुरू करने का निर्णय लिया गया। तब से इस विषय पर शोध-कार्य में विस्तार काफी संतोषजनक ढंग से हो रहा है।
>
> "दूसरा उदाहरण रेडियो खगोलिकी वर्ग का है[5]। चार खगोल विज्ञानियों ने संयुक्त रूप से एक-से पत्र लिखकर जिन तीन व्यक्तियों को भेजे वे थे—विश्वविद्यालय अनुदान आयोग के अध्यक्ष, वैज्ञानिक व औद्योगिक अनुसंधान परिषद् के महानिदेशक तथा परमाणु ऊर्जा आयोग के अध्यक्ष, यानी मैं। इस पत्र में उन्होंने प्रस्ताव दिया था कि यदि उन्हें सुविधाएँ तथा समर्थन दिया जाए तो वे चारों भारत आकर रेडियो खगोलिकी की स्थापना कर सकते हैं। यह सुनिश्चित करने के बाद ही कि इन लोगों ने काफी मौलिक शोध किए थे तथा भारत में आकर स्वयं काम करने की योग्यता उनमें थी, इस संस्थान में रेडियो खगोलिकी पर शोध शुरू करने का निर्णय लिया गया था।''' अब एक विशाल बेलनाकार रेडियो दूरबीन बनाने की परियोजना

तैयार की गई है, जो क्वासर्स एवं दूसरे रेडियो स्रोतों का अध्ययन करेगी तथा उनकी स्थिति का निर्धारण सटीक कर पाएगी। इस दूरबीन का संग्रह क्षेत्र जॉड्रेल बैंक[6] की तुलना में चार से पाँच गुना ज्यादा होगा। इसका अभिकल्पन तथा निर्माण पूरी तरह से भारतीय वैज्ञानिकों एवं इंजीनियरों द्वारा किया जाएगा… । ऊटी नामक स्थान में निर्माण कार्य शुरू भी हो चुका है… ।"

ऊपर भाभा द्वारा उल्लेखित 'उभरते हुए आणविक जीव विज्ञानी' का नाम ओ. सिद्दिकी है, जिन्होंने अब टी.आई.एफ.आर. के नए परिसर में एक उन्नतिशील संस्था की स्थापना की है। रेडियो खगोलिकी का इतिहास गोविंद स्वरूप से जुड़ा है, जो भाभा द्वारा उल्लेखित उन चार खगोल विज्ञानियों में से एक हैं। इस बारे में विस्तृत चर्चा बॉक्स 5.3 – 5.6 में की गई है। यह उल्लेखनीय है कि सिद्दिकी तथा स्वरूप दोनों को बाद में एफ.आर.एस. के लिए चुना गया था।

अंतरिक्ष किरणों का अध्ययन तथा उनसे बनी प्रशाखाएँ

अब हम अंतरिक्ष किरणों पर शोध-कार्य के बारे चर्चा करेंगे, जिसे भाभा ने सन् 1944 में शुरू किया था। तीन अलग शीर्षों के अंतर्गत चर्चा करना आसान होगा—(i) गुब्बारों की उड़ान, (ii) भू-रसायन एवं भू-कालानुक्रम तथा (iii) व्यापक हवा की फुहार।

जैसा कि पहले बताया गया है, टी.आई.एफ.आर. में गुब्बारों की उड़ान का कार्यक्रम सन् 1945 के दौरान ही शुरू हो चुका था, जब भाभा स्वयं उन प्रयोगों को करने में शामिल रहते थे। इससे भी पहले मिलिकन इन प्रयोगों को करने के लिए भारत आए थे, जब उन्होंने दक्षिणी क्षेत्र मद्रास तथा बैंगलोर एवं उत्तरी क्षेत्र आगरा तथा पेशावर से ये उड़ान-प्रयोग किए थे। उन दिनों रबर से बने गुब्बारों का इस्तेमाल होता था, असल में 30 किलोग्राम के वजन को 25 किलोमीटर की ऊँचाई तक ले जाने के लिए कई गुब्बारों को एक साथ उड़ाया जाता था। युद्ध के समय अमेरिकी सेना ने प्लास्टिक से बने उन्नत किस्म के गुब्बारे विकसित करने का ठेका दिया, जो ज्यादा वजन को अधिक ऊँचाई तक ले जा सके। युद्ध की समाप्ति के बाद अमेरिकी वैज्ञानिक अपने प्रयोगों में ऐसे उन्नत गुब्बारों का इस्तेमाल कर सकते थे। परंतु अन्य वैज्ञानिकों को ऐसे गुब्बारे खरीदने की न तो अनुमति थी और न ही इसे बनाने की तकनीकी जानकारी। बनाने की इस तकनीकी जानकारी को सन् 1975 तक अमेरिका ने गुप्त रखा था। सन् 1955 में पीटर्स ने भाभा को सुझाव दिया कि टी.आई.एफ.आर. में तुरंत बड़े आकार के प्लास्टिक से बने गुब्बारे विकसित करने का कार्य शुरू करना चाहिए। अपनी टिप्पणी में

पीटर्स ने लिखा—

> "डॉ. गोखले इस कार्यक्रम को करने के लिए उत्सुक हैं तथा मैं भी ऐसा ही चाहता हूँ, क्योंकि प्लास्टिक गुब्बारे बनाने की तकनीक का विकास करने पर उच्च-तुंगता शोध के विभिन्न क्षेत्रों में भी इससे लाभ होगा।"

भाभा इसके लिए तुरंत सहमत हो गए।

यहाँ गुब्बारे के अभिकल्पन के बारे में संक्षिप्त चर्चा करना जरूरी है, क्योंकि इससे समझा जा सकता है कि प्रयोग के लिए आवश्यक तकनीकी जरूरतों को पाने के लिए किस प्रकार सामान्य ज्ञान तथा भौतिकी ज्ञान का संगम समझपूर्वक किया जाता है।

इसकी बुनियादी जरूरतें तीन सिद्धांतों पर आधारित हैं—

1. गुब्बारे की सतह का क्षेत्रफल तथा इसके आयतन के बीच का अनुपात अधिकतम होना चाहिए।
2. वस्त्र (कपड़े) में सभी जगह खिंचाव उपयुक्त तरीके से वितरित होना चाहिए, जिससे वस्त्र की किसी एक जगह विशेष पर दबाव ज्यादा न हो जाए।
3. गुब्बारे का हर हिस्सा, विशेषतया इसका ऊपरी भाग, उड़ान के समय इस पर पड़नेवाले गतिज दबाव को सह सके।

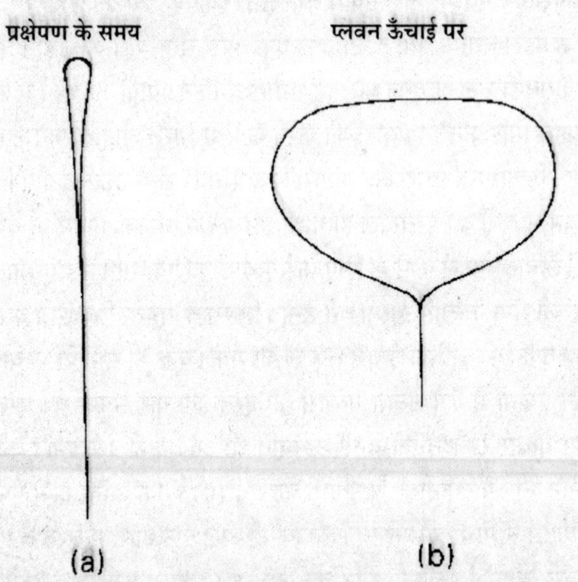

चित्र 5.1 गुब्बारे का आकार (a) प्रक्षेपण के समय और (b) उच्चतम ऊँचाई पर।

टी.आई.एफ.आर. में गुब्बारे 0.05 मिलीमीटर पतली पॉलिथीन चादर से बनाए गए। बाजार से पॉलिथीन की चादर खरीदकर उसे ~ 50 मीटर लंबी पट्टियों में काटकर गरम करके एक-दूसरे से जोड़ा गया—जैसे प्लास्टिक की थैलियों को जोड़ा जाता है। चित्र 5.1(a) में उड़ान भरने के पहले गुब्बारे का आकार दिखाया गया है, जिसमें हाइड्रोजन गैस भरी होती है। उड़ान भरकर गुब्बारा पूर्व निर्धारित ऊँचाई (लगभग 35 किलोमीटर के करीब) तक पहुँचता है, जहाँ वह कुछ घंटों तक रह सकता है, जैसा कि चित्र 5.2 में दिखाया गया है। यहाँ गुब्बारा चित्र 5.1(b) जैसा दिखने लगता है, जो इसका स्वाभाविक आकार है (ऊपर दिए गए सिद्धांत 1 और 2 के अनुरूप)। असल में जैसे-जैसे गुब्बारा ऊपर उठता है, इसमें भरी गैस का विस्तार होता है, जिससे अंत में गुब्बारा अपनी स्वाभाविक आकृति ले लेता है। जब गुब्बारा इस आकृति का हो जाता है, उसमें भरी अतिरिक्त गैस नीचे के छिद्र (डक्ट) से बाहर निकल जाती है।

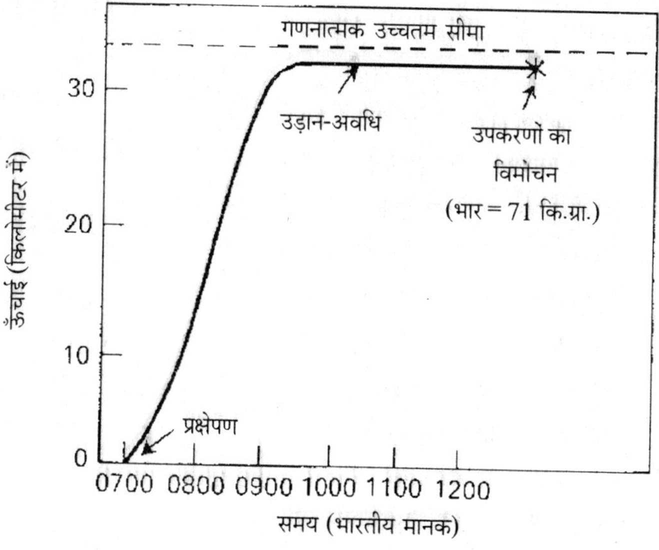

चित्र 5.2 सामान्य गुब्बारा-उड़ान के दौरान ऊँचाई का समय के साथ परिवर्तन।

जैसा कि आप जानते हैं, अधिक ऊँचाई पर जाने से ठंडक भी बढ़ती जाती है। 35 किलोमीटर की ऊँचाई पर तो एवरेस्ट की चोटी से भी ज्यादा ठंड होती है। इतने कम तापमान पर प्लास्टिक भी भंगुर हो जाता है, जो गुब्बारे के लिए बुरा होता है। इस समस्या पर काबू पाने के लिए टी.आई.एफ.आर. के वैज्ञानिकों ने एक अच्छी तरकीब सोची। उन्होंने सादा

प्लास्टिक की जगह हलके काले रंग से लेपित प्लास्टिक का इस्तेमाल किया, जो सौर विकिरण को सोखकर गरम हो जाता था। इसके सोखने की क्षमता ऐसी होनी चाहिए जिससे प्लास्टिक बहुत अधिक गरम भी न हो जाए और न ही गरमी अपर्याप्त रहे। ज्यादा गरम होने से प्लास्टिक के पिघलने का डर रहता है, जबकि कम गरमी से प्लास्टिक में लचीलापन कम हो जाता है।

हम यहाँ गुब्बारे के अभिकल्पन पर विस्तृत चर्चा नहीं करेंगे। हमें सिर्फ यही कहना है कि जब अनुसंधान के लिए आवश्यक सामग्रियाँ आसानी से उपलब्ध नहीं थीं, उस समय भाभा ने उनके विकासात्मक कार्य को समर्थन देने में संकोच नहीं किया। भाभा हमेशा इसी सिद्धांत पर चले; परंतु दुर्भाग्य से, इन दिनों देश यह मूल्यवान् सलाह भूल गया है।

सन् 1959–1969 के अंतराल में गुब्बारे की उड़ान अधिकतर हैदराबाद के उस्मानिया विश्वविद्यालय के परिसर से होती थी। सन् 1969 में संस्थान ने हैदराबाद के बाहरी क्षेत्र में एक नई प्रयोगशाला बनवाई, जिसे टाटा राष्ट्रीय गुब्बारा अनुसंधान प्रयोगशाला (टी.एन.बी.आर.एफ.) कहा गया। यहाँ से काफी बड़े आकार के गुब्बारे उड़ाए जा सकते थे, जो काफी अधिक वजन ले ज़ा सकते थे। अब तक यहाँ से 400 उड़ानें भरी जा चुकी हैं। इनमें 100 उड़ानें अंतरराष्ट्रीय सहयोग से आयोजित की गई हैं, जिनमें यूरोप तथा उत्तरी अमेरिका के विभिन्न देशों के वैज्ञानिकगण शामिल थे। ये प्रयोग न केवल प्राथमिक अंतरिक्ष किरणों पर थे बल्कि एक्स किरणों, गामा किरणों तथा अवरक्त खगोलिकी से भी संबंधित थे।

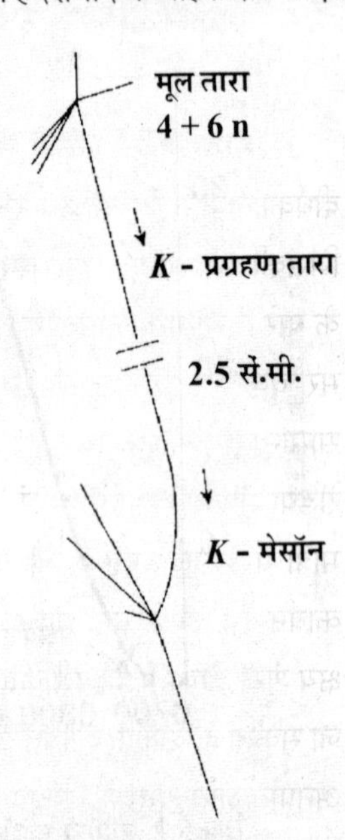

चित्र 5.3 ऋणात्मक K-मेसान (द्रव्यमान = 970 m_e) के ज्ञात होने का सर्वप्रथम प्रायोगिक उदाहरण। यह घटना सन् 1953 में टी.आई.एफ.आर. के दल ने बाहर से मँगवाए बहुपट्टी इमल्सन ढेर में रिकॉर्ड की थी।

रेडियो सक्रियता के आविष्कार के आरंभिक दिनों से ही विकिरण की पहचान करने के लिए फोटो प्लेटों का इस्तेमाल होने लगा था। अतः यह स्वाभाविक ही था कि अंतरिक्ष किरणों के लिए भी फोटोग्राफी तकनीक को आजमाया जाए। परंतु इसके लिए कुछ विशेष तकनीकों को जानना जरूरी था, जिसका विकास ब्रिस्टल विश्वविद्यालय के प्रो. पॉवेल ने किया था, जिसके लिए उन्हें नोबेल पुरस्कार मिला था। वास्तव में पायॉन की खोज ब्रिस्टल के एक दल ने इमल्सन

विधि से की थी। पीटर्स को रोचेस्टर में रहते समय इमल्सन के उपयोग का कुछ अनुभव था, अतः उन्होंने उस समय ढेर सारे फोटो प्लेटों की एक किस्त भारत में मँगवा ली थी। इनके प्रयोग से टी.आई.एफ.आर. के वैज्ञानिकों ने एक महत्त्वपूर्ण घटना को रिकॉर्ड किया, जो चित्र 5.3 में दिखाई गई है।

इमल्सन विधि के उपयोग से प्राथमिक अंतरिक्ष किरणों द्वारा जनित विभिन्न अभिक्रियाओं के बारे में काफी उपयोगी जानकारी प्राप्त हुई। रेडियो सक्रिय नाभिक बेरिलियम-10 (~ अर्ध-आयु 10 लाख वर्ष) का पता लगाना भी एक महत्त्वपूर्ण खोज थी। पीटर्स ने आकलन किया कि अंतरिक्ष किरणों से खंडित होकर वायुमंडल के एक वर्गमीटर क्षेत्र में एक सेकंड में बेरिलियम-10 के एक हजार नाभिक बनते हैं। उन्होंने इस बारे में कहा—

> "उपयुक्त परिस्थितियों के होने से बेरिलियम-10 का मापन बारिश के पानी तथा धरती के विभिन्न क्षेत्रों में किया जा सकता है, जिससे तृतीग कल्प (टर्शियरी) के समय अवसादी दरों (सेडिमेंटेशन रेट) तथा अन्य भू-वैज्ञानिक सतह की दरों का पता लगाया जा सकता है।"

सबसे पहले लिब्बी ने पुरानी वस्तुओं का काल-निर्धारण (डेटिंग) करने के लिए दीर्घकालिक रेडियो सक्रिय नाभिकों का इस्तेमाल किया था। उन्होंने कार्बन-14 की खोज की, जिसकी अर्ध-आयु 5,730 वर्ष है तथा इसका उपयोग काल-निर्धारण के लिए किया। इस विधि के बारे में सामान्य जानकारी इस प्रकार है—मान लीजिए कि एक पेड़, जो दो हजार वर्ष पहले मर चुका था, उस लकड़ी का एक टुकड़ा अब उपलब्ध है। लकड़ी में कार्बन होता है। सामान्य कार्बन में कार्बन-12 समस्थानिक (आइसोटोप) होता है, जो स्थिर होता है, यानी यह रेडियो सक्रिय नहीं होता। परंतु लकड़ी में अंतरिक्ष किरणों द्वारा उत्पादित कार्बन-14 की कुछ मात्रा भी मौजूद होती है, जो जैव-चक्र के जरिए पेड़ में पहुँचती रहती है। पेड़ के मर जाने पर कार्बन-14 का पहुँचना बंद हो जाता है, अतः उस समय से लकड़ी में संचित कार्बन-14 का क्षय शुरू हो जाता है। इसलिए अवशेष कार्बन-14 के मापन से पेड़ के मरने का समय आँका जा सकता है, क्योंकि जीवित अवस्था में कार्बन-14 तथा कार्बन-12 समस्थानिकों का संतुलित अनुपात ज्ञात होता है। संक्षेप में, यही रेडियो कार्बन काल-निर्णय की विधि है।

बेरिलियम-10 की लंबी अर्ध-आयु होने की वजह से पीटर्स को इसका उपयोग भू-विज्ञान के अध्ययन के लिए सूझा। संक्षेप में, यह विचार इस तरह है—वायुमंडल में पैदा हुआ बेरिलियम-10 बारिश के साथ धरती पर पहुँचकर पानी के साथ जमीन के अंदर लुप्त हो जाता है। जमीन को खोदने पर चट्टान की एक परत मिलती है, जिसमें मौजूद बेरिलियम-10

को मापकर उस चट्टान की आयु का पता लगाया जा सकता है। परंतु यह हवा में महल खड़ा करने जैसी बात हुई। क्योंकि सबसे पहले पर्याप्त मात्रा में बेरिलियम-10 इकट्ठा करके इसे अलग करने की जरूरत है। अलग करने के लिए सूक्ष्मग्राही रासायनिक विधि तथा बहुत ही सावधानी से गणन करने की तकनीक की आवश्यकता पड़ती है। संग्रहण की कहानी पीटर्स के शब्दों में—"गुब्बारे को उड़ाने के बजाय अब हम पर्वत-चढ़ाई के अभियान पर कश्मीर गए। खिलनमार्ग तक हमारे उपकरण और औजार ढोनेवाले घोड़ों में से केवल दो घोड़े ही काफी ऊँचाई तक सामान ले जा सके। हजारों लीटर पानी (पिघली हुई बर्फ) से हम कुछ बेरिलियम-10 नाभिकों को अलग कर पाए।"

पीटर्स के छात्र डी. लाल इस अभियान में करीब से जुड़े थे। वे कहते हैं—"मेरी शादी 17 मई, 1955 को हुई थी तथा एक सप्ताह के अंदर ही मैं अपनी अठारह वर्ष की दुलहन अरुणा लाल के साथ गुलमर्ग (कश्मीर) के लिए रवाना हो गया। पहले कम ऊँचाई पर कुछ दिन रहकर परिस्थिति के अनुकूल होने के बाद ही हमने खिलनमार्ग में शिविर लगाया। हमारे पास कुल चार तंबू थे, जिनमें से एक रसोइया तथा सहायकों (हेल्पर) के लिए, दूसरा पीटर्स के लिए, तीसरा पी.एस. गोयल तथा बी.एस. अमीन (सहयोगी कार्यकर्ता) के लिए और चौथा अरुणा लाल व मेरे लिए था। योजना के अनुसार शीघ्र ही प्रयोगात्मक कार्य शुरू हो गया; परंतु एक सप्ताह के अंदर ही पीटर्स ने हमें छोड़कर अकेले बंबई जाने का निर्णय लिया, जिससे वे वहाँ की पहली बारिश को संगृहीत कर सकें।...हमने खिलनमार्ग में बर्फ से बेरिलियम-10 नाभिकों को अलग करने का प्रयोग जारी रखा।"

बारिश के पानी को संगृहीत करने के बारे में पीटर्स कहते हैं, "हमने अपने काम का प्रारंभ काफी मात्रा में बारिश का पानी इकट्ठा करके किया। ऐसा करने के लिए कोलाबा के झोंपड़ों की छतों पर बड़ी-बड़ी प्लास्टिक की चादरें बिछाई गई थीं। हमने पेडर रोड के मकान की विशाल छत से भी पानी इकट्ठा किया। एकत्रित पानी को नली द्वारा आयन विनिमयक स्तंभ के अंदर भेजकर मानसून के इस पानी से कुछ रोचक परमाणुओं को (अत्यधिक कम संख्या में) अलग किया गया।"

जैसा कि पीटर्स ने सोचा था, जल्द ही भू-वैज्ञानिक अध्ययनों के लिए बेरिलियम-10 काफी उपयोगी साबित हुआ। बाद में लाल ने इस विषय पर उत्कृष्ट काम किया, जिसकी मान्यतास्वरूप उन्हें रॉयल सोसाइटी का फेलो चुना गया।

पिछले दो अध्यायों में हमने अंतरिक्ष किरणों की बौछार पर भाभा द्वारा किए गए शोध-कार्य के बारे में बताया है। इन बौछारों पर अध्ययन करने का एक कारगर तरीका मेघ-कोष्ठ के इस्तेमाल करने में है। बैंगलोर में रहते समय भाभा ने एक मेघ-कोष्ठ का निर्माण किया था,

जिसकी संरचना मैनचेस्टर विश्वविद्यालय में इस्तेमाल किए जानेवाले मेघ-कोष्ठ जैसी ही थी। भाभा उस मेघ-कोष्ठ को '50 के दशक के शुरू में बंबई आते समय अपने साथ ले आए थे। ओ.वाई.सी. में एक दल मेघ-कोष्ठ के काम में जुटा था। उस समय बड़े त्वरकों का आविर्भाव नहीं हुआ था, अतः अंतरिक्ष किरणों द्वारा होनेवाली अभिक्रियाएँ ही उच्च-ऊर्जा प्रक्रियाओं के बारे में जानकारी हासिल करने का एकमात्र साधन थीं। भाभा ने तय किया कि टी.आई.एफ.आर. को इस क्षेत्र में सबसे आगे रहना है, अतः काफी ऊँचाइयों पर प्रयोग करने के लिए दो बड़े आकार के बहुपट्टी मेघ-कोष्ठों का निर्माण किया गया। ऊटी इसके लिए उपयुक्त जगह लगी, अतः वहाँ एक स्थायी प्रयोगशाला बनाने का निर्णय लिया गया। इस बारे में श्रीकांतन कहते हैं—

> "सबसे ऊँचाई पर स्थित डोडा बेट्टा में जगह प्राप्त करने के लिए भाभा जब तमिलनाडु के गवर्नर श्रीप्रकाश की मदद लेने पहुँचे तब गवर्नर ने उन्हें सुझाव दिया कि राजभवन की कुछ खाली इमारतों में वे तुरंत अपना काम शुरू कर सकते हैं तथा स्थायी प्रयोगशालाओं का निर्माण बाद में भी किया जा सकता है। राजभवन में स्थित इन इमारतों में दो मेघ-कोष्ठों (जिनका नाम रानी तथा महारानी रखा गया था) को लगाया गया। वहाँ से वनस्पति उद्यान का भव्य दृश्य दिखाई देता था। राजभवन का सुखद माहौल तथा वहाँ के अधिकारियों एवं तमिलनाडु सरकार द्वारा प्रदान की गई बेहतर सुविधाओं की वजह से उस जगह अंतरिक्ष किरणों के विभिन्न पहलुओं पर प्रयोगात्मक कार्य बिना किसी रुकावट के पैंतीस वर्षों तक चलता रहा।"

'60 के दशक के आरंभ में बड़े त्वरकों का आगमन होने के बाद भी अंतरिक्ष भौतिकविदों का कार्य रुक नहीं गया। उन्होंने अपने मेघ-कोष्ठ आदि उपकरणों में तब्दीलियाँ करके उन्हें इतना सक्षम बना दिया, जिससे वे ऐसे प्रयोग कर सकें जो त्वरक द्वारा संभव नहीं थे। यानी अब त्वरकों की क्षमता से एक कदम आगे रहने की होड़-सी लग गई।

'70 के दशक के आरंभ में उच्च-ऊर्जा प्रक्रियाओं से संबंधित अध्ययन करने के लिए ऊटी में स्थापित प्रयोग-व्यवस्था का रेखांकन चित्र 5.4 में दिखाया गया है। इस प्रयोग का विवरण न देकर सिर्फ इतना कहना पर्याप्त होगा कि (i) अंतरिक्ष से आनेवाली किरणों में उपस्थित पायॉनों तथा प्रोटॉनों की पहचान करने के लिए सेरेंकोव संसूचक इस्तेमाल किया जाता है, (ii) बहुपट्टी मेघ-कोष्ठ में से ब्रह्मांड किरणों की बौछार की तसवीर ली जाती है तथा (iii) नीचे रखे ऊष्मामापी यंत्र से किरणों की ऊर्जा मापी जाती है। इस उपकरण का आकार तो देखिए! इस तरह के प्रयोगों को त्वरकविहीन कण-भौतिकी (एन.ए.पी.पी.) कहते हैं। भारत बड़ी मशीनों को बनाने का खर्च

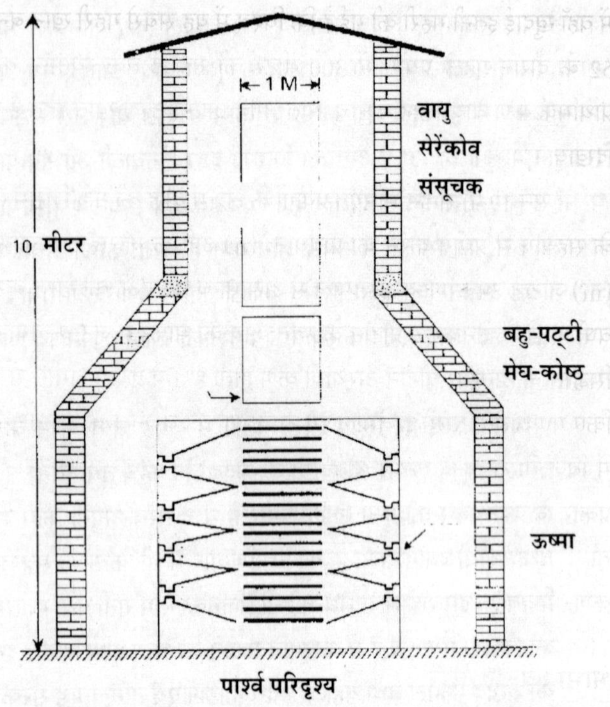

चित्र 5.4 ऊटी में स्थित बृहत् प्रायोगिक संरचना का रेखा चित्र। इसके तीन भाग हैं—(i) सबसे ऊपर वायु सेरेंकोव संसूचक (ii) बीच में एक बहु-पट्टी मेघ-कोष्ठ तथा (iii) सबसे नीचे पूर्ण-अवशोषक ऊष्मामापी।

नहीं उठा सकता, अतः यहाँ त्वरक-विहीन कण-भौतिकी केअध्ययन पर ही ध्यान देना चाहिए। हमारे वैज्ञानिक इस बात को भली-भाँति जानते हैं।

अब हम भूमिगत प्रयोगों के बारे में चर्चा करेंगे। इन प्रयोगों की शुरुआत '50 के दशक के अंत में हुई, जब भाभा ने श्रीकांतन से कहा—

> "श्रीकांतन, आप कोलार में स्थित सोने की खान के तल पर, एक अंतरिक्ष दूरबीन से, वहाँ पहुँचनेवाली किरणों की ऊर्ध्वाधर तीव्रता का मापन कीजिए। उसके बाद इन वेधी कणों के बारे में अधिक जानकारी पाने के लिए उचित प्रयोग करने की योजना बनाइए, जिससे यह पता चल सके कि वहाँ पहुँचनेवाले सभी कण म्यूऑन ही हैं।"

कोलार की सोने की खान से ज्यादा सोना तो नहीं मिलता, परंतु सोना पाने की लालसा

में वहाँ खुदाई इतनी गहरी की गई है कि विश्व में यह सबसे गहरी खान बन गई है[8]। सन् 1950-52 के दौरान पहले प्रयोग में 300 मीटर की गहराई तक म्यूऑन की तीव्रता मापी गई। प्राथमिक कण वायुमंडल में नीचे आते-आते अपनी ऊर्जा खोते रहते हैं जैसा कि चित्र 5.5 में दिखाया गया है।

सन् 1960 से इन भूमिगत प्रयोगों के क्षेत्र में वृद्धि की गई, जिसमें (i) ब्रिटेन तथा जापान के सहयोग से प्रयोग करने का प्रावधान, (ii) अधिक गहराई तक जाकर प्रयोग करना तथा (iii) जटिल उपकरणों के इस्तेमाल से असामान्य घटनाओं की खोज करना शामिल था। कुछ वर्षों पहले वैज्ञानिकगण प्रोटॉन के स्वतः क्षय को मापने में जुटे थे, क्योंकि मूल-कणों के एक सिद्धांत के अनुसार प्रोटॉन अस्थायी कण होता है[9]। ये प्रयोग जमीन से 2.3 किलोमीटर नीचे किए गए थे तथा इसमें इस्तेमाल हुए उपकरणों का वजन 140 टन था। सोचिए, इतनी गहराई में बिजली, वातानुकूलन इत्यादि सुविधाओं का प्रबंध करना कितना कठिन रहा होगा। इस प्रकार के प्रयोग करना आसान नहीं होता, परंतु यदि प्रोटॉन क्षय के मापन में सफलता मिले तो···। दुःख की बात यह है कि कोलार की खानें बंद की जा रही हैं, अतः आगे त्वरक-विहीन कण-भौतिकी पर अध्ययन भारत में नहीं हो सकेगा।

भाभा एवं चंद्रशेखर

जैसा कि बताया गया है, भाभा पहले योग्य व्यक्तियों की तलाश करते थे, उसके बाद उनकी रुचि के अनुसार वैज्ञानिक कार्यक्रम बनाते थे। जगह के बारे में आखिर में सोचा जाता था। परंतु भाभा के रहते जगह के लिए इंतजार करना लाभप्रद ही होता था। प्रतिभा-संपन्न व्यक्ति की तलाश का काम सन् 1944 से ही शुरू हो गया था, जैसा कि नीचे दिए गए भाभा तथा चंद्रशेखर के बीच हुए पत्रों के आदान-प्रदान से पता चलता है—

20 अप्रैल, 1944

प्रिय चंद्रशेखर,

मुझे यह जानकर बड़ी प्रसन्नता हुई कि आप रॉयल सोसाइटी के फेलो चुने गए हैं, जो अपेक्षित था। कृपया मेरी बधाई स्वीकार करें।

भौतिक विज्ञान के सैद्धांतिक तथा प्रायोगिक क्षेत्रों में उच्च स्तरीय अनुसंधान करने के लिए बंबई में एक संस्थान खोलने के मेरे प्रस्ताव को टाटा न्यास के सदस्यों ने मंजूरी दे दी है। हमें आशा है कि यह संस्थान भारत में भौतिकी तथा गणित में, विशेषतया सैद्धांतिक अनुसंधान के क्षेत्र में, प्रगत अनुसंधान का केंद्र बनेगा। इस

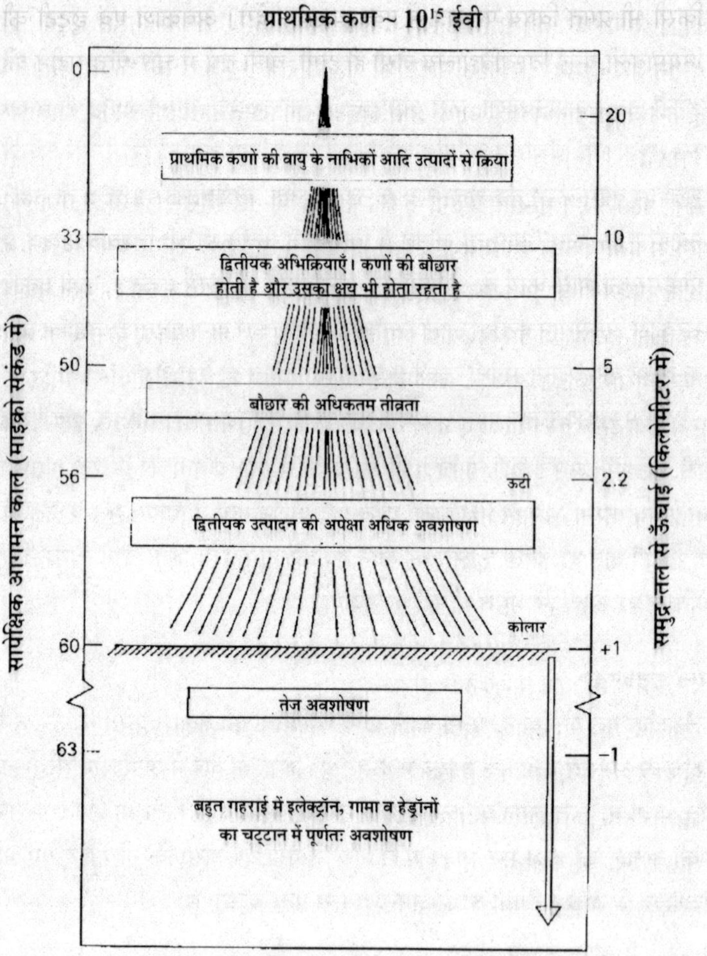

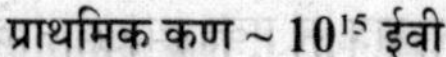

चित्र 5.4 वायुमंडल में ऊपर से आती कणों की बौछार की तीव्रता में कमी का रेखा-चित्र।

योजना के अंतर्गत आपके शोध का विषय भी निश्चित तौर पर आता है, अतः यदि आपके लिए एक पद की स्थापना करना संभव हो तो क्या आप उसे स्वीकार करेंगे? यहाँ प्रोफेसर का वेतन उतना ही होगा जितना कि बैंगलोर में स्थित भारतीय विज्ञान संस्थान में है, यानी 1,000–1,250 रुपए; परंतु विशेष स्थिति में प्रारंभिक वेतन 1,000 रुपए से अधिक भी हो सकता है। प्रोफेसर अपना शोध-कार्य करने के साथ-साथ दूसरों का मार्गदर्शन करेंगे, वैज्ञानिक चर्चाओं में भाग लेंगे तथा अपने क्षेत्र से संबंधित

किसी भी प्रगत विषय पर सत्र में एक व्याख्यान देंगे। अवकाश एवं छुट्टी की नियमावली बंबई विश्वविद्यालय जैसी ही होगी, यानी वर्ष में चार-पाँच महीने की छुट्टी लेकर आप विदेशों, जैसे अमेरिका, में जाकर वहाँ अपना संपर्क भी बनाए रख सकेंगे। मेरे विचार में अपना शोध-कार्य करने के लिए आपको इससे और अच्छी शर्तों पर काम करने का अवसर कहीं नहीं मिलेगा, विशेषतया भारत में तो नहीं। उदाहरण के लिए, आप तो जानते हैं कि भारत के किसी भी विश्वविद्यालय में प्रोफेसर को शोध-कार्य के अलावा कई अन्य कार्य भी करने पड़ते हैं, उसी प्रकार सरकारी अनुसंधान केंद्रों में लालफीताशाही का शिकार होना पड़ता है, क्योंकि वहाँ के लोगों को विज्ञान संबंधी जरूरतों का ठीक से पता ही नहीं होता।

मैं खुद थोड़े दिन पहले तक यही सोचता था कि युद्ध की समाप्ति के बाद यूरोप या अमेरिका जाकर वहाँ के किसी विश्वविद्यालय में कोई अच्छी नौकरी करूँगा; क्योंकि भारत में इस समय कैंब्रिज जैसा माहौल कहीं भी नहीं है। परंतु हाल ही में मैं इस नतीजे पर पहुँचा हूँ कि यदि हमारे कार्य की उचित सराहना हो तथा वित्तीय सहायता मिलती रहे तो हम जैसे लोगों का यह कर्तव्य बनता है कि हम देश में ही रहकर यहाँ उत्कृष्ट अनुसंधान केंद्रों का निर्माण करें। वे देश भाग्यशाली हैं, जहाँ पहले से ही ऐसे केंद्र मौजूद हैं। यही वजह है कि मैंने अपने प्रस्ताव को औरों के समक्ष रखा तथा मुझे इस बात की खुशी है कि उन्होंने इसका सूझ-बूझ एवं उदारता से समर्थन किया है। यह हमारा इरादा है कि भौतिकी तथा संबद्ध क्षेत्रों में जाने-माने ज्यादा-से-ज्यादा वैज्ञानिकों को एक जगह लाया जाए, जिससे कुछ समय के बाद यहाँ भी कैंब्रिज तथा पेरिस जैसा मेधावी वातावरण बन सके। मुझे पूरा विश्वास है कि यदि हम अपने काम में सफल होंगे तो बड़े पैमाने पर वित्तीय सहायता मिलने में कमी नहीं होगी।

मैं स्पष्ट करना चाहता हूँ कि यह मेरे खुद की पहल पर आपसे केवल अनौपचारिक निवेदन है; परंतु यदि आप मेरा प्रस्ताव, जिसकी रूपरेखा ऊपर दी गई है, स्वीकार करते हैं तब मैं इस पद को स्थापित करने की कोशिश करूँगा।

शुभकामनाओं के साथ,

आपका ही
होमी भाभा

डॉ. एस. चंद्रशेखर, एफ.आर.एस.
शिकागो विश्वविद्यालय
शिकागो

शिकागो विश्वविद्यालय

येरकेस वेधशाला

विलियम्स बे, विसकॉनसिन

22 मई, 1944

प्रिय भाभा,

अप्रैल के पत्र के लिए आपको बहुत धन्यवाद। आपके इस सुंदर पत्र के लिए मैं आभारी हूँ।

मुझे यह जानकर अत्यंत प्रसन्नता हुई कि आपके प्रस्ताव पर टाटा न्यास ने भौतिक विज्ञान के क्षेत्र में उच्च स्तरीय अनुसंधान करने के लिए बंबई में एक संस्थान खोलने की स्वीकृति दी है। संस्थान में प्रोफेसर पद के लिए आपने जो आमंत्रण मुझे दिया है, उसमें काम करने की परिस्थितियाँ एवं शर्तें अत्यंत आकर्षक हैं तथा मेरी कल्पना के अनुकूल हैं, अतः इसे स्वीकार करने में मुझे कोई संकोच नहीं हो सकता। मैं आपके इस विचार से पूर्णतया सहमत हूँ कि "हम जैसे लोगों का यह कर्तव्य बनता है कि देश में ही रहकर यहाँ ऐसे उत्कृष्ट अनुसंधान केंद्रों का निर्माण करें, जैसे कि कई भाग्यशाली देशों में पहले से ही मौजूद हैं।"

इस पद को स्वीकार करने से पहले मैं चाहता हूँ कि मेरी एकमात्र शर्त मंजूर की जाए, जो इस प्रकार है—येरकेस से बंबई में स्थानांतरण के दौरान मेरी पत्नी तथा मेरे यात्रा-खर्च का भुगतान किया जाए। मेरे लिए संस्थान में पद की स्थापना करने में यदि आप सफल नहीं भी हुए तो भी मैं आपके प्रयासों के लिए बहुत शुभकामनाएँ देता हूँ।

सादर अभिवादन,

आपका ही

एस. चंद्रशेखर

भाभा की चंद्रशेखर से जान-पहचान कैंब्रिज में हुई थी तथा डॉक्टरेट के लिए दोनों के गाइड एक ही व्यक्ति थे। चंद्रशेखर द्वारा भाभा को भेजे गए इस जवाब से यह स्पष्ट है कि वे भारत वापस आना चाहते थे। परंतु इसके बाद लिखे गए पत्र (अगस्त 1945) में चंद्रशेखर ने अमेरिका से सभी संपर्क तोड़कर स्थायी तौर पर वापस आने की शर्त पर अपनी असमर्थता जताई। वे पहले एक वर्ष के लिए आकर यहाँ की परिस्थितियों को परखना चाहते

थे। यदि सबकुछ ठीक लगा, तभी वे उपयुक्त स्थायी पद ग्रहण करने के लिए तैयार थे। अक्तूबर में भाभा ने चंद्रा के इस प्रस्ताव को स्वीकार करते हुए एक लंबा पत्र लिखा, जिसमें टी.आई.एफ.आर. तथा वहाँ की गतिविधियों के बारे में विस्तृत जानकारी थी। इसके बाद औपचारिक तौर पर संस्थान की ओर से उन्हें आमंत्रण भेजा गया, जिसमें चंद्रा तथा उनकी पत्नी के भारत आने का यात्रा-खर्च भी शामिल था। इसके जवाब में अप्रैल 1946 में चंद्रा ने विभिन्न आप्रवासन समस्याओं (यदि वे अमेरिका वापस लौटना चाहें) का उल्लेख किया तथा यह भी लिखा कि शिकागो विश्वविद्यालय के अधिकारी उन्हें एक वर्ष की छुट्टी देने से कतरा रहे हैं। इसके बाद कई वर्षों तक इस बारे में कोई बात नहीं हुई। सन् 1949 में भाभा की मुलाकात चंद्रा से हुई। फरवरी 1950 में भाभा ने चंद्रा को याद दिलाया कि उनके लिए विशेष तौर पर एक पद का निर्माण किया गया है तथा टी.आई.एफ.आर. में उनका इंतजार हो रहा है। इस बीच चंद्रा शिकागो में खगोलिकी विभाग के अध्यक्ष बन गए थे, अतः उन्हें लगा कि इस समय छोड़कर जाना ठीक नहीं होगा। इस तरह बात यहीं समाप्त हो गई। परंतु इससे भाभा और चंद्रा के बीच रिश्तों में कभी दरार नहीं आई। चंद्रा जब कभी भारत आते, टी.आई.एफ.आर. में अवश्य जाते। एक बार मैंने स्वयं टी.आई.एफ.आर. में 'घुर्णी तरल' विषय पर उनका व्याख्यान सुना था। उस समय भाभा ने वक्ता का परिचय अनोखे ढंग से दिया था।

कई वर्ष बाद (सन् 1969 या 70 में) टी.आई.एफ.आर. सभागृह के उद्घाटन समारोह में इंदिरा गांधी ने सरसरी तौर पर इस बात का जिक्र किया था। सौभाग्य से मैं भी उस अवसर पर उपस्थित था। जाने-माने सज्जनों ने उपस्थित लोगों को संबोधित किया था, जिनमें चंद्रशेखर भी थे, जो उस समय भारत आए हुए थे। अंतिम वक्ता नवाब अली यावर जंग थे, जो उस समय महाराष्ट्र के राज्यपाल थे। राज्यपाल ने भाषण शुरू करने से पहले आराम से अपना चश्मा पोंछने में काफी समय लगाया। उन्होंने देर करने की इस क्रिया के लिए क्षमा माँगते हुए कहा कि वे ऐसा करने को मजबूर थे, क्योंकि वे जो कहना चाहते थे, वह सब इंदिरा गांधी पहले ही कह चुकी थीं ! यह सुनते ही इंदिरा गांधी सहित सभी लोगों ने ठहाके लगाए। राज्यपाल ने अपना भाषण जारी रखते हुए इस बात का जिक्र किया कि कई वर्ष पहले जब वे उस्मानिया विश्वविद्यालय के कुलपति थे, चंद्रशेखर को वहाँ आकर नौकरी करने के लिए वे जोर दे रहे थे; जबकि भाभा भी उन्हें अपने संस्थान में लेने के लिए प्रयत्नशील थे। इसके बाद उन्होंने कहा, "परंतु हम दोनों में से कोई भी उन्हें पकड़ नहीं पाया। वे हमारे हाथ नहीं आए।"

उपसंहार

यह पुस्तक भाभा के बारे में है, टी.आई.एफ.आर. के बारे में नहीं। अतः टी.आई.एफ.आर. में चल रहे अत्यंत रोचक कार्यों के बारे में यहाँ बताना ठीक नहीं होगा। परंतु इतना कहना चाहूँगा कि आज टी.आई.एफ.आर. में केवल अंतरिक्ष किरण, गणित अथवा आणविक जीव-विज्ञान में ही शोध नहीं हो रहे हैं बल्कि अनेक क्षेत्रों में विभिन्न विषयों पर काम हो रहा है, जैसे नाभिकीय भौतिकी, घनावस्था भौतिकी, रसायन भौतिकी, खगोलिकी, अर्ध-चालक भौतिकी, कंप्यूटर विज्ञान तथा यहाँ तक कि दाँतों से संबंधित शोध-कार्य भी हो रहे हैं। बंबई के बाहर कई जगहों में टी.आई.एफ.आर. की शाखाएँ हैं, जैसे—पुणे, हैदराबाद, ऊटी, पचमढ़ी, बैंगलोर आदि। इतना ही नहीं, कई लोगों ने टी.आई.एफ.आर. में काम करने के बाद दूसरी जगह जाकर अनुसंधान तथा विकास कार्यक्रम की शुरुआत की थी, जिसने अब अपना अलग ही स्थान बना लिया है। वास्तव में हजारों लोग टी.आई.एफ.आर. के ऋणी हैं और यह सब इसलिए हो पाया कि एक साहसी व्यक्ति ने सपने देखने की हिम्मत की थी। भाभा का सपना टी.आई.एफ.आर. को बनाकर ही खत्म नहीं हुआ, उन्होंने इससे भी बड़ा सपना देखा था, जिसके बारे में अगले अध्याय में चर्चा की गई है। परंतु यहाँ हमें एक सबक लेना है।

टी.आई.एफ.आर. की सफलता केवल धन एवं सुविधाओं की उपलब्धता की वजह से नहीं हुई, बल्कि इसका कारण है कि यह संस्था शुरू से ही उत्कृष्ट कामकाज के लिए प्रतिबद्ध है। संस्थान की सभी नीतियाँ इसी मुख्य सिद्धांत पर आधारित हैं। विश्व के अन्य स्थानों पर स्थित महान् संस्थान (जैसे कोपेनहेगन में बोह्र द्वारा स्थापित संस्थान या मॉस्को में लेंडाओ द्वारा स्थापित संस्थान) भी इसी सिद्धांत पर चलते हैं। भारत में रमण ने इसी सिद्धांत पर अनुसरण करके पहले कोलकाता में एवं फिर बैंगलोर में संस्थानों का निर्माण किया। भाभा ने यह सिद्ध कर दिया कि रमण की सफलता कोई जादू नहीं था बल्कि यह उचित सिद्धांत के अनुपालन एवं उच्च लक्ष्य को पाने की इच्छा का नतीजा था। दूसरे कई लोग, जो इस प्रकार की वचनबद्धता से जुड़े थे, वे भी सफल हुए; परंतु शायद भाभा के समान नहीं। यदि आज देश में उच्च स्तरीय वैज्ञानिक कामकाज करने की प्रवृत्ति में कमी आई है (कुछ संस्थानों को छोड़कर) तो इसके जिम्मेदार सिर्फ हम ही हैं।

बॉक्स 5.1
रामानुजन की नोटबुक से

श्रीनिवास रामानुजन अपने सभी प्रारंभिक कार्यों को कॉपियों (पुस्तिका) में लिखा करते थे, जिसे अब रामानुजन-नोटबुक के नाम से जाना जाता है। ये काफी प्रसिद्ध हुए हैं। टी.आई.एफ.आर. ने सबसे पहले इन उपलब्ध नोटबुकों का प्रकाशन किया। नीचे इनके एक पृष्ठ का नमूना दिखाया गया है।

$$\int_\mu^x \frac{dt}{\log t} = x\left\{\frac{1}{\log x} + \frac{1!}{(\log x)^2} + \frac{2!}{(\log x)^3} + \cdots + \frac{(n-1)!}{(\log x)^n} + \theta\right\}$$

where $\mu = 1.45136380$.

and $\theta = \left(\frac{1}{3} - \delta\right) + \frac{1}{\log x}\left\{\frac{1}{135} - \frac{\delta^2(1-\delta)}{3}\right\} + \frac{1}{(\log x)^2}\left\{\frac{8}{2835} + \frac{2\delta(1-\delta)}{135} - \frac{\delta(1-\delta^2)(2-3\delta^2)}{45}\right\} - \&c.$

where $n - \log x = \delta$

$$\int_\mu^x \frac{dt}{\log t} = c + \log\log x + \frac{\log x}{1\,\underline{|1}} + \frac{(\log x)^2}{2\,\underline{|2}} + \frac{(\log x)^3}{3\,\underline{|3}} + \&c$$

where $c = .5772\ldots$

The no of prime nos less than $e^a = \int_0^\infty \frac{a^x}{x\,\underline{|x}\,S_{x+1}}\,dx$

" — do — $e^{2\pi a} = \int_0^\infty \frac{a^x(1+x)}{\Gamma x\,B_{1+x}}\,dx$.

बॉक्स 5.2
खगोलिकी का अध्ययन

पारंपरिक तरीके से खगोलिकी का अध्ययन प्रकाशीय खगोलिकी द्वारा किया जाता है, जो खगोलीय पिंडों से प्राप्त दृश्य प्रकाश पर आधारित है। प्रकाश भी विद्युत्-चुंबकीय विकिरण है। अब यह ज्ञात हो गया है कि खगोलीय पिंड केवल दृश्य-प्रकाश ही नहीं, बल्कि विद्युत्-चुंबकीय विकिरण के अलग-अलग भागों में भी उत्सर्जन करते हैं। इसकी वजह से कई नई प्रकार की खगोलिकियों का विकास हुआ है; जैसे—रेडियो खगोलिकी, सूक्ष्म-तरंग खगोलिकी, अवरक्त खगोलिकी, एक्स किरण खगोलिकी तथा गामा किरण खगोलिकी। इनमें से अधिकांश क्षेत्रों में टी.आई.एफ.आर. में काम होता है।

बॉक्स 5.3

भाभा के बारे में गोविंद स्वरूप के संस्मरण

भाभा से मेरी पहली मुलाकात सन् 1951 में हुई थी, जब वे नई दिल्ली के राष्ट्रीय भौतिकी प्रयोगशाला (एन.पी.एल.) में आए थे। सन् 1955 में वे सिडनी के निकट स्थित पॉट्स हिल स्टेशन में आए थे, जहाँ कई उल्लेखनीय खोजें हुई थीं। वहाँ हमारे कार्यों तथा रेडियो खगोलिकी के क्षेत्र में हो रहे कार्यों में भाभा की दिलचस्पी ने हमें काफी प्रोत्साहित किया। सितंबर 1961 में टी. कृष्णन, एम.आर. कुंडू, टी.के. मेनन तथा मैंने भारत में रेडियो खगोलिकी दल के गठन का प्रस्ताव लिखकर भाभा समेत भारत के कई संस्थानों को भेजा। उस समय के टी.आई.एफ.आर. के डीन एम.जी.के. मेनन ने हमारे प्रस्ताव को भाभा के पास भेजा, जो उस समय विएना में थे। नवंबर 1961 में भाभा ने हमें तुरंत वाशिंगटन डी.सी. में मिलने के लिए बुलाया। भाभा से मिलने के बाद टी.के. मेनन ने लिखा—"वे पचास से सौ लाख रुपए खर्च करने की बात बड़ी आसानी से करते हैं, जो सोचना भी हमारे लिए असंभव है।" 20 जनवरी, 1961 को भाभा ने जो तार (टेलीग्राम) भेजा था, उसमें कहा गया था, "हमने रेडियो खगोलिकी दल गठित करने का निर्णय लिया है। प्रस्ताव पत्र भेजा जा रहा है।" सचमुच विश्व में कहीं भी इतनी शीघ्रता से फैसला लेने की यह एक मिसाल है।

बॉक्स 5.4

ऊटी में रेडियो टेलिस्कोप की स्थापना के बारे में गोविंद स्वरूप के संस्मरण

मैं अप्रैल 1963 में टी.आई.एफ.आर. में नियुक्त हुआ। जून 1963 में 'नेचर पत्रिका' में प्रकाशित दो लेखों को पढ़कर मेरे मन में विचार आया कि चंद्रमा के उपगहन का उपयोग करके अंतरिक्ष की अनेक रेडियो गैलेक्सियों के कोणीय आकार का मान ज्ञात किया जा सकता है, जिससे ब्रह्मांड-उत्पत्ति के महा-विस्फोट सिद्धांत तथा स्थिर-अवस्था सिद्धांत के बीच तुलनात्मक अध्ययन करना आसान होगा। अगस्त 1963 में भाभा ने मुझे इस विषय पर चर्चा करने के लिए बुलाया। उनसे यह मुलाकात मेरे लिए एक असाधारण तथा यादगार अनुभव है। जल्द ही वे मेरे इस प्रस्ताव में काफी दिलचस्पी लेने लगे तथा कई घंटों तक इसके बारे में पूछते रहे।''' अंत में भाभा ने मुझे इस पर आगे काररवाई करने की

अनुमति दे दी। जब मैंने उनसे परियोजना रिपोर्ट लिखने के बारे में पूछा तो उनका जवाब था—"नौजवान, परियोजना रिपोर्ट लिखने में अपना समय बरबाद मत करो। तुम्हारी मुख्य समस्या है एक ऐसे दल का गठन करना, जो इस कार्य को कर सके।"

जनवरी 1965 में ऊटी के निकट एक स्थल चुना गया, जहाँ 530 मीटर x 30 मीटर वलयाकार टेलिस्कोप को स्थापित करना था। इस कार्य में भाभा की रुचि काफी सहायक थी। यद्यपि नीलगिरि के कलेक्टर का सोचना था कि जब तारों का जीवनकाल सौ करोड़ वर्षों से भी ज्यादा होता है तो हमें काम शुरू करने की जल्दी क्यों पड़ी है? परंतु भाभा को आर. वेंकटरमण (जो उस समय तमिलनाडु के उद्योग मंत्री थे तथा बाद में भारत के राष्ट्रपति बने) से तुरंत मंजूरी मिल गई, जिससे कुछ ही महीनों में हमें स्थान तथा विद्युत् कनेक्शन मिल गए।

बॉक्स 5.5
रेडियो टेलिस्कोप की बनावट

जैसा कि बॉक्स 5.2 में बताया गया है, रेडियो-खगोलिकी में खगोलीय पिंडों से निकलनेवाली रेडियो तरंगों का अध्ययन करके इन पिंडों के बारे में जानकारी प्राप्त की जाती है। जिस प्रकार प्रकाशीय टेलिस्कोप से प्रकाश का संग्रहण किया जाता है, उसी प्रकार रेडियो टेलिस्कोप से रेडियो तरंगों का संग्रहण किया जाता है। रेडियो टेलिस्कोप में संग्राहक अंश। साधारणतया एक बड़ी थाली या डिश (जैसी उपग्रह द्वारा परावर्तित दूरदर्शन सिग्नल को पकड़ने में इस्तेमाल होती है) के आकार का होता है, जैसा कि चित्र (a) में दिखाया गया है। यह डिश घुमावदार होती है, जिससे आसमान की किसी भी दिशा का अवलोकन किया जा सकता है। जब गोविंद स्वरूप ऊटी में टेलिस्कोप स्थापित करने की योजना बना रहे थे, उस समय विश्व में सबसे बड़ा रेडियो टेलिस्कोप इंग्लैंड में जॉड्रेल बैंक में था। टेलिस्कोप की सुग्राहिता संग्राहक डिश के आकार पर निर्भर करती है। बड़े डिश की सुग्राहिता अधिक होती है, जिससे मंद प्रकाशवाले पिंडों को भी देखा जा सकता है।

गोविंद स्वरूप एक ऐसा टेलिस्कोप बनाना चाहते थे, जिसका संग्रहण क्षेत्र जॉड्रेल बैंक टेलिस्कोप के संग्रहण क्षेत्र से अधिक हो। परंतु इसे सभी दिशाओं में पूर्णतया घुमावदार बनाने के लिए (जॉड्रेल बैंक टेलिस्कोप की तरह) अभियांत्रिकी चुनौतियाँ भी काफी होतीं। अतः गोविंद स्वरूप ने डिश का आकार पारवलयिक (पैराबोलिक) बनाने का निर्णय लिया, जो अपने अक्ष (एक्सिस) पर घूम सके, जैसा कि चित्र (b) में दिखाया गया है। जाहिर है, गोलाकार डिश की तुलना में इसमें कम सुविधाएँ थीं, परंतु ऐसा करके आसानी से संग्रहण क्षेत्र में काफी वृद्धि की जा सकती थी।

गोविंद स्वरूप एक और नए तरीके के बारे में सोच रहे थे। यदि टेलिस्कोप को जमीन के समानांतर न रखकर उसे थोड़ा झुकाकर रखा जाए, जिसका झुकाव उस जगह के अक्षांश कोण के बराबर हो (चित्र (c-i)), तो टेलिस्कोप का घूर्णन अक्ष और भू अक्ष एक-दूसरे के समानांतर हो जाएँगे (चित्र (c-ii))। जब आसमान की किसी एक वस्तु विशेष पर नजर रखी जा रही होती है, उस दौरान पृथ्वी भी घूमती है। अतः उस वस्तु को देखने के लिए टेलिस्कोप को पुनः व्यवस्थित करने की यानी उसे लगातार घुमाने की आवश्यकता होती है। यदि टेलिस्कोप को चित्र (c-ii) की तरह रखा जाए तो पुनः व्यवस्थापन की क्रिया काफी आसान हो सकती है—सिर्फ पारवलयिक डिश को उसके अक्ष पर घुमाना पड़ेगा।

ऊटी जगह का अक्षांश 11° उत्तर है। यदि यांत्रिक ढाँचे का निर्माण करके टेलिस्कोप को 11° झुकाया जाए तो इसमें काफी खर्च होगा। अतः गोविंद स्वरूप ऐसे पहाड़ की खोज करने लगे, जिसका पर्वतीय ढलान 11° हो! कौन कहता है कि हम भारत में रहकर प्रवीण तथा मौलिक तौर पर सोच नहीं सकते? अब गोविंद स्वरूप एक ऐसे टेलिस्कोप के निर्माण में जुटे हैं, जो विश्व के सबसे बड़े रेडियो टेलिस्कोपों में से एक होगा। (इस टेलिस्कोप का निर्माण सन् 1998 में हो चुका है।)

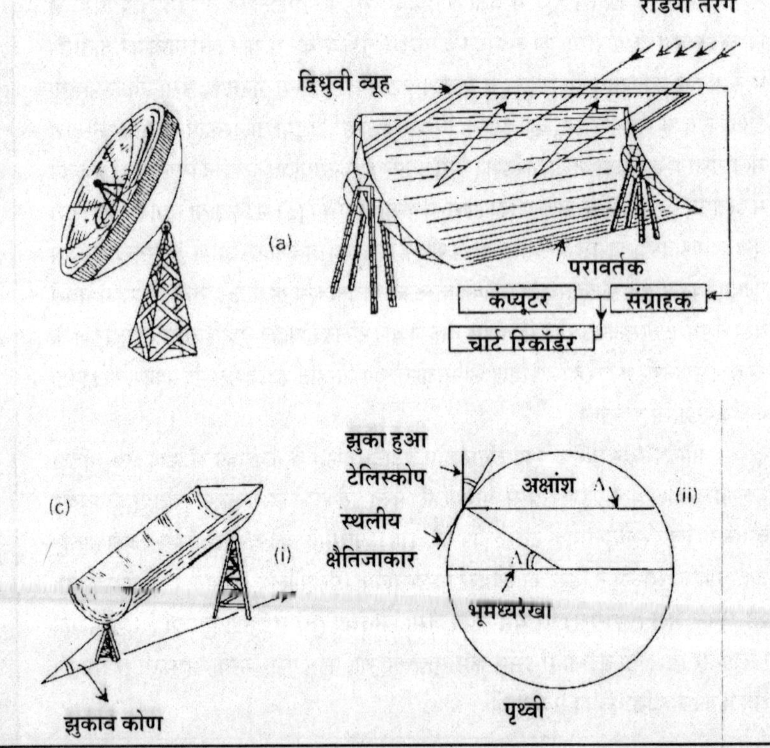

बॉक्स 5.6

रेडियो टेलिस्कोप की स्थापना के लिए ऊटी का चयन

ऊटी जगह के चयन के बारे में टी.आई.एफ.आर. के डॉ. रमेश सिन्हा बताते हैं—

"हमें ऐसी जगह की तलाश थी, जिसकी पर्वतीय ढलान पृथ्वी के घूर्णन अक्ष के समानांतर हो (बॉक्स 5.5 देखिए)। इस जगह की लंबाई कम-से-कम 500 मीटर होनी चाहिए, जिसके उत्तरी छोर की ऊँचाई दक्षिणी छोर की ऊँचाई से कम-से-कम 100 मीटर अधिक हो। उत्तर-दक्षिणी ढलान बहुत ज्यादा भी नहीं होनी चाहिए, अन्यथा खुदाई के लिए काफी खर्च होगा। चार जगहों को उपयुक्त पाया गया, जिनमें से एक कोडाइकनाल के पास (दक्षिण भारत में) तथा अन्य तीन ऊटी के नजदीक थीं। भाभा ने नीलगिरि पहाड़ी क्षेत्र में कई छुट्टियाँ बिताई थीं तथा उन्हें उसी के आस-पास की जगह ज्यादा पसंद थी, बजाय कोडाइकनाल के, क्योंकि बड़े शहरों विशेषकर कोयंबटूर से यहाँ पहुँचना आसान था।" सिन्हा आगे कहते हैं—

"एम.जी.के. मेनन तथा बर्नार्ड पीटर्स के साथ भाभा बैंगलोर से रवाना होकर ऊटी के राजभवन पहुँचे। जिन संभावित जगहों का चयन गोविंद स्वरूप तथा मैंने किया था, भाभा को उन जगहों पर ले जाने का दायित्व मुझे सौंपा गया था। सबसे पहले हम बेनलॉक डाउंस में पिकारा झील गए। यह काफी खूबसूरत जगह 500 मीटर लंबी उत्तर-दक्षिणी ढलान पर स्थित है, जो झील के अंदर नीले पानी तक जाती है। ढलान चारों ओर से घने वृक्षों के झुरमुटों से घिरी थी। इसके एक ओर, छोटा पर प्रमुख, टोडा गाँव है। जब हम पहली बार वहाँ गए थे, एक टोडा महिला ने हमें बताया था कि उनके पूर्वज उस जगह पर महाभारत काल से थे, जो राजाओं की भैंसों की देखभाल करते आए थे। उस महिला ने हमें चेतावनी दी थी कि हम उनके पूर्वजों की जमीन लेने की कोशिश न करें…।

"दूसरी जगह एमराल्ड झील के पास थी, जो काफी खूबसूरत थी, परंतु उसकी ढलान काफी कम थी। इसके सिवाय यह जगह ऊटी से काफी दूर थी।

"तीसरी जगह हमारी सभी अपेक्षाओं पर खरी उतरती थी। मुथोराई गाँव के छोर पर स्थित फेयरलॉन जगह सुरक्षित वन क्षेत्र था। जगह के चयन को अंतिम रूप देने से पहले गोविंद स्वरूप के साथ भाभा इस जगह को दोबारा देखने गए। इस बार भाभा को टोडा के प्रतिनिधिमंडल, जिसका नेतृत्व श्रीमती इवान विडरमान पिल्जैन कर रही थीं, का सामना करना पड़ा था जिसमें बुजुर्ग पुरुष एवं महिलाएँ शामिल थीं, जो वेनलॉक डाउंस स्थान के चयन का विरोध-प्रदर्शन करने आए थे। पिल्जैन का यह विरोध-प्रदर्शन बेकार था, क्योंकि हम दूसरी जगह फेयरलॉन

का चयन कर चुके थे। इसके बावजूद भाभा ने प्रतिनिधिमंडल को उनके उपयुक्त राजकीय ढंग से सम्मान दिया तथा चतुराई से समस्या को निबटाया''।

संदर्भ-सूची

1. बॉक्स 5.1 देखिए।
2. अब तक टी.आई.एफ.आर. के लिए ज्यादातर निधि परमाणु ऊर्जा विभाग के जरिए भारत सरकार से प्राप्त हुई थी।
3. सन् 1944 में सर ए.वी. हिल भारत आए थे, सरकार को इस बात पर सुझाव देने के लिए कि युद्ध की समाप्ति के बाद सी.एस.आई.आर. में किस प्रकार का कार्य होना चाहिए।
4. परमाणु ऊर्जा क्षेत्र में एक अग्रणी वैज्ञानिक।
5. बॉक्स 5.2 देखिए।
6. उस समय विश्व की सबसे बड़ी रेडियो दूरबीन।
7. जहाँ अस्थायी रासायनिक प्रयोगशालाएँ हुआ करती थीं, जिधर बाद में टी.आई.एफ.आर. के लिए भव्य भवनों का निर्माण हुआ।
8. इसके जैसी दूसरी खान सिर्फ दक्षिण अफ्रीका में है।
9. प्रोटॉन की अर्ध-आयु का मोटे तौर पर आकलन 'Why Are Things the Way They Are?' पुस्तक के अंतिम अध्याय में दिया गया है।

6
सपने इनसे बनते हैं

पिछली शताब्दी से ही कई देशभक्तों का सपना था कि भारत विज्ञान का मार्ग अपनाकर एक मजबूत औद्योगिक राष्ट्र बने। इसी भावना से प्रेरित होकर श्री महेंद्र लाल सरकार ने कलकत्ता में सन् 1875 में भारतीय उन्नत विज्ञान संस्था (इंडियन एसोसिएशन फॉर द कल्टीवेशन ऑफ साइंस) की स्थापना की[1]। टाटा इस्पात और आई.आई.एससी. के संस्थापक श्री जमशेदजी टाटा के भी सपने कुछ ऐसे ही थे, पर थोड़े अलग। श्री रमण, श्री साहा और कुछ अन्य वैज्ञानिकों को पूरा विश्वास था कि भारत की उन्नति विज्ञान व प्रौद्योगिकी का रास्ता अपनाकर ही हो सकती है। रमण ने अपने को केवल मौलिक विज्ञान तक ही सीमित रखा। इसके विपरीत साहा ने विज्ञान को प्रौद्योगिकी में बदलने के तरीकों पर गहन विचार किया, ताकि इसके उपयोग से लोगों की भलाई हो सके। यह कोई आश्चर्य की बात नहीं है, क्योंकि साहा का झुकाव समाजवाद की ओर ज्यादा था तथा उनके समक्ष सोवियत संघ का ज्वलंत उदाहरण था। दो-तीन दशकों में कई विचारपूर्ण और विद्वत्तापूर्ण लेखों के माध्यम से साहा ने अपने पक्ष का प्रतिपादन किया था, पर वे अपने सैद्धांतिक विचारों को आगे बढ़ाने में सफल नहीं हुए। इस मामले में होमी भाभा इन सबसे काफी भिन्न थे।

प्रथम चरण : परमाणु ऊर्जा विभाग का गठन

सर दोराब टाटा ट्रस्ट को भेजे गए पत्र में भाभा ने घोषणा की थी—

> "जब अगले कुछ दशकों में नाभिकीय ऊर्जा से सफलतापूर्वक ऊर्जा का उत्पादन किया जाएगा तब भारत को विशेषज्ञों के लिए विदेशों की ओर ताकना नहीं पड़ेगा, अपितु वे देश में ही तैयार मिलेंगे।"

यह बहुत ही स्वाभाविक है कि लोग शोध के लिए अनुदान की माँग करते समय, विशेषतः मूलभूत अनुसंधान के क्षेत्र में तो, उसके परिणामों एवं समाज हेतु उसकी उपयोगिता के लंबे-चौड़े दावे करते हैं। भाभा ने भी ऐसे दावे किए थे, परंतु उनका दावा खोखला नहीं था। हमें यह समझना चाहिए कि भाभा ने यह दावा सन् 1944 में किया था, जब परमाणु ऊर्जा के बारे में सभी जानकारियाँ पूर्णतः गोपनीय रखी गई थीं। किसी को इस बात की भनक भी नहीं थी कि अमेरिका परमाणु बम बनाने के कगार पर खड़ा है तथा जर्मनी इसे बनाने के लिए जी-तोड़ कोशिश कर रहा है। जबकि सन् 1939 से ही सभी भौतिकविदों को विखंडन की शृंखलाबद्ध प्रक्रिया सिद्धांत[2] की जानकारी थी। चूँकि कैंब्रिज नाभिकीय भौतिकी गतिविधियों का मुख्य केंद्र था, भाभा भी इस प्रक्रिया से सुपरिचित थे। इसी के आधार पर सर दोराब टाटा ट्रस्ट को लिखे पत्र में भाभा इस बात की भविष्यवाणी कर सके थे कि एक दिन नाभिकीय ऊर्जा या परमाणु ऊर्जा (जैसा कि अकसर कहा जाता है) की वास्तविकता सच होगी। आज यह जानकर आश्चर्य होता है कि नाभिकीय भौतिकी के प्रवर्तक लॉर्ड रदरफोर्ड स्वयं इस बात पर विश्वास नहीं करते थे कि नाभिकीय ऊर्जा कभी भी व्यावहारिक दृष्टिकोण से सफल होगी।

हिरोशिमा और नागासाकी की घटना ने विश्व को परमाणु ऊर्जा के विनाशकारी रूप का दर्शन कराया। परंतु एनरिको फर्मी यह जानते थे कि परमाणु ऊर्जा को नियंत्रित करके सुरक्षित एवं उपयोगी ऊर्जा पैदा कर उससे विद्युत् का उत्पादन किया जा सकता है। दूसरे शब्दों में, परमाणु ऊर्जा दो-मुँहा राक्षस है, जिसमें बुराई एवं अच्छाई दोनों मौजूद हैं। यद्यपि मनुष्य जाति इसके बुरे रूप को देखकर भयभीत हो गई थी, परंतु इसके शांतिमय उपयोग की ओर भी लोग उत्सुकता भरी नजरें लगाए थे। इस प्रकार जल्दी ही परमाणु ऊर्जा का शांतिमय उपयोग एक नारा-सा बन गया तथा इससे उम्मीदें भी बढ़ गईं।

भाभा ने इस दिशा में जल्दी कदम उठाया। यद्यपि देश को आजादी मिलनी बाकी थी, परंतु उस समय दिल्ली में राष्ट्रीय नेताओं की अंतरिम सरकार कार्यरत थी। जवाहरलाल नेहरू इस मंत्रिमंडल के प्रमुख थे। भारत को आजाद कराने के लिए इन नेताओं और ब्रिटिश सरकार के बीच बातचीत चरम बिंदु पर थी। भाभा ने बिना समय गँवाए उसी समय नेहरू का ध्यान इस ओर आकर्षित किया कि स्वतंत्र भारत के लिए परमाणु ऊर्जा एक उपयोगी भूमिका निभा सकती है।

उस समय भारत सरकार की विज्ञान से संबंधित गतिविधियाँ मुख्यतः 'वैज्ञानिक तथा प्रौद्योगिकी अनुसंधान परिषद्' या सी.एस.आई.आर. द्वारा संचालित होती थीं। इस संस्थान की स्थापना युद्ध में सहायता देने के उद्देश्य से ब्रिटिश सरकार द्वारा सन् 1942 में की गई थी। इसका गठन इंग्लैंड में स्थित संस्थान के अनुरूप ही किया गया था। सत्ता हस्तांतरण की संध्या

पर नेहरू विभिन्न कार्यों में व्यस्त थे। तकनीकी विकास की बात तो देश की आजादी के बाद भी सोची जा सकती थी, फिर भी नेहरू ने उनकी बात को बड़े ध्यान से सुना।

15 अगस्त, 1947 को भारत स्वतंत्र हुआ। नेहरू ने 14 अगस्त की मध्य रात्रि को अपने भावपूर्ण संबोधन में नवयुग-प्रभात के आगमन की घोषणा करते हुए कहा था, "जब सारा संसार सो रहा है, भारत आजादी में जाग्रत् हो रहा है।" उस समय लोगों में काफी आशाएँ और प्रत्याशाएँ थीं। यद्यपि नेहरू देश-विभाजन से उठी कई समस्याओं से जूझ रहे थे, फिर भी उन्होंने देश के विकास की ओर गंभीरतापूर्वक ध्यान दिया।

जहाँ तक परमाणु ऊर्जा का संबंध है, भाभा की अध्यक्षता में 'परमाणु ऊर्जा अनुसंधान मंडल' का गठन किया गया, जिसे सी.एस.आई.आर. के अंतर्गत रखा गया। उस समय एक पूर्ण सरकारी विभाग के रूप में 'वैज्ञानिक एवं प्रौद्योगिकी अनुसंधान विभाग' (डी.एस.आई.आर.) बनाने की योजना पर विचार हो रहा था। इसके लिए सर एस.एस. भटनागर[3] ने एक प्रस्ताव रखा था। नेहरू को प्रदत्त इस प्रस्ताव में भटनागर ने 'परमाणु ऊर्जा अनुसंधान मंडल' को, जो उस समय सी.एस.आई.आर. के साथ था, नए विभाग के अधीन रखने का सुझाव दिया था। लेकिन भाभा को यह बिलकुल नहीं भाया। इससे पहले भी डी.एस.आई.आर. निर्माण के संबंध में भाभा का विचार था कि इसे बिना विभाग के मंत्री के अंतर्गत न रखकर, जैसा कि सोचा जा रहा था, प्रधानमंत्री के अधीन रखा जाना चाहिए; क्योंकि यह एक अत्यंत महत्त्वपूर्ण विभाग था। भाभा अपने इस विचार के बावजूद परमाणु ऊर्जा विभाग को नए विभाग डी.एस.आई.आर. से बाहर ही रखना चाहते थे।

भाभा की इस सोच को समझना आसान है। यदि डी.एस.आई.आर. बनता तो भटनागर ही उसके सर्वेसर्वा होते; परंतु भाभा अपने विचारों के विकास में किसी भी व्यक्ति का हस्तक्षेप नहीं चाहते थे। अतः उन्होंने 26 अप्रैल, 1948 को 'भारत में परमाणु अनुसंधान का संघटन' पर एक दस्तावेज प्रधानमंत्री नेहरू को दिया। असल में भारतीय परमाणु ऊर्जा कार्यक्रम का जन्म तथा उसके बाद जो कुछ हुआ, इसी एक दस्तावेज के आधार पर हुआ। इसमें भाभा ने लिखा था—

> "परमाणु ऊर्जा का विकास-कार्य एक छोटी परंतु अति-शक्तिशाली निकाय को सौंपा जाए, जिसमें लगभग तीन कार्यकारी अधिकार प्राप्त व्यक्ति हों, जो बिना किसी मध्यस्थता के सिर्फ प्रधानमंत्री के प्रति ही जवाबदेह हों। संक्षेप में, इसे परमाणु ऊर्जा आयोग कहा जा सकता है।"

भाभा ने यह भी स्पष्ट किया कि उस समय मौजूद 'परमाणु ऊर्जा अनुसंधान मंडल'

को यह कार्य नहीं सौंपा जा सकता, क्योंकि यह एक सलाहकार निकाय है, जो सी.एस.आई.आर. के प्रबंधन निकाय को रिपोर्ट करता है, जिसमें सरकारी अधिकारी, वैज्ञानिक तथा उद्योगपतियों को मिलाकर कुल 28 सदस्य हैं। भाभा को एहसास था कि परमाणु ऊर्जा के विकास में कुछ बातों को गोपनीय रखना आवश्यक होगा; विशेषतः अन्य देशों से प्राप्त तकनीकी जानकारियों के बारे में। सी.एस.आई.आर. की संरचना गोपनीयता बनाए रखने के दृष्टिकोण से ठीक नहीं थी। भाभा के शब्दों में—"इस संगठन में गोपनीय कार्य नहीं हो सकते हैं।" उन्होंने इस बात पर भी जोर दिया कि प्रस्तावित परमाणु ऊर्जा आयोग का अपना एक अलग सचिवालय होना चाहिए, जो दूसरे किसी मंत्रालय या सरकारी विभाग के, जिसमें परिकल्पित 'वैज्ञानिक एवं प्रौद्योगिकी अनुसंधान विभाग' भी शामिल है, सचिवालय से बिलकुल स्वतंत्र हो। भाभा ने परमाणु ऊर्जा आयोग की स्थापना के साथ ही परमाणु ऊर्जा अनुसंधान मंडल को समाप्त कर देने की सिफारिश भी की।

इससे पूर्व भाभा ने स्वयं पहल कर ब्रिटिश, फ्रांसीसी तथा नॉर्वे के वैज्ञानिकों से परमाणु ऊर्जा के मामले पर बातचीत करके यह वायदा ले लिया था कि उनके देश भारत की सहायता करेंगे। नेहरू को लिखे अपने दस्तावेज में भाभा ने इस बात का जिक्र भी किया था।

आज हम जब उनके उस दस्तावेज को पढ़ते हैं तो न केवल उसकी संक्षिप्तता, बल्कि उनकी स्पष्टता एवं सटीकता हमें प्रभावित करती है। भाभा जानते थे कि नेहरू बहुत ही व्यस्त रहते हैं, अतः उन्हें तुच्छ विवरणों से तंग न कर अपनी बात को स्पष्ट और संक्षेप में कहना होगा। प्रशासकों में तो प्रशिक्षण प्राप्त करने के कारण सटीक टिप्पणियाँ लिखने की योग्यता होती है, पर भाभा ने तो ऐसा कोई प्रशिक्षण नहीं लिया था। उन्हें यह निपुणता स्वाभाविक तौर पर मिली थी। शायद टाटा-परिवार से उनकी घनिष्ठता इसका कारण हो।

इस लंबी कहानी का सारांश यह है कि आगामी कुछ महीनों में ही सरकार ने न केवल भाभा के प्रस्ताव को मान लिया, अपितु संसद् में परमाणु ऊर्जा विधेयक भी रखा, जिससे परमाणु ऊर्जा आयोग का गठन हुआ। इस प्रकार भाभा ने अपनी यात्रा की प्रारंभिक दूरी तय कर ली तथा अपने संभावी प्रतिस्पर्धियों (भटनागर और साहा) से आगे निकल गए। पर नौकरशाही में अन्य ताकतें भी थीं, जो उनकी इस यात्रा को कठिन बनाने की कोशिश कर रही थीं। मूलतः यह कार्यकारी अधिकारों को लेकर था। इससे संबंधित कुछ जानकारियाँ अलग से बॉक्स 6.2 में दी गई हैं। पुनः इतिहास की तरफ रुख करें, सबसे पहले गठित परमाणु ऊर्जा आयोग में तीन सदस्य थे, जिसके अध्यक्ष भाभा थे। अन्य दो सदस्य थे—सर एस.एस. भटनागर[4] तथा सर के.एस. कृष्णन[5]। टाटा न्यास से किए अपने वायदे को पूरा करने के लिए

भाभा अब आगे बढ़ सकते थे।

परमाणु ऊर्जा आयोग का प्रारंभिक काल

प्रारंभ में परमाणु ऊर्जा आयोग की गतिविधियाँ मुख्यतः परमाणु खनिजों की खोज, जैसे यूरेनियम तथा थोरियम-युक्त खनिज तथा उन खनिजों को संसाधित करने तक ही सीमित थी। इसके साथ-साथ आयोग छोटे पैमाने पर परमाणु ऊर्जा से संबंधित विभिन्न अनुसंधान कार्यों को करने के लिए धन भी प्रदान करता था। ऐसे कुछ अनुसंधान कार्य केनिलवर्थ में भी किए गए। इसके परिणामस्वरूप रासायनिक इंजीनियरों तथा धातुविदों के एक छोटे से दल ने भारत में पहली बार सन् 1953 में 1 ग्राम यूरेनियम धातु का उत्पादन कर दिखाया था।

परमाणु ऊर्जा आयोग वास्तव में एक नीति-निर्धारण निकाय था। स्पष्टतः, आयोग के लिए परमाणु ऊर्जा का संपूर्ण कार्यक्रम चलाना तथा उस पर दैनंदिन निगरानी रखना संभव नहीं था। अतः सन् 1954 में भाभा ने नेहरू को परमाणु ऊर्जा विभाग बनाने का प्रस्ताव दिया, जो दूसरे सरकारी विभागों की तरह भारत सरकार के अंतर्गत रहेगा। अन्य कार्यों के अलावा यह विभाग परमाणु ऊर्जा कार्यक्रम के लिए आवश्यक सभी सुविधाओं के लिए धन प्रदान करेगा तथा उनके निर्माण एवं प्रचालन का काम भी करेगा। इसके कार्य-कलापों का क्षेत्र खनिज अन्वेषण से लेकर तकनीकी अनुसंधान तथा विकास तक फैला होगा।

परमाणु ऊर्जा विभाग और परमाणु ऊर्जा प्रतिष्ठान, ट्रांबे का जन्म

बहुत जल्द यह स्पष्ट हो गया कि परमाणु ऊर्जा के क्षेत्र में प्रौद्योगिकी विकास का कार्य टी.आई.एफ.आर. के अंतर्गत रहकर नहीं किया जा सकता और अब समय आ गया है कि इस हेतु नई प्रयोगशाला का निर्माण प्रारंभ किया जाए। भाभा का सुझाव था कि इस नई प्रयोगशाला को बंबई के निकट ट्रांबे में निर्मित किया जाए। वे इसके लिए 1,200 एकड़ जमीन प्राप्त करने में सफल हुए। प्रस्तावित प्रयोगशाला का नाम परमाणु ऊर्जा प्रतिष्ठान, ट्रांबे (ए.ई.ई.टी.) रखा गया। बाद में इंदिरा गांधी द्वारा इसे बदलकर भाभा परमाणु अनुसंधान केंद्र (बी.ए.आर.सी.) किया गया और आज ए.ई.ई.टी. को इसी नाम से जाना जाता है।

सन् 1954 में डी.ए.ई. और ए.ई.ई.टी. ने कार्य शुरू किया। आमतौर पर सरकार के सभी विभाग दिल्ली में स्थित होते हैं, परंतु भाभा अपनी इसी बात पर अड़े रहे कि डी.ए.ई. का सचिवालय बंबई में बनाया जाए। उनके लिए यह सुविधाजनक होता (उस समय वे टी.आई.एफ.आर. के निदेशक थे तथा ए.ई.ई.टी. के भी निदेशक बनाए गए थे) तथा साथ ही ऐसा होने पर उन्हें दिल्ली के नौकरशाही वातावरण से काफी दूर रहने का लाभ भी मिलता।

दिल्ली के प्रशासन-तंत्र से संपर्क बनाए रखने के लिए डी.ए.ई. की एक छोटी शाखा दिल्ली में बनाने का प्रावधान रखा गया।

सरकारी विभाग को दिल्ली से बाहर रखना एक क्रांतिकारी कदम था। इसकी कल्पना भी नहीं की जा सकती थी, फिर भी नेहरू के साथ अपने निकट संबंधों के कारण भाभा ऐसा कर पाए। दशकों बाद सतीश धवन ने इसका अनुसरण करके अंतरिक्ष विभाग (डिपार्टमेंट ऑफ स्पेस) को बैंगलोर में बनवाया, जहाँ वे आई.आई.एससी. के निदेशक पद पर थे।

जिस प्रकार भाभा ने परमाणु ऊर्जा कार्यक्रम की वैज्ञानिक गतिविधियों को अंजाम दिया, वह काफी दिलचस्प है। शुरू में उन्होंने संगठन के ढाँचे, अलग-अलग प्रभाग, विभाग आदि बनाने की परवाह नहीं की। दूसरे शब्दों में, उन्होंने अपनी टी.आई.एफ.आर. वाली शैली ही अपनाई, यानी उन्होंने लोगों (भौतिकविद्, रसायनज्ञ तथा धातुविद्) का चुनाव उनकी कुशलता, निपुणता और अभिरुचि के आधार पर किया। इनमें से कुछ लोगों से तो वे पहले ही अपने विदेशी दौरों में मिल चुके थे। लोगों के अनुरूप कार्यक्रम बनाए गए और संगठन का ढाँचा सबसे बाद में बना[6]।

सन् 1957 तक ए.ई.ई.टी. का सारा कार्य, व्यावहारिक रूप से, टी.आई.एफ.आर. में होता था। परमाणु ऊर्जा कार्यक्रम में लगे सारे वैज्ञानिक टी.आई.एफ.आर. की सुविधाओं का उपयोग करते थे, जैसे वहाँ की कर्मशाला, पुस्तकालय आदि। टी.आई.एफ.आर. इनके कुछ प्रशासनिक कार्यों को भी सँभालता था, जैसे सामान-क्रय आदि। उस समय टी.आई.एफ.आर. के उप-निदेशक थे भारतीय नागरिक सेवा (इंडियन सिविल सर्विस) से निवृत्त एक अंग्रेज श्री ई.सी. अलरडाइस। ए.ई.ई.टी. के प्रशासनिक मामलों में अलरडाइस ने भाभा की काफी मदद की। बाद में वे ए.ई.ई.टी. के नियंत्रक (प्रशासन) बने। उन दिनों टी.आई.एफ.आर. और ए.ई.ई.टी. के कर्मचारियों में कोई अंतर नहीं था, अंतर सिर्फ इतना ही था कि उनका वेतन अलग-अलग बजटों से आता था।

प्रारंभिक दिनों में परमाणु ऊर्जा से संबंधित शोध-कार्य केनिलवर्थ परिसर में समा गया था। परंतु कार्य इतनी तेजी से बढ़ने लगे कि नई जगह तलाशनी पड़ी। इस प्रकार सन् 1953 के आस-पास धात्विकी कार्यक्रम को ओल्ड यॉच क्लब (ओ.वाई.सी.) में स्थानांतरित किया गया और रासायनिकी, वर्णक्रमी तथा संबद्ध कार्यों को केडल रोड (वर्तमान नाम वीर सावरकर मार्ग) स्थित एक पुरानी बंद पड़ी कपड़ा मिल के परिसर में जगह मिली। भौतिकी और इलेक्ट्रॉनिकी से जुड़ी गतिविधियों को कोलाबा की बैरकों में स्थान मिला।

परमाणु ऊर्जा कार्यक्रम का भौतिकी अंग डॉ. राजा रमन्ना के अधीन था, जो उस समय टी.आई.एफ.आर. में भी पदस्थ थे। इलेक्ट्रॉनिकी कार्य के प्रमुख डॉ. ए.एस. राव थे, वे भी दो

पदों पर थे। इससे पहले डॉ. राव ने भाभा को अंतरिक्ष किरणों पर प्रयोग करते समय आवश्यक इलेक्ट्रॉनिकी उपकरण विकसित करने में मदद की थी। कई वर्षों बाद रमन्ना परमाणु ऊर्जा आयोग के अध्यक्ष बने और उन्होंने पद-निवृत्ति के बाद कुछ समय के लिए दिल्ली में रक्षा राज्यमंत्री का दायित्व निभाया। भारतीय इलेक्ट्रॉनिक्स कॉरपोरेशन ऑफ इंडिया लिमिटेड (ई.सी.आई.एल.) के प्रथम प्रबंध निदेशक बनकर राव हैदराबाद चले गए।

उन दिनों की कार्यशैली व अनौपचारिक ढंग से काम करने का उदाहरण शायद मेरे स्वयं के इस अनुभव से स्पष्ट हो सकेगा। मैंने मार्च 1955 में एक विज्ञापन पढ़कर शोध-सहायक पद पर नियुक्ति के लिए आवेदन किया था। जुलाई में प्रो. पीटर्स की अध्यक्षता में गठित एक समिति ने मेरा साक्षात्कार लिया। मुझे मिलाकर कुल छह लोगों को चुना गया। डॉ. भाभा ने हममें से कुछ को टी.आई.एफ.आर. में तथा अन्य को ए.ई.ई.टी. में नियुक्त किया। मै दूसरी श्रेणी में था। मुझे डॉ. रमन्ना के अधीन काम करने को कहा गया तथा परमाणु ऊर्जा से जुड़े कार्यों में उनका सहायक बनाया गया। मेरा कार्य-स्थल कोलाबा की बैरकों में था। यद्यपि मैं ए.ई.ई.टी. का कर्मचारी था, परंतु व्यावहारिक तौर पर मैं टी.आई.एफ.आर. का सदस्य था, इसलिए टी.आई.एफ.आर. के एच.एल.एन. मूर्ति ने मेरे कई उपकरण बनाए (जैसा कि पूर्व अध्याय में बताया गया है)। समय गुजरने के साथ-साथ ए.ई.ई.टी. और टी.आई.एफ.आर. के बीच संपर्क में कुछ कमी आई, पर नाभिकीय भौतिकी क्षेत्र में संबंध अब भी बना हुआ है।

अप्सरा : प्रथम सफलता

भाभा ने सन् 1954 में यह निर्णय लिया कि अनुसंधान हेतु ए.ई.ई.टी. में एक तरण-ताल रिएक्टर (एस.पी.आर.) होना चाहिए। इस रिएक्टर के नियंत्रण उपकरणों का निर्माण कोलाबा में ए.एस. राव के दल ने किया, जबकि यांत्रिकी उपकरणों को टी.आई.एफ.आर. की कार्यशाला में बनाया गया। सभी घटकों को जोड़ने का काम वर्ष 1955 में तथा रिएक्टर का प्रचालन अगस्त 1956 में प्रारंभ हो गया। नेहरू ने इस रिएक्टर को राष्ट्र को समर्पित करते हुए इसका नाम 'अप्सरा' रखा; यह अब भी कार्यरत है। 'अप्सरा' एक महत्त्वपूर्ण चरण था; क्योंकि इसका अभिकल्पन एवं निर्माण भारत में हुआ था। सिर्फ इसका ईंधन इंग्लैंड से आया था, जो परमाणु अनुसंधान प्रतिष्ठान, हार्वेल के अध्यक्ष सर जॉन काकरॉफ्ट तथा भाभा की गहरी मित्रता की वजह से प्राप्त हुआ था। इससे पहले काकरॉफ्ट ने रदरफोर्ड के अधीन काम किया था एवं उन्हें नोबेल पुरस्कार भी मिला था। भाभा और काकरॉफ्ट एक-दूसरे को कैंब्रिज के समय से जानते थे।

'अप्सरा' रिएक्टर के चालू हो जाने पर ए.ई.ई.टी. में कार्यरत भौतिकविदों को टी.आई.एफ.आर. में रहने का कोई औचित्य नहीं था, अतः वे सब ट्रांबे चले आए, जिनमें मैं भी शामिल था। यद्यपि ए.ई.ई.टी. के प्रारंभिक काल का विवरण यहाँ संक्षेप में दिया गया है, फिर भी इतना तो स्पष्ट होता है कि किस तरह भाभा ने टी.आई.एफ.आर. को परमाणु ऊर्जा कार्यक्रम का आधार बनाने का अपना वायदा निभाया। भाभा ने स्वयं इस बात का जिक्र आई.सी.एस.यू. में दिए गए अपने भाषण में किया था—

> "मैंने 12 मार्च, 1944 के पत्र में इंगित किया था कि आज से कुछ दशकों बाद जब परमाणु ऊर्जा से विद्युत् का उत्पादन सफलतापूर्वक किया जाएगा, उस समय भारत को विशेषज्ञों के लिए विदेश की ओर नहीं देखना पड़ेगा बल्कि वे यहीं तैयार मिलेंगे। अप्रैल 1944 में सर दोराब टाटा ट्रस्ट ने मेरे प्रस्ताव को स्वीकारते हुए संस्था[7] की स्थापना तथा उसकी वित्तीय जिम्मेदारी उठाने का निर्णय लिया था। यह घटना हिरोशिमा पर पहली बार बम गिरने से एक वर्ष से भी अधिक पहले की है तथा उस समय नाभिकीय भौतिकी इतनी उन्नत भी नहीं हुई थी कि वह विज्ञान की वाहक-गाड़ी कहलाए। यही नहीं, तब इस बात की जानकारी सार्वजनिक भी नहीं की गई थी कि परमाणुओं के ढेर (एटॉमिक पाइल्स) के साथ किए गए प्रयोग यानी रिएक्टर का सफल प्रचालन किया जा चुका है; जबकि उस समय परमाणु बिजली-घरों की चर्चा करना दूर की बात थी।"

जेनेवा में जीत

सन् 1955 का वर्ष होमी भाभा के जीवन का एक ऐतिहासिक वर्ष था। अमेरिका के राष्ट्रपति आइजनहॉवर के सुझाव पर संयुक्त राष्ट्र संघ ने अगस्त 1955 में परमाणु ऊर्जा के शांतिमय उपयोग पर जेनेवा में एक अंतरराष्ट्रीय सम्मेलन आयोजित करने का निर्णय लिया। इस तरह का अंतरराष्ट्रीय वैज्ञानिक सम्मेलन, विशेषतः संयुक्त राष्ट्र संघ के तत्त्वावधान में, इससे पहले कभी नहीं हुआ था (उनके लिए यह बिलकुल ही नया अनुभव था)। यही नहीं, एक ही सम्मेलन में इतने व्यापक विषयों पर चर्चा भी पहले नहीं हुई थी; जैसे भौतिक विज्ञान, धातु विज्ञान और रसायन इंजीनियरी से लेकर खनिज अन्वेषण, जड़ पदार्थों पर विकिरण का प्रभाव तथा अंतरराष्ट्रीय कानून संबंधी सवालों पर चर्चा। संयुक्त राष्ट्र संघ की आम सभा की अपनी रिपोर्ट में इसका जिक्र करते हुए भाभा ने लिखा—"73 राष्ट्रों के 1,428 प्रतिनिधियों तथा 1,334 प्रेक्षकों ने इसमें भाग लिया। 900 पत्रकारों ने इस सम्मेलन की काररवाई लोगों तक पहुँचाई।" होमी भाभा लोकप्रियता की वजह से सर्वसम्मति से इस सम्मेलन के अध्यक्ष

चुने गए (इसे प्रथम जेनेवा सम्मेलन कहा जाता है)। यह एक अपूर्व सम्मान था, क्योंकि उस समय भारत का परमाणु ऊर्जा कार्यक्रम पूरी तरह स्थापित भी नहीं हो पाया था। भाभा के इस तरह अध्यक्ष चुने जाने का कारण उनकी अत्यधिक लोकप्रियता तथा वैज्ञानिक प्रतिष्ठा थी। यद्यपि दोनों महाशक्तियाँ—अमेरिका तथा सोवियत संघ—फौजी ताकत व परमाणु ऊर्जा में सशक्त थीं, फिर भी अध्यक्षता का गौरव उन्हें नहीं मिला; पर उन्होंने इस बात पर एतराज नहीं जताया, बल्कि भाभा का समर्थन किया।

भाभा का अध्यक्षीय भाषण एक उल्लेखनीय दस्तावेज है, जिसे पढ़कर आज भी रोमांच होता है। प्रायः अध्यक्षीय भाषण सुस्त, उबाऊ व नीरस होते हैं; परंतु भाभा का भाषण मानव जाति के इतिहास तथा उनके द्वारा प्रकृति के विभिन्न ऊर्जा स्रोतों पर बेहतर नियंत्रण पाने के लिए किए जा रहे सतत प्रयासों का एक उज्ज्वल चित्रण था। स्पष्ट है, वे दृढ़ता के साथ परमाणु ऊर्जा की तरफदारी कर रहे थे। याद रहे, सन् 1955 में विश्व के किसी भी देश में शायद ही कोई बड़ा व व्यापारिक नाभिकीय विद्युत् संयंत्र था, वे सब बाद में बने। अपने भाषण में भाभा ने बहुत ही साहसिक भविष्यवाणी की। उन्होंने कहा—

> "अभी हम जिस ऐतिहासिक युग में प्रवेश कर रहे हैं, उसमें विखंडन-प्रक्रिया द्वारा उत्पादित परमाणु ऊर्जा कुछ समय तक विश्व की ऊर्जा माँग को पूरा करेगी; पर शायद एक दिन इस युग को 'परमाणु युग का आदि-काल' कहा जाएगा। यह तो पता है कि परमाणु ऊर्जा संलयन प्रक्रिया द्वारा भी प्राप्त की जा सकती है, जैसा कि हाइड्रोजन बम में हुआ है तथा अभी तक ऐसा कोई वैज्ञानिक कारण हमें मालूम नहीं है, जो संलयन प्रक्रिया से प्राप्त ऊर्जा को नियंत्रित ढंग से पैदा करना असंभव बतलाता हो। हाँ, यह सच है कि तकनीकी समस्याएँ विकट हैं; पर हमें याद रखना चाहिए कि फर्मी द्वारा किए गए एटॉमिक पाइल्स प्रयोग (रिएक्टर) में पहली बार परमाणु ऊर्जा प्राप्त करने की घटना को अभी पंद्रह वर्ष भी नहीं हुए हैं। मैं एक साहसिक भविष्यवाणी करता हूँ कि अगले दो दशकों में नियंत्रित ढंग से संलयन ऊर्जा प्राप्त करने का उपाय हमें मिल जाएगा। ऐसा होने से निश्चित तौर पर काफी समय तक के लिए विश्व की ऊर्जा समस्या का हल हो जाएगा, क्योंकि इसके लिए जरूरी ईंधन, भारी हाइड्रोजन समुद्र में उपस्थित है—और प्रचुर मात्रा में उपलब्ध है।"

भाभा ऐसा कहकर संलयन ऊर्जा[8] की संभावना का पूर्वानुमान कर रहे थे। यहाँ दो बातें कहना बहुत जरूरी है। पहली बात, उस समय संलयन अनुसंधान अत्यंत खामोशी के साथ

किया जा रहा था, क्योंकि हाइड्रोजन बम संलयन प्रक्रिया पर आधारित था। अमेरिका, ब्रिटेन तथा सोवियत संघ—ये सभी देश तापीय-नाभिकीय ऊर्जा के नियंत्रित उत्पादन पर शोध कर रहे थे; परंतु इस बारे में वे ज्यादा कुछ नहीं बताते थे। जेनेवा में भी इस पर चर्चा नहीं हुई। सोवियत संघ ने तो ऐसे अनुसंधान कार्यों को गोपनीय श्रेणी में रख दिया था। दूसरी बात, भाभा की इस घोषणा ने सबको झकझोरकर रख दिया, जिसका एक अच्छा परिणाम हुआ कि इन प्रगत राष्ट्रों ने माना कि वे संलयन पर शोध कर रहे हैं तथा इस अनुसंधान की कुछ जानकारियाँ बाहर आने लगीं।

भाभा की भविष्यवाणी सच नहीं हुई है। परंतु तब वर्ष 1955 में कोई नहीं जानता था कि प्लाज्मा, जिससे संलयन ऊर्जा निकालनी थी, एक वन्य जंतु जैसा है, जिसे नियंत्रित करना कठिन है। वस्तुतः, जेनेवा सम्मेलन के तुरंत बाद ब्रिटेन के परमाणु ऊर्जा अनुसंधान संगठन ने अपने प्रयोगों की सफलता की घोषणा करते हुए कहा था कि नियंत्रित ढंग से संलयन ऊर्जा का उत्पादन जल्द ही संभव होगा। परंतु यह दावा खोखला साबित हुआ। शीघ्र ही सब वैज्ञानिक समझ गए कि प्लाज्मा अत्यंत ही अस्थिर है और जब तक उसे स्थिर करने के उपाय का पता नहीं चल जाता, नियंत्रित ढंग से संलयन ऊर्जा पैदा करना संभव नहीं होगा। पिछले कई दशकों से इस क्षेत्र में सारे अनुसंधान मुख्यतः प्लाज्मा की अस्थिरता को समझने तथा उस पर विजय पाने की दिशा में किए जा रहे हैं। अब ऐसा लग रहा है कि हम भाभा के सपने को पूरा करने के काफी करीब हैं। संभवतः अगली शताब्दी के आरंभ से संलयन ऊर्जा प्राप्त होने लगेगी।

जेनेवा सम्मेलन में भारतीय भागीदारी सिर्फ भाभा तक ही सीमित नहीं थी। वास्तव में वहाँ एक संतुलित प्रतिनिधि दल गया था तथा विभिन्न तकनीकी सत्रों में शोध-पत्र भी पढ़े गए थे। निस्संदेह इनमें सबसे महत्त्वपूर्ण शोध-पत्र भाभा का था, जिसमें उन्होंने यह दलील रखी थी कि भारत के लिए नाभिकीय ऊर्जा कितनी अनिवार्य है। देश के पिछड़ेपन की वजह से कई देशी और विदेशी लोगों को लगता था कि भारत के लिए नाभिकीय ऊर्जा विलासिता की वस्तु है। किंतु तथ्य और आँकड़े दिखाकर भाभा ने इस विचारधारा का जोरदार खंडन किया। विकसित देशों के अनुभव से यह स्पष्ट था कि जीवन-स्तर के ऊँचा उठने पर बिजली की माँग निश्चित रूप से बढ़ती है। भारत की जनसंख्या ज्यादा होने के कारण उसकी ऊर्जा-वृद्धि की माँग भी काफी ज्यादा होगी। यह माँग हमारे कोयला व जल भंडारों के संसाधन से पूरी नहीं की जा सकती। साथ ही हमारे कोयले की किस्म घटिया है तथा उसके भंडार मुख्यतः बिहार में होने के कारण ये समस्या को और भी बढ़ा देते हैं। अतः यदि हम कोयले पर आधारित बिजलीघर बनाते हैं (यह मानकर कि वे नाभिकीय बिजलीघरों के मुकाबले सस्ते हैं) तो हमें

बड़ी मात्रा में प्रतिदिन कोयले को सुदूर राज्यों, जैसे—केरल, राजस्थान, पंजाब आदि राज्यों में पहुँचाने में काफी कठिन समस्या का सामना करना पड़ेगा। इसके लिए रेलवे में प्रचुर पूँजी लगानी पड़ेगी। अतः सब मिलाकर राष्ट्रीय व्यय में कमी न होकर वृद्धि ही होगी। यहाँ तो केवल मोटे तौर पर उनके तर्कों का जिक्र किया जा रहा है; पर उन्होंने अर्थशास्त्रियों, बैंकरों, प्रबंधकों और सरकारी अफसरों को संतुष्ट करने के लिए अपने शोध-पत्र को पूरे तथ्यों, आँकड़ों व लागत-व्यय के साथ पेश किया। इस शोध-पत्र को देखकर यह विश्वास करना कठिन लगता है। इसी लेखक ने 'रिव्यूज ऑफ मॉडर्न फिजिक्स' में ऑर्थोक्रोनस ग्रुप के बारे में लिखा है। संक्षेप में, भाभा की दलील थी कि सन् 1955 में भी नाभिकीय बिजलीघर तापीय बिजलीघरों से सस्ते होते, यदि वे बिहार की कोयले की खानों से 800 किलोमीटर की दूरी पर बनाए जाते। उस समय उनका यह नारा कि 'ऊर्जा-विहीनता हर ऊर्जा से महँगी है'—नो पावर इज कॉस्टलीयर दैन नो पावर—लोकप्रिय हुआ था। है न उलझन भरा? खुद ही समझने की कोशिश कीजिए।

कनाडा-भारत रिएक्टर परियोजना : इसकी उत्पत्ति

डी.ए.ई. और ए.ई.ई.टी. के बन जाने पर भाभा ने तकनीकी विकास को आगे बढ़ाया। यद्यपि परमाणु ऊर्जा का उपयोग विभिन्न प्रकार के शांतिमय कार्यों के लिए हो सकता है, परंतु स्पष्टतः इसका प्रमुख उद्देश्य ऊर्जा उत्पादन था। ब्रिटेन में निर्मित कैल्डर हॉल रिएक्टर यद्यपि छोटा था, पर वास्तव में ऊर्जा ग्रिड में बिजली जोड़ रहा था; रूस भी अपना रिएक्टर चला रहा था। भारत को उनके साथ बने रहने के लिए अपने कार्यों में तेजी लाने की जरूरत थी, अतः उसे 'अप्सरा' रिएक्टर (जिसका निर्माण कार्य समापन के करीब था) से आगे बढ़कर कुछ करना था।

भारत के लिए ऊर्जा उत्पादन की कौन सी संकल्पना उपयुक्त होगी, इसके अन्वेषण में भाभा जुट गए। जेनेवा सम्मेलन के दौरान उन्हें कई देशों, जैसे—अमेरिका, कनाडा, ब्रिटेन, फ्रांस तथा रूस के विशेषज्ञों से इस विषय पर चर्चा करने का काफी अवसर मिला था। उस समय मुख्यतः तीन प्रकार के रिएक्टर बनते थे—सादा पानी मंदित, भारी पानी मंदित तथा ग्रेफाइट (कार्बन) मंदित रिएक्टर। अमेरिका में सादा पानी मंदित रिएक्टर प्रचलित थे, क्योंकि वे इस प्रकार के रिएक्टरों का विकास नाभिकीय पनडुब्बी बनाने के कार्यक्रम के लिए पहले ही कर चुके थे। इस प्रकार के रिएक्टर कई पहलुओं से आकर्षक थे, पर इनकी एक खराबी यह थी कि इनमें समृद्ध यूरेनियम (जिसमें प्राकृतिक यूरेनियम की तुलना में यूरेनियम-235 के आइसोटोप ज्यादा होते हैं) का ईंधन प्रयुक्त होता था। हाँ, यह सच है कि भारत में भी सादा

पानी मंदित रिएक्टर, जैसे अप्सरा, को बनाने का अनुभव था। लेकिन अप्सरा की अभिकल्पना में भाप बनाने और उससे विद्युत् उत्पादन करना शामिल नहीं था। पर यह स्पष्ट हो चुका था कि ऐसे रिएक्टरों के लिए ईंधन का आयात करना पड़ेगा, क्योंकि वह समृद्ध यूरेनियम था। समृद्धीकरण के संयंत्र बहुत महँगे हैं।[9] इस कारण सादा पानी रिएक्टरों का चयन सर्वोत्तम नहीं माना गया, क्योंकि ऐसा करने पर भारत को आयातित ईंधन पर निर्भर रहना पड़ता।

इसके विपरीत, भारी पानी रिएक्टर में प्राकृतिक यूरेनियम का इस्तेमाल होता है। यद्यपि इसमें भारी पानी उत्पादन की समस्या है, परंतु यूरेनियम समृद्धीकरण की तुलना में कहीं आसान है। यह दिखाने के लिए कि भारत यह काम कर सकता है, भाभा ने जल्दी से भाखड़ा बाँध के पास नांगल में सामान्य विद्युत् अपघटन प्रक्रिया से भारी पानी बनाने का एक छोटा संयंत्र[10] लगवाया। निस्संदेह इसमें बहुत बिजली की खपत होती है, इसलिए इसे वहाँ बनाया गया।

उस समय कैंब्रिज के दिनों से परिचित भाभा के पुराने मित्र डब्ल्यू.बी. लुइस कनाडा के परमाणु ऊर्जा कार्यक्रम का संचालन कर रहे थे तथा उन्होंने भारी पानी रिएक्टरों के निर्माण को एक अच्छी कला सदृश बना दिया था। भारत के लिए भारी पानी रिएक्टर हर प्रकार से आकर्षक था। एक तो इसमें सिर्फ प्राकृतिक यूरेनियम का इस्तेमाल होता है, यानी ईंधन के लिए भारत को किसी अन्य देशों पर निर्भर नहीं होना पड़ता; दूसरे, भारी पानी का उत्पादन करना संभव था[11] और भारत इसे कर सकता था; तीसरे, जो एक महत्त्वपूर्ण सोचने की बात थी—भारी पानी रिएक्टर का न्यूट्रॉन अपव्यय सादा पानी रिएक्टर से बेहतर था—यानी व्यावहारिक तौर पर इन रिएक्टरों में प्लूटोनियम का उत्पादन अधिक दक्षता से किया जा सकता था, जो हमारे परमाणु ऊर्जा कार्यक्रम के द्वितीय चरण[12] के लिए उपयोगी था।

इस प्रकार जब जेनेवा सम्मेलन खत्म होने को था, भाभा अपनी चर्चाओं के आधार पर इस नतीजे पर पहुँच चुके थे कि परमाणु ऊर्जा कार्यक्रम के प्रथम चरण के लिए भारी पानी रिएक्टर पर ही भरोसा किया जाए। वास्तव में, उन्हें अब स्पष्ट हो गया था कि भारत को किस प्रकार तीन चरणों में आगे बढ़ना चाहिए[13]। अब अगला काम था—भारी पानी रिएक्टरों के बारे में अनुभव प्राप्त करना। इस बारे में लुइस से संबंध काम आए।

कनाडा की परमाणु ऊर्जा क्षेत्र में सक्रियता युद्ध के वर्षों में शुरू हुई। जब हिटलर की धमकी खतरनाक होती जा रही थी तथा जर्मन सेना लंदन में बम बरसा रही थी, उस समय यह निर्णय लिया गया कि ब्रिटिश परमाणु अनुसंधान को अटलांटिक के पार स्थानांतरित किया जाए। इसलिए कनाडा के मॉण्ट्रियल शहर में शोध-कार्य शुरू हुआ। काकरॉफ्ट इस कार्यक्रम के संचालक थे तथा लुइस समेत कैंब्रिज के अनेक सहयोगी उनकी सहायता कर रहे थे।

कनाडा के कई लोग भी इसमें शरीक थे। ब्रिटिश लोग जानते थे कि अमेरिका जल्दी ही शृंखलाबद्ध प्रक्रिया को नियंत्रित तरीके से कर पाने में सफलता हासिल करने वाला है। यद्यपि इस कार्यक्रम में उनका कुछ आपसी सहयोग था, पर ब्रिटिश लोगों ने कनाडा[14] आकर अपना एक अलग रास्ता अपनाया। युद्ध के पश्चात् काकरॉफ्ट ब्रिटेन लौट गए, जहाँ वे ब्रिटिश परमाणु ऊर्जा कार्यक्रम के प्रमुख बने, जबकि लुइस कनाडा में ही रहकर वहाँ के कार्यक्रम को विकसित करने में लग गए।

कनाडा बम बनाने के पक्ष में नहीं था, बल्कि वह विद्युत् ऊर्जा का उत्पादन करना चाहता था। लुइस ने महत्त्वाकांक्षी योजनाएँ बनाईं, पर इसके लिए आवश्यक अनुसंधान संस्थान मॉण्ट्रियल जैसे बड़े शहर में नहीं बनाया जा सकता था। अतः उन्होंने इसके लिए ओंटारियो राज्य[15] के उत्तरी भाग में स्थित चॉक रिवर नामक स्थान चुना। यहाँ उन्होंने एक वृहद् अनुसंधान संस्थान का निर्माण किया, जिसे एटॉमिक एनर्जी ऑफ कनाडा लिमिटेड (ए.ई.सी.एल.) कहा जाता है। वहाँ से लगभग 25 किलोमीटर की दूरी पर एक छोटे से गाँव डीप रिवर में आवास स्थल था। सन् 1947 में कनाडा ने अनुसंधान के लिए 40 मेगावाट क्षमतावाला एक तापीय भारी पानी रिएक्टर बनाया, जिसमें ईंधन प्राकृतिक यूरेनियम था। उसका नाम एन.आर.एक्स. रखा गया। उस समय तथा उससे भी लगभग दस वर्ष बाद तक यह रिएक्टर विश्व का सबसे शक्तिशाली अनुसंधान रिएक्टर रहा।

भाभा ने तय किया कि भारी पानी रिएक्टर के साथ बढ़ने के लिए एन.आर.एक्स. जैसा एक रिएक्टर बनाने की जरूरत है। अतः अगस्त 1955 में जब वे जेनेवा में थे, उन्होंने लुइस से, जो उस सम्मेलन में उपस्थित थे, सहयोग करने का समझौता किया, जिसके अंतर्गत कनाडा इसी प्रकार का एक रिएक्टर ट्रांबे में बनाने के लिए भारत की मदद करेगा। साथ ही ए.ई.सी.एल. लगभग चालीस भारतीय इंजीनियरों को इस कनाडा-भारत रिएक्टर के प्रचालन तथा रख-रखाव के लिए प्रशिक्षण भी देगा।

आगे बढ़ने के लिए भाभा का यह एक बड़ा कदम था। वे इतने हठी भी नहीं थे कि हरेक नट-बोल्ट को भारत में ही बनाते[16]। इसके विपरीत, जहाँ भी संभव हुआ, शीघ्र शुरुआत के लिए विदेशी जानकारी को काम में लाया गया। उन्होंने स्वयं इस बारे में कहा था[17]—

> "देशी विज्ञान व प्रौद्योगिकी तथा विदेशी सहभागिता की भूमिका को इस उपमा से अच्छी तरह समझा जा सकता है। एक वायुयान का इंजन देशी विज्ञान व प्रौद्योगिकी सदृश है, जबकि विदेशी सहभागिता वर्धक (बूस्टर) की तरह होती है। विदेशी सहभागिता वर्धक के रूप में वायुयान की उड़ान में मददगार तो हो सकती है, परंतु

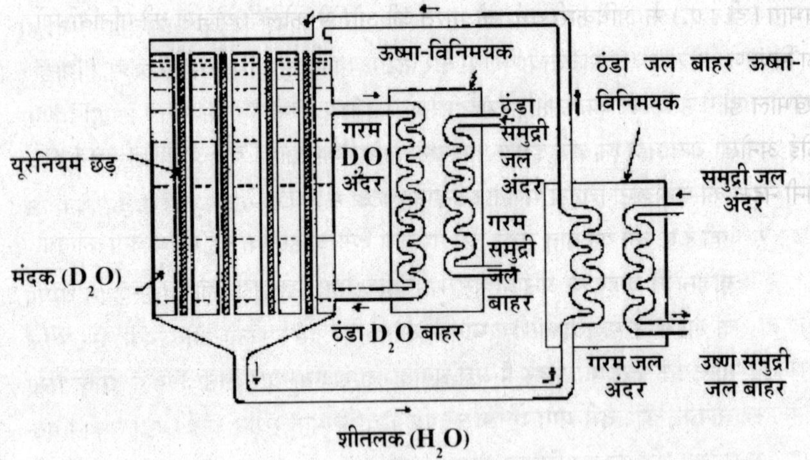

चित्र 6.1 सी.आई.आर. रिएक्टर का रेखाचित्र। इसमें प्राकृतिक यूरेनियम ईंधन, भारी पानी मंदक तथा सादा पानी शीतलक है। एन.आर.एक्स. में नदी का पानी द्वितीय शीतलक है, जबकि सी.आई.आर. में समुद्री जल।

> सिर्फ इसके जरिए वायुयान उड़ान भरने में असमर्थ होगा, यदि उसे अपने इंजन से शक्ति न मिले। यदि भारतीय उद्योग को आगे बढ़ना है और बिना बाहरी सहयोग के काम करना है तो देशी विज्ञान व प्रौद्योगिकी के आधार पर ही यह संभव होगा।"[18]

उस समय कोलंबो योजना के अंतर्गत राष्ट्रमंडलीय देशों के बीच विभिन्न क्षेत्रों में सहयोग करने की व्यवस्था थी। कनाडा-भारत रिएक्टर परियोजना को कोलंबो योजना के तहत नहीं रखा गया था, यद्यपि दोनों ही देश—कनाडा व भारत—राष्ट्रमंडलीय देश थे। कनाडा और भारत के बीच सहभागिता का प्रारंभिक विचार नेहरू और कनाडा के प्रधानमंत्री की वार्त्ता के दौरान उठा था। उस समय भाभा ट्रांबे में ब्रिटिश अनुसंधान रिएक्टर ई-443 जैसा भारी पानी रिएक्टर बनाने की सोच रहे थे; परंतु जब कनाडा के साथ सहयोग करने का सुझाव आया (दो प्रधानमंत्रियों के बीच वार्त्ता के दौरान), तो भाभा ने ई-443 रिएक्टर बनाने का विचार छोड़कर एन.आर.एक्स. जैसा रिएक्टर बनाने का पक्ष लिया, क्योंकि यह ज्यादा शक्तिशाली उपकरण था। चित्र 6.1 में इस रिएक्टर का रेखाचित्र दिखाया गया है।

इस रिएक्टर को बनाने की परियोजना कोलंबो योजना के बाहर रखने के बारे में कनाडा सरकार, प्रधानमंत्री नेहरू तथा भाभा को ही मालूम था। परंतु दिल्ली के आर्थिक कार्य

विभाग (डी.ई.ए.) के अधिकारी वर्ग, जो भारत की ओर से कोलंबो योजना की गतिविधियों का नियंत्रण कर रहे थे, वे सोचते थे कि रिएक्टर परियोजना उनके दायरे में थी। चूँकि आर्थिक देखभाल डी.ई.ए. के अधिकार-क्षेत्र में थी, शीघ्र ही समस्या खड़ी हो गई। भाभा के लिए यह कोई अनोखी बात नहीं थी और इससे पार पाने का तरीका उनका वही प्रमाणित अस्त्र था, यानी नेहरू को एक छोटी चिट्ठी भेजना। उन्होंने चिट्ठी में लिखा—

> "डी.ई.ए. को यह बात स्पष्ट तौर पर बता देनी चाहिए कि यह परियोजना कोलंबो योजना के बाहर है, अन्यथा इससे संबंधित सभी सरकारी पत्राचार वित्त मंत्रालय के आर्थिक कार्य विभाग के माध्यम से करना होगा। कनाडा-भारत रिएक्टर एक उच्च तकनीकी परियोजना है और शुरू से ही हमारा विभाग इसकी विभिन्न तकनीकी जानकारियों, जैसे रिएक्टर का अभिकल्पन, शीतलक प्रणाली[19], कर्मचारियों का चुनाव और उनके प्रशिक्षण आदि के बारे में निरंतर एटॉमिक एनर्जी ऑफ कनाडा लिमिटेड से संपर्क बनाए हुए है। अतः यह सब पत्राचार आर्थिक कार्य विभाग के माध्यम से करने का कोई लाभ नहीं है। इससे काम करने की गति धीमी हो जाएगी।"

नेहरू ने तुरंत जवाब दिया। यह खेद की बात थी कि हर छोटे मुद्दे पर भाभा को नौकरशाही का सामना करना पड़ता था और नेहरू को भी हर बार भाभा के लिए दखलअंदाजी करनी पड़ती थी, जो दोनों के लिए परेशानी का कारण था। पर इसके सिवा दूसरा रास्ता भी तो नहीं था।

जेनेवा से लौटते ही भाभा काम में जुट गए। लुइस ने उन्हें चालीस इंजीनियरों को तुरंत भेजने को कहा, जिन्हें एन.आर.एक्स. में प्रशिक्षण दिया जाना था। उन्हें करीब एक वर्ष बाद वापस आकर सी.आई.आर.[20] के निर्माण कार्य में हाथ बँटाना था।

सी.आई.आर. का आरंभ

अगस्त 1956 में ट्रांबे का उत्तरी स्थल जंगली झाड़ियों से भरा था। जब मैं पहली बार सितंबर के अंत में वहाँ गया, तब एक ट्रैक्टर सी.आई.आर. हेतु प्रस्तावित जगह को साफ करने में लगा था। इस दौरान इंजीनियरों की भरती जोरों पर थी और दो महीनों के भीतर ही वी. सूर्यराव, जिन्हें इंग्लैंड के बिजलीघरों में काम करने का अनुभव था, के नेतृत्व में चालीस नए इंजीनियरों के दल को एकत्रित कर लिया गया। इनमें से कुछ को भारतीय विज्ञान संस्थान, बैंगलोर में विद्युत् शक्ति अभियंत्रण के लघु पाठ्यक्रम के लिए भेजा गया। यह सब इस दल

को एन.आर.एक्स. रिएक्टर, कनाडा में प्रशिक्षण हेतु भेजे जाने की तैयारी थी।

इससे पहले शायद ही इतने बड़े दल को तकनीकी प्रशिक्षण के लिए विदेश भेजा गया होगा—कनाडा में तो निश्चित तौर पर नहीं। उन दिनों इने-गिने लोगों को ही विदेशों के बारे में थोड़ी-बहुत जानकारी थी, अधिकांश लोगों की धारणाएँ हॉलीवुड के चलचित्रों पर आधारित थी। सी.आई.आर. दल को नई जीवन-शैली में रहने के योग्य बनाने के लिए अलरडाइस ने अनुकूलन पाठ्यक्रम चलाया, जिसमें भोजन के समय में छुरी-काँटों का इस्तेमाल करना भी शामिल था।

उधर डीप रिवर[21] के लोग उत्सुकता से इनका इंतजार कर रहे थे। कनाडा के लोग अमेरिकी भारतीयों के बारे में तो जानते थे (इनकी कई प्रजातियाँ वहाँ रहती हैं), परंतु भारतीयों के बारे में कम ही जानते थे। हमारे बारे में उनकी जानकारी भी हॉलीवुड के चलचित्रों पर आधारित थी। इन चलचित्रों में हमेशा भारतीयों को पगड़ी पहने, जैसे हमारे राजा-महाराजा पहना करते थे[22], दिखाया जाता था। अतः उन्हें चालीस महाराजा सदृश भारतीयों की अपेक्षा थी। वहाँ की महिलाओं को चिंता थी—ये लोग अपनी पगड़ियाँ कैसे धोएँगे?[23]

कनाडा यहाँ से काफी दूर एक भिन्न देश था, जहाँ सर्दी के मौसम में कड़ाके की ठंड पड़ती थी, परंतु डीप रिवर के निवासी स्नेही तथा अच्छे मेहमाननवाज थे। भारतीय दल को दो मकानों में रखा गया, एक मकान नदी किनारे बीच स्ट्रीट पर तथा दूसरा अलगोनक्विन स्ट्रीट[24] पर स्थित था। इस प्रकार ये दोनों दल अलग-अलग, यानी बीच इंडियन तथा अलगोनक्विन इंडियन के नाम से जाने जाते थे। लुइस का मकान भी बीच स्ट्रीट पर था।

कनाडा के लोगों को हमारे भारतीय नाम लंबे व उच्चारण करने में कठिन लगते थे। अतः उन्होंने नामों को संक्षिप्त कर उनका कनाडीकरण कर दिया। जैसे सुंदरम बन गए सैंडी, नरहरि हो गए हैरी तथा लक्ष्मीनरसैया कहलाए लकी। इस नामकरण-संस्कार के बाद भी दो भारतीयों के लिए उचित नाम न मिलने पर उन्हें टॉम और जेरी, प्रसिद्ध चूहा-बिल्ली कार्टून शो के पात्र, के नाम से बुलाया जाने लगा। ये नाम उनसे ऐसे चिपके कि वापस लौटने के बाद भी वे भारतीय इंजीनियर प्रायः परस्पर वार्त्तालाप में इन उपनामों का प्रयोग करते थे।

इस दौरान, भारत में सी.आई.आर. का निर्माण तेजी से हो रहा था। भाभा ने यह ध्यान रखा कि इस रिएक्टर के ज्यादा-से-ज्यादा हिस्से भारत में बनाए जाएँ। एन.आर.एक्स. से अलग सी.आई.आर. रिएक्टर का संरोधन भवन, वायु-तालक सहित, इस्पात से वृत्ताकार बनाना था। इसे बनाने के लिए घुमावदार क्रेन की आवश्यकता थी। भारत में इससे पहले ऐसे औजारों का अभिकल्पन एवं निर्माण नहीं हुआ था। कनाडा में प्रशिक्षण प्राप्त करके वापस

आए इंजीनियर इस कार्य को कर रहे थे, जिन्हें मदद करने के लिए कनाडा से कई लोग बंबई आए थे।

भाभा ने निर्णय लिया कि सी.आई.आर. के ईंधन 'अप्सरा' ईंधन की तरह बाहर से न मँगाकर भारत में ही बनाए जाएँ। यूरेनियम धातु उत्पादन करने के अपने पूर्व अनुभवों के आधार पर हमारे धातुकर्मियों ने एक ऐसे संयंत्र की अभिकल्पना कर ली थी, जो एन.आर.एक्स. में प्रयुक्त ईंधन छड़ों जैसी छड़ें बना सकता था। इस संयंत्र को 'अप्सरा' रिएक्टर के निकट स्थापित किया गया था। कनाडा को भारत की ईंधन-छड़ों की निर्माण क्षमता पर संदेह था। भाभा ने तब एक समझौता किया। उन्होंने उनसे कहा, जिसका अर्थ था—"मैं भारत में निर्मित दो ईंधन छड़ें कनाडा भेजूँगा। एक-दो वर्ष तक एन.आर.एक्स. रिएक्टर में इस्तेमाल करके आप इन्हें परखिए। यदि ये ठीक लगें तो आपको इस बात के लिए तैयार होना पड़ेगा कि सी.आई.आर. रिएक्टर के लिए आवश्यक प्रथम ईंधन का आधा हिस्सा भारत में निर्मित ईंधन-छड़ों द्वारा भरा जाएगा।" कनाडा सहमत हो गया। शीघ्र ही वायुयान से दो ईंधन-छड़ें कनाडा भेजी गईं, जिनकी कार्य-कुशलता काफी अच्छी पाई गई। यह देखकर कनाडा के वैज्ञानिक दंग रह गए तथा भारत के प्रति उनका सम्मान बढ़ गया[25]।

अनुसंधान में 'साइरस' का योगदान

भाभा निम्न उद्देश्यों के लिए 'साइरस' का उपयोग करना चाहते थे—

1. रिएक्टर इंजीनियरों, विशेषकर प्रचालकों, को प्रशिक्षण देने के लिए। बाद में यही प्रशिक्षित लोग हमारे नाभिकीय बिजलीघरों को चलाने के काम आएँगे।
2. शक्तिशाली विकिरण-स्रोत के रूप में विभिन्न आइसोटोपों का उत्पादन करने के लिए, जिनका उपयोग आयुर्विज्ञान तथा उद्योग के क्षेत्र में होता है।
3. प्लूटोनियम उत्पादन के लिए। किरणित यूरेनियम ईंधन-छड़ों में काफी मात्रा में प्लूटोनियम होता है। उचित रासायनिकी प्रक्रिया से इनका निष्कर्षण किया जा सकता है।[26]
4. शक्तिशाली न्यूट्रॉन स्रोत के रूप में विभिन्न प्रयोगों को करने के लिए, विशेषतः भौतिकी के क्षेत्र में।

अब अंतिम उद्देश्य के बारे में कुछ और जानकारी देना चाहूँगा।

तापीय न्यूट्रॉनों की डी ब्रोग्ली तरंग-दैर्घ्य ($\lambda = h/mv$) का मान लगभग 1Å (एंग्सट्रॉम) होता है, जो परमाणुओं के आपसी अंतराल के बराबर है। इसके अलावा, इनकी ऊर्जा करीब 0.025 eV होती है, जो ठोस तत्त्व के अणुओं की गतिज ऊर्जा के बराबर है। अतः जब तापीय

न्यूट्रॉन-पुंज किसी ठोस अथवा तरल पदार्थ से टकराता है, तब न्यूट्रॉन विवर्तित होने के साथ-साथ पदार्थ के अणुओं से ऊर्जा का आदान-प्रदान भी करते हैं। इसके फलस्वरूप रमण प्रकीर्णन की भाँति प्रयोग करना संभव है।[27] ऐसे प्रयोगों को करने के लिए शक्तिशाली न्यूट्रॉन स्रोत की आवश्यकता पड़ती है, एन.आर.एक्स. में इस तरह के कई प्रयोग पहली बार किए गए थे। इसके अलावा, वहाँ न्यूट्रॉन वर्णक्रमी पर कई तकनीकों का विकास भी किया गया था। एन.आर.एक्स. में न्यूट्रॉन-पुंज नलिकाएँ काफी पास-पास थीं। इस अनुभव को ध्यान में रखकर 'साइरस' के न्यूट्रॉन-पुंज नलिकाओं को हमारे प्रयोगकर्ताओं की सुविधानुसार रखा गया था।

भौतिक-विज्ञानविद् होने के कारण भाभा हमेशा मूल अनुसंधान का समर्थन करते थे। अतः जहाँ सी.आई.आर. को वे एक अमूल्य इंजीनियरी उपकरण मानते थे, वहीं मूल अनुसंधान में उसकी उपयोगिता को भी कम नहीं समझते थे। इसी कारण भाभा ने सन् 1957 में ए.ई.ई.टी. के पी.के. आयंगार[28] को चॉक रिवर में बी.एन. ब्रोक हाउस के साथ न्यूट्रॉन वर्णक्रमी विषय पर काम करने भेजा। इसके लगभग एक वर्ष बाद मैं भी वहाँ गया तथा अगले कुछ वर्षों तक कनाडा में भारतीय वैज्ञानिकों के जाने-आने का सिलसिला लगा रहा[29]। वापस आने के बाद हम सबने मिलकर विभिन्न न्यूट्रॉन वर्णक्रममापी[30] बनाए।

न्यूट्रॉन स्रोत के बिना न्यूट्रॉन वर्णक्रममापी चल नहीं सकते—'साइरस' हमारा स्रोत था। सन् 1960 के अंत तक रिएक्टर का प्रचालन शुरू हुआ, पर जल्द ही समस्याएँ आने लगीं। क्रिसमस से पहले घर लौटने की उत्कंठा में कनाडा कर्मी-दल ने शीतलक जल प्रणाली की ठीक से कमिशनिंग नहीं की थी। इसके कारण प्राथमिक जल-प्रणाली में काई पैदा हो गई। रिएक्टर को बंद करना पड़ा तथा उसका सारा ईंधन बेकार हो गया। कनाडा के लोग तो जा चुके थे, अब यह समस्या हमारी थी। इसे सुलझाने में दो वर्ष लग गए। भाभा ने इस समस्या की चर्चा नेहरू को जनवरी 1962 में लिखे पत्र में की थी। उन्होंने लिखा—

> "आपको सूचित करते हुए मुझे हर्ष हो रहा है कि इस महीने 4 और 5 को सी.आई.आर. का प्रचालन लगातार दस घंटे तक पहली बार 30,000 किलोवाट की शक्ति पर केवल 160 ईंधन-छड़ों से किया गया। यदि हमारे पास इसके लिए आवश्यक 190 ईंधन-छड़ें होतीं तो प्रचालन निर्धारित क्षमता 40,000 किलोवाट पर किया जा सकता था। वर्ष 1960 के अंत में जब कनाडावाले इस रिएक्टर को हमारे सुपुर्द कर गए थे, तब इसे 17 मेगावाट से अधिक शक्ति पर चलाना संभव नहीं था। बहुत सारी कठिनाइयाँ, जैसे प्राथमिक जल में काई पैदा होना, पदार्थों में सड़न,

छड़ों में दाब की कमी, छड़ों में दरार पड़ना आदि के कारण अपेक्षाकृत कम ऊर्जा स्तर पर ही अड़चनें आ रही थीं। उसके बाद रिएक्टर का पूरा ईंधन ट्रांबे में निर्मित छड़ों से भरा गया है तथा प्राथमिक जल-प्रणाली को अच्छी तरह साफ करने के साथ इसमें कई सुधार भी किए गए हैं। इस महीने के शुरू के दिनों में कई बार इसे 20,000 किलोवाट शक्ति तक ले जाया गया और अब इसका 30,000 किलोवाट शक्ति पर निर्विघ्न प्रचालन इस बात का प्रमाण है कि हमारे कर्मचारी प्रचालन से संबंधित इसकी सभी समस्याओं पर काबू पा चुके हैं। इन कठिनाइयों पर सफलता हासिल करने में रिएक्टर प्रचालन प्रभाग के सदस्यों को कई अन्य प्रभागों के सदस्यों ने काफी महत्त्वपूर्ण सहायता की है, जैसे—विश्लेषणात्मक रसायन, रेडियो रसायन, धात्विकी तथा जीव-विज्ञान प्रभाग। यदि संस्थान का कार्य अन्य क्षेत्रों से जुड़ा न होता तो इन समस्याओं का समाधान हम स्वयं नहीं कर पाते। संस्थान के वैज्ञानिक वर्ग, विशेषतः रिएक्टर प्रचालन प्रभाग के सदस्यों, ने सराहनीय कार्य किया है।"

ध्यान देने की बात है कि संस्थान में कई विषयों पर अनुसंधान करने की वजह से ही समस्या का हल निकल पाया। 'साइरस' पूरी तरह से ठीक चल रहा था, अतः हमारी खुशी का ठिकाना नहीं था, क्योंकि इस अवसर की प्रतीक्षा हम पिछले छह-सात वर्षों से कर रहे थे। कुछ वर्णक्रममापी पहले ही बनाए जा चुके थे, जिनका प्रयोगों में इस्तेमाल करने का समय अब आ गया था। उस समय बहुत कम देशों में इस प्रकार की सुविधाएँ उपलब्ध थीं। इस क्षेत्र में हम अब अग्रणी हैं, इसका श्रेय भाभा को जाता है। वर्षों बाद बी.ए.आर.सी. में न्यूट्रॉन प्रकीर्णन पर आयोजित एक अंतरराष्ट्रीय सम्मेलन[31] में भाग लेने आए कई विदेशी वैज्ञानिकों ने इस बात की सराहना भी की थी कि ट्रांबे इस क्षेत्र में अग्रणी है। जिस तरह वर्षों पहले यहाँ के वैज्ञानिक प्रशिक्षण हेतु कनाडा गए थे, वैसे ही अब एशियाई देशों के वैज्ञानिक प्रशिक्षण हेतु यहाँ आए। यहाँ से प्रशिक्षित होकर वापस जाने के बाद कइयों ने तो भारत में निर्मित वर्णक्रममापी मँगवाए, क्योंकि पश्चिमी देशों की अपेक्षा ये किफायती थे। इस तरह बी.ए.आर.सी. कुछ व्यापार कर पाया तथा बहुत जरूरी डॉलर भी कमाए!

प्रशिक्षण स्कूल

ट्रांबे का विस्तार अब तेजी से हो रहा था, परंतु इससे भी अधिक तेजी से परमाणु ऊर्जा का कार्यक्रम आगे बढ़ रहा था। इन सब बढ़ते कार्यों के लिए बहुत सारे प्रशिक्षित कर्मचारियों

की जरूरत थी। अतः सन् 1958 में भाभा ने परमाणु ऊर्जा प्रशिक्षण स्कूल प्रारंभ किया। सारे भारत से हर वर्ष दो सौ से अधिक विज्ञान और इंजीनियरी के विभिन्न विषयों के स्नातकों को प्रशिक्षण स्कूल में भरती किया जाने लगा। एक प्रकार से यह भारतीय प्रशासनिक सेवा (आई.ए.एस.) जैसी प्रतिष्ठित सेवा में चयनित होने के समान था, अंतर सिर्फ इतना ही था कि यहाँ आई.ए.एस. की तरह लिखित परीक्षा न होकर प्रार्थियों का चयन विशेषज्ञों की समिति साक्षात्कार के माध्यम से करती थी। अपने प्रशिक्षार्थियों को आई.ए.एस. के समतुल्य उचित वेतन तथा पदोन्नति के समान अवसर दिलाने के लिए भाभा ने काफी वकालत की। यह कहने की जरूरत नहीं है कि ऐसा करना आसान नहीं था, क्योंकि आई.ए.एस. को अभिजात वर्ग का माना जाता था (अब भी ऐसा ही है), जो सरकार द्वारा पूर्णतः संरक्षित था।

प्रशिक्षण स्कूल पचास वर्षों से ज्यादा समय से चल रहा है तथा हजारों युवक इसमें प्रशिक्षित हुए हैं। यह पूरे भारत में परमाणु ऊर्जा कार्यक्रम का सहारा रहा है। प्रारंभिक वर्षों में टी.आई.एफ.आर. भी यहीं से नई नियुक्तियाँ किया करता था, परंतु '60 के दशक के मध्य से यह प्रथा बंद हो गई। यहाँ से प्रशिक्षित स्नातकों में से सभी डी.ए.ई. में टिके नहीं रहे। कुछ तो बाद में विदेशों में बस गए तथा कुछ अन्य विभागों, जैसे—अंतरिक्ष, इलेक्ट्रॉनिकी, विज्ञान और प्रौद्योगिकी, रक्षा अनुसंधान आदि में चले गए। इनमें से कई लोग महत्त्वपूर्ण पदों पर पहुँचे, कइयों ने राष्ट्रीय पुरस्कार प्राप्त किए और अंतरराष्ट्रीय ख्याति पाई। कुछ लोगों ने प्रशिक्षण केंद्र की आलोचना भी की है; पर शायद ही कोई प्रौद्योगिकी के विकास में इसकी उत्प्रेरक भूमिका को नकार सके। कम-से-कम इसके बारे में इतना तो कहा जा सकता है कि यहाँ से प्रशिक्षित स्नातक प्रशिक्षण पूरा करके दूसरे ही दिन पहली उड़ान से देश छोड़कर चले नहीं गए। आप जरूर मेरा आशय समझ रहे होंगे।

ऊर्जा कार्यक्रम

सजीव प्रणालियों में बढ़ोतरी हमेशा विभाजन से जुड़ी होती है। इसी तरह जब संस्थाओं का विस्तार होता है तो एक से कई भिन्न संस्थाएँ जन्म लेती हैं। परमाणु ऊर्जा कार्यक्रम के क्षेत्र में भी ऐसा ही हुआ। जैसे, परमाणु ऊर्जा कार्यक्रम की शुरुआत करने के लिए ऊर्जा योजना इंजीनियरी प्रभाग (पी.पी.ई.डी.) बनाया गया था। वर्षों बाद यह नाभिकीय ऊर्जा निगम (एन.पी.सी.) में बदल गया। पी.पी.ई.डी. को सारे देश में नाभिकीय बिजलीघर बनाने तथा उनके परिचालन की जिम्मेदारी सौंपी गई थी। अब देश में कई नाभिकीय बिजलीघर हैं—तारापुर (महाराष्ट्र), कोटा (राजस्थान), कलपक्कम (तमिलनाडु) व नरौरा (उत्तर प्रदेश)। अन्य जगहों जैसे—कैग (कर्नाटक) और काकरापार (गुजरात) में नाभिकीय बिजलीघर निर्माणाधीन

हैं। तारापुर नाभिकीय बिजलीघर को छोड़कर अन्य सभी जगहों में भारी पानी रिएक्टर हैं, जिन्हें केंडु रिएक्टर (मूल अभिकल्पना कनाडा के रिएक्टरों जैसी है) कहा जाता है। प्रथम पीढ़ी के रिएक्टरों की निर्धारित क्षमता 235 मेगावाट बिजली पैदा करने की थी। हाल ही में एन.पी.सी. के इंजीनियरों ने 500 मेगावाट क्षमतावाले रिएक्टरों की अभिकल्पना विकसित की है। भविष्य के रिएक्टर इसी प्रकार के होंगे।

ट्रांबे की प्रशाखाएँ

ए.ई.ई.टी. के पूरी तरह स्थापित हो जाने पर बंबई शहर के विभिन्न स्थानों पर चल रहे परमाणु ऊर्जा कार्यक्रमों को समेटकर ट्रांबे में लाया गया। यहाँ आकर इन गतिविधियों में वृद्धि हुई, उनमें विविधता आई तथा कभी-कभार वे दूसरी जगह नए केंद्र के रूप में भी उभरीं। उदाहरण के तौर पर, टी.आई.एफ.आर. में कार्यरत इलेक्ट्रॉनिकी उत्पादन इकाई, जिसने शुरू में गुब्बारे-उड़ान के प्रयोग एवं 'अप्सरा' रिएक्टर के लिए उपकरण बनाए थे, ट्रांबे के दक्षिणी स्थल में आ गई। यहाँ आकर यह इकाई अनुसंधान व विकास कार्य भी करने लगी। इसी दल से कुछ सदस्यों को ए.एस. राव हैदराबाद ले गए, जहाँ उन्होंने ई.सी.आई.एल. की स्थापना की, जो अब 100 करोड़ रुपए की कंपनी है। इसके अलावा, इलेक्ट्रॉनिकी प्रभाग से ही रिएक्टर नियंत्रण प्रभाग बना। यह तो केवल शुरुआत थी। समय गुजरने के साथ विविधीकरण जारी रहा और अब तो बी.ए.आर.सी. में प्रभागों की संख्या 40 से भी अधिक[32] है।

जिस प्रकार मैंने टी.आई.एफ.आर. के कार्यों की तालिका नहीं दी है, वैसे ही ट्रांबे में चल रहे बहुमुखी कार्यक्रमों का विवरण नहीं दूँगा, परंतु इस बारे में कुछ बताना जरूरी है। ई.सी.आई.एल. के अलावा ट्रांबे से कई और नए केंद्रों की उत्पत्ति हुई, जैसे हैदराबाद में नाभिकीय ईंधन संयंत्र (एन.एफ.सी.), वाशी में बेरिलियम संयंत्र, भारी पानी उत्पादन का संपूर्ण कार्यक्रम, जिसके संयंत्र बड़ौदा (गुजरात), कोटा (राजस्थान), तूतीकोरिन (तमिलनाडु), मानुगुरु (आंध्र प्रदेश) आदि स्थानों पर हैं। चित्र 6.2 में भारत के परमाणु ऊर्जा कार्यक्रम की गतिविधियों का विस्तार दिखाया गया है।

भाभा की मृत्यु के एक वर्ष बाद ए.ई.ई.टी. का नाम बदलकर भाभा परमाणु अनुसंधान केंद्र (बी.ए.आर.सी.) रखा गया। उसके बाद बी.ए.आर.सी. से तीन प्रमुख अनुसंधान व विकास संस्थानों की उत्पत्ति हुई, जिनके नाम हैं—इंदिरा गांधी परमाणु अनुसंधान केंद्र (आई.जी.सी.ए.आर.), कलपक्कम; परिवर्ती ऊर्जा साइक्लोट्रॉन केंद्र (वी.ई.सी.सी.), कोलकाता; तथा राजा रमन्ना प्रगत प्रौद्योगिकी केंद्र (आर.आर.सी.ए.टी.), इंदौर।

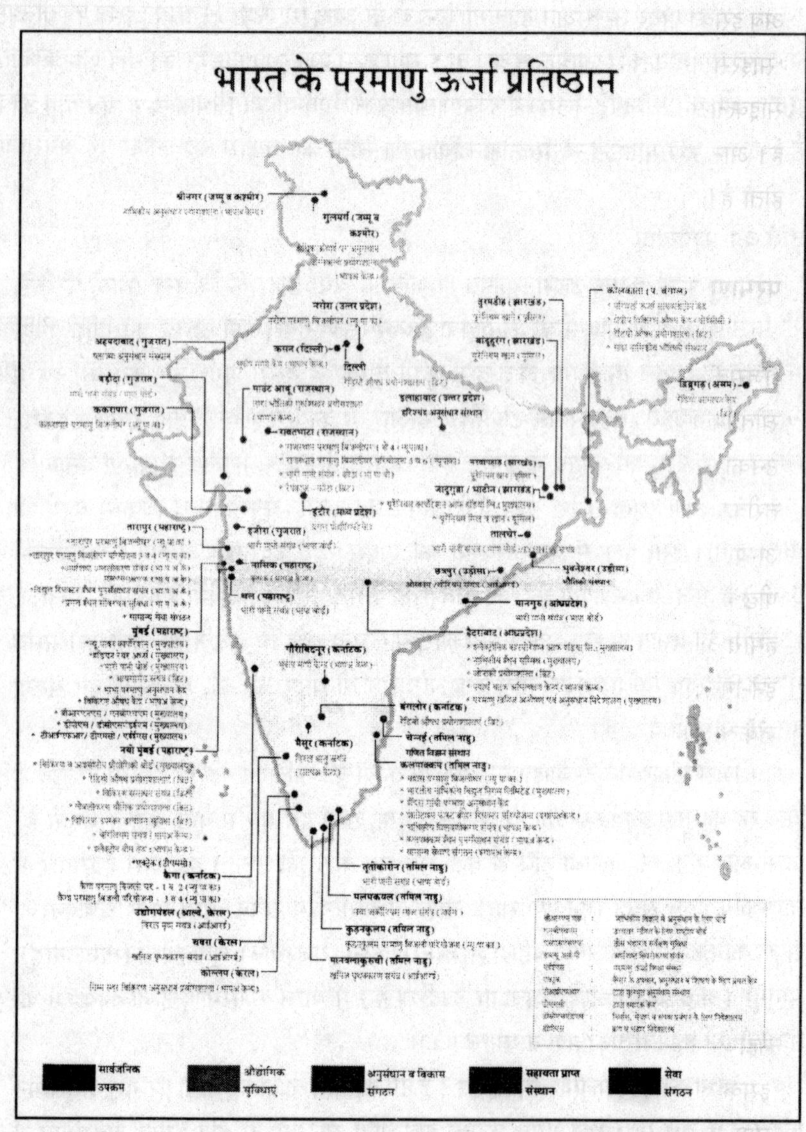

चित्र 6.2 भारत का मानचित्र, जिसमें देश में फैले तमाम परमाणु ऊर्जा विभाग के अंतर्गत अनुसंधान व विकास संगठन, सार्वजनिक उपकग्रम, औद्योगिक सुविधाएँ, सहायता प्राप्त संस्थान तथा सेवा संगठन दरशाए गए हैं।

आई.जी.सी.ए.आर. की स्थापना द्रुत प्रजनन रिएक्टर तकनीक के विकास हेतु की गई थी। अब इसका प्रमुख अनुसंधान उपकरण एफ.बी.टी.आर. रिएक्टर है, जिसका ईंधन प्लूटोनियम 'साइरस' रिएक्टर से प्राप्त हुआ था। वी.ई.सी.सी. में एक 100 मेगा इलेक्ट्रॉन वोल्ट ऊर्जा का साइक्लोट्रॉन त्वरक है, जिसका उपयोग नाभिकीय भौतिकी अनुसंधान के लिए किया जाता है। आर.आर.सी.ए.टी. में सिंक्रोट्रॉन विकिरण स्रोतों का विकास तथा लेजर पर अनुसंधान होता है।

परमाणु ऊर्जा : एक उद्यम

भाभा ने परमाणु ऊर्जा को बढ़ावा केवल इसलिए नहीं दिया कि यह नाभिकीय भौतिकी (जिसके वे ज्ञाता थे) से अच्छी तरह से जुड़ी थी अथवा इससे शताब्दियों तक ऊर्जा का सतत स्रोत मिलने की संभावना थी[33], बल्कि इसलिए भी दिया, क्योंकि यह एक नई तकनीकी थी। उनका तर्क था कि भारत के लिए तकनीकी क्षेत्र में तेजी से प्रवेश करने का सबसे अच्छा तरीका है कि वह एक ऐसे नए क्षेत्र (जैसे परमाणु ऊर्जा) से शुरुआत करे, जिसमें विश्व के अन्य देश बहुत आगे न बढ़े हों (सिर्फ पाँच-दस वर्ष), न कि ऐसे क्षेत्रों में जिनमें हम दशकों पीछे हैं। इसके अलावा यह एक चुनौतीपूर्ण प्रौद्योगिकी थी और इसमें प्राप्त कोई भी उपलब्धि हमारा आत्मसम्मान बढ़ा सकती थी। वास्तव में ऐसा ही हुआ। जब हमने ईंधन बनाए तो कुछ इने-गिने राष्ट्र ही ऐसा कर सकते थे; ऐसा ही भारी पानी, प्लूटोनियम, बेरिलियम धातु, ज़र्केलॉय आदि के उत्पादन में भी हुआ। इसका सारांश डॉ. रमन्ना ने इन शब्दों में किया है—

> "होमी भाभा ने मुझे बताया था कि भारत में सन् 1950 के आरंभ में परमाणु ऊर्जा कार्यक्रम की शुरुआत सिर्फ परमाणु शक्ति के क्षेत्र में प्रवेश पाने के लिए नहीं की थी, बल्कि उन नई तकनीकों को शुरू करने के लिए भी की थी, जो देश में विकसित बुनियादी विज्ञान पर आधारित हों।"

इस आखिरी मुद्दे पर काफी कुछ लिखा जा सकता है, पर यहाँ उसकी आवश्यकता नहीं है। फिर भी, परमाणु ऊर्जा कार्यक्रम से निर्माण उद्योग किस प्रकार लाभान्वित हुआ, इसके बारे में कुछ कहूँगा। पहले हमारे उद्योग सीमेंट, इस्पात आदि कारखानों के लिए उनकी माँग के अनुसार काम करते थे, जो मोटा होता था। इसके विपरीत परमाणु रिएक्टरों में गुणवत्ता की आवश्यकता और आयामी सहन सीमा बहुत ही कठोर है। इस प्रकार के कार्यों को करने के लिए हमारे उद्योग बिलकुल अभ्यस्त नहीं थे, अतः शुरू में वे ऐसे कार्यों को लेने से कतराते थे। पर अनुनय करने पर जब उन्होंने चुनौती स्वीकार की तो अपने कार्य को

देखकर वे स्वयं की योग्यता पर आश्चर्यचकित हो गए। अब तो निर्माता गर्व के साथ अपने विज्ञापनों में इस बात का उल्लेख करने लगे कि उन्होंने डी.ए.ई. के लिए जरूरी कठोर मानदंड के उपकरण बनाए हैं। इस प्रकार पहली बार हमारे देश के उद्योगों में गुणवत्ता-चेतना व गुणवत्ता-नियंत्रण का विचार आया।

अंतरिक्ष में पदार्पण

भाभा परमाणु ऊर्जा कार्य में ही नहीं रुके रहे। उन्होंने काफी पहले ही भाँप लिया था कि जल्द ही अंतरिक्ष विषय अनुसंधान का एक महत्त्वपूर्ण क्षेत्र होने वाला है। सन् 1958 में रूसियों ने सबसे पहला कृत्रिम उपग्रह 'स्पुतनिक' छोड़ा, जिससे अमेरिकी स्तब्ध रह गए तथा वे अंतरिक्ष अनुसंधान की दौड़ में कूद पड़े। अंतरिक्ष की ऊँचाइयों से भाभा अविज्ञ न थे; पर अब रॉकेटों और उपग्रहों ने अनुसंधान के नए अवसर प्रदान कर दिए थे। अतः सन् 1961 में उन्होंने भारत सरकार को कहा कि डी.ए.ई. को अंतरिक्ष अनुसंधान पर भी काम करने दिया जाए। सरकार तुरंत मान गई। सन् 1963 में अंतरिक्ष भौतिकी पर आयोजित प्रथम संगोष्ठी का उद्‌घाटन करते हुए भाभा ने कहा था—

> "अंतरिक्ष अनुसंधान में प्रवेश करने का एक और कारण है कि इसमें कई ऐसे क्षेत्र हैं, जहाँ निकट भविष्य में अत्यंत उपयोगी और महत्त्वपूर्ण परिणाम मिलने की आशा है, और यदि हम इस समय आगे की नहीं सोचेंगे तथा इस नए विकास से लाभ उठाने की तैयारियाँ नहीं करेंगे तो हम पुनः उन्नत देशों से व्यावहारिक तकनीक में पीछे रह जाएँगे···। यदि हम अभी ऐसा नहीं करते तो बाद में ज्यादा कीमत चुकाकर इसकी तकनीकी जानकारी हासिल करने के लिए दूसरे देशों पर आश्रित होना पड़ेगा···।"

भाभा को जाननेवाले कुछ लोगों के अनुसार अंतरिक्ष अनुसंधान के क्षेत्र में उनकी महत्त्वाकांक्षी योजनाएँ थीं। दुर्भाग्यवश अंतरिक्ष अनुसंधान को बढ़ता हुआ देखने के लिए वे ज्यादा समय तक जीवित नहीं रहे; परंतु उनकी मृत्यु के बाद विक्रम साराभाई ने इस कार्य को प्रशंसनीय ढंग से आगे बढ़ाया। बाद में सतीश धवन के नेतृत्व में अंतरिक्ष अनुसंधान का एक अलग विभाग बनाया गया। अब तो परमाणु ऊर्जा विभाग की तरह ही अंतरिक्ष विभाग (डी.ओ.एस.) की कई प्रयोगशालाएँ व केंद्र पूरे देश में हैं, जो भारतीय अंतरिक्ष अनुसंधान संगठन (आई.एस.आर.ओ., या इसरो) के तत्त्वावधान में काम करते हैं। इसके कार्यक्रम व गतिविधियों का विस्तार ठीक उसी प्रकार हुआ है जैसा कि भाभा ने कल्पना

की थी और अंतरिक्ष प्रौद्योगिकी का लाभ लोगों तक पहुँच रहा है। दूरदर्शन-प्रसारणों तथा उसके समाचारों में प्रतिदिन दिखाई जानेवाली उपग्रह से ली गई मौसम संबंधी तसवीरें तो इसके सिर्फ दो उदाहरण हैं। निस्संदेह, अंतरिक्ष आयोग के पूर्व अध्यक्ष सतीश धवन का कथन अब सच हो गया है कि इसरो को उन्नत राष्ट्र अब 'वाणिज्यिक खतरे' के रूप में देखते हैं; यही कारण है कि उन्नत राष्ट्रों ने इसरो को भी अपने व्यापारिक प्रतिबंध की सूची में शामिल किया है, जिससे भारत की युद्ध संबंधी शोध प्रगति पर रोक लग सके। यह प्रतिबंध पहले डी.ए.ई. पर लगा था, जो अब धीरे-धीरे अन्य क्षेत्रों में भी लगाया जा रहा है।

प्रौद्योगिकी का आयात

विदेशी तकनीकी के निरंतर आयात पर निर्भर रहने की हमारी प्रवृत्ति के भाभा घोर विरोधी थे। इस्पात उद्योग का उदाहरण देते हुए एक बार उन्होंने कहा था—

> "प्रथम विश्व युद्ध के समय से भारत में इस्पात उद्योग चल रहा है। सन् 1920 के समय दो इस्पात कारखानों में से एक तो राष्ट्रमंडलीय देशों के सबसे बड़े संयंत्रों में गिना जाता था। फिर भी, जब इन संयंत्रों की उत्पादन क्षमता बढ़ानी पड़ी तो इसके अभिकल्पन व निर्माण के लिए विदेशी परामर्शदाताओं एवं इंजीनियरी कंपनियों को बुलाना पड़ा। जब सरकार ने भिलाई में इस्पात कारखाना स्थापित करने का निश्चय किया, उस समय भी यही रास्ता अपनाया गया। इस बार रूस से तकनीकी सहायता ली गई। तीसरा सरकारी क्षेत्र का इस्पात कारखाना दुर्गापुर में इसी प्रकार ब्रिटिश कंपनी संघ की मदद से स्थापित किया गया। अतः कई इस्पात संयंत्रों के निर्माण व प्रचालन के बावजूद देश में स्वयं नए इस्पात संयंत्रों के अभिकल्पन व निर्माण करने की योग्यता नहीं बन पाई।"

लेकिन परमाणु ऊर्जा कार्यक्रम का अनुभव इसके विपरीत है। बी.ए.आर.सी. ने अपनी अनुसंधान सुविधाओं में वृद्धि करने के लिए ट्रांबे में 100 मेगावाट क्षमता का एक अनुसंधान रिएक्टर बनाने का निश्चय किया। बी.ए.आर.सी. के इंजीनियरों ने अपने अर्जित अनुभवों और प्रशिक्षणों के आधार पर स्वयं ही इसका अभिकल्पन व निर्माण किया। इस रिएक्टर का नाम 'ध्रुव' रखा गया है, जो 'साइरस'[34] का क्रमानुयायी है। 'साइरस' के निर्माण में विदेशी सहायता ली गई थी, परंतु 'ध्रुव' में ऐसी कोई सहायता नहीं ली गई। भाभा की रीति का पूरा पालन किया गया। वस्तुतः कई क्षेत्रों में, जैसे प्लूटोनियम निष्कर्षण संयंत्र की

अभिकल्पना में, कोई विदेशी सहायता लेने की कोशिश नहीं की गई—वैसे इसके लिए सहायता मिलती भी नहीं।

भाभा और इलेक्ट्रॉनिकी

अपने बैंगलोर प्रवास के दिनों से ही भाभा जानते थे कि इलेक्ट्रॉनिकी की भूमिका न केवल भौतिकी, अपितु प्रौद्योगिकी में भी बहुत महत्त्वपूर्ण है। अतः ए.ई.ई.टी. के बनते ही उन्होंने इलेक्ट्रॉनिकी के क्षेत्र में अनुसंधान व विकास तथा इससे जुड़े कुछ उपकरणों के निर्माण कार्य को बढ़ावा दिया। इसी प्रकार टी.आई.एफ.आर. में भी विभिन्न उपकरण बनाने की परियोजनाओं को बढ़ावा दिया तथा टी.आई.एफ.आर.ए.सी. नामक एक बड़े कंप्यूटर के अभिकल्पन व निर्माण कार्य को प्रोत्साहित किया। यह देश में बनाए जानेवाले आरंभिक कंप्यूटरों में से एक था।

सन् 1962 में चीन ने भारत पर आक्रमण करके हमारी सुरक्षा संबंधी तैयारियों में कमियों को उजागर कर दिया। इससे पूरे देश को गहरा धक्का लगा। राष्ट्रीय सुरक्षा के कार्यों को करने के लिए भाभा ने ए.ई.ई.टी. की सेवाओं की पेशकश की। सुरक्षा व्यवस्था में इलेक्ट्रॉनिकी की महत्त्वपूर्ण भूमिका को समझते हुए भाभा ने सरकार से एक इलेक्ट्रॉनिकी समिति गठित करने का आग्रह किया, जिसका काम देश के लिए जरूरी ईलेक्ट्रॉनिकी उपकरणों व औजारों का पता लगाकर इस क्षेत्र में नियोजित विकास करने के उपाय सुझाना था, ताकि देश कम-से-कम समय में और ज्यादा मितव्ययिता से इलेक्ट्रॉनिकी क्षेत्र में आत्मनिर्भर बन सके। सरकार ने भाभा की सलाह मान ली तथा उनकी अध्यक्षता में एक समिति गठित की। समिति ने इलेक्ट्रॉनिकी के विकास हेतु विशद रूपरेखा बनाई, पर दुर्भाग्यवश सरकार को औपचारिक तौर पर रिपोर्ट सौंपने[35] के पहले ही भाभा की मृत्यु हो गई।

उसके बाद ज्यादा कुछ नहीं हुआ। निस्संदेह सरकार ने इलेक्ट्रॉनिकी विभाग (डी.ओ.ई.) बनाया; पर यह इतना विख्यात नहीं हुआ जितना कि इससे पहले डी.ए.ई. और डी.ओ.एस. हुए थे। दिल्ली में स्थित होने के कारण डी.ओ.ई. अन्य नौकरशाही विभागों की तरह काम करता रहा, जबकि भाभा की रिपोर्ट पर धूल जमा होती रही। इस दौरान अन्य देशों में इलेक्ट्रॉनिकी का विकास अकल्पनीय गति से हुआ और आज हम अपने को दुःखद स्थिति में पाते हैं। हर कोई इस बात से वाकिफ है कि यहाँ काफी गड़बड़ी है, परंतु हम इन स्थितियों के इतने आदी हो चुके हैं कि शायद ही कोई इससे परेशान या चिंतित होता है।

पूर्व अवलोकन

तकनीकी क्षेत्र में वृद्धि, विशेषकर भारत में, मेरा प्रिय विषय रहा है। अतएव इसके बारे में चर्चा करते समय मैं अपनी सुध-बुध खो देता हूँ। इसलिए अब इस चर्चा पर लगाम लगाते हुए अध्याय को समाप्त करने से पहले भाभा के दार्शनिक विचारों पर कुछ कहना चाहता हूँ।

हमारे समाज में कई लोग मानते हैं कि भारत के वैज्ञानिक व इंजीनियर अयोग्य हैं। भाभा इस विचार से सहमत नहीं थे, बल्कि उनका दृढ़ विश्वास था कि भारतीय भी उतने ही कुशल हैं जितने कि अन्य देशों के लोग। उन्हें केवल (i) चुनौती, (ii) सही नेतृत्व और (iii) अडिग समर्थन की जरूरत थी। भाभा ने तो खुद ही अपने लिए चुनौतियाँ पैदा कीं, स्वयं ही नेतृत्व की जिम्मेदारी ली तथा वे इतने भाग्यशाली थे कि नेहरू का उन्हें पूरा समर्थन मिला।[36] इसके बदले उन्होंने ऐसे लोगों की पहचान की, जो नेतृत्व दे सकें, उन्हें चुनौतीपूर्ण काम दिए, जैसे यूरेनियम की छड़ों का निर्माण या प्लूटोनियम का निष्कर्षण तथा उन्हें पूरा समर्थन दिया।

भाभा इस बात के प्रति पूर्ण सजग थे कि भारत में विज्ञान व प्रौद्योगिकी के क्षेत्र में काम करनेवालों को काफी कठिनाइयों व अड़चनों का सामना करना पड़ता है, विशेषकर यदि वे श्रेष्ठ काम करने के लिए प्रतिबद्ध हैं। भाभा ने अपने रास्ते में आनेवाले रोड़ों को न केवल हटाया, बल्कि हमें किस प्रकार की व्यवस्था चाहिए, इसके बारे में कई बार अपने मत भी प्रकट किए। श्रेष्ठता के बारे में तो भाभा बिलकुल दृढ़ थे।[37]

उत्कृष्टता की चाह इस देश के लिए कोई नई बात नहीं है। इसे जानने के लिए हमें केवल अतीत में झाँकना होगा, जब हमारे पुरखे संगीत, कला, साहित्य, दर्शन और विज्ञान व तकनीकी में भी श्रेष्ठ थे। दिल्ली की कुतुबमीनार के निकट सन् 400 में निर्मित एक लौह स्तंभ है, जो अब भी यथावत् है। उस समय उन्हें मिश्र-धातु विज्ञान की जानकारी थी तथा साँचे में ढालकर देवी-देवताओं की उत्कृष्ट प्रतिमाएँ बनाने की कला का भी ज्ञान था।

हाल के दिनों में उत्कृष्टता पीछे रह गई है, उसकी जगह न्यूनतम दर प्रथा ने ले ली है। दुर्भाग्यवश सरकार, जो देश में सबसे बड़ी खरीदार है, उसी ने इस आपत्तिजनक रवैए को उकसाया है तथा इसे बढ़ने में मदद दी है। सरकार जब भी कुछ खरीदती है तो वह उस विक्रेता का चयन करती है, जो वस्तु का दाम सबसे कम आँकता है। कोई भी इस रवैए को नकार नहीं सकता, क्योंकि यह सार्वजनिक धन है, जो सरकार खर्च करती है। यह दुःख की बात है कि जब हम न्यूनतम मूल्य पर कुछ खरीदते हैं तो उसकी गुणवत्ता पर कोई गंभीरता से ध्यान नहीं देता है, यद्यपि इस बारे में बढ़ा-चढ़ाकर दावे जरूर किए जाते हैं। समय के साथ इस वजह से कई तरह के घोटाले भी हुए हैं। अतः यह कोई आश्चर्य की बात नहीं है कि

सरकारी ठेके पर बनाई गई इमारतें ज्यादातर घटिया किस्म की होती हैं। प्रायः उनमें दरारें पड़ जाती हैं या कभी-कभी तो वे ढह भी जाती हैं; जबकि हमारी कई प्राचीन इमारतें सदियों से खड़ी हैं। चूँकि सरकार अनजाने ही सही, इस प्रथा को सहारा दे रही है, अधिकतर क्षेत्रों में घटियापन हमारी जीवनचर्या का अंग बन गया है।

हमारी नौकरशाही में फालतू खर्च रोकने की प्रवृत्ति समझ में आती है। इसमें कोई बुराई नहीं है, क्योंकि हमारा देश गरीब है। लेकिन विकास कार्यों के लिए स्वीकृत निधि पर नौकरशाही का अनावश्यक, अनचाहा और अनुचित सख्त नियंत्रण अस्वीकार्य है। पर यही नौकरशाही राजनीतिक प्रश्रय पर होनेवाली बड़ी-बड़ी अनियमितताओं को अनदेखा कर देती है—शायद इसके अलावा उनके पास और कोई चारा भी नहीं है। अतः यह कोई आश्चर्य की बात नहीं है कि प्रायः हमारे वैज्ञानिक व इंजीनियर स्वयं को निराश व अक्षम पाते हैं। ऐसी स्थिति में यदि उनके काम-काज में असर पड़ता है तो इसका सारा दोष उन पर नहीं डाला जा सकता। परंतु हर कोई उन्हें ही दोषी मानता है। इसका परिणाम? सरकारी क्षेत्रों में भारतीय विज्ञान व प्रौद्योगिकी पर ज्यादा विश्वास या भरोसा नहीं किया जाता, केवल दिखावा किया जाता है। पत्रकारिता तथा जनता को भी यही लगता है कि हमारे विज्ञान व प्रौद्योगिकी ने थोड़ा ही किया है।

हमारे देश में कुछ इने-गिने लोग ही हैं, जो इस बात की समझ रखते हैं कि रचनात्मकता या उत्कृष्टता को कैसे फलीभूत किया जाता है। यह बात केवल विज्ञान के लिए ही नहीं, बल्कि खेलों पर भी लागू होती है। ऐसा लगता है कि वैज्ञानिक और इंजीनियरों को नौकरशाही मशीनों जैसा समझती है, जिन्हें इच्छानुसार शुरू या बंद किया जा सकता है। रचनात्मक कार्य करने के लिए आवश्यक परिस्थितियों के बारे में उन्हें समझाने का प्रयत्न करने पर उत्तर मिलता है, "ओह, तो आप जनता का पैसा खर्च करना चाहते हैं; पर उसके लिए जवाबदेही नहीं चाहते।" रचनात्मकता तभी पनपती है जब मानव को कल्पना करने की छूट दी जाए; लेकिन इसका अर्थ यह नहीं है कि काम के प्रति कोई जवाबदेही न हो। वास्तव में उत्तम काम की कठोर माँग होनी चाहिए। यदि उत्कृष्ट कार्य करने के लिए उचित वातावरण नहीं होगा तो हमें विरल संयोग, जैसे रामानुजन जैसे व्यक्तित्व के जन्म, का इंतजार करना होगा, जो कई सदियों में एक बार होता है।

उत्कृष्टता को पल्लवित करने का नुस्खा बहुत कठिन भी नहीं है; योग्य व्यक्तियों की पहचान कर, काम के लिए आवश्यक वस्तुएँ उपलब्ध कराने के लिए उन्हें कुछ धनराशि देकर काम करने की स्वतंत्रता देनी होगी। विज्ञान के लिए धन तो सरकार के खाते से ही आता है, ऐसा तो सभी देशों में होता है। लेकिन भारत में सरकार से धन लेने का मतलब

होता है—रोड़े अटकानेवाले उन सभी सरकारी नियमों का पालन करने की बाध्यता। नौकरशाह सोचते हैं कि लोगों से अधिक कामकाज लेने का यही एक तरीका है। दुर्भाग्यवश वे ज्यादातर नियमों को लागू करने एवं कार्य-विधि संबंधी अनियमितताओं पर ज्यादा ध्यान देते हैं, न कि असली काम पर। वे इस बात को भूल जाते हैं कि हजारों भारतीय विदेशों में जाकर बढ़िया काम इसलिए कर रहे हैं कि वहाँ काम करने का अनुकूल वातावरण है। ऐसा नहीं कि विदेशों में कोई जवाबदेही नहीं है; बल्कि वहाँ पर यहाँ से ज्यादा है, परंतु सही प्रकार की। भारत में हम ठीक से काम नहीं कर पाते, क्योंकि यहाँ बहुत सारी अनुचित जाँच, नियंत्रण और नियमावली है।

भाभा ने इन सभी बंधनों का कड़ा विरोध किया। वे टी.आई.एफ.आर. को तो सरकारी नियमों के बंधन से मुक्त रखने में सफल रहे, पर सरकारी विभाग होने के नाते डी.ए.ई. के लिए इस मामले में उन्हें कुछ झुकना पड़ा। परतु जब तक वे जीवित रहे, अपने इस विभाग को बाहरी दबाव से बचाते रहे। आज हम उनके द्वारा स्थापित दृष्टांत को अधिकतर भूल चुके हैं। कुल मिलाकर हमारा देश अब लेखपालों व वकीलों की तरह सोचने लगा है। हम सब यानी हमारी पत्रकारिता, जनता, संसद्, सभी लोग—नियम, विधि व लेखा-परीक्षण में बुरी तरह फँस चुके हैं।

मेरे युवा साथियो, मैं इस उदास भरी कहानी से आपको और परेशान नहीं करूँगा, क्योंकि इस उम्र में आपको सपने देखने चाहिए। अपनी कल्पनाओं को ऊँची उड़ान दीजिए तथा उच्च उपलब्धियों से प्रेरणा पाइए। इस दुःखद कहानी का थोड़ा सा अंश इस आशा से कहा है, ताकि आप तथा आनेवाली पीढ़ी हमारी पीढ़ियों की गलतियों को सुधार सके। प्रसिद्ध सिंधु घाटी की सभ्यता से लेकर आज तक कोई भी महान् सभ्यता कहीं भी लेखपालों व वकीलों द्वारा निर्मित नहीं हुई है। परंतु ऐसा लगता है कि इस असंभव को हम करने का प्रयत्न कर रहे हैं।

हमारे चारों ओर बहुत ज्यादा जंजाल फैला हुआ है और यदि नौकरशाही (जिसकी मैंने आलोचना की है) विशेष प्रकार से आचरण करती है तो शायद यह हमारे समाज का ही प्रतिबिंब है। शायद वे ज्यादा दोषी नहीं हैं। इस दौरान, जहाँ तक विज्ञान व प्रौद्योगिकी का सवाल है, दुर्भाग्य से नौकरशाही हमारे लिए अवरोध है तथा भाभा की बहुत सारी झड़पें इन्हीं के साथ हुई थीं। यह उल्लेखनीय है कि भाभा ने अपने अंतिम भाषण के अंत में इसी समस्या का जिक्र किया था। उन्होंने कहा था—

> "आखिरी मुद्दा, जिस पर मैं कुछ कहना चाहूँगा, वह है विज्ञान में प्रशासन की भूमिका। कई लोगों का विचार है कि प्रशासन में तो हम कुछ हद तक उन्नत हैं, पर

> तकनीकी मामलों में पिछड़े हैं। यह विचार भ्रामक है। हमें संयोग से अत्यधिक कुशल प्रशासनिक सेवाएँ विरासत में मिली हैं, जो स्वतंत्रता के पहले की हर प्रकार की प्रशासनिक समस्याओं से जूझने में सक्षम थीं, परंतु तब हमारी अर्थव्यवस्था स्थिर व अल्प विकसित थी। परिणामस्वरूप उद्योगों और विज्ञान व प्रौद्योगिकी के लिए आवश्यक प्रशासन की कमी रही।"[38]

विज्ञान व प्रौद्योगिकी के विकास के लिए आवश्यक प्रशासन औद्योगिक इकाइयों के प्रचालन हेतु जरूरी प्रशासन से बिलकुल भिन्न है और ये दोनों उस प्रशासन से अलग है, जो कानून-व्यवस्था, न्याय-प्रणाली, अर्थव्यवस्था आदि के मामलों हेतु आवश्यक है। यह मेरा व्यक्तिगत विचार है...कि विज्ञान के क्षेत्र में उचित प्रशासन का अभाव विज्ञान व प्रौद्योगिकी के क्षिप्र विकास में ज्यादा बाधक है, बजाय इसके कि हमारे यहाँ वैज्ञानिकों व तकनीकियों की कमी है। ऐसा इसलिए है, क्योंकि ज्यादातर वैज्ञानिकों व तकनीकियों को उचित प्रशासन का अभाव कम कार्यकारी बना देता है। औद्योगिक उद्यमों के प्रशासन की तुलना में विज्ञान व प्रौद्योगिकी के विकास का प्रशासन ज्यादा कठिन है तथा मैं विश्वास करता हूँ कि यह दूसरों का अनुकरण कर प्राप्त नहीं किया जा सकता। इस काम को तो स्वयं वैज्ञानिक व तकनीकी लोगों द्वारा ही किया जाना चाहिए, जैसा कि उन्नत देशों में होता है।

अब शायद अंतिम वाक्य में कुछ और जोड़कर इसमें संशोधन करना पड़ेगा—"विशेष प्रशिक्षण प्राप्त लोगों द्वारा, जिन्हें विज्ञान व प्रौद्योगिकी क्षेत्र के कार्यकर्ताओं की जरूरतों व चाहत के बारे में भली-भाँति मालूम हो।" विकसित देश वैज्ञानिक अनुसंधानों में न केवल सौ करोड़ डॉलर से भी ज्यादा खर्च करते हैं बल्कि वे अंतरराष्ट्रीय स्तर पर काम करते हैं।[39] इन सभी स्थानों पर वैज्ञानिक परियोजनाएँ निर्विघ्न रूप से चलती रहती हैं तथा समय व स्वीकृत बजट में ही पूरी होती हैं। पर हम ऐसा क्यों नहीं कर सकते? जरूर कर सकते हैं, सिर्फ काम करने की स्वतंत्रता व योग्य बनने की आवश्यकता है। भाभा ऐसे ही व्यक्ति थे तथा उन्होंने ऐसा कर दिखाया। परंतु भाभा की मृत्यु के बाद फिर से हम पुरानी स्थिति में वापस चले गए। ऐसा क्यों हुआ तथा इसका जिम्मेदार कौन है? इसके लिए दूसरी पुस्तक लिखनी होगी।

बॉक्स 6.1
शृंखलाबद्ध विखंडन-प्रक्रिया

एक नाभिक के दो भागों में विभक्त होने की प्रक्रिया को नाभिकीय विखंडन कहते हैं। विखंडन सिर्फ भारी नाभिकों में ही होता है, जो या तो किसी चीज से प्रेरित होकर होता है या स्वतः ही होता है। इसकी खोज जर्मनी में सन् 1939 में हॉन और स्ट्रासमैन ने की थी, जब वे यूरेनियम पर न्यूट्रॉन की बौछार कर रहे थे।

यूरेनियम के दो महत्त्वपूर्ण आइसोटोप होते हैं— $_{92}U^{235}$ और $_{92}U^{238}$। प्राकृतिक यूरेनियम में ये लगभग 1 : 140 के अनुपात में रहते हैं। U-235 आसानी से मंद न्यूट्रॉनों (ऊर्जा ~ 0.025 इलेक्ट्रॉन वोल्ट) द्वारा विखंडित हो जाता है, जबकि U-238 केवल तीव्र गति के न्यूट्रानों (ऊर्जा कुछ मेगा इलेक्ट्रॉन वोल्ट या ज्यादा) से ही विखंडित होता है। उदाहरण के लिए, विखंडन की एक प्रक्रिया नीचे दी गई है—

$$_{92}U^{235} + {_0}n^1 \longrightarrow {_{57}}La^{147} + {_{35}}Br^{87} + 2\ {_0}n^1$$

यह गौर तलब है कि विखंडन के दौरान न्यूट्रॉन निकलते हैं। यदि इन न्यूट्रॉनों का इस्तेमाल यूरेनियम के अन्य नाभिकों को विखंडित करने के लिए किया जाए और उससे निकलनेवाले न्यूट्रॉनों का भी इस्तेमाल तीसरे नाभिकों को विखंडित करने के लिए किया जाए तो यह प्रक्रिया शृंखलाबद्ध तरीके से चलती रहेगी, जैसा कि चित्र (a) में दिखाया गया है।

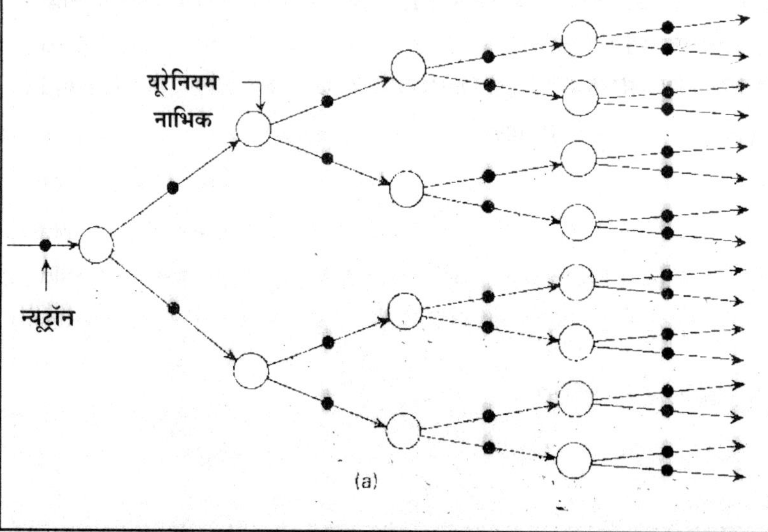

(a)

इस शृंखलाबद्ध प्रक्रिया का क्या लाभ है? प्रत्येक विखंडन-प्रक्रिया में लगभग 200 मेगा इलेक्ट्रॉन वोल्ट ऊर्जा पैदा होती है। इसकी तुलना में रासायनिक प्रक्रिया, जैसे एक दहन क्रिया में सिर्फ कुछ ही इलेक्ट्रॉन वोल्ट की ऊर्जा पैदा होती है। अतः दस लाख गुना से भी ज्यादा ऊर्जा पैदा होने की बदौलत यूरेनियम की थोड़ी मात्रा से काफी ऊर्जा उत्पन्न होती है। आखिर यह ऊर्जा आती कहाँ से है? मूलतः जब यूरेनियम का नाभिक विखंडित होता है तो उसका थोड़ा सा द्रव्यमान नष्ट हो जाता है, जो ऊर्जा के रूप में निकलता है ($E = mc^2$)।

चित्र (a) देखें। विखंडन-प्रक्रिया में द्रुत न्यूट्रॉन निकलते हैं, जिनमें से अधिकांश की ऊर्जा 1 और 2 मेगा इलेक्ट्रॉन वोल्ट के बीच होती है। यदि शृंखलाबद्ध प्रक्रिया इन द्रुत न्यूट्रॉनों द्वारा संचारित होती रहे तो प्रक्रिया बहुत तेज गति से बढ़ सकती है। परमाणु बम में ठीक ऐसा ही होता है। द्रुत न्यूट्रॉन द्वारा प्रेरित होकर विखंडन प्रक्रिया होने का अनुपरिच्छेद (क्रॉस सेक्शन) बहुत कम होता है, जबकि मंद न्यूट्रॉनों का विखंडन-अनुपरिच्छेद बहुत अधिक होता है। 0.025 इलेक्ट्रॉन वोल्ट ऊर्जावाले न्यूट्रॉनों को तापीय न्यूट्रॉन कहते हैं, क्योंकि यह ऊर्जा तापमान की इकाई में सामान्य तापमान 30 डिग्री सेंटीग्रेड के बराबर है। चूंकि विखंडन प्रक्रिया में उत्पन्न होनेवाले न्यूट्रॉन द्रुत होते हैं, अतः तापीय न्यूट्रॉनों से शृंखलाबद्ध प्रक्रिया का संचारण करने के लिए इन द्रुत न्यूट्रॉनों से काफी मात्रा में ऊर्जा निकालनी पड़ेगी। ऐसा करने के लिए मंदक पदार्थ जैसे पानी अथवा भारी पानी का इस्तेमाल करते हैं। विखंडन प्रक्रिया से निकले द्रुत न्यूट्रॉन हाइड्रोजन या ड्यूटीरियम नाभिकों से टकराकर अपनी ऊर्जा खो देते हैं। अंत में वे मंदक पदार्थ के परमाणुओं/अणुओं के तापमान के साथ सामंजस्य बना लेते हैं तथा उनके ऊर्जा का वितरण 30 डिग्री सेंटीग्रेड के अनुरूप मैक्सवेली स्पेक्ट्रम[40] के समान हो जाता है। ऐसा हो जाने पर न्यूट्रॉन तापीय न्यूट्रॉन बन जाता है। ये न्यूट्रॉन अब विखंडन प्रक्रिया करने के लिए सक्षम हो जाते हैं। चित्र (a) तब चित्र (b) का रूप ले लेता है।

विखंडन प्रक्रिया में पैदा हुआ द्रुत न्यूट्रॉन दूसरी विखंडन प्रक्रिया करने के पहले धीमा हो जाता है।

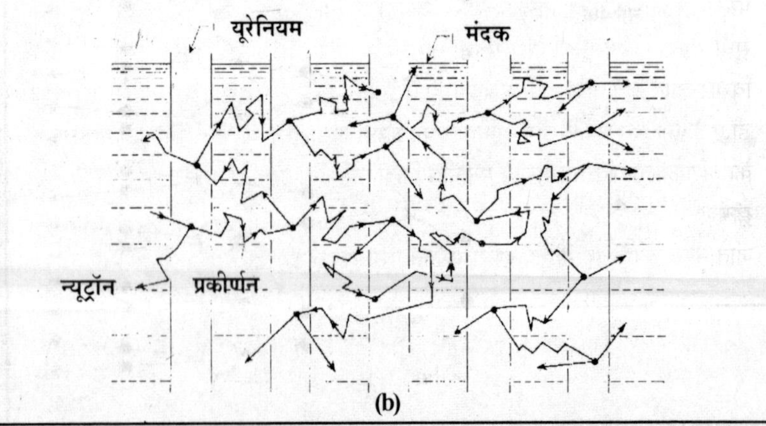

(b)

पद्धति (b) में नियंत्रित ढंग से ऊर्जा पैदा होती है। इसमें उत्पन्न ऊष्मा से भाप बनाई जाती है, जिससे प्रचलित सामान्य विधि की तरह टरबाइन चलाकर बिजली पैदा की जाती है। पद्धति (a) बम बनाने में प्रयोग होती है, जहाँ सभी ऊर्जा तत्काल, सिर्फ कुछ ही माइक्रोसेकंड में, निकलती है।

बॉक्स 6.2
डी.ए.ई. के कार्यकारी अधिकार

युवा वर्ग को नौकरशाही व उनके कुटिल तरीकों से घबराना या डरना नहीं चाहिए। पर चूँकि हमारे विकास कार्यक्रमों[41] में नौकरशाही मुख्य बाधा रही है, अतः इसका सामना भाभा ने किस कुशलता एवं युक्ति से किया, इसके बारे में कुछ जानना आवश्यक है।

जैसा कि पहले बताया जा चुका है, सन् 1948 में तीन सदस्यों के एक दल ने ए.ई.सी. के कार्य की शुरुआत की। परमाणु ऊर्जा कार्यक्रम के बढ़ने के साथ परमाणु ऊर्जा विभाग (डी.ए.ई.) आदि बना तथा आयोग में पूर्णकालिक एवं अंशकालिक सदस्यों की संख्या बढ़ाकर 7 कर दी गई। डी.ए.ई. के सचिव को ही ए.ई.सी. का अध्यक्ष बनना था, अतः भाभा इन दोनों पदों पर थे। ए.ई.सी. के संविधान को बदलने के लिए जारी किए गए सरकारी आदेश में यह भी लिखा था कि प्रशासन व वित्त संबंधी मामलों को देखने के लिए एक पूर्णकालिक सदस्य होगा। इसमें लिखा था—"वित्त संबंधी कोई भी प्रस्ताव इनकी पूर्व-सहमति के बिना स्वीकार नहीं किया जाएगा।" इससे तो ए.ई.सी. के अध्यक्ष व सचिव शक्तिहीन हो गए। भाभा को वित्त अधिकारियों के रवैए के बारे में अच्छी तरह पता था, अतः उन्होंने इस आदेश पर तीखी प्रतिक्रिया व्यक्त की। नेहरू ने हार मान ली तथा ए.ई.सी. का संविधान दोबारा सुधारा गया। प्रशासन व वित्त संबंधी मामलों के लिए एक पूर्णकालिक सदस्य बनाने का विचार त्याग दिया गया। इसके बदले डी.ए.ई. के सचिव ही प्रशासन का काम-काज तथा डी.ए.ई. को दिए गए बित्तीय अधिकार का प्रयोग कर सकते थे। वित्त मंत्रालय के सचिव को अंशकालिक वित्तीय सदस्य मनोनीत किया गया तथा उनकी सहमति सिर्फ उन वित्तीय मामलों के लिए जरूरी थी, जो डी.ए.ई. के अधिकार में नहीं थे। इस मामले में भाभा की जीत नेहरू की वजह से हुई, दूसरा व्यक्ति ऐसा नहीं कर पाता।

बॉक्स 6.3
भाभा के संस्थान-निर्माण के तरीके

अपने प्रसिद्ध आई.सी.एस.यू. भाषण में भाभा ने संस्थान बनाने के अपने तरीके व सी.एस.आई.आर. बनाए जाने के तरीके की तुलना की थी। सी.एस.आई.आर. के बारे में उन्होंने कहा, "देश में वैज्ञानिक व तकनीकी अनुसंधान का व्यापक आधार स्थापित करने का सरकार का प्रथम सुनियोजित प्रयास वैज्ञानिक व औद्योगिक अनुसंधान परिषद् (सी.एस.आई.आर.) के निर्माण को माना जा सकता है'''। शुरू से ही सी.एस.आई.आर. की स्थापना एक समिति के रूप में की गई थी, जिसके प्रबंधक परिषद् के सदस्य सरकार द्वारा मनोनीत महत्त्वपूर्ण मंत्री व अफसर थे, ताकि स्वतः लगनेवाले सभी सरकारी नियम-कानूनों से बचा जा सके।'''परंतु वैज्ञानिक संगठन के लिए उचित प्रशासकीय ढाँचे के निर्माण तथा नियमों व कार्यप्रणाली को विकसित करने का अवसर काफी सीमा तक गँवा चुके हैं, क्योंकि सभी क्षेत्रों में आँख मूँदकर सरकारी नियम-कानूनों को स्वीकार कर लिया गया है'''।

प्रबंधक परिषद् ने कई प्रयोगशालाएँ स्थापित करने की पहल की। ये सभी प्रयोगशालाएँ एक ही तरीके से बनाई गईं। प्रत्येक प्रयोगशाला की कार्य-योजना बनाने और भवन-निर्माण के लिए एक योजना अधिकारी नियुक्त किया गया। प्रायः सभी योजनाएँ उस प्रकार की विदेशी प्रयोगशालाओं में किए जा रहे कार्यों पर आधारित थीं। कार्य को करने के लिए कई प्रभाग एवं अनुभाग बनाए गए, जिनके आधार पर कर्मचारियों की संख्या का अनुमान लगाया गया। पदों को भरने के लिए विज्ञापन दिए गए तथा वरिष्ठतम पदों पर नियुक्ति आमंत्रण द्वारा भी की गई। प्रयोगशालाएँ स्थापित करने का यह तरीका शायद विकसित देशों के लिए संतोषजनक है, क्योंकि वहाँ विज्ञान पहले से ही एक महत्त्वपूर्ण कार्य रहा है तथा वहाँ के विश्वविद्यालयों में काफी वैज्ञानिक भी मौजूद हैं; परंतु जिस देश में संगठित विज्ञान अभी भी प्रारंभिक अवस्था में है, वहाँ के लिए यह तरीका काफी हानिकारक है। इस तरीके से अकसर औसत दर्जे के व्यक्ति, जो सिर्फ आवश्यक न्यूनतम योग्यता ही पूरी करते हैं, उन पदों पर नियुक्त हो जाते हैं, जहाँ मौलिकता, पहल एवं नेतृत्व देने की क्षमता का होना जरूरी है।"

भाभा ने यह स्पष्ट तौर पर दिखा दिया कि नियुक्ति की इस पारंपरिक पद्धति में कमियाँ हैं, जबकि प्रतिभा-संपन्न व्यक्तियों का चयन करके सीधे उनकी नियुक्ति में खूबियाँ। यह दुःख की बात है कि यद्यपि उनका तरीका अभी भी कारगर है, परंतु उनके ये विचार ज्यादातर लोग भूल चुके हैं।

बॉक्स 6.4
संलयन-अभिक्रिया

नाभिकीय विखंडन अभिक्रिया में एक बड़ा नाभिक छोटे खंडों में टूटकर ऊर्जा पैदा करता है। नाभिकीय संलयन-अभिक्रिया में छोटे नाभिकों के जोड़ से एक बड़ा नाभिक बनता है तथा इस प्रक्रिया में भी ऊर्जा पैदा होती है। आवर्त्त सारिणी के अंत में आनेवाले तत्त्वों में विखंडन अभिक्रिया तथा सारिणी के शुरू में आनेवाले तत्त्वों में संलयन-अभिक्रिया ज्यादा होती है।

सूर्य में ऊर्जा संलयन-प्रक्रिया से उत्पन्न होती है।[42] हाइड्रोजन बम में निम्न संलयन अभिक्रिया होती है—

$${}_1H^2 + {}_1H^3 \longrightarrow {}_2He^4 + {}_0n^1 + \text{ऊर्जा}$$

(ड्यूटीरियम) (ट्राइटियम) (अल्फा) (न्यूट्रॉन)

इस अभिक्रिया के घटित होने के लिए यह आवश्यक है कि ड्यूटीरियम और ट्राइटियम नाभिकों की पर्याप्त गतिज ऊर्जा हो, अन्यथा वे स्थिर-विद्युत् विकर्षण बल के कारण एक-दूसरे से दूर हो जाएँगे। आवश्यक गतिज ऊर्जा प्रदान करने के लिए ड्यूटीरियम और ट्राइटियम के मिश्रण को पहले लगभग एक लाख डिग्री केल्विन से भी अधिक तापमान तक गरम करना पड़ता है। हाइड्रोजन बम में यह तापमान परमाणु बम के विस्फोट, यानी ट्रिगर से प्राप्त किया जाता है। नियंत्रित ढंग से संलयन ऊर्जा पाने के लिए उच्च तापमान पर ड्यूटीरियम और ट्राइटियम का प्लाज्मा बनाना पड़ता है। चूँकि प्लाज्मा बहुत ही अस्थायी होता है, इससे ऊर्जा निकालना एक बड़ी समस्या है। यह उस आग की तरह है, जो जलते ही बुझ जाती है तथा आगे फैल नहीं पाती। सारे विश्व के शोधकर्ता प्लाज्मा की अस्थिरता की समस्या का समाधान करने में लगे हैं। चूँकि संलयन-अभिक्रिया अत्यधिक ताप से ही शुरू हो सकती है, अतः इसे 'ताप नाभिकीय अभिक्रिया' कहते हैं।

बॉक्स 6.5
भारत की परमाणु ऊर्जा कार्यक्रम योजना

भारत में थोरियम का विशाल भंडार है, जो मोनाजाइट रेत के रूप में केरल व उड़ीसा में उपलब्ध है। यह विश्व के विशाल भंडारों में से एक है। इसके विपरीत, हमारे यूरेनियम का

भंडार कम है। दुर्भाग्यवश थोरियम विखंडनीय पदार्थ नहीं है, परंतु इसमें उसकी क्षमता है। भाभा ने भारत की हजारों वर्षों तक ऊर्जा आपूर्ति के असीमित स्रोत के लिए नाभिकीय ऊर्जा पर आधारित तीन स्तरीय एक कार्यक्रम की रूपरेखा बनाई थी। ये तीन चरण इस प्रकार हैं—

चरण -I

प्राकृतिक यूरेनियम तथा भारी पानी पर आधारित कैंडु-प्रकार के तापीय रिएक्टरों का निर्माण। इनमें U-235 के विखंडन से ऊर्जा पैदा होती है। ज्यादा मात्रा में मौजूद U-238 के कुछ परमाणु न्यूट्रॉन सोखकर U-239 बन जाते हैं, जो रेडियोधर्मी क्षय से $_{94}Pu^{239}$ (प्लूटोनियम) में बदल जाते हैं, जैसा चित्र (a) में दिखाया गया है। U-235 की तरह Pu-239 भी विखंडनीय पदार्थ है।

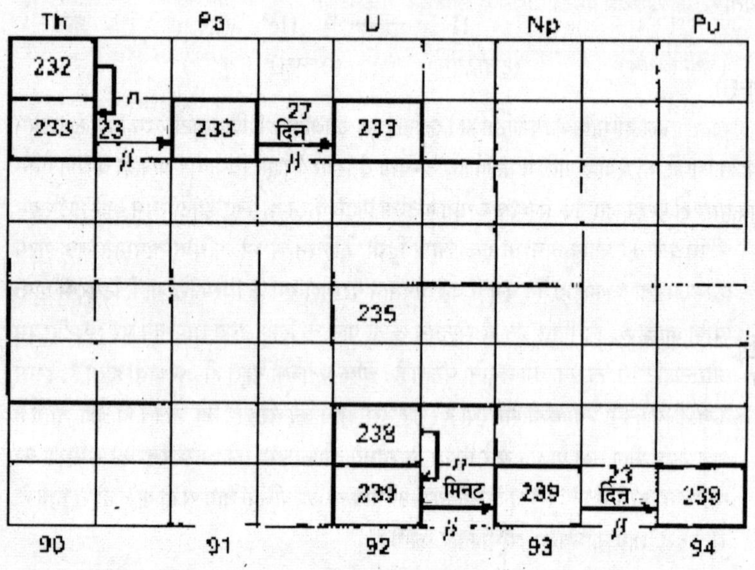

अवशेष ईंधन का पुनःसंसाधन करके प्लूटोनियम का निष्कर्षण किया जाता है। इसे चरण-II में इस्तेमाल करने के लिए अलग रखा जाता है। देश में उपलब्ध सभी U-235 के विखंडन हो जाने पर चरण-I का अंत होगा।

चरण-II

चरण-I में एकत्रित ईंधन के इस्तेमाल से प्लूटोनियम पर आधारित द्रुत प्रजनन रिएक्टरों का निर्माण। चरण-I से प्राप्त अपशिष्ट का भी इस रिएक्टर में इस्तेमाल होता है। U-238

न्यूट्रॉन सोखकर प्लूटोनियम में बदल जाता है। इस प्रकार द्रुत प्रजनन रिएक्टर में प्लूटोनियम की खपत होने के साथ-साथ U-238 के परिवर्तन से नया प्लूटोनियम पैदा भी होता है। यदि पैदा होनेवाले ईंधन की मात्रा खपत होनेवाले ईंधन से ज्यादा हो तो उसे अभिजनक रिएक्टर कहते हैं। इसे द्रुत प्रजनन या प्लूटोनियम प्रजनन भी कहा जाता है। क्या आप ऐसे डीजल इंजन की कल्पना कर सकते हैं, जो डीजल पैदा करता है तथा अपनी खपत से ज्यादा पैदा करता है? विखंडन की दुनिया में ऐसा ही होता है।

जिन देशों में थोरियम उपलब्ध नहीं है, वहाँ नाभिकीय ऊर्जा चक्र का समापन उस समय हो जाता है, जब यूरेनियम में उपस्थित सभी U-238 का परिवर्तन द्रुत प्रजनन रिएक्टर द्वारा Pu-239 में होने के बाद उसका इस्तेमाल कर लिया जाता है। फ्रांस में इसी प्रकार का महत्त्वाकांक्षी कार्यक्रम चल रहा है। यह भाभा की सूझ थी कि भारत नाभिकीय ईंधन चक्र को चरण-III की सहायता से, जो थोरियम पर आधारित है, और बढ़ा सकता है।

चरण-III

थोरियम एक न्यूट्रॉन को सोखकर U-233 बन जाता है, जैसा कि चित्र (a) में दिखाया गया है। U-235 व Pu-239 की तरह U-233 भी विखंडनीय पदार्थ है, अतः इसका इस्तेमाल नाभिकीय रिएक्टरों में ईंधन के लिए किया जा सकता है।

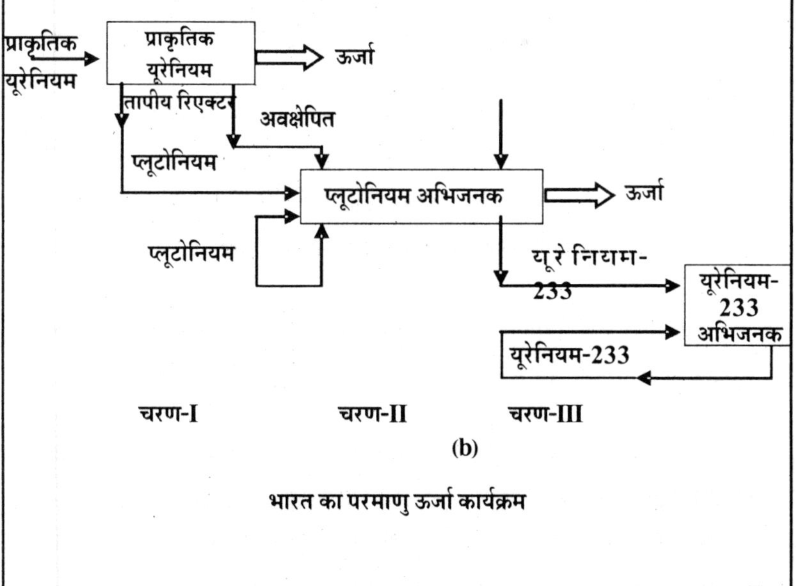

(b)

भारत का परमाणु ऊर्जा कार्यक्रम

13

भाभा का विचार था कि द्रुत प्रजनन रिएक्टरों में थोरियम डालकर कुछ मात्रा में U-233 पैदा किया जाए, जिससे नया U-233 रिएक्टर बनाने के लिए आवश्यक ईंधन मिल सके। ऐसा होने पर थोरियम प्रजनन रिएक्टरों द्वारा Th^{232}—U^{233} ईंधन-चक्र की शुरुआत हो सकेगी। इस प्रकार यूरेनियम (जिसका भंडार सीमित है) से शुरू करके नाभिकीय चक्र का काफी विस्तार किया जा सकता है। चित्र (b) में तीन स्तरीय कार्यक्रम की रूपरेखा दिखाई गई है।

भाभा ने तीन स्तरीय कार्यक्रम की व्याख्या इस प्रकार दी है—

> भारत में आसानी से निष्कर्षित किए जानेवाले थोरियम का कुल भंडार 5,00,000 टन से भी ज्यादा है, जबकि यूरेनियम का कुल भंडार इसके दसवें भाग से भी कम है। अतः भारत को जितनी जल्दी हो सके, अपनी दीर्घकालीन परमाणु ऊर्जा कार्यक्रम का आधार थोरियम को बनाना होगा, न कि यूरेनियम को। सिर्फ परमाणु ऊर्जा कार्यक्रम को प्रारंभ करने के लिए ही पहली पीढ़ी के परमाणु बिजली घर प्राकृतिक यूरेनियम पर आधारित बनाए जा सकते हैं। पहली पीढ़ी के रिएक्टरों से उत्पन्न प्लूटोनियम का इस्तेमाल करके दूसरी पीढ़ी के रिएक्टरों का निर्माण किया जा सकता है, जो बिजली उत्पादन के साथ-साथ थोरियम को भी U^{233} में परिवर्तित कर देंगे या अवक्षेपित यूरेनियम को और अधिक प्लूटोनियम (अभिजनन लब्धि के कारण) में बदल देंगे। दूसरी पीढ़ी के रिएक्टरों को एक मध्यवर्ती स्तर समझा जा सकता है, जिसके बाद तीसरी पीढ़ी के अभिजनक रिएक्टरों से चलनेवाले बिजली घरों का निर्माण होगा, जो बिजली उत्पादन के साथ-साथ खपत से ज्यादा U^{233} का उत्पादन करेंगे।

बॉक्स 6.6

विज्ञान और तकनीकी का संयुक्त विकास

प्रारंभिक दिनों में विज्ञान और तकनीकी एक-दूसरे के सहायक थे, पर बाद में इस सहजीवी विकास को हम कैसे नजरअंदाज कर गए, इसका एक उदाहरण यहाँ प्रस्तुत है।

भाभा की मृत्यु के कुछ ही समय बाद की यह घटना है। पुणे के निकट अर्वी नामक स्थान में सरकार उपग्रहों से प्राप्त संकेतों को ग्रहण करने के लिए एक केंद्र का निर्माण कर रही थी। उस समय ए.ई.सी. के अध्यक्ष डॉ. विक्रम साराभाई के आग्रह पर सरकार ने बी.ए.आर.सी. को संग्राही एंटिना की नियंत्रण प्रणाली के निर्माण की अनुमति दे दी। इसे बनाने की जिम्मेदारी

एस.एन. शेषाद्रि को दी गई, जो बाद में रिएक्टर नियंत्रण प्रभाग के अध्यक्ष बने थे। इससे पहले उन्होंने कभी ऐसी प्रणाली नहीं बनाई थी, पर वे इससे घबराए नहीं। रिएक्टर को नियंत्रित करने की प्रणाली का उन्हें ज्ञान था और यह कार्य उससे ज्यादा मुश्किल नहीं लग रहा था। उन्होंने इस कार्य को सफलतापूर्वक किया, जिससे सभी खुश थे। जब गोविंद स्वरूप को इस बात का पता चला तो वे फौरन शेषाद्रि से मिले तथा ऊटी दूरबीन की नियंत्रण प्रणाली के निर्माण में उनकी मदद माँगी। अति संक्षेप में कहा जाए तो देश में ही (a) एंटिना का निर्माण और (b) उसके परिचालन व नियंत्रण करने की तकनीकी जानकारी विकसित की गई थी। बाद में यह जानकारी ई.सी.आई.एल. को दी गई थी, जिसने उपग्रह एंटिना प्रणालियों का निर्माण रक्षा और रेल सेवाओं के लिए किया।

अब हम '80 के दशक के अंत की एक घटना की बात करेंगे, जब दूरसंचार विभाग को किसी उपग्रह से संपर्क बनाने के लिए एक बड़े एंटिना की जरूरत थी। यह पता चलने पर कि एक जापानी कंपनी को इसका निर्माण करने के लिए ऑर्डर दिया जा रहा है, स्वरूप ने इसे देश में ही उसी लागत व नियत समय में बनाकर देने की पेशकश की। परंतु आयात करने के समर्थक इतने प्रभावशाली थे (हमेशा की तरह) कि जापानी कंपनी को ऑर्डर दे दिया गया। आपको यह जानकर सदमा पहुँचा होगा। परंतु इससे भी ज्यादा दुःख की बात तो यह है कि देश में उपलब्ध तकनीकी की तुलना में विदेशी तकनीकी को ज्यादा मान्यता दी जाती है। खासकर इन दिनों यह काफी आम बात हो गई है।

बॉक्स 6.7
यूरेनियम छड़ का सफलतापूर्वक निर्माण

यूरेनियम छड़ों की सफलता से निर्माण किए जाने की खबर भाभा ने जून 1959 में नेहरू को दी। उन्होंने लिखा—

> "जनवरी के अंत में शुद्ध यूरेनियम धातु के पिंड की ढलाई पहली बार की गई। इस यूरेनियम पिंड को रिएक्टर में प्रयुक्त होनेवाली छड़ों के रूप में बनाने के लिए तीन आवश्यक प्रक्रम करने पड़ते हैं। सबसे पहले पिंड को पिघलाकर निर्वात में सही आकार के बिलेट में इसकी ढलाई की जाती है। उसके बाद बिलेट को छड़ के आकार का रूप दिया जाता है। ये दो प्रक्रम सफलतापूर्वक किए जा चुके हैं। अंतिम प्रक्रम में यूरेनियम छड़ को एल्युमिनियम या दूसरी किसी उपयुक्त धातु से ढका जाता है।

> "यद्यपि जिस भवन में ईंधन-छड़ों को बनाया जाना है, वह अब तक तैयार नहीं हुआ है तथा अभी वहाँ पूरी बिजली का कनेक्शन भी उपलब्ध नहीं है, फिर भी वैज्ञानिक अधिकारियों ने काफी उत्साह एवं प्रयास के साथ काम किया है। अंतिम दिन में पेचीदा रोलिंग कार्य-विधि शाम चार बजे शुरू की गई तथा वैज्ञानिकों ने सारी रात लगातार काम करते हुए अगले दिन सुबह ग्यारह बजे तक काम किया, तब छड़ बनकर तैयार हुई।
>
> "मुझे इस बात में कोई संदेह नहीं है कि हम संतोषजनक ढंग से ईंधन-छड़ों का निर्माण कर सकेंगे। वर्तमान में विश्व में मुश्किल से सिर्फ पाँच राष्ट्र हैं, जो अपने उपयोग के लिए ईंधन छड़ों का निर्माण करते हैं।"

संदर्भ-सूची

1. पूर्ण विवरण के लिए देखिए वेंकटरमण की पुस्तक 'Raman and His Effect'।
2. देखिए बॉक्स 6.1।
3. राष्ट्रीय प्रयोगशालाओं की श्रृंखला सी.एस.आई.आर. के संस्थापक।
4. सी.एस.आई.आर. के प्रमुख।
5. राष्ट्रीय भौतिकी प्रयोगशाला, दिल्ली के संस्थापक निदेशक।
6. देखिए बॉक्स 6.3।
7. टी.आई.एफ.आर. संस्था।
8. देखिए बॉक्स 6.4।
9. आज भी 'अप्सरा' रिएक्टर को ईंधन का आयात किया जाता है।
10. तब से यह पुराना विश्वसनीय संयंत्र थोड़ा परंतु लगातार हमारे भारी पांनी के भंडार में योगदान कर रहा है।
11. नांगल संयंत्र से यह प्रमाणित हो चुका था।
12. देखिए बॉक्स 6.5।
13. बॉक्स 6.5 में इसकी विस्तृत जानकारी दी गई है।
14. उस समय कनाडा ब्रिटेन के अधीन था।
15. जहाँ प्रसिद्ध नियाग्रा जल-प्रपात है।
16. यद्यपि संकट के समय वे ऐसा करने पर भी नहीं हिचकिचाए—ऐसा अवसर कई बार आया, जैसे गुब्बारे के विकास-काल के दौरान, जिसका विवरण पिछले अध्याय में दिया गया है।
17. यह उनका अंतिम भाषण था।
18. बॉक्स 6.5 भी देखिए।
19. ट्रांबे रिएक्टर की शीतलक प्रणाली एन.आर.एक्स. की प्रणाली से बिलकुल अलग तरह की बनानी थी।

20. बाद में इसका नाम 'साइरस' रखा गया, गलती से कई लोग इसे 'सरकस' कहते हैं!
21. कनाडा का एक छोटा कस्बा।
22. आजकल तो सिर्फ एयर इंडिया के महाराजा ही ऐसी पगड़ी पहनते हैं!
23. बाद में कनाडा की एक महिला ने मुझे यह बताया था।
24. अमेरिकी भारतीय की एक प्रजाति के नाम पर रखा हुआ नाम।
25. बॉक्स 6.7 देखिए।
26. कलपक्कम में स्थित एफ.बी.टी.आर. के लिए प्लूटोनियम 'साइरस' से आया था, जिसके बारे में चर्चा आगे की गई है।
27. रमण प्रकीर्णन की विस्तारित जानकारी के लिए वेंकटरमण की पुस्तक 'Raman and His Effect' देखिए।
28. बाद में पी.के. आयंगार ए.ई.सी. के अध्यक्ष बने थे।
29. इसी कारण मुझे कनाडा की ठंड का अनुभव हुआ था, जिसका वर्णन मैंने अपनी पुस्तक 'A Hot Story' में किया है।
30. इसमें से एक वर्णक्रममापी बनाने में एच.एल.एन. मूर्ति ने मेरी मदद की थी।
31. पी.के. आयंगार की साठवीं वर्षगाँठ पर आयोजित।
32. सन् 1994 में 40 प्रभाग थे, पर 2008 में ये बढ़कर 90 से भी अधिक हो गए हैं।
33. बॉक्स 6.5 से यह बात स्पष्ट होती है।
34. 'साइरस' रिएक्टर अब भी कार्यरत है।
35. यह रिपोर्ट फरवरी 1962 में सौंपी गई थी।
36. इस बारे में अगले अध्याय में विस्तृत चर्चा की गई है।
37. अंतिम अध्याय में इस बारे में विस्तार से जानेंगे।
38. पिछले कुछ वर्षों से सरकार इस जरूरत के प्रति जागरूक हुई है; परंतु नौकरशाही, विशेषकर निम्न वर्ग, अब भी झपकी ले रहा है।
39. सर्न (CERN) जैसे अनुसंधान केंद्रों का बजट काफी ज्यादा है। सर्न (CERN) में तथा यूरोपीय सिंक्रोट्रॉन सुविधा, जो फ्रांस के ग्रेनोबेल शहर में स्थित है।
40. मैक्सवेली स्पेक्ट्रम की संकल्पना का विवरण वेंकटरमण की पुस्तक 'A Hot Story' में दिया गया है।
41. विज्ञान भी इसमें शामिल है।
42. वेंकटरमण की पुस्तक 'Chandrasekhar and His Limit' देखिए।

□

7
भाभा और नेहरू

भाभा और नेहरू के बीच मधुर संबंध होने के कारण देश में विज्ञान तथा प्रौद्योगिकी के क्षेत्र में क़ाफी तेजी से वृद्धि हुई। ब्रिटेन के लॉर्ड शेरवेल और विंस्टन चर्चिल की ज़ोड़ी के सिवाय ऐसी जोड़ी का उदाहरण शायद दूसरा नहीं है। लेकिन चर्चिल और शेरवेल भी वैसे क्रांतिकारी परिवर्तन नहीं ला पाए थे जैसे कि भाभा-नेहरू की जोड़ी ने किए।

भाभा की तरह नेहरू भी कैंब्रिज गए थे, परंतु भाभा से कई वर्षों पहले। यद्यपि नेहरू को खुद विज्ञान विषय से लगाव था, परंतु उन्हें कई कारणों से कानून की पढ़ाई करनी पड़ी थी। बाद में नेहरू ने कहा था—

> "मैं विज्ञान के गढ़ कैंब्रिज में विज्ञान की प्रयोगशालाओं में अकसर जाया करता था। यद्यपि परिस्थितियों की वजह से मुझे विज्ञान की पढ़ाई छोड़नी पड़ी थी, फिर भी मेरी चाह इस विषय में हमेशा बनी रही…।
>
> "कई वर्षों बाद मैं विज्ञान की ओर फिर आकर्षित हुआ, जब मुझे यह अहसास हुआ कि विज्ञान केवल अलग एक खूबसूरत तथा भिन्न विषय ही नहीं है बल्कि यह जीवन की बनावट है, जिसके बिना यह आधुनिक जगत् लुप्त हो जाएगा। राजनीति की वजह से मैं अर्थशास्त्र से जुड़ा, जहाँ हमारी सारी समस्याओं, यहाँ तक कि विज्ञान संबंधी समस्याओं, का हल ढूँढ़ने के लिए भी वैज्ञानिक दृष्टिकोण की जरूरत पड़ती है।"

नेहरू लगभग सन् 1935 में सोवियत संघ (अब जिसका अस्तित्व नहीं है) गए थे जहाँ औद्योगिकीकरण के कारण हुई प्रगति को देखकर वे बहुत ज्यादा प्रभावित हुए थे। ऐसी प्रगति देखकर उन्होंने कहा था—

"सिर्फ विज्ञान ही भूख तथा गरीबी को मिटा सकता है; गंदगी, निरक्षरता, अंधविश्वास तथा कुसंस्कार जैसी समस्याओं का अंत कर सकता है''' ।"

बुद्धिजीवी नेहरू को विज्ञान का सौंदर्य काफी आकर्षित करता था; परंतु जनता के प्रतिनिधि होने के नाते उन्हें विज्ञान की तकनीकी तथा इसके संभावित लाभों से भी उतना ही लगाव था। भारत के स्वतंत्रता-वर्ष से लेकर हर वर्ष वे भारतीय विज्ञान महासभा के वार्षिक अधिवेशन में उपस्थित होते थे। वहाँ जाना उनके लिए तीर्थ-यात्रा के समान था। हर बार वे बिना तैयारी किए जोशीला भाषण देते थे। सन् 1947 में एक ऐसा ही भाषण देते हुए उन्होंने कहा था—

"विज्ञान का लक्ष्य केवल सत्य की खोज करना ही नहीं है। इसकी परिपूर्णता तब होती है जब इसका इस्तेमाल समाज के हित में किया जाए। विज्ञान के सामने सामाजिक दायित्व का होना जरूरी है। भूखे इनसान के लिए सत्य का ज्ञान कम मायने रखता है। उसे भोजन चाहिए। उसके लिए भगवान् भी अर्थहीन हो जाता है। उसे सबसे पहले भोजन मिलना चाहिए। भारत एक भूखा देश है, भुखमरा देश''' ।"

यह दुखः की बात है कि आज भी हमारे देश में गरीबी वैसी ही फैली है, यहाँ लगभग चालीस करोड़ लोग गरीबी रेखा के नीचे जी रहे हैं।

सोवियत् संघ की यात्रा के पश्चात् नेहरू समाजवाद, उनकी योजनाबद्ध तरीके से काम करने की पद्धति तथा वहाँ के भारी औद्योगिकीकरण से काफी प्रभावित हुए। यहाँ तक कि वे 'सोवियत संघ मित्र मंडल' नामक समिति के सदस्य भी बन गए। भाभा का झुकाव भी समाजवाद की ओर था और वे भी इस समिति के सदस्य थे। भाभा तथा नेहरू के बीच अटूट बंधन जिन कारणों से बना था, उनमें से एक कारण यह भी था कि दोनों के आदर्श समान थे। लेकिन केवल समाजवाद ही ऐसा विषय नहीं था जिनमें इन दोनों की रुचि थी; कला, संस्कृति तथा साहित्य के क्षेत्र में भी दोनों की पसंद एक जैसी ही थी। इसके अलावा दोनों उदारपंथी थे तथा खुले दिल के थे, जो उस जमाने में, निश्चित तौर पर भारत में तो कम ही, देखने को मिलता था; लगभग पचास वर्ष बाद आज भी लोगों के दृष्टिकोण में कोई विशेष परिवर्तन नहीं आया है। इन सबके अलावा दोनों की शिक्षा भी कैंब्रिज में हुई थी।

भाभा और नेहरू के संपर्क सन् 1939 से प्रारंभ हुए, जब वे एक जहाज में यात्रा कर रहे थे, जिसमें नेहरूजी अपनी बेटी इंदिरा के साथ यात्रा कर रहे थे। इस बात का खुलासा कई वर्षों बाद सन् 1968 में इंदिरा गांधी ने टी.आई.एफ.आर. में होमी भाभा ऑडीटोरियम के उद्घाटन

समारोह में बोलते हुए किया था। '40 के दशक के प्रारंभ में इन दोनों में संपर्क लगभग नहीं था, क्योंकि उस समय भाभा बैंगलोर में अपने शोध-कार्य में व्यस्त थे, जबकि नेहरू जेल में प्रवास के दौरान 'डिस्कवरी ऑफ इंडिया' नामक पुस्तक लिख रहे थे। '40 के दशक के अंत में जाकर जब भाभा नाभिकीय कार्यक्रम से जुड़े, दोनों के संबंधों में मजबूती आई।

जैसा कि पहले बताया गया है, वार्षिक विज्ञान अधिवेशन में नेहरू हर वर्ष जाते थे। सन् 1951 में यह अधिवेशन भाभा की अध्यक्षता में बैंगलोर में हुआ था। उस समय नेहरू का स्वागत करते हुए भाभा ने कहा था—

> "मैं अपनी तथा आप सभी की तरफ से हमारे माननीय प्रधानमंत्रीजी का अभिनंदन करता हूँ, जिन्होंने इस अवसर पर हम सभी के बीच उपस्थित रहने का निश्चय किया है। वे कल ही बैंगलोर पहुँचे थे और इस सभा के तुरंत बाद बंबई के लिए रवाना हो जाएँगे, जहाँ से उन्हें एक महत्त्वपूर्ण काम के लिए इंग्लैंड जाना है। इतनी व्यस्तता के बावजूद उनका यहाँ आना इस बात का प्रमाण है कि भारत में विज्ञान के विकास कार्यक्रम में वे विशेष रुचि रखते हैं। यदि ऐसा नहीं होता तो आज हमें विज्ञान की प्रगति के लिए जितना प्रोत्साहन एवं समर्थन मिल रहा है उतना नहीं मिलता; यद्यपि केवल विज्ञान और प्रौद्योगिकी ही देश में व्याप्त तमाम समस्याओं, जैसे खाद्यान्न की कमी, निम्न जीवन-स्तर तथा निरक्षरता का हल ढूँढ़ सकती है।"

नेहरू के स्वागत में इतना कहने के बाद भाभा ने 'वास्तविक जगत् के बारे में वर्तमान सोच' पर अपने विचार प्रस्तुत किए। उस समय वे अन्य कामों से फुरसत मिलने पर एक मूल समीकरण—भाभा समीकरण—पर शोध कर रहे थे। जब नेहरूजी के बोलने का समय आया तो उन्होंने कहा—

> "अभी आप डॉ. होमी भाभा को सुन रहे थे और निस्संदेह मेरी तरह आप सभी को उनका यह भाषण बहुत ही रोचक लगा होगा। उन्होंने जिन सब विषयों पर कहा, सभी बहुत ही मंत्रमुग्ध करनेवाले हैं; फिर भी मैं इनका संपर्क उन तमाम समस्याओं के साथ जोड़ने की कोशिश कर रहा था, अनिवार्यतः जिनका सामना हमें हर रोज करना पड़ता है। मुझे इस बात का अहसास है कि इन दोनों में आपसी संबंध होगा, लेकिन वह कैसे है, यह अभी स्पष्ट नहीं है। आज जब हमें कई तरह की अत्यावश्यक तथा तात्कालिक समस्याओं से जूझना पड़ रहा है, इन दोनों विषयों में संबंध को ठीक से कैसे देखें··?
>
> "निश्चित रूप से मेरे जैसे आदमी के लिए, जिसे जनता की रोजमर्रा की समस्याओं

की चिंता लगी रहती है, मूल अनुसंधान हमेशा थोड़ा कम मायने रखता है; परंतु समाज की कठिनाइयों को दूर करने के लिए आवश्यक अनुसंधान एवं उसका उपयोग ज्यादा महत्त्वपूर्ण लगता है⋯।"

जैसा हमने पिछले अध्याय में देखा है, भाभा ऐसे वैज्ञानिकों में से नहीं थे, जो जीवन की वास्तविकताओं से उदासीन रहकर अपनी शोध करते हैं तथा राजनीतिज्ञ जिनसे नफरत करते हैं। इसके विपरीत, भाभा ने प्रौद्योगिकी विकास को ज्यादा महत्त्व दिया, जिसकी वजह से वे नेहरू के चहेते बन गए।

अब हम इन दो महान् व्यक्तियों के अनोखे रिश्ते को बयान करने के लिए उनके बीच हुए निजी तथा सरकारी पत्राचारों के आदान-प्रदान का उदाहरण प्रस्तुत करते हैं।

सबसे पहले हम नेहरू के उस पत्र का जिक्र करेंगे, जिसमें उन्होंने भाभा को यूरोप-भ्रमण के दौरान अपने यात्रा-क्रम में एक और देश शामिल करने को कहा था। ऐसा अविश्वसनीय लगता है, क्योंकि आमतौर पर विदेश दौरे पर भेजने से सरकार कतराती है, अतः यह सोचना कि दौरे में एक और देश जाने की सलाह सरकार देगी, असंभव को सच होते देखने जैसा है। शायद आप सोच रहे होंगे कि यदि ऐसी बात है तो इतने सारे सरकारी अधिकारी लगातार विदेश कैसे जाते रहते हैं? इसका जवाब आप स्वयं ही खोजिए। अब मैं नेहरू के लिखे पत्र को उद्धृत करता हूं।

नई दिल्ली

29 जुलाई, 1956

प्रिय होमी,

आपके अतिथि, जो बर्मा (अब म्याँमार), मिस्र, सीलोन (अब श्रीलंका) तथा इंडोनेशिया के परमाणु ऊर्जा विभाग से आए थे, उनसे मेरी मुलाकात हुई तथा उनसे बातें भी हुईं। वे सभी इस दौरे से तथा आपके द्वारा आयोजित विज्ञान संगोष्ठी में किए गए कार्यों से काफी संतुष्ट लगे। मुझे अभी आपके विदेश दौरे के कार्यक्रम का विवरण मिला। इसके अनुसार आप 9 से 11 तक ऑस्ट्रिया में रहेंगे एवं उसके बाद कुछ सप्ताह का अवकाश लेंगे। क्या यह आपके लिए संभव एवं उचित नहीं होगा कि ऑस्ट्रिया से आप यूगोस्लाविया भी जाएँ, क्योंकि वहाँ से यह नजदीक है, अतः जाने में आसानी रहेगी। इससे पहले भी आप यूगोस्लाविया जाना चाहते थे⋯।

शायद मैं आपसे 1 अगस्त को पूना (पुणे) में मिल सकूँगा; परंतु पूरा दिन व्यस्त रहने के कारण देर रात को ही मुलाकात हो पाएगी।

आपका

जवाहरलाल नेहरू

सरकारी कानून की कठोरता तथा मूर्खता के बारे में बहुत कुछ लिखा जा सकता है, जिनमें से कुछ नियम तो ईस्ट इंडिया कंपनी के जमाने से चले आ रहे हैं। नौकरशाही का काम करने का अपना अलग ही तरीका होता है, जिसका प्रगति से कोई सरोकार ही नहीं है, बल्कि कभी-कभी तो ऐसे नियम तरक्की के आड़े आते हैं। सन् 1956 में भारत के प्रथम रिएक्टर 'अप्सरा' का निर्माण कार्य ट्रांबे में काफी तेजी से चल रहा था। भाभा से प्रेरित होकर सभी वैज्ञानिक तथा इंजीनियर चौबीसों घंटे काम में जुटे रहते थे। ट्रांबे जगह शहर से दूर है (उस समय तो ट्रांबे बिलकुल ही निर्जन था, आज की तरह इसके चारों ओर घनी आबादी विकसित नहीं हुई थी), अतः लोगों को बेवक्त शहर से आने-जाने में समस्याएँ होती थीं। भाभा ने इस परेशानी के बारे में प्रधानमंत्री को एक विज्ञप्ति लिखकर अवगत कराया—

पिछले कई दिनों से वैज्ञानिकों ने देर रात तक काम किया है, कभी-कभी तो इन्हें पूरी रात काम करना पड़ता है। शहर के केंद्र फोर्ट से ट्रांबे पहुँचने के लिए गाड़ी से एक घंटा लगता है तथा कैंटीन भी अभी शुरू नहीं हुई है। रिएक्टर में ईंधन भरने का काम काफी मुश्किल है, अतः छोटी सी गलती भी पूरी योजना को हानि पहुँचा सकती है। इन परिस्थितियों में लोगों को तनाव-मुक्त रखने के लिए जितना करने की आवश्यकता है, वह सब करना जरूरी है। अतः मैंने निम्न आदेश दिए हैं—

(i) इन लोगों को उनके घर से कार्यालय तक लाने-ले जाने के लिए दो गाड़ियाँ चौबीसों घंटे उपलब्ध कराई जाएँ, जिससे किसी भी समय, जो इन्हें उचित लगे, ये लोग आवागमन कर सकें।

(ii) इन लोगों के दोपहर तथा रात के खाने का प्रबंध किसी अच्छे होटल से भोजन मँगवाकर ट्रांबे के रिएक्टर भवन में ही किया जाए।

उपर्युक्त दोनों आदेश सरकारी नियमों के अनुसार नहीं हैं, अतः अपनी इन कारवाइयों के लिए मैं प्रधानमंत्री की स्वीकृति चाहता हूँ। प्रसंगवश वर्तमान सरकारी नियम-कानून तेजी से और दबाव में काम करने के लिए उपयुक्त नहीं हैं…।

उपर्युक्त लेखन के बाद, कल यानी मंगलवार की रात तीन बजे तक यह

दल कार्य करता रहा। श्री अलारडाइस तथा मैंने दोबारा मंगलवार दोपहर से काम शुरू कर सारी रात काम करके आज सुबह सात बजे तक काम किया। अतः जिन सरकारी विभागों में इतनी तेजी से काम होता है, वहाँ सरकारी नियमों को हमेशा लागू करने का प्रयत्न करना अनुचित है। यदि ऐसा किया गया तो इससे कर्मचारियों के काम पर असर पड़ेगा तथा उनके हौसले भी कम होंगे।

एच.जे. भाभा
1.8.56

भाभा की इस विज्ञप्ति को तुरंत दिल्ली भेजा गया, जिसे नेहरू ने उसी दिन 'मैं सहमत हूँ' लिखकर अपनी मंजूरी दे दी। ऐसा चमत्कार आसानी से नहीं देखने को मिलता है, विशेषकर आजकल। सरकार को लिखी गई विज्ञप्ति को ऊपर तक पहुँचने के लिए उसे निम्न स्तर से शुरू होकर कई स्तरों से गुजरना पड़ता है तथा हरेक स्तर पर इसे नामंजूर करने की कोशिश की जाती है। संक्षेप में, इस तरह की विज्ञप्ति को मंजूरी मिलना टेढ़ी खीर है। भाभा अपनी बात मनवाने में सफल होते थे, क्योंकि नेहरू के साथ उनका रिश्ता बहुत ही विशिष्ट था। इस बात को सरकारी अफसर अच्छी तरह जानते थे, इसके बावजूद वे भाभा के सुझाव को रोकने की कोशिश किया करते थे।

4 अगस्त, 1956 को शाम के 3.45 बजे भारत के प्रथम रिएक्टर एस.पी.आर. (स्वीमिंग पूल रिएक्टर 'अप्सरा') ने कार्य करना शुरू किया। परमाणु ऊर्जा विभाग की ओर से प्रेस विज्ञप्ति जारी की गई, रेडियो के माध्यम से भी इस खबर का प्रसारण हुआ (उन दिनों दूरदर्शन नहीं था)। सबसे पहले यह खबर नेहरूजी को (टेलीफोन पर) दी गई। भाभा ने नेहरू को इस बारे में लिखा—

4 अगस्त, 1956

प्रिय भाई,

मैं इस पत्र के साथ प्रेस विज्ञप्ति की एक प्रतिलिपि भी भेज रहा हूँ, जिसे आज शाम को जारी किया गया है। साथ ही रिएक्टर का एक फोटो भी संलग्न है, जिस रिएक्टर को आपने देखा था।

आज शाम सात बजे जब मैं घर पहुँचा तो मेरी माँ ने मुझे बताया कि रिएक्टर के चालू होने की उद्घोषणा आपने की थी। मैंने आपकी शुभकामनाएँ अपने सभी युवा वैज्ञानिकों को दी हैं। वे इसके हकदार हैं, क्योंकि उन्होंने सच्चे

दिल से तथा लगन से काम किया है।

रिएक्टर का प्रचालन शुरू हो जाने से मुझे अपना दौरा एक दिन पीछे करना पड़ा। अब मैं 6 अगस्त सोमवार शाम को रवाना होऊँगा। फिर मिलेंगे।

आपका

होमी भाभा

पं. जवाहरलाल नेहरू

प्रधानमंत्री

भारत सरकार

नई दिल्ली

पुनश्च : पत्र लिखने के बाद कल शाम को मुझे आपका तार मिला। इसके लिए आपको बहुत धन्यवाद। मैं इसें अपने युवा दल को भेज रहा हूँ। मुझे उम्मीद है कि इसे पढ़कर उन्हें और ज्यादा काम करने की प्रेरणा मिलेगी।

इस बात पर गौर कीजिए कि नेहरू को संबोधन करने के लिए भाभा ने 'भाई' शब्द का इस्तेमाल किया है, न कि 'प्रिय महोदय' या 'प्रिय प्रधानमंत्री'।

इन दिनों हमें संसाधनों की कमी का सामना करना पड़ रहा है। असल में शायद ही ऐसा कोई समय था, जब हमें ऐसी परेशानियों से गुजरना न पड़ा हो। ऐसी परिस्थिति में विकास का सपना देखनेवालों तथा अर्थव्यवस्था पर नियंत्रण रखनेवालों के बीच संघर्ष होना अनिवार्य है। '50 के दशक के अंत में नेहरू ने भाभा को इस बारे में लिखा था, जिसमें से एक अंश यहाँ उद्धृत किया जा रहा है—

"आपको तो मालूम है कि हमारी विदेशी मुद्रा का भंडार तथा कुछ हद तक आंतरिक संसाधनों की स्थिति काफी शोचनीय है। हम विदेशों से भारी मात्रा में वित्तीय ऋण प्राप्त करने की कोशिश कर रहे हैं। लेकिन यह काफी कठिन लगता है तथा मुझे मालूम नहीं है कि यह ऋण हमें मिलेगा या नहीं। यदि हमें ऋण मिल भी जाता है तो इसके लिए हमें कई वर्षों तक भारी रकम ब्याज की देनी पड़ेगी। अतः अगले सात से दस वर्षों तक हमें इस बोझ को उठाना पड़ेगा…।

"दूसरे देशों में जाकर वहाँ से धन माँगना बहुत ही नैराश्यजनक अनुभव है। वे पूछते हैं कि क्या हम अगली बार तृतीय पंचवर्षीय योजना में भी इसी प्रकार के

महत्त्वाकांक्षी कार्यक्रम की परियोजना बनाएँगे तथा पुनः भारी मात्रा में ऋण के लिए उनके पास आएँगे? यह स्पष्ट है कि हम बार-बार उनसे ऋण की माँग नहीं कर सकते… ।"[4]

यह आश्चर्य की बात है कि हमने अभी भी भारी ऋण माँगना बंद नहीं किया है, बल्कि रकम की मात्रा हर बार बढ़ती जाती है। परंतु यहाँ हम इस विषय पर चर्चा नहीं कर रहे हैं। यहाँ इस प्रसंग की चर्चा इस बात की ओर ध्यान दिलाने के लिए की गई कि देश के प्रधानमंत्री किस प्रकार विनम्रता से संसाधनों की कमी की सफाई दे रहे हैं; संक्षेप में कहा जाए तो नेहरू संकट को आसान बनाने की कोशिश कर रहे हैं। ऐसे विनम्र भाव से स्पष्टीकरण देने की प्रथा नेहरू के साथ ही लुप्त हो गई।

भाभा अक्सर विदेश दौरे पर जाया करते थे। सन् 1959 ऐसे ही एक विदेश दौरे से लौटकर उन्होंने नेहरू को एक पत्र लिखा था, जिसका कुछ अंश इस प्रकार था—

"कैंब्रिज में मेरे दो दिन अच्छे बीते, जहाँ मुझे 'डॉक्टर ऑफ साइंस' की मानद उपाधि दी गई। समारोह साधारण ही था। मेरे अलावा सम्मान पानेवाले (कानून, साहित्य, विज्ञान तथा संगीत के क्षेत्र में) अन्य लोग थे—डॉ. विवियन फक्स, जिन्होंने हाल ही में 'ध्रुव' की यात्रा की थी, ली कॅरबूसियर चंडीगढ़ शहर की रूपरेखा तैयार करने के लिए हम जिनके आभारी हैं, मूर्तिकार श्री हेनरी मूर, संगीतकार श्री बेंजामिन ब्रिटान तथा श्री लुइस क्लार्क, जो पहले फिट्ज विलियम संग्रहालय के अध्यक्ष थे। परंपरागत तरीके से जन-संपर्क वक्ता ने लैटिन भाषा में हमारे कार्यों का विवरण पढ़कर सुनाया; परंतु पहली बार इनके अंग्रेजी अनुवाद श्रोताओं को वितरित किए गए। सम्मान समारोह में ट्रिनिटी कॉलेज सभागृह में विशाल भोज का आयोजन किया गया था, जिसके बाद विश्वविद्यालय के कुलपति लॉर्ड टेडर ने अपने भाषण में सभी सहभागियों के काम का उल्लेख किया। मानद उपाधि पानेवाले सभी सहभागियों की तरफ से मुझे उनके भाषण का प्रत्युत्तर देने को कहा गया था। मैं इस पत्र के साथ अपने इस वक्तव्य की एक प्रतिलिपि भेज रहा हूँ, जिसे इंडियन हाउस बुलेटिन में भी प्रकाशित किया गया था। मेरा भाषण मध्यांतर भोजन के बाद होने के कारण मैंने इसमें कई हास्यास्पद वाकये भी शामिल किए थे, जिनका लुत्फ उठाने के लिए उस जगह की स्थानीय घटनाओं से परिचित होना आवश्यक है। उदाहरण के लिए, मेरे भाषण के आखिरी परिच्छेद में इसी प्रकार का एक वाकया शामिल था, जिसे वहाँ के कुलपति लॉर्ड एड्रियन ने

मुझे बताया था। एक दिन सुबह विश्वविद्यालय के अधिकारियों को यह देखकर बड़ा आश्चर्य हुआ कि एक गाड़ी सीनेट भवन की छत पर पड़ी थी। सीनेट भवन को बिना कोई नुकसान पहुँचाए इस गाड़ी को छत से उतारने में जितनी कठिनाइयाँ हुईं, उससे यह घटना एक अजूबा ही लगती है कि रातोरात कैसे उस गाड़ी को छत पर चढ़ाया गया होगा।

"कैंब्रिज में लॉर्ड एड्रियन का अतिथि होने के कारण मैं ट्रिनिटी के मास्टर लॉज में ठहरा था। उस वर्ष वहाँ गुलाबों की बहार थी। इससे पहले मैंने इतने सारे सुंदर गुलाब के फूल नहीं देखे थे। ये यहाँ-वहाँ नदी के किनारे के बागों में खिले थे। यद्यपि कैंब्रिज में दो दिन मैं काफी व्यस्त रहा, परंतु यह समय काफी ताजगी भरा था। कभी ऐसा लगता है कि काश, मैं उस शांत वातावरण में दो-तीन महीने अध्ययन-चिंतन कर सकता! मुझे इस बात की उम्मीद है कि हम जो प्रयोगशालाएँ एवं भवनों का निर्माण कर रहे हैं, उनकी सुंदरता अलग ही होगी, जिससे वहाँ काम करनेवाले प्रभावित होंगे। मैं समझता हूँ कि ट्रांबे एवं टाटा इंस्टीट्यूट ऑफ फंडामेंटल रिसर्च दोनों केंद्र निर्माण के बाद वास्तुकला एवं उपवन की दृष्टिकोण से बहुत ही सुंदर बनेंगे।"

भाभा ने यह पत्र बैंगलोर से लिखा था, जहाँ वे कुछ सप्ताह का अवकाश बिता रहे थे तथा अन्य कामों के साथ अपनी पुस्तक 'मूल कणों के सिद्धांत में बीजगणित' के अंतिम अध्याय का संशोधन कर रहे थे।[1] भाभा के इस पत्र के जवाब में नेहरू ने संक्षिप्त परंतु आत्मीयता से भरा यह वाक्य लिखा—"तो आप अपनी सम्मान तालिका में एक और सम्मान जोड़कर वापस आ गए हैं।" यहाँ इस बात का उल्लेख करना चाहूँगा कि भाभा लगभग हर वर्ष एक महीने की छुट्टी लेकर बैंगलोर, ऊटी इत्यादि स्थानों पर जाया करते थे। '50 के दशक के अंत में टी.आई.एफ.आर. ने ग्रीष्म सत्र का आरंभ किया, जिसमें भौतिकी के विभिन्न विषयों पर चर्चाएँ होती थीं। उन दिनों यह सत्र बैंगलोर में ही आयोजित किया जाता था। भाभा अकसर इन सत्रों में जाया करते थे। एक बार गेल मान प्रमुख वक्ता थे, जिन्होंने क्वार्क मॉडल पर अपने विख्यात शोध के बारे में बताया था, जिसका उस समय प्रकाशन भी नहीं हुआ था। गेल मान का यह व्याख्यान सुनने भाभा आए थे और उनके सम्मान में आयोजित भोज में भी उपस्थित थे।

रॉयल सोसाइटी की तृतीय शताब्दी समारोह में भाग लेने के बाद भाभा ने नेहरू को वैसा ही भावात्मक पत्र लिखा था जैसा वे हमेशा लिखा करते थे। इस बार के दौरे में भाभा को

अन्य छह लोगों के साथ लंदन विश्वविद्यालय ने मानद उपाधि प्रदान की थी।

इन दो हस्तियों के बीच मैत्रीपूर्ण संबंध का एक और उदाहरण इन पत्रों में देखने को मिलता है।

28 जनवरी, 1961

प्रिय भाई,

मैं यह पत्र आपको इस बात की याद दिलाने के लिए लिख रहा हूँ कि आपने उस रात्रिभोज में आने का वायदा किया था, जिसका आयोजन मैंने परमाणु ऊर्जा आयोग के अध्यक्ष होने के नाते उन विदेशी प्रतिनिधियों के लिए किया है, जो ट्रांबे के उद्घाटन समारोह में भाग ले रहे हैं। यह भोज कल यानी 29 जनवरी, रविवार रात के 8:15 बजे अशोक होटल में होगा[2]। 35 विदेशी प्रतिनिधि तथा उतनी ही संख्या में भारतीय अतिथि उपस्थित रहेंगे। मैंने नान[3], इंदु[4] तथा बेट्टी को भी अलग से निमंत्रण-पत्र भेजे हैं। मैं यह जानकारी आपको इसलिए दे रहा हूँ कि कहीं वे पत्र उन्हें किसी कारण से न मिले हों।

आपका

होमी भाभा

इस पत्र का जवाब नेहरू ने तुरंत दिया।

प्रधानमंत्री निवास

नई दिल्ली

28 जनवरी, 1961

प्रिय होमी,

आपका पत्र मिला। मैं कल अशोक होटल में रात्रिभोज के लिए आऊँगा, शायद इंदु भी आएगी। नान यहाँ नहीं रहेगी, क्योंकि उसे रानी एलिजाबेथ को साथ लेकर आगरा जाना है। मैं बेट्टी के बारे में अभी कुछ नहीं कह सकता, क्योंकि उसकी तबीयत कुछ ठीक नहीं है। यदि वह स्वस्थ रही तो वह भी आएगी।

आपका

जवाहरलाल नेहरू

सरकार नियमित तौर पर विभिन्न परिषदें, समितियाँ इत्यादि का गठन करती रहती है;

परंतु जिन लोगों की नियुक्ति इनमें होती है, उनकी स्वीकृति कदाचित् ही ली जाती है। ये नियुक्तियाँ अधिकतर आदेश होती हैं और ऐसा मान लिया जाता है कि नियुक्त हुए लोग खुशी से झूम उठेंगे तथा उत्सुकता से आदेश का पालन करेंगे। सरकारी नौकरी करनेवालों से तो इस बारे में कोई विचार-विमर्श भी नहीं किया जाता, उन्हें केवल उनकी नियुक्ति के बारे में बताया जाता है। लेकिन भाभा तथा नेहरू के बीच ऐसा नहीं था, जो निम्नलिखित पत्र से स्पष्ट है।

21 अक्तूबर, 1961

प्रिय होमी,

आपको मालूम होगा कि पिछले महीने के अंत में हमने राष्ट्रीय एकता सम्मेलन का आयोजन किया था। इस सम्मेलन में आप भी आमंत्रित थे; परंतु किसी कारणवश आप नहीं आ सके थे। इस सम्मेलन में यह तय हुआ है कि एक परिषद् का गठन किया जाएगा, जिसमें प्रधानमंत्री, केंद्रीय गृह मंत्री, सभी राज्यों के मुख्यमंत्री तथा कुछ अन्य लोग सदस्य होंगे। अन्य लोगों में तीन वैज्ञानिक तथा शिक्षाविद् होंगे। विश्वविद्यालय अनुदान आयोग के अध्यक्ष के तौर पर कोठारी का चयन हुआ है। मैं चाहता हूँ कि आप इस परिषद् में शामिल हों।

मुझे मालूम नहीं है कि इसका जवाब आप जल्द भेज सकेंगे या नहीं। अतः आपकी स्वीकृति मानकर मैं तीन या चार दिन के बाद आपके नाम की घोषणा कर दूँगा।

आपका

जवाहरलाल नेहरू

इन पत्रों से उनकी स्नेहपूर्ण मित्रता का पता चलता है, जो सरकारी सीमाओं से परे था। मई 1964 में नेहरू के निधन पर भाभा ने उन्हें भावभीनी श्रद्धांजलि अर्पित की थी, जिसका वर्णन बॉक्स 7.1 में किया गया है। इसके लगभग बीस महीने बाद भाभा की मृत्यु हुई, तब इंदिरा गांधी ने कहा था, "उन्होंने यह दिखा दिया कि भारतवर्ष में भी व्यापक फैली लाल-फीताशाही के विरुद्ध काम किया जा सकता है तथा ठोस कदम उठाए जा सकते हैं।" यह कहने की जरूरत नहीं है कि भाभा तथा नेहरू के बीच गहरे मित्रतापूर्ण संबंधों के कारण ही इतना कुछ करना संभव हुआ था। इस सौहार्दपूर्ण संबंध का जिक्र करते हुए इंदिरा गांधी ने आगे कहा—

> "एक राजनेता के जीवन में उन संवेदनशील क्षणों की खुशहाली का अभाव हमेशा रहता है जिसका अन्य लोग अपने दैनंदिन जीवन में उपभोग करते हैं···। मैं जानती हूँ कि होमी भाभा ने मेरे पिता के लिए एक ऐसे ही आनंद की खिड़की खोल दी थी। मेरे पिता थके होने के बावजूद या देर रात को भी हमेशा भाभा के लिए समय निकालते थे। ऐसा इसलिए नहीं था कि भाभा जिन समस्याओं के बारे में चर्चा करने आते थे, वे सभी अत्यंत महत्त्वपूर्ण होती थीं और जिनका समाधान तत्काल करने की आवश्यकता होती थी, बल्कि उन्हें भाभा के सान्निध्य से ताजगी महसूस होती थी; एक ऐसा अनुभव जो उन्हें संपूर्णतः एक नई दुनिया में ले जाता था···।"

क्रिकेट की भाषा में कहा जाए तो नेहरू-भाभा की जोड़ी उन प्रारंभिक बल्लेबाजों की तरह थी जिन्होंने सपने जैसी रनों की भागीदारी दी हो। ऐसी जोड़ी दोबारा देखने के लिए हमें काफी समय तक इंतजार करना पड़ेगा, विशेषतया आज के वातावरण में।

अंत में नेहरू के बारे में कुछ और कहना चाहूँगा। टाटा इंस्टीट्यूट ऑफ फंडामेंटल रिसर्च के उद्घाटन समारोह में बोलते हुए नेहरू ने कहा था, "इन युवा वैज्ञानिकों, जिन्होंने अपने कार्य से प्रसिद्धि पाई है तथा भविष्य में और भी प्रसिद्धि पाएँगे, उनसे मिलकर तथा उनके काम के बारे में जानकर मैं काफी आश्वस्त हूँ तथा भारत में विज्ञान के भविष्य के बारे में काफी आशावादी हूँ···।"

अब भारतीय वैज्ञानिकों, विशेषकर युवा पीढ़ी के वैज्ञानिकों (इसमें आप सभी पाठक भी शामिल हैं) का यह दायित्व बनता है कि वे नेहरू के इस विश्वास पर खरे उतरें।

बॉक्स 7.1

भाभा की नेहरू को श्रद्धांजलि

1 जून, 1964 को आकाशवाणी (ऑल इंडिया रेडियो) से होमी भाभा की एक वार्त्ता 'जवाहरलाल नेहरू एवं विज्ञान' का प्रसारण हुआ था, जिसके कुछ अंश नीचे दिए गए हैं—

अपने कार्यकाल में जवाहरलाल नेहरू जिस काम को करने के लिए सबसे ज्यादा बेचैन रहते थे वह है—वर्षों से अभाव की जिंदगी जी रही मानव जाति को इस स्थिति से उठाकर एक ऐसे सामाजिक स्तर पर ले आना जिसमें वह सुरक्षित हो, उसे किसी वस्तु की कमी न हो तथा सबसे जरूरी है कि लोग संतुष्ट रहें। वे इस बात को भली-भाँति जानते थे कि इस लक्ष्य को पाने के लिए केवल विज्ञान तथा उसका उचित इस्तेमाल ही एकमात्र उपाय है…।

नेहरूजी ने ठीक ही सोचा था कि विदेशी सहायता से इस्पात कारखाना या रासायनिक संयंत्र बनाकर उन्हें चला देने से कोई देश विकसित तथा औद्योगिक राष्ट्र नहीं बन जाता और न ही विदेशी गाड़ी या वायुयान में उड़ान भरने से। भारत सही मायने में तभी विकसित तथा औद्योगिक देश बनेगा, जब उसमें खुद बिना विदेशी सहायता के संयंत्रों की अभिकल्पना, रचना तथा निर्माण करने की क्षमता होगी और इसके लिए विज्ञान तथा प्रौद्योगिकी के क्षेत्र में और अधिक विकास करने की आवश्यकता है। नेहरूजी ने कहा था, "हमें सिर्फ औजार ही नहीं बनाने हैं, हमें ऐसे लोगों की भी आवश्यकता है जो औजारों की अभिकल्पना कर सकें तथा उनमें सुधार भी ला सकें। लोगों में सर्जनात्मकता का होना जरूरी है।"

सन् 1954 में जब परमाणु ऊर्जा विभाग बना तथा मुझे भारत सरकार के सचिव के तौर पर इस नए विभाग का पदभार ग्रहण करने के लिए कहा गया, उस समय मैंने यह स्पष्ट कर दिया था कि मैं इस काम के खातिर अपने वैज्ञानिक कार्यों को नहीं छोड़ सकता, अतः यह विभाग बंबई में ही स्थित होना चाहिए, जो वैज्ञानिक गतिविधियों का केंद्र है। प्रधानमंत्री ने मेरे इस अद्भुत प्रस्ताव को तुरंत स्वीकार कर लिया, यद्यपि ऐसा करना व्यक्तिगत तौर पर उनके लिए असुविधा का कारण बन सकता था।

शुरू में ही नेहरूजी ने उन विषयों की एक सूची दी थी जिनके बारे में वे लिखित दस्तावेज चाहते थे। समय के गुजरने के साथ यह सूची छोटी होती गई। जब कोई नीति संबंधी दस्तावेज उनके सामने पेश किया जाता था, वे उस पर तुरंत निर्णय लेते हुए केवल कुछ निर्देश लिख दिया करते थे। परंतु उन्होंने कभी विभाग के कार्यों में हस्तक्षेप नहीं किया।

यद्यपि जवाहरलाल नेहरू एक पेशेवर वैज्ञानिक नहीं थे, फिर भी उनके व्यक्तित्व में हमेशा एक महान् वैज्ञानिक के गुण झलकते थे; जैसे—सत्य की खोज की चाह, उनका जिज्ञ

ासु मस्तिष्क जो मानव-निर्मित सीमा से परे था, उनकी नम्रता, हमेशा सीखने और सिखाने की तत्परता आदि।[7]

संदर्भ-सूची

1. यह पुस्तक अब तक अप्रकाशित है।
2. भाभा यह पत्र दिल्ली के अशोक होटल से लिख रहे थे।
3. नेहरू की बहन विजयलक्ष्मी पंडित।
4. इंदिरा गांधी।
5. हाय, भाभा तथा नेहरू की ये दलीलें हम भूल चुके हैं।
6. जबकि आजकल नौकरशाही को देने की ऐसी सूची लंबी से लंबी बनती जा रही है।
7. मंत्रिमंडल के लिए भाभा के नेतृत्व में गठित वैज्ञानिक सलाहकार समिति द्वारा पारित प्रस्ताव से उद्धृत।

8
भाभा का अनजाना पक्ष

जैसा कि पहले बताया गया है, होमी भाभा को संगीत एवं कला से बहुत लगाव था। उनके करीबी लोगों को तो यह ज्ञात है, परंतु ज्यादातर लोग भाभा के इस रोचक पक्ष से एकदम अनजान हैं।

कला, साहित्य तथा संगीत में होमी भाभा की रुचि बचपन से ही थी। वे जिस वातावरण में पले-बढ़े, यह उसी का नतीजा था। घर में पिता के पुस्तकालय में संगीत विद्या तथा कला से संबंधित अनेक पुस्तकें थीं। इसके अलावा शास्त्रीय संगीत के ग्रामोफोन रिकॉर्डों का भी अच्छा संकलन था, जिसमें कई पाश्चात्य संगीत के भी थे। इन सबको पढ़ने एवं सुनने तथा रईस पारसियों की संस्कृति से जुड़े रहने की प्रवृत्ति की वजह से भाभा को पश्चिमी कला, संस्कृति तथा संगीत के क्षेत्र में अच्छा ज्ञान प्राप्त हुआ। होमी के भाई जमशेदजी का इस बारे में कहना है—

> "होमी भाभा ललित कलाओं को केवल मनोरंजन अथवा समय बिताने का उत्कृष्ट माध्यम नहीं मानते थे, बल्कि वे इन्हें जिंदगी के गंभीरतम कामकाजों में से एक समझते थे। उनके लिए कला भी उतनी ही महत्त्वपूर्ण थी जितना कि गणित तथा भौतिक विज्ञान। कला के बारे में उनका कहना था, 'यह जीवन को जीने लायक बना देती है'।"

संगीत-प्रेमी भाभा

संगीत के प्रति होमी के स्वाभाविक लगाव का पता उनकी माँ को उसी समय चल चुका था जब बचपन में गाने की आवाज सुनकर रोता उनका यह बच्चा एकदम चुप हो गया था। इस घटना का जिक्र पहले अध्याय में किया गया है। युवक होमी अकसर अपनी चाची श्रीमती

कुवर पांडे के घर जाया करते थे, जिनके पास भी पाश्चात्य शास्त्रीय संगीत का अच्छा संकलन था। वहाँ होमी, भाई जमशेद, भतीजी दिनशॉ पांडे व चाची श्रीमती कुवर पांडे सब इकट्ठे बैठकर घंटों बीथोवन व मोजार्ट जैसे यशस्वी संगीतज्ञों के गाने सुना करते थे। उस दौरान कमरे की बत्ती धीमी कर दी जाती थी तथा सभी शांत होकर घंटों गाना सुनते थे। इस प्रकार की बैठकों से भाभा में पाश्चात्य संगीत के प्रति स्थायी तथा गहरी आसक्ति पैदा हुई। सोलह वर्ष की उम्र में ही वे बीथोवन, मोजार्ट, बाख, हेडन तथा शुबर्ट की संगीत रचनाओं से तथा चोपिन, मेंडेलसॉन, वाग्नर, डोव्राक, शाइकोव्सकी जैसे महान् गायकों के लोकप्रिय शास्त्रीय संगीत से भलीभाँति परिचित हो गए थे। इसी समय भाभा ने वायलिन सीखना शुरू किया; परंतु कुछ ही समय बाद कैंब्रिज जाने के लिए उन्हें संगीत का पाठ छोड़ना पड़ा। किंतु यूरोप में जाने के बाद उन्हें रंगशाला में वास्तविक कंसर्ट सुनने का अवसर मिला, जो अब तक केवल ग्रामोफोन रिकॉर्डों से ही सुना था। लंदन पहुँचने के कुछ सप्ताह बाद उन्होंने लंदन सिंफनी ऑरकेस्ट्रा द्वारा प्रस्तुत बीथोवन द्वारा रचित एरोयका संगीत-रचना सुनी, जिससे वे इतने प्रभावित हुए कि घर में लिखे पत्र में इसका जिक्र इन शब्दों से किया—"यह काफी बड़ा, शानदार, बेहद अच्छा तथा तेजस्वी प्रदर्शन था।" इसके एक वर्ष बाद बीथोवन की नौवीं संगीत-रचना (नाइंथ सिंफनी) सुनकर उन्होंने अपने भाई को लिखा—

> "अब रात के एक बज रहे हैं, फिर भी मैं आपको यह पत्र लिख रहा हूँ। कंसर्ट सुनकर मैं नौ बजे के करीब वापस आ गया था और तभी से सिर्फ नाइंथ सिंफनी के बारे में सोच रहा हूँ। मैं इससे इस कदर अभिभूत हो गया हूँ कि अपनी सुध-बुध खो चुका हूँ। इससे पहले मैं कभी भी इतना आवेगमय नहीं हुआ था। यद्यपि प्रदर्शन त्रुटिहीन नहीं था, क्योंकि बीथोवन की रचनाओं के लिए हेनरी वुड सबसे अच्छे वादक नहीं हैं, फिर भी संगीत-रचना इतनी श्रेष्ठ थी कि संपादन की त्रुटियों को नजरअंदाज किया जा सकता है। कंसर्ट की समाप्ति के बाद भी मैं काफी समय तक उसी रचना में डूबा रहा तथा कुछ और करने में मन नहीं लगा सका। वहाँ से मैं कैसे घर वापस आया, यह तो मैं भी नहीं जानता हूँ। सबकुछ एक सपने जैसा लग रहा है। यह मेरे जीवन का सबसे उत्कृष्ट तथा खुशी का दिन है। सिर्फ 'खुशी' शब्द से इस अनुभव का इजहार नहीं किया जा सकता। यह सिंफनी सचमुच महानतम संगीत-रचना है, इससे पहले ऐसी रचना नहीं रची गई है। बीथोवन की सभी रचनाओं में उनकी अद्भुत बुद्धि, महानता तथा निपुणता की छाप देखने को मिलती है, विशेषकर उनकी बाद की कृतियों में। नाइंथ सिंफनी तो वाकई महान् है, जो मानव चित्त की सबसे बड़ी उपलब्धि है। इसकी रचना बीथोवन ने उस समय

की थी, जब वे पूर्णतया बहरे हो चुके थे। यह कृति उनके जीवन के तमाम अनुभवों का निचोड़ है।"

उनके लिखे इस पत्र से युवक होमी के संगीत-बोध, उसकी गहरी समझ तथा उससे वे किस कदर प्रभावित होते थे, यह पता चलता है।

ऐसा नहीं था कि होमी हमेशा कंसर्ट में ही जाया करते थे। क्योंकि उसके लिए लंदन जाना पड़ता था, अतः उनका ग्रामोफोन से संगीत सुनना जारी रहा। परंतु अब वे संगीत सुनते समय उस रचना की लिखित धुन को पढ़कर उसे गहराई से समझने की कोशिश करने लगे। यहाँ तक कि उन्होंने खुद कई रचनाओं का संपादन किया, जिसमें से एक सिंफनी रचना का संपादन मोजार्ट शैली में भी किया। भारतीय मूल के मित्रों के साथ बैठकर वे भारतीय शास्त्रीय संगीत गंभीरता से सुनने लगे। अतः भारत लौटने के बाद जब भी समय मिलता था, वे भारतीय शास्त्रीय संगीत—हिंदुस्तानी तथा कर्नाटक, दोनों शैली की संगीत-सभाओं में जाने लगे। इन सभाओं में जाने से उन्हें अरियाकुडी रामानुज आयंगर, एम.एस. सुब्बालक्ष्मी, मदुराई मणि अय्यर, मुसिरि सुब्रमणी अय्यर, सेम्मानगुडी श्रीनिवास अय्यर आदि कई सुप्रसिद्ध कर्नाटक संगीत गायकों को सुनने का अवसर मिला तथा भाभा उनके प्रशंसक बन गए। उनके भाई जमशेदजी के शब्दों में—"गायकी के क्षेत्र में भारतीय तथा पाश्चात्य दोनों प्रकार के शास्त्रीय संगीतों के प्रति प्रेम के मामले में होमी तथा उनके स्नेही मित्र येहुदी मेनुहिन एक-दूसरे के सहभागी थे।"

कैंब्रिज में भी जब भाभा सृजनात्मक शोध करने में व्यस्त रहते थे, तब उन्होंने यह महसूस किया कि गणित तथा भौतिकी विषय में प्रति दिन पाँच घंटों से ज्यादा एकाग्रचित्त होना मुश्किल है। अतः विज्ञान संबंधी काम करके जब वे पूरी तरह थक जाते, तब विश्राम के लिए चित्रकला, संगीत तथा दूसरे कलात्मक क्षेत्रों में अपना ध्यान लगाते थे। ऐसा उन्होंने जिंदगी भर किया। भाई जमशेदजी का इस बारे में कहना है—

"अपने जीवन के अंतिम पंद्रह वर्षों में जब वे टाटा इंस्टीट्यूट ऑफ फंडामेंटल रिसर्च (टी.आई.एफ.आर.) तथा परमाणु ऊर्जा केंद्र, ट्रांबे के संस्थापन एवं विकास कार्य में काफी व्यस्त थे, तब भी रात को संगीत सुना करते थे। इससे उन्हें तनाव से राहत तथा काम करते रहने का प्रोत्साहन मिलता था। घर में हर रोज रात को भोजन करके वे संगीत सुनते थे तथा उसके बाद देर रात तक अध्ययन किया करते थे।"

कला एवं साहित्य-प्रेमी भाभा

ललित कला के सभी क्षेत्रों में भाभा की रुचि थी। वे सिर्फ संगीत के ही प्रेमी नहीं थे बल्कि चित्रकारी, साहित्य, वास्तुकला तथा भू-दृश्य निर्माण से भी उनका समान लगाव था। भाभा जन्मजात कलाकार थे। युवावस्था में उन्होंने चित्रकारी की शिक्षा जहाँगीर लालकाका से पाई थी। चित्रकारी में वे इतने दक्ष हो गए थे कि बंबई कला संस्थान की वार्षिक प्रदर्शनियों में उनके द्वारा बनाई गई तसवीरों को कई बार पुरस्कृत किया गया।

यूरोप जाकर चित्रकारी के प्रति भाभा के दृष्टिकोण में काफी परिवर्तन आया। बंबई में सीखे परंपरागत तरीके की तुलना में वहाँ की चित्रांकन शैली अधिक शक्तिशाली तथा व्यक्ति विशेष पर आधारित थी। कैंब्रिज में भाभा द्वारा बनाई गई तसवीरों को देखकर वहाँ के ललित कला प्राध्यापक रोजर फ्राय ने कहा था, "होमी निश्चित तौर पर एक प्रतिभाशाली चित्रकार हैं, लेकिन उनमें कहीं संवेदनशीलता की कमी है।" उनकी इस टिप्पणी से भाभा कुछ हताश तो जरूर हुए थे, क्योंकि उस समय वे एक उभरते हुए कलाकार थे और उन्हें काफी कुछ सीखना बाकी था। कुछ समय बाद कैंब्रिज में अपने बनाए चित्रों की प्रदर्शनी करके उन्होंने पिता को पत्र में अपने मन की बात जाहिर करते हुए लिखा था—"काश, आज रोजर फ्राय मेरी इन नई कृतियों को देख सकते।"

कैंब्रिज में रहने के दौरान भाभा ने कॉलेज-पत्रिका के लिए नए आवरण का रूपांकन किया। इसमें उन्होंने एक सिर से लंबे लहराते हुए बालों को दिखाया था, जिसके ऊपर तथा नीचे कॉलेज के 'सद्‍गुण द्वार' को चित्रित किया गया था। लेकिन वहाँ के छात्रों को यह डिजाइन बहुत ही मौलिक लगा। भाभा की चित्रांकन शैली के बारे में उनके चित्रकार मित्र लेडेन ने लिखा है—

> "डॉ. भाभा की शैली में विवेक तथा निपुण प्रकृतिवाद की झलक मिलती है। यहाँ प्रकृतिवाद का अर्थ प्रकृति के असली रूप को सामने लाना है, न कि उसके खोखलेपन को दिखाना। इसमें विषय-वस्तु के प्रति चित्रकार की अपनी प्रकृति का दर्शन होता है, जिसमें उसके व्यक्तित्व की छाप साफ नजर आती है। उनकी चित्रकला लोगों को इसलिए भाती है, क्योंकि वे विनय एवं नम्रता के प्रतीक हैं तथा अपने इन गुणों से विषय-वस्तु को समझकर उसे प्रकट किया करते हैं।"

ललित कलाओं में भाभा का लगाव किसी एक विधा तक ही सीमित नहीं था बल्कि इसके सभी क्षेत्रों में उनकी रुचि थी। कैंब्रिज में उन्होंने न केवल संगीत से प्रभावित होकर बहुत से चित्र बनाए, अपितु कई संगीत-नाट्य (ओपेरा) तथा नाटकों की पृष्ठभूमि की सजावट का

रूपांकन भी किया। इस समय भाभा ने कई प्रसिद्ध लेखकों जैसे शेली, कीट्स तथा शेक्सपियर की पुस्तकों को पढ़ना शुरू किया। उनकी लेखनी ने भाभा के मन पर जबरदस्त प्रभाव डाला, जो उनके घर भेजे पत्रों से स्पष्ट होता है। शेक्सपियर के बारे में भाभा ने लिखा था—

> "मैं इनकी महानता से अत्यंत प्रभावित हुआ हूँ। साहित्य के क्षेत्र में ये अग्रणी हैं। मैंने इनकी लिखी नाटक की पुस्तक 'एंथोनी ऐंड क्लियोपेट्रा' हाल ही में पढ़ी है। इसे पढ़े बिना कोई अंदाजा नहीं लगा सकता कि यह नाटक वीरता से कितना ओत-प्रोत है। इसे पढ़कर मैं रो पड़ा, क्योंकि इसने मेरी चेतना को झकझोरकर रख दिया।"

चित्रकला के अलावा भाभा रेखाचित्रण भी करते थे, जिसमें वे दक्ष थे। उनके देहांत के बाद एयर इंडिया ने उनकी स्मृति में उनके बनाए रेखाचित्रों से एक कैलेंडर छापा था।

भाभा भारतीय चित्रकारों की काफी सहायता किया करते थे। प्रसिद्ध चित्रकला समीक्षक कार्ल खंडालावाला लिखते हैं—

> "भाभा न केवल कला को परखने की असाधारण क्षमता रखते थे बल्कि उस बारे में अपनी राय भी स्पष्ट तौर पर जाहिर करते थे, भले ही वह राय दूसरे प्रसिद्ध लोगों की राय से भिन्न क्यों न हो। उन दिनों जब आज की प्रसिद्ध चित्रकार अमृता शेरगिल की उपेक्षा की जाती थी, उस समय भाभा ने यह घोषणा की थी कि भविष्य में इनकी गिनती महानतम कलाकारों में की जाएगी। शेरगिल की मृत्यु के बाद उनकी भविष्यवाणी सच साबित हुई।"

भाभा ने अग्रणी चित्रकारों की कृतियों को हासिल करके उन्हें टी.आई.एफ.आर. के प्रांगण में मनमोहक तरीके से लगवाया। उन्होंने प्रसिद्ध चित्रकार एम.एफ. हुसैन को केंद्र की लॉबी की दीवार में एक बड़ा सा चित्र बनाने का भार सौंपा। इस तरह के कार्यों में भाभा पुरोगामी थे। यहाँ तक कि उनकी इस पहल से सरकारी नियमों में भी संशोधन किया गया, जिससे परियोजना के खर्चे का कुछ हिस्सा शिल्पकला की वस्तुओं को खरीदने में व्यय किया जा सके। लेकिन परमाणु ऊर्जा आयोग के पदाधिकारियों के अलावा औरों ने इस संशोधित नियम को लागू करने से इनकार कर दिया। भाभा की मृत्यु के बाद अब तो परमाणु ऊर्जा आयोग में भी इस प्रकार के व्यय काफी कम हो गए हैं।

वास्तुकला-प्रेमी भाभा

चित्रकला, नाटक, काव्य, मूर्तिकला तथा संगीत-रचना सृजनात्मकता की अभिव्यक्ति हैं। उसी प्रकार भवन तथा स्मारक भी इसी श्रेणी में आते हैं। अलग-अलग प्राचीन सभ्यताओं के दौरान निर्मित मंदिर तथा भवनों के अवशेष उस समय की यादगार निशानी के रूप में रह गए हैं, जिनकी काफी संख्या भारत में भी है। भाभा को इन सबसे काफी लगाव था। यूरोप में रहते समय वे वहाँ के बड़े-बड़े भवनों जैसे संग्रहालय, नाट्यशाला तथा महलों को काफी करीब से निहारा करते थे। वे केवल उन भवनों की बनावट पर ही ध्यान नहीं देते थे, बल्कि उन्हें उस रूप में बनाने के पीछे क्या सोच रही होगी तथा भवन के आस-पास स्थित वस्तुएँ उसकी सुंदरता को उजागर करने में किस प्रकार मददगार हैं, इस बारे में भी गंभीर चिंतन करते थे। भाभा की इस खूबी के बारे में उनके चित्रकार मित्र लेडेन कहते हैं—

> "भाभा दिल्ली शहर की सुंदरता से भलीभाँति परिचित थे। उन्हें जब भी समय मिलता था, वे या तो हौजखास जाकर आराम करते थे अथवा लोदी के मकबरे को निहारते थे, या पुराने किले में स्थित भव्य शेरशाह मसजिद के सामने बैठ जाते थे। एक बार जब मैं उनके साथ उन परकोटों पर खड़ा होकर हमारे सामने फैले विशाल नजारे को देख रहा था, मुझे याद आता है कि तब वे कितनी नाराजी से सार्वजनिक निर्माण विभाग (पी.डब्ल्यू.डी.) के नीरस वास्तुकारों, सरकारी अधिकारियों व राजनीतिज्ञों में सुरुचि की कमी, जमीन हड़पनेवाले दलालों के लालच तथा आम लोगों में शिष्टता के अभाव को इस सुंदर शहर को उजाड़ने का दोषी बतला रहे थे। उनके अनुसार, इस शहर में टूटी हुई दीवार के अंत में खड़ी एक विध्वस्त पुरानी छतरी आजादी के बाद निर्मित कई भवनों से भी ज्यादा भव्य लगती है। उन्हें सबसे अधिक खेद इस बात से था कि हमने नए भवनों के निर्माण के समय समुचित ध्यान न देकर परिवेश को सुंदर बनाने का एक अच्छा अवसर गँवा दिया है।"

जब भाभा स्वयं संस्थानों के निर्माण कार्य से जुड़ गए, तब उन्हें अपनी कल्पनाओं को साकार करने का सुअवसर मिला। यद्यपि उन्होंने अनुसंधान कार्य, बिना देर किए, जहाँ भी जगह मिली वहीं शुरू कर दिया (जैसे भाभा परमाणु अनुसंधान केंद्र का रासायनिक प्रभाग तथा वर्णक्रम दर्शिकी प्रभाग कई वर्षों तक परित्यक्त मिल परिसर में कार्य करता रहा); परंतु वे इस बात पर दृढ़ थे कि नए भवनों का निर्माण उचित योजनाबद्ध तरीके से ही किया जाए, जिससे वे सुंदर भी दिखें। भाभा का मानना था कि यदि इमारत दिखने में अच्छी नहीं है तो वह

काम करने के लिए उपयुक्त नहीं है। उनके विचार से, यदि वैज्ञानिक का कार्यक्षेत्र सामंजस्यपूर्ण नहीं है तो इसका असर उसके व्यक्तित्व को बिगाड़ेगा। सृजनात्मक मस्तिष्क को काम करने के लिए उपकरण, कंप्यूटर तथा कई अन्य साधनों की जरूरत पड़ती है; परंतु इनके अलावा एक अनुकूल वातावरण का होना भी आवश्यक है।

प्राचीन भारतीय इस बात से परिचित थे कि वास्तुकला मनुष्य के मानसिक विकास के लिए कितनी महत्त्वपूर्ण है। यही ज्ञान रेनासाँ के प्रवर्तकों को भी था, जिसे ध्यान में रखकर उन्होंने गिरजाघर आदि इमारतों का निर्माण किया। मुगलों का दृष्टिकोण भी इस बारे में स्पष्ट था। नई दिल्ली शहर के निर्माता ने भी वहाँ के भवनों का निर्माण वास्तुकला-संकल्पना के आधार पर ही किया था, यद्यपि ये भवन सरकारी दफ्तरों के लिए बनाए गए थे। लेकिन आजादी के बाद भवनों के निर्माण में भले बेधड़क तेजी आई, पर बनावट माचिस की डिब्बियों की तरह हुई। ये बड़े ही असंगत तथा भद्दे दिखते थे तथा इनका 'सरकारी पीला रंग' मन को उदास कर देता था। इस तरह के घटिया तथा अरुचिकर भवनों को बनाने की वजह यह बताई जाती थी कि इससे बेहतर भवन बनाने की अधिक लागत को सरकार सहने में असमर्थ है। भाभा को ये निरर्थक बातें नामंजूर थीं। खर्च के दृष्टिकोण से भी इन सस्ते भवनों के रख-रखाव एवं मरम्मत करने की लागत को जोड़ने से इन पर कुल व्यय ज्यादा ही होगा।

भाभा को इस प्रकार के संकीर्ण दृष्टिकोण से बाहर आने का पहला अवसर टाटा इंस्टीट्यूट ऑफ फंडामेंटल रिसर्च के भवन-निर्माण के समय मिला। उन्होंने सुप्रसिद्ध अमेरिकी वास्तुविद् हेलमुथ बार्श को भवन के अभिकल्पन (डिजाइन) का भार सौंपा। बाद में इस बारे में बार्श ने कहा था—

> "इस कार्य में मजदूर (वास्तुविद्) ने ग्राहक के साथ काम किया, न कि ग्राहक के लिए किया। ग्राहक कार्य के प्रति काफी उत्साहित थे तथा उन्होंने मुझे काफी प्रोत्साहित भी किया और हमेशा बढ़िया सुझाव एवं सलाह दी।"

सन् 1954 में नेहरूजी के हाथों टाटा इंस्टीट्यूट ऑफ फंडामेंटल रिसर्च की नींव रखी गई थी और इसके आठ वर्ष पश्चात् उन्हीं के द्वारा इस भवन का उद्घाटन भी हुआ। उद्घाटन समारोह में भाषण देते हुए उन्होंने कहा था—

> "जैसा कि आपको बताया गया है, आठ वर्ष पहले मुझे इस भवन के शिलान्यास के लिए बुलाया गया था। उसके बाद इतना समय बीत गया है कि मैं लगभग भूल ही गया था कि इस भवन की आधारशिला मैंने ही रखी थी। मुझे एक दूसरी घटना याद

आ रही है, जब दिल्ली में एक जगह शिलान्यास के कुछ महीनों बाद उस पत्थर को ही किसी ने चुरा लिया था[1]। वैसे देखा जाए तो इस भवन के निर्माण को पूरा करने में आठ वर्ष का विलंब कुछ ज्यादा है; परंतु आज तथा एक बार पहले भी निर्माण के समय इसे देखकर मुझे इस विलंब की आलोचना को काफी कम करना पड़ेगा, क्योंकि इस भवन को ऐसा सुंदर बनाने में घोर परिश्रम किया गया है। इसके निर्माण में अड़चनें तो आई थीं, लेकिन अंत में एक बहुत सार्थक खूबसूरत इमारत बनकर तैयार हुई है।"

टाटा इंस्टीट्यूट ऑफ फंडामेंटल रिसर्च परिसर की तुलना में ट्रांबे परिसर काफी बड़ा था। भाभा ट्रांबे परिसर में विभिन्न प्रयोगशालाएँ, रिएक्टर तथा अन्य प्रकार की सुविधाएँ बनवाना चाहते थे (जैसी विश्व के अन्य परमाणु ऊर्जा अनुसंधान संस्थानों में थी)। उनके लिए एक नई चुनौती तथा कुछ नया करने का सुनहरा अवसर था। यहाँ वे न केवल सुंदर भवनों को बनाने बल्कि उत्कृष्ट फुलवारी, तालाब, पथ एवं खूबसूरत पर्वतीय दृश्यों से इस परिसर को सजाने के सपने देखा करते थे।

भाभा ने अपने सपनों को साकार करने के लिए अलग से सिविल इंजीनियरी प्रभाग का गठन किया, जिसमें कुशल वास्तुविदों की एक इकाई संलग्न की[2]। वास्तुविदों और सिविल इंजीनियरों की मदद से भाभा ने अपनी कल्पनाओं को वास्तविक रूप दिया।

वास्तुविद् रुस्तम पटेल, जिन्होंने भाभा के साथ काफी निकट से काम किया था, कहते हैं—

"मैं उन वास्तुविदों में से हूँ जिसे भाभा के साथ निकट से काम करने का अवसर मिला था। मैंने विज्ञान के इस व्यक्ति के अंदर वास्तुविद् को पनपते देखा है, जिसके वैज्ञानिक दृष्टिकोण ने उसकी वास्तुविद् सोच को दिशा दी है। उनकी इस क्षेत्र में अगाध रुचि की वजह से वास्तुविद् के साथ उनका संपर्क केवल ग्राहक-वास्तुविद् जैसा न होकर उससे काफी ऊँचा था। जिस भी परियोजना का उन्होंने संचालन किया, उसके हर पहलू में उनका गहरा योगदान रहता था तथा अंतिम निर्णय वे ही लिया करते थे (कुछ लोग इसे हस्तक्षेप कहते थे) एवं अधिकतर समय उनकी कल्पना ठीक ही होती थी। लेकिन जब उनके खुद के अभिकल्पन में कुछ त्रुटियाँ पाई जाती थीं, तो वे उसकी बेझिझक आलोचना भी करते थे। उनकी इस अति-सक्रियता के कई कारणों में प्रमुख कारण उनका अहं माना जाता था। फिर भी, वास्तुविद् से संबंधित मामलों में जब अकसर मतभेद होता था, वे अपने

दृष्टिकोण को समझाने के लिए हरसंभव तर्क दिया करते थे। वे अपनी प्रशंसा में भी औरों की सहमति पर विश्वास नहीं करते थे, जब तक कि खुद उससे संतुष्ट न हो जाएँ।"

ट्रांबे केंद्र का मास्टर प्लान बनाने में दस वर्ष से भी अधिक समय लग गया। भाभा अकसर विदेश जाया करते थे एवं वहाँ की हर वस्तु को अच्छी तरह देखकर उन जैसी वस्तुओं का निर्माण यहाँ भी करना चाहते थे। ऐसी यात्राओं में उनके सहयोगी वास्तुविद् को हमेशा तटस्थ रहना पड़ता था। स्वदेश लौटकर घर में शाम तथा रात को एवं छुट्टियों के दिन घंटों ड्राइंग बोर्ड पर नए-नए नक्शे बनाया करते थे। अचानक भाभा रात को भोजन करने के बाद पटेल को फोन कर कहते थे, "आज रात को कुछ कर रहे हो क्या?" इसका मतलब स्पष्ट था—"यदि कुछ कर रहे हो तो भी सब छोड़कर तुरंत मेरे घर आ जाओ।" जब पटेल उनके घर पहुँचते थे, भाभा उन्हें अपना नया कृतित्व दिखाते हुए कहते थे, "अच्छा, अब बताओ, यह कैसा लगा?"

फ्रांस में स्थित वर्सेलेस शहर की सभी चीजों, जैसे वहाँ के महल, बाग-बगीचे तथा आस-पास के दृश्यों से भाभा इतने प्रभावित थे कि वे ट्रांबे केंद्र को विज्ञान जगत् का वर्साय बनाना चाहते थे। जब भाभा का यह अनोखा सपना साकार हो रहा था, उस समय मैं ट्रांबे में काम करता था। अतः मैं इसके निर्माण-कार्य का प्रत्यक्षदर्शी तो हूँ ही, साथ ही यह कैसे बना, उसे भी मैंने करीब से देखा है।

निर्माण-कार्य का ऐसा कोई भी पहलू नहीं था, जो भाभा की नजरों में न आया हो। भवन की दीवारों में कौन सा रंग लगाया जाएगा, उसका चयन भी भाभा ही करते थे। इसके लिए दीवार के छोटे से अंश पर विभिन्न रंगों के नमूने लगाए जाते थे[3], जिन्हें देखकर भाभा रंग पसंद करते थे। कभी-कभी तो रंग के चयन में महीनों लग जाते थे, क्योंकि भाभा विदेश दौरे पर रहते थे। पर दीवारों की रँगाई शुरू करने से पहले उनकी मंजूरी लेना जरूरी होता था। बाथरूम में कैसा धावन-पात्र (वॉश-बेसिन) लगाया जाए, यह तय करने के लिए बाजार में उपलब्ध सभी तरह के धावन-पात्रों को खरीदकर उन्हें एक जगह रखा जाता था, जिन्हें देखने के बाद ही भाभा इस पर निर्णय लेते थे। ऐसे ही सभी चीजों के क्षेत्र में होता था। एशिया में सबसे लंबे भवन मॉड्युलर लैब के आधार-स्तंभों के आकार के कई नक्शों को देखने के बाद ही मंजूरी दी गई। वास्तुविद् पटेल का इस बारे में कहना है—

"टाटा इंस्टीट्यूट ऑफ फंडामेंटल रिसर्च भवन के अलावा मॉड्युलर लैब ही एक ऐसा भवन था जिसके निर्माण के हर पहलू पर भाभा ने विशेष ध्यान दिया। अतः,

विशेषकर इस भवन के लिए हर पग पर भाभा की आकांक्षाओं पर खरा उतरना हमारे कौशल तथा धीरज को चुनौती थी। भवन की अनगिनत रूपरेखाओं में से एक का चयन करने के लिए भाभा के साथ हुई हर बैठक में उनकी पैनी नजरों से गुजरना पड़ता था, जिसमें वास्तुविद् संबंधी हर मसले के बारे में उन्हें संतुष्ट करना पड़ता था, तब जाकर उनकी स्वीकृति मिलती थी। मैं सन् 1964 को 'कंक्रीट वर्ष' तथा 1965 को 'जाली वर्ष' मानता हूँ, क्योंकि इन वर्षों में मॉड्युलर लैब भवन के लिए ये कार्य हुए थे। किसी भी कार्य में समझौता करने की गुंजाइश ही नहीं थी—केवल उनका समाधान ढूँढ़ा जाता था।"

भाभा अलग-अलग भवनों को पृथक् रूप में नहीं देखते थे। उनके लिए सभी भवनों से मिलकर एक संयुक्त इकाई बनती है। अतः, हरेक भवन की स्थिति का निर्धारण करते समय उन्होंने ध्यान रखा कि वे आस-पास के भवनों के अनुरूप ही दिखें। अलग-अलग दिशाओं से आने पर सभी भवन कैसे दिखेंगे, इस पर भी उनका ध्यान रहता था। भवनों को जोड़नेवाली सड़कों की संरचना बहुत ही कारगर तरीके से की गई थी तथा सड़क और भवनों के बीच के खाली स्थान को भी उचित ढंग से सजाया गया था, जिससे कला की दृष्टि से वह संतुलित लगे। कभी-कभी वे तकनीकी आवश्यकता को भी अपनी पसंद के अनुरूप बना लेते थे। जैसे 'साइरस' रिएक्टर में फुहार शीतलन प्रणाली (स्प्रे कूलिंग सिस्टम) की आवश्यकता थी। राष्ट्रपति भवन के कुंड से प्रभावित होकर भाभा ने कई फुहारोंवाले एक गोलाकार कुंड की संरचना की, जो बहुत ही सुहावना लगता था।

भारत में, कम-से-कम आजकल, हम गहराई से सोचे बिना किसी भी तरह काम निपटाकर संतुष्ट हो जाते हैं। इस रवैए को लोग 'चलता है' प्रवृत्ति कहते हैं। भाभा इस उपेक्षित रुख को बिलकुल ही सह नहीं सकते थे। जिन्होंने भी उनके साथ काम किया[4], वे सभी भाभा के काम करने के तरीके से प्रेरित होकर काफी कुछ सीखते थे। यह हमारा सौभाग्य है कि इस वजह से आज भी परमाणु ऊर्जा विभाग सुकल्पित तथा यथोचित ढंग से अपने भवनों का निर्माण कर रहा है, जो सार्वजनिक निर्माण विभाग द्वारा बनाए गए भवनों (जिन्हें भाभा नापसंद करते थे) की तुलना में काफी खूबसूरत हैं।

वृक्ष तथा उद्यान-प्रेमी भाभा

अब हम भाभा के व्यक्तित्व के एक और पहलू पर चर्चा करेंगे—बगीचों से उनका लगाव तथा वृक्षों से उनका प्यार। इसके बारे में विस्तृत चर्चा लेडेन की इस उक्ति से करना

चाहूँगा, जो कहते हैं—

"शायद वह आखिरी बार था, जब मैं होमी के खूबसूरत मकान में उनसे शाम को मिल रहा था। हर बार की तरह इस बार भी बातचीत काफी रोचक थी, जिसकी विषय-वस्तु भी व्यापक थी—राजनीति से लेकर वास्तुशास्त्र, विज्ञान, कला आदि तथा भोजन व स्वादिष्ट भोजन पकाने की विधि, बागबानी इत्यादि। उनके डेस्क के पास एक बहुत बड़ा ड्राइंग बोर्ड रखा था, जिसमें पिन द्वारा चिपकाए कई छपे हुए बड़े नक्शे लगे थे। उन नक्शों को देखकर लग रहा था कि वे वनरोपण योजना तथा ट्रांबे के लिए सुझाए गए बगीचों के प्रारंभिक नक्शे थे"। पिछली रात कई घंटों तक भाभा इन नक्शों को देखकर अपने मानस पटल पर कल्पना करते रहे कि सबकुछ बन जाने के बाद यह नगरी कैसी दिखेगी, जिसकी स्थापना उन्होंने खूबसूरत पेड़ों से भरी ट्रांबे पहाड़ी की तराई में बड़े यत्न से की थी। इन प्रारंभिक छपे हुए नक्शों में बगीचों की सुनियोजित परिकल्पना, डिजाइन तथा रचना-शैली को देखकर वे मोहित हो गए थे। ड्राइंग बोर्ड के बगल में बागबानी से संबंधित चित्रोवाली कई पुस्तकें रखी हुई थीं, जिनमें विभिन्न देशों के बगीचों की तसवीरें थीं जैसे वर्सेलेस के बगीचे, अठारहवीं शताब्दी के ब्रिटिश बगीचे, इटली के बगीचे, जापानी तथा फारसी बगीचे आदि। हमने पानी की फुहार के बारे में बातें कीं, जिसको फारसी तथा भारतीय मुगल उद्यानों में काफी अहमियत दी जाती है। इस विषय में भाभा का ज्ञान काफी विस्तृत था। वे उन सभी बगीचों की संरचना की मुख्य बातें अच्छी तरह समझा सकते थे, जो उन्होंने विएना, पेरिस, रोम, यॉर्कशायर या क्योटो में देखे थे। किसी भी बगीचे को बनाने के पीछे उसके निर्माता का उद्देश्य, लक्ष्य तथा सोच वे बड़ी ही सहजता से भाँप लेते थे।"

भवन के चारों ओर के भू-दृश्य को सुंदर बनाना (भू-सुदर्शनीकरण यानी लैंड स्केपिंग) भाभा को कभी विलासिता नहीं लगी। एक सुंदर बगीचे से आस-पास का क्षेत्र तथा भवन न केवल दिखने में भव्य एवं सुंदर लगने लगता है, बल्कि सबसे जरूरी बात यह है कि यहाँ काम करनेवाले हमेशा प्रफुल्लित रहते हैं। भाभा स्वयं कुछ देर काम करने के बाद बाहर आकर बगीचे में थोड़ी देर टहलते थे, जिससे उन्हें तनाव से मुक्ति तथा ताजगी मिलती थी। फिर वे काम पर वापस जाते थे।

जब ट्रांबे स्थान का चयन किया गया था, उस समय वहाँ स्थित लंबी पहाड़ी स्थल की पश्चिमी सीमा थी। पहाड़ी के दूसरी ओर तेल-शोधन कारखाना (रिफाइनरी) तथा कई अन्य

उद्योग केंद्र थे। पहाड़ी में एक भी पेड़-पौधा नहीं बचा था, क्योंकि वर्षों से लोग ईंधन की तलाश में यहाँ से लकड़ियाँ काटकर ले गए थे। भाभा ने पहाड़ी के परमाणु ऊर्जा की ओर वाले क्षेत्र में वनरोपण कार्य को प्राथमिकता दी। एस.डी. वैद्य, जिन्होंने भाभा के साथ निकटता से काम किया था तथा बाद में बी.ए.आर.सी. में भू-दृश्य वास्तु विद्या प्रभाग के अध्यक्ष बने थे, उनका इस बारे में कहना है—

> "पहाड़ी की सभी खाली जगहों को भरने के लिए पौधारोपण कार्यक्रम बनाया गया, जिसमें 15 लाख से भी अधिक पौधे लगाए जाने थे…। प्रमुख प्रयोगशालाओं के निर्माण से पहले ही पेड़-पौधे लगाने का काम शुरू हो गया था, जिसके लिए लोगों ने भाभा की आलोचना की थी कि वे काम के बजाय सौंदर्य को प्राथमिकता दे रहे हैं। लेकिन भाभा का कहना था कि पेड़-पौधों को बढ़ने में समय लगता है, अतः समय की बचत करने के लिए पौधारोपण पहले किया गया था।"

जब ट्रांबे की पहाड़ी को निकटवर्ती खाड़ी में नाव चलाते समय निहारते हैं तो भाभा की इस दूरदर्शिता का नतीजा हम आज देख सकते हैं। एलिफेंटा टापू जाते समय भी खाड़ी को पार करते समय यह दृश्य देखा जा सकता है। एक दिशा विशेष से पहाड़ी के दोनों ओर का दृश्य एक साथ देखा जा सकता है (मैंने कई बार यह दृश्य देखा है)। इनमें जो अंतर है, उसकी कल्पना बिना देखे नहीं की जा सकती। रिफाइनरी की ओर की पहाड़ी आज भी पहले जैसी बिलकुल ऊसर तथा भूरे रंग की है, जबकि बी.ए.आर.सी. की ओर यह मानसून न होने पर भी चमकीले हरे रंग की दिखती है।

उद्यानों की कार्यमूलक उपयोगिता भी होती है, इस बात को भाभा अच्छी तरह जानते थे। बगीचे वातावरण में धूल की मात्रा नियंत्रित कर प्रयोगशालाओं के भीतर आवश्यक स्वच्छता रखने में सहायक होते हैं। इस बारे में पेड़ काफी प्रभावशाली होते हैं। इसके अलावा पेड़-पौधे होने से स्थानीय तापमान में कमी आती है, जिससे वातानुकूलन में कम लागत आती है।

भाभा केवल सजावटी बगीचों से ही प्यार नहीं करते थे, बल्कि वृक्षों एवं पौधों से भी उनका लगाव था। पेड़ों के प्रति उनकी नजर बहुत पैनी थी। एक बार बैंगलोर में उन्होंने जंगली झाऊ (कैजुएरियस) का एक पेड़ देखा, जिसके पत्ते थोड़े भिन्न थे। यह पेड़ भिन्न जाति का है, इस बात की पुष्टि करने के लिए उन्होंने उसी समय एस.डी. वैद्य को फोन किया। वैद्य ने बताया कि ऐसा संभव है। तब भाभा ने जानना चाहा कि क्या इस नई जाति का पेड़ ट्रांबे में उगाया जा सकेगा, यदि वे कुछ शंकु (कोन) अपने साथ वहाँ ले आएँ? इस पर वैद्य ने कहा कि

जमीन पर गिरे शंकुओं के अंदर बीज नहीं होगा। तत्पश्चात् भाभा ने पेड़ पर लटके शंकुओं में से बीज निकलवाकर उन्हें कूरियर से बंबई भिजवाया। इन बीजों से उत्पन्न पेड़ आज भी ट्रांबे में देखे जा सकते हैं। भाभा का पेड़-पौधों से कितना लगाव था, इसका वर्णन एस.डी. वैद्य ने स्वयं किया है—

"ट्रांबे परिसर में सड़कों की रूपरेखा तैयार करते समय भू-दृश्य योजना-चित्र को देखकर भाभा ने पाया कि आम का एक पुराना पेड़ सड़क के रास्ते में आ रहा था। सिविल इंजीनियरों ने सलाह दी थी कि इस पुराने पेड़ को जड़ से उखाड़ दिया जाए, ताकि वहाँ एक सीधी सड़क बनाई जा सके। भाभा इस प्रस्ताव से नाखुश थे। उन्हें लगा कि वह पेड़, जो सौ वर्षों से भी ज्यादा समय से उस स्थान पर खड़ा है, उसका यह अधिकार है कि वह आगे भी वहीं रहे। चूँकि उस पेड़ के चारों ओर काफी खाली जगह थी, जिससे सड़क की स्थिति में कुछ परिवर्तन किया जा सकता था, भाभा ने पेड़ को बचाने के लिए वही करने का सुझाव दिया। जो पेड़ सौ वर्षों से अधिक समय तक उस जगह को एक सुंदर रूप देता रहा है, आज भी वह उसी जगह एक जीती-जागती मूर्ति जैसा खड़ा है। टाटा इंस्टीट्यूट ऑफ फंडामेंटल रिसर्च के प्रवेश-पथ के निर्माण के दौरान पाया गया कि एक विशाल विलायती सिरिस वृक्ष (रेन ट्री) इसके आड़े आ रहा था। वहाँ की स्थानीय परिस्थितियों को देखते हुए सड़क की स्थिति में परिवर्तन करना संभव नहीं था; अतः भाभा ने इस पेड़ को उस जगह से उखाड़कर नजदीक ही दूसरी जगह गाड़ने की व्यवस्था की। एक बार अपने घर से ट्रांबे आते समय भाभा ने पेडर रोड पर कुछ लोगों को विलायती सिरिस के पेड़ को काटते हुए देखा। वे वहीं रुक गए तथा उन लोगों से पेड़ को काटने की वजह जाननी चाही तथा यह भी जानने की कोशिश की कि क्या उनके पास उसे काटने के लिए वैध मंजूरी है? उन लोगों ने बताया कि नगर निगम ने इस पेड़ का निपटान कर दिया है, क्योंकि यह पेड़ सड़क को चौड़ा करने के बीच में आ रहा था तथा वे लोग सबसे ऊँची बोली पर इस पेड़ को खरीद चुके हैं। भाभा ने उन लोगों से तब तक पेड़ की कटाई रोकने की विनती की जब तक वे इस बात का पता नहीं लगा लेते कि उसे बचाया जा सकता है या नहीं। ट्रांबे पहुँचते ही उन्होंने मुझे इस बात की जाँच करने को कहा कि उस पेड़ को वहाँ से उठाकर दूसरी जगह गाड़ने से उसे बचाना संभव है या नहीं। उस जगह जाकर निरीक्षण करके मैंने पाया कि वह पेड़ पूरी तरह से विकृत हो चुका था। अतः मैंने भाभा को बताया कि जो पेड़ अपना सौंदर्य खो चुका है, उसे उखाड़कर दूसरी जगह लगाने में अत्यधिक

खर्च करना ठीक नहीं होगा। उन्होंने तुरंत मुझसे पूछा, 'यदि आप एक डॉक्टर होते तो क्या एक तीसरे दर्जे के जले हुए रोगी को बचाने की कोशिश नहीं करते, जिसका चेहरा कुरूप हो चुका हो?' उन्होंने मुझे यह भी कहा कि वैज्ञानिक तथा शिल्पकारों को अपनी योजनाओं में लागत-खर्च के बारे में सोचकर अपनी प्रतिभा को व्यर्थ नहीं करना चाहिए। उनका कर्तव्य है कि मानव जाति की भलाई के लिए पूरी लगन और निष्ठा से काम करें। कोई भी अच्छा काम करने के लिए आवश्यक निधि की व्यवस्था करने का दायित्व वित्तीय प्रशंसकों का होता है, जिन्हें वेतन इसी बात के लिए मिलता है।"

काश, मैं यह जान सकता कि आज के वित्तीय अफसर एवं प्रशासक वर्ग ऐसे दायित्व के बारे में क्या सोचते होंगे! हाँ, डरा बिलायती रिरिरा के पेड़ को एस.डी. वैद्य ने पास के एक अहाते में लगवा दिया था, जो आज भी चालीस वर्ष बाद जीवित है।

इस घटना के बाद पेड़ों के पुनः रोपण करने की दिशा में तेजी आई, जिससे ट्रांबे के साथ-साथ कई अन्य स्थानों पर भी पेड़ों को एक स्थान से उखाड़कर दूसरे स्थानों पर लगाया जाने लगा। वैद्य कहते हैं—

"यह मानना मुश्किल लगता है कि टी.आई.एफ.आर. के उपवन में अधिकतर बड़े वृक्ष वे ही हैं, जिन्हें भाभा के कहने पर नई जिंदगी मिली थी।"

भाभा वृक्षों के सच्चे मित्र थे तथा जब भी उनपर कुठाराघात होता था, वे उन्हें बचाने की हर संभव कोशिश करते थे। एक बार उन्होंने देखा कि मलाबार इलाके में गृह-निर्माण हेतु जगह बनाने के लिए बहुत से पेड़ों को काटा जा रहा था। इस बार भाभा बहुत ऊपर तक गए, यानी इस संहार को रोकने के लिए वे नेहरू से मिले, तब जाकर काम बना। वर्षों बाद इंदिरा गांधी ने भी वृक्षों के एक मित्र के प्रतिवेदन पर बंबई के पास भारी संख्या में वन-उन्मूलन पर हस्तक्षेप करके रोक लगाई थी। यह उनकी क्रूर हत्या के कुछ ही दिन पहले की बात है।

पूर्वावलोकन

यह थी इस असाधारण व्यक्तित्व की कहानी। जब हम भाभा के बारे में सोचते हैं तो एक नहीं, अनेक भाभा नजर आते हैं। वे बहुमुखी प्रतिभा के व्यक्ति थे—एक बुद्धिमान वैज्ञानिक, महान् स्वप्नद्रष्टा, कुशल प्रबंधन विशेषज्ञ, योग्य प्रशासक, संवेदनशील कलाकार, संगीत व साहित्य के प्रेमी तथा पेड़-पौधों एवं उपवन के हितैषी। ऐसे बहुत से व्यक्ति हैं, जो

इनमें से एक या दो क्षेत्रों में श्रेष्ठ हैं; परंतु कदाचित् ही ऐसा कोई मिलता है जो भाभा जैसा सभी क्षेत्रों में समान दक्षता रखता हो।

सबसे पहले हम भाभा के वैज्ञानिक पक्ष के बारे में चर्चा करेंगे। उनमें और रमण में अंतर, साहा व बोस की तुलना में अंतर तथा उनमें और चंद्रशेखर में अंतर काफी चौंकाने वाले हैं। रमण, साहा एवं बोस भारतीय संस्कृति में पले-बढ़े थे। इन्होंने प्रधानतः शिक्षा का अर्जन अपने आप ही किया था, अतः औपचारिक शिक्षा से युक्त अनुशासन से वंचित थे, जो कैंब्रिज जैसी जगहों में मिलती है। इनमें तत्कालीन राष्ट्रीय पुनरुत्थान की भावना भरी थी। यद्यपि इन्होंने समय के साथ ताल मिलाकर सदा उल्लेखनीय व उच्च कोटि के शोध-पत्र प्रकाशित नहीं किए, परंतु बीच-बीच में रचनात्मक कार्य करके विज्ञान जगत् में अपना अलग स्थान बना लिया था। कैंब्रिज में शिक्षा प्राप्त भाभा इनसे काफी भिन्न थे। यद्यपि उनके शोध-पत्र हमेशा उच्च स्तर के होते थे तथा शायद उन्हें आगे आनेवाले विकास का पूर्वाभास भी हो गया था; लेकिन उनके द्वारा की गई कोई भी खोज उस कोटि की नहीं थी, जैसे 'बोस सांख्यिकी'।

भाभा और चंद्रशेखर में तुलना भी रोचक है। यद्यपि भाभा की प्रारंभिक शिक्षा पश्चिमी देशों में हुई थी, परंतु बाद में उन्होंने सिद्ध कर दिया कि भारत में रहकर भी वे अपने कार्य में सफल हो सकते हैं। याद कीजिए कि भारत में रहते समय ही भाभा को निबंध प्रतियोगिता में 'एडम्स पुरस्कार' मिला था तथा 'भाभा समीकरण' पर शोध-कार्य भी उन्होंने भारत में रहते किया था। जबकि चंद्रा ने इसके विपरीत किया, कॉलेज तक की शिक्षा भारत में प्राप्त की, बाकी पढ़ाई कैंब्रिज में की तथा बाद में पश्चिमी देशों में रहकर ही विशेष सफलता पाई। प्रश्न उठता है कि यदि चंद्रा भारत वापस आ गए होते तो क्या वे उतने ही चमकते जितने विदेशों में रहकर चमके? इसका जवाब कोई भी नहीं दे सकता; परंतु वे स्वयं मानते थे कि यह संभव नहीं होता—ऐसा ही एक बार उन्होंने अपने पिता से कहा था। परंतु भाभा के बारे में क्या कहा जा सकता है? यदि वे युद्ध के बाद विदेश चले गए होते तो क्या वे बेहतर वैज्ञानिक बनते? चंद्रशेखर तथा अब्दुस सलाम के अनुभव के आधार पर यह तो कहा जा सकता है कि मूल अनुसंधान के क्षेत्र में भाभा और अधिक ऊँचाइयों को छू लेते। इस अर्थ में, भारत में रहने का निर्णय लेकर, भाभा ने बहुत भारी त्याग किया। परंतु भारत में रहकर भी संस्था-संस्थापक बनकर उन्होंने अपने अनुभव को व्यर्थ होने नहीं दिया।

संघटक तथा संस्था-संस्थापक के रूप में भाभा जैसा सफल व्यक्ति भारत में तो विरल है। ऊपर जिन तीन महानुभावों के बारे में चर्चा की गई है, उनमें सिर्फ साहा ही थे जिन्होंने ऐसा कुछ करने का प्रयत्न किया था; परंतु वे भाभा की श्रेणी के नहीं थे। हाँ, यह सच है कि साहा दूसरों को प्रभावित करने में उतने दक्ष नहीं थे जितने कि भाभा; तथा भाभा

के पास धन की भी कमी नहीं थी। परंतु हमें याद रखना होगा कि जब भाभा को सबसे पहला अनुदान बैंगलोर में ब्रह्मांड किरणों पर शोध शुरू करने के लिए मिला था, उस समय साहा को भी दोराब टाटा न्यास ने साइक्लोट्रॉन के निर्माण के लिए अनुदान दिया था (लेकिन साइक्लोट्रॉन को चालू करने में कई वर्ष लग गए और तब तक इसकी जरूरत लगभग समाप्त हो गई थी)। विज्ञान एवं प्रौद्योगिकी परियोजना के मामले में साहा का संपर्क नेहरू से '30 के दशक के अंत से ही चला आ रहा था। जबकि भाभा स्वतंत्रता के बाद ही नेहरू के संपर्क में आए थे तथा उन्होंने इस रिश्ते से प्राप्त अवसरों का भरपूर लाभ उठाया। इससे साहा खिसककर विरोधी राजनीति करने लगे। शायद क्रांतिकारी वातावरण में पले होने के कारण साहा के लिए ऐसा करना स्वाभाविक ही था। यद्यपि शुरू में भाभा भी समाजवादी थे, परंतु समय के साथ वे इस विचारधारा को छोड़कर टाटा परिवार के सदस्यों जैसे—कंपनी कार्यपालक की तरह कार्य करने लगे। भाभा में इस बदलाव को देखकर उनके पिता कितने खुश हुए होते! अपने जीवन के अंतकाल तक भाभा की रुचि भौतिकी एवं गणित विषयों में कम नहीं हुई; परंतु वे जानते थे कि स्वदेश में विकसित आधुनिक प्रौद्योगिकी से ही देश मजबूत बनता है। तकनीकी का विकास तथा विज्ञान एवं प्रौद्योगिकी के क्षेत्र में प्रगति लाने के लिए जरूरी उचित प्रशासनिक व्यवस्था कायम करने के लिए वे सदा लड़ते रहे। संक्षेप में कहा जाए तो भारत में 'महा विज्ञान' लानेवाले भाभा ही थे।

भाभा एक पूर्णतावादी व्यक्ति थे। एक वाकया याद आ रहा है। मेरे एक सहकर्मी ने शोध-पत्र लिखा, उसे भारतीय अकादमी में प्रकाशित करने के लिए भाभा भेजने वाले थे। भाभा ने उस पांडुलिपि को काफी ध्यान से पढ़ा और केवल उसके वैज्ञानिक अंश की ही जाँच नहीं की, बल्कि वर्तनी की भूलें एवं व्याकरण की त्रुटियाँ भी निकालीं। विषयगत सामग्री में भी सुधार करने का सुझाव दिया। लेडेन के शब्दों में—

> "कोई भी चीज जो व्यवस्थित न हो, संयोगवश की जाए या अर्थहीन हो, उससे वे क्रोधित हो जाते थे।"

पूर्णता के मामले में भाभा और चंद्रा में कुछ समानताएँ नजर आती हैं। उन दोनों की रुचि, उदार दृष्टिकोण आदि भी एक जैसे थे। लेकिन चंद्रा केवल कला एवं संगीत में ही पारंगत थे, जबकि भाभा ने इन विषयों के साथ-साथ मंच-सज्जा, रेखाचित्र तथा चित्रकारी में भी हाथ आजमाया। अतः चंद्रा की तुलना में भाभा का विभिन्न कलाओं से युक्त व्यक्तियों के साथ ज्यादा उठना-बैठना होता था। और जब भाभा को वास्तुकला तथा भू-दृश्य के क्षेत्र में काम करने का अवसर मिला, उन्होंने अपने सँजोए हुए बड़े सपने को साकार कर दिखाया। सब

मिलाकर, जैसा किसी ने कहा है, 'वे हमारे जमाने के अंतरराष्ट्रीय ख्याति-प्राप्त व्यक्तियों में से एक' थे।

यद्यपि कला के सभी क्षेत्रों में भाभा की रुचि थी, परंतु संगीत में उनकी गहरी दिलचस्पी थी। गीत को वे केवल सुनते ही नहीं थे बल्कि उसे समझते भी थे; यानी रचना में रचनाकार की भावनाओं के साथ-साथ उस काल से जुड़ी घटनाओं को भी वे गीत में अनुभव करते थे। बीथोवन के संगीत में कितनी ताकत थी, इस बारे में भाभा का कहना है—

"मोजार्ट जबकि एक युग के अंत में आए, वहीं बीथोवन एक दूसरे युग के शुरू में आए। बीथोवन के संगीत में एक नई ताकत तथा मानव प्रगति की नई उम्मीदें देखने को मिलती हैं, क्योंकि उनका जन्म फ्रांसीसी क्रांति के बाद हुआ था। मोजार्ट के समय लोगों में सामाजिक ऊँच-नीच की भावना अत्यंत प्रबल थी तथा इस मानसिकता के बाहर वे और कुछ सोच भी नहीं सकते थे। फ्रांसीसी क्रांति से यह स्पष्ट हो गया था कि लोगों में फैली असमानताएँ दूर की जा सकती हैं, जिससे शोषित वर्ग का स्तर ऊँचा हो सकता है। इस प्रकार क्रांति से पहले व्याप्त निराशाजनक वातावरण दूर हो गया। बीथोवन के संगीत एवं ओजपूर्ण रचनाओं में जो महान् शक्ति थी, उसका एक प्रमुख कारण यही था।"

होमी भाभा के जीवन की अद्भुत संपूर्णता एवं विभिन्न क्षेत्रों में असाधारण उपलब्धियों का ब्यौरा एक पत्र के माध्यम से स्पष्ट होता है, जिसे उन्होंने सन् 1934 में अपने एक मित्र को लिखा था। इसमें उन्होंने लिखा था—

"जीवन से मेरी अपेक्षाएँ क्या हैं, यह मैं अच्छी तरह जानता हूँ। मैं केवल जीवन तथा अपनी अनुभूति को जानता हूँ। जीवन की वास्तविकता से मैं प्यार करता हूँ तथा इसे पूरी तरह पाना चाहता हूँ। परंतु सभी के जीवन की अवधि सीमित है। मृत्यु के बाद क्या होता है, इसे कोई नहीं जानता और न ही मैं इस बारे में सोचता हूँ। अतः जीवन की मात्रा में वृद्धि करने के लिए इसकी अवधि तो नहीं बढ़ा सकता, परंतु मैं अधिक काम करके ऐसा कर सकता हूँ। कला, संगीत, कविता तथा अन्य दूसरी चीजें जो मैं करता हूँ, उसका उद्देश्य सिर्फ एक ही है—अपने जीवन की सचेतन तीव्रता को बढ़ाना।"

इस पुस्तक की समाप्ति मैं उस कथन से करना चाहूँगा, जो भाभा को श्रद्धांजलि देते हुए लॉर्ड रेडक्लिफ-मॉड ने कहा था—

"बहुत कम ऐसे व्यक्ति होते हैं, जो जीवन को भरपूर जीते हैं। भाभा एक ऐसे ही व्यक्ति थे जो प्यारे, संवेदनशील, सुशील, विनोदी तथा कर्मठ थे। अत्यंत मेधावी, हर काम को लगन से करने की प्रवृत्ति होने से वे सभी क्षेत्रों में प्रवीण थे। वे जिस कार्य को करने की ठान लेते थे, उसे एक पेशेवर की भाँति करते थे। वे कर्म से प्यार करते थे तथा हमेशा कुछ रचनात्मक करने के लिए बेचैन रहते थे। हर तरह के काम को करने की चाह की वजह से वे अपनी जिंदगी को ऊँचाई तक ले जा सके थे। अतः वे इस बात का जीता-जागता प्रमाण बन गए कि वैज्ञानिक उत्कृष्टता के साथ कला में भी उत्कृष्टता हासिल की जा सकती है तथा जातीय भेदभाव मित्रता के आड़े नहीं आते। वास्तव में वे एक विश्व नागरिक बन गए जो शिक्षा, विज्ञान एवं संस्कृति—इन तीनों क्षेत्रों में सुयोग्य थे।"

बॉक्स 8.1

भाभा का नौकरशाही से सामना

दिल्ली की नौकरशाही से सामना करने का भाभा का एक उदाहरण यहाँ प्रस्तुत है। उन्हें परामर्शदाता के तौर पर गैर-सरकारी वास्तुविदों को नियुक्त करने में समस्या आ रही थी, अतः 12 जून, 1956 को उन्होंने इस बारे में नेहरू को एक ज्ञापन भेजा। उसमें लिखा था—

1. परमाणु ऊर्जा संघटन, ट्रांबे के लिए 1,200 एकड़ जमीन हासिल की गई है, जिसके एक ओर ट्रांबे पहाड़ी है तथा दूसरी ओर बंबई बंदरगाह से जुड़ा समुद्र। यह जगह बिलकुल कोरी है तथा यहाँ कोई मकान भी नहीं है[6]। इस जगह पर छोटे-बड़े मिलाकर कुल 23 भवनों का निर्माण किया जाएगा, जिनमें प्रयोगशालाएँ, पुस्तकालय, प्रशासकीय भवन, कर्मशाला इत्यादि (इनमें परमाणु रिएक्टर शामिल नहीं है) होंगे। वास्तुविद्या परियोजना विकसित करने का यह एक अच्छा अवसर है, क्योंकि यहाँ की इमारतें केवल कार्यमूलक एवं प्रभावी ही नहीं बल्कि वास्तुकला की दृष्टि से सुंदर भी दिखनी चाहिए, जो वर्तमान युग में हुई प्रगति का दर्पण हों। वास्तव में इस विभाग का यह दायित्व भी है कि अच्छे-से-अच्छा काम किया जाए तथा हाथ में आए इस सुअवसर को गँवा न दिया जाए।
2. तदनुसार, इस विभाग ने स्थल-मानचित्र तैयार करने के लिए वास्तुविद्या में प्रतिष्ठित निम्न पाँच व्यावसायिक प्रतिष्ठानों को आमंत्रित करने का एक प्रस्ताव रखा था—

i. श्री डी.एस. वाजपेयी

ii. मैसर्स भूटा तथा सहयोगी

iii. सर्वश्री कविंदे तथा राई

iv. श्री रुस्तम बी.जे. पटेल

v. मैसर्स पॉल्क तथा स्टाइन।

3. वित्त मंत्रालय ने इस प्रस्ताव को निम्नलिखित कारणवश अस्वीकार कर दिया है (इस मंत्रालय के सचिव द्वारा बिना देखे ही, जो अवकाश पर हैं)—

"हमने अब तक इस प्रकार का कोई मामला तय नहीं किया है।''' आम तौर पर कार्य-विधि के अनुसार कई वास्तुविदों को स्थल-मानचित्र बनाने को कहा जाता है तथा उनमें से जो सबसे अच्छा होता है, उसी का चयन किया जाता है। जिस प्रकार टेंडर भरनेवाले को कोई मानदेय नहीं दिया जाता है, वास्तुविद् को भी मानदेय नहीं मिलता।"

वास्तुविदों को स्थल-नक्शा बनाकर उन्हें जमा करने को कहना तथा ठेकेदारों से टेंडर भरवाना, इन दोनों की आपसी तुलना करना एकदम गलत है।''' कोई भी व्यक्ति, जिसे दिमागी काम करने का थोड़ा भी अनुभव है, इस बात को अच्छी तरह जानता है कि वास्तुविद्या के नियोजन में संकल्पना सबसे अहम चीज है, जिसमें वास्तुविद् की योग्यता का पता चलता है'''। पेशेवर व्यक्तियों का शोषण करना या उन्हें विवश करके काम कराना और उन्हें जायज भुगतान न देने को मैं एकदम गलत मानता हूँ। वित्त मंत्रालय के दस्तावेज में लिखा है कि सी.पी.डब्ल्यू.डी. (केंद्रीय सार्वजनिक निर्माण विभाग) ऐसा कोई भुगतान नहीं करता। यह एक कारण हो सकता है कि सी.पी.डब्ल्यू.डी. का काम वास्तुकला की दृष्टि से इतना घटिया क्यों है। आज भारत में वास्तुविदों की जगह सिविल इंजीनियरों को नियुक्त करने की आम प्रवृत्ति की वजह से शायद वास्तुकला, जो प्राचीन भारतीय सभ्यता का गौरव था, अब पूरी तरह उपेक्षित हो चुकी है'''।

दूसरे ही दिन नेहरू ने बहुत ही सहानुभूतिपूर्वक इस पर अपनी प्रतिक्रिया दी। वे भाभा की अनुभूति तथा वे क्या कहना चाह रहे थे, इसे अच्छी तरह जान गए थे। नेहरू ने स्वयं चंडीगढ़ नगर की वास्तुकला एवं नियोजन के लिए वास्तुविद् ले-कर्बुश को नियुक्त किया था, अतः उन्होंने फाइल में लिखा—"मैंने इस टिप्पणी को पढ़ा है। मैं समझता हूँ कि भाभा जो कह रहे हैं, उसमें सच्चाई है। यदि हमें वर्तमान निम्न-स्तरीय वास्तुकला में सुधार लाना है तो केंद्रीय सार्वजनिक निर्माण विभाग की कार्यविधि से हटकर दूसरी विधि को अपनाना होगा।''' मुझे नहीं लगता कि भाभा के प्रस्ताव से इस बृहत् परियोजना में अतिरिक्त लागत बहुत ज्यादा होगी, बल्कि इससे बेहतर भवनों का निर्माण हो सकेगा। अतः मैं इसकी स्वीकृति देता हूँ।"

वित्त मंत्रालय के अधिकारियों के विपरीत जाकर उनसे जीतना आसान नहीं है, चाहे वे कितने भी संकीर्ण या गलत क्यों न हों। नेहरू के साथ विशेष घनिष्ठता होने की वजह से ही भाभा ऐसा करने में सफल हुए। नेहरू भी अभिरुचि के मामलों में काफी सचेत थे।

बॉक्स 8.2
'चलता है' रवैए से नाखुश भाभा

प्रो. श्रीकांतन के संस्मरण—

जनवरी 1965 में डॉ. भाभा कुछ सप्ताह की छुट्टी नीलगिरि में बिताने आए थे। वे कुन्नूर में हैंपटन होटल में ठहरे थे। छुट्टी के अंतिम दिन वे कुन्नूर से मोटर कार द्वारा अपने घर ऊटी के लिए रवाना हुए, तभी होटल में बंबई के डी.ए.ई. दफ्तर से उनके लिए एक आवश्यक संदेश (टेलीफोन से) आया। डॉ. भाभा के निजी सहायक ने, जो उस समय होटल में ही थे, उस संदेश को पाकर तुरंत टेलीफोन से मुझे इसकी सूचना दी। डॉ. भाभा के ऊटी पहुँचते ही मैं उनकी कार में सवार हो गया तथा उन्हें वह कागज थमा दिया, जिसमें मैंने संदेश लिखा था। उन्होंने उसे पढ़ा तथा कागज मुझे वापस देते हुए कहा, "यह खबर अभी गोपनीय है, अतः इस कागज को नष्ट कर दीजिएगा।" उनके आदेश का पालन करते हुए मैंने कागज को फाड़कर उसके छोटे-छोटे टुकड़े किए तथा खिड़की से बाहर फेंक दिए। डॉ. भाभा ने तुरंत पलटकर कहा, "आपने कागज के छोटे-छोटे टुकड़े करके अच्छा तो किया, पर उन्हें कार की खिड़की से बाहर नहीं फेंकना चाहिए था। आपने ऊटी की सड़कों को गंदा कर दिया।"

बॉक्स 8.3
भाभा को श्रद्धांजलि

भाभा को कई लोगों ने श्रद्धांजलि दी थी। उनमें से कुछ यहाँ दी जा रही हैं, जिनसे भाभा के व्यक्तित्व का भी परिचय मिलता है।

सर जॉन कॉकरॉफ्ट, एफ.आर.एस., एन.एल.

जेनेवा सम्मेलन के तुरंत बाद अंतरराष्ट्रीय परमाणु ऊर्जा एजेंसी (आई.ए.ई.ए.) का गठन हुआ, जिसमें होमी भाभा एक गवर्नर बनाए गए। राजनीतिक कारणों की वजह से होमी

भाभा ने इसकी स्थापना विएना में ही करने पर जोर दिया और शायद इसका एक कारण और था—विएना में होने से वे प्रबंध परिषद् की बैठक में शामिल होने के साथ-साथ वहाँ शाम के नाट्य संगीत व ऑरकेस्ट्रा का भी आनंद उठा सकते थे...।

होमी की एक विशेषता थी कि उन्हें समय का ध्यान बिलकुल नहीं रहता था। पर वे संयुक्त राष्ट्र की वैज्ञानिक सलाहकार समिति की बैठक में, जिसकी अध्यक्षता डॉग हैमर्कजोल्ड[7] करते थे, नियमित समय पर उपस्थित रहते थे। वास्तव में इन बैठकों में आधे घंटे भी विलंब से पहुँचने पर बैठक समाप्त हो चुकी होती। लेकिन आई.ए.ई.ए. की वैज्ञानिक सलाहकार समिति की बैठक में, जहाँ चर्चा का कोई निश्चित विषय नहीं होता था, होमी भाभा अकसर काफी देर से पहुँचते थे। इसे देखते हुए सचिव बैठक के अधिकृत समय की घोषणा वास्तविक समय के आधा घंटा पहले करने लगे। अब होमी चर्चा आरंभ होने के समय तक पहुँच जाते थे—इससे सभी खुश थे।

सी.एफ. पॉवेल, एफ.आर.एस., एन.एल.
प्राध्यापक, भौतिक विज्ञान, ब्रिस्टल विश्वविद्यालय

होमी निश्चित तौर पर अपने समय से आगे थे। उनकी रुचि काफी विस्तृत थी; तीक्ष्ण बुद्धि, लोगों को परखने की दृष्टि,पर भरपूर भरोसा, अवलोकन एवं प्रयोगों के माध्यम से प्रकृति के रहस्यों को सुलझाने का प्रयत्न—ये सभी गुण उनमें मौजूद थे, जो रेनासाँ समय के महान् पुरुषों में थी। ऐसे लोग सिर्फ अपने काल के लिए नहीं होते, बल्कि हर काल के लिए होते हैं।

जेरोम बी. व्याइस्नर
अमेरिकी राष्ट्रपति जॉन एफ. कैनेडी के वैज्ञानिक सलाहकार

प्रसिद्ध सैद्धांतिक भौतिकविद् होने के साथ-साथ भाभा एक निपुण तथा भावुक कलाकार भी थे। एक सृजनशील व कार्यकारी प्रबंधक और वैज्ञानिक प्रमुख होने के साथ वे अति संवेदनशील तथा नेक इनसान थे। यद्यपि वे भारत को बीसवीं शताब्दी में ले जाना चाहते थे, परंतु विरासत में मिली इसकी संस्कृति व धार्मिक धरोहर से प्रेम करते थे। वे पूरी तरह आधुनिक थे। उनका अपना आध्यात्मिक व सचेतन मन था तथा इसमें उन्हें कोई असंगति नहीं लगती थी।

होमी भाभा जैसा जानकार व्यक्ति मेरे परिचितों में शायद ही कोई था। वे पाश्चात्य सभ्यता में उतने ही निपुण थे जितने अपने देश की सभ्यता में। उन्होंने दोनों का आनंद उठाया तथा उनसे प्रेरणा ली। कलाकार के रूप में उनकी अपनी विशेष प्रतिभा उन्हें आस-

पास की सुंदरता के प्रति सजग रखती थी तथा जिन दो संस्थाओं के निर्माण का उन्होंने मार्गदर्शन किया, उनकी सुंदरता में भाभा के इस पहलू के दर्शन होते हैं।

जे.आर.डी. टाटा

मेरे परिचित विख्यात व्यक्तियों में सबसे असाधारण व्यक्ति निस्संदेह होमी भाभा थे। प्रकृति द्वारा दी गई अपूर्व बुद्धि के अलावा वे जमशेदजी टाटा की तरह ही एक भविष्यद्रष्टा थे जिनमें निर्भीकता, असीमित उत्साह तथा अपने सपनों को साकार करने की क्षमता थी। होमी उन व्यक्तियों में से थे जिन्होंने मुझे यह विश्वास करने के लिए मजबूर कर दिया कि मानव इतिहास में कुछ लोग पूर्व-निर्धारित काम को करने के लिए ही जन्म लेते हैं। वे ऐसे काम कर जाते हैं जो साधारण मनुष्य की सामर्थ्य के बाहर होते हैं। इनमें से कई अल्पायु में, जैसे कि होमी—शायद इस अचेतन पूर्व-बोध के कारण ही वे अपने नियत अल्प-समय में अतिमानवीय प्रयत्नों द्वारा अपने कार्यों को पूरा करते हैं...।

वैज्ञानिक, इंजीनियर, संस्थापक व प्रबंधक, मनुष्यत्व से भरपूर, कला व संगीत में पारंगत होमी सच में एक संपूर्ण व्यक्तित्व थे।

इंदिरा गांधी

वे एक महान् मौलिक विज्ञानी थे। वे एक गुणी कलाकार थे, जिनमें असाधारण चेतना थी। संगीत में उनकी रुचि जितनी सच्ची थी उतनी ही गहरी। फूलों के उपवन, भू-दृश्य, ट्रांबे के भवनों की वास्तुकला—ये सब यह दरशाते हैं कि होमी भाभा को रंग, आकार तथा अभिकल्पन की कितनी समझ थी।

होमी भाभा को भारत काफी समय तक याद रखेगा, क्योंकि वे इसके भविष्य-निर्माण में पूरी तरह जुटे थे तथा यहाँ के सामाजिक ढाँचे में गुणात्मक परिवर्तन लाने का प्रयास कर रहे थे।

संदर्भ-सूची

1. लोगों में हँसी की लहर।
2. बॉक्स 8.1 देखिए।
3. वास्तुविदों द्वारा सुझाए गए रंग।
4. बॉक्स 8.2 देखिए।
5. अन्य कुछ लोगों द्वारा दी गई श्रद्धांजलि बॉक्स 8.3 में दी गई है।
6. मुझे याद है कि सितंबर 1955 में मैं इस जगह को देखने आया था।
7. संयुक्त राष्ट्र संघ के महासचिव।

□

शब्दावली

अ

अंतराबंध — Interlinked
अंतरिक्ष-किरण — Cosmic ray
अंशाकन — Calibration
अक्षांश — Latitude
अतिभेदी घटक — Hard component
अति-सक्रिय — Hyperactive
अध्येता वृत्ति — Fellowship
अनंत — Infinity
अनुकूल — Consistent
अपसरण — Divergence
अभिकल्पन — Design
अभिक्रिया — Process, Reaction
अभिधारण — Postulate
अभियान — Expedition
अल्ट्रास्ट्राहलुंग — Ultrasstrahlung
अल्पभेदी घटक — Soft component
अवकल संकारक — Differential operator
अवयव — Component
अविभेद्य — Indistinguishable

आ

आघूर्ण — Moment
आकलन — Estimate
आंशिक — Partial
आणविक जीव विज्ञान — Molecular Biology
आदान-प्रदान — Exchange
आपेक्षिकता सिद्धांत — Theory of Relativity
आबद्ध — Bound
आवरण — Shield
आवरण — Screening
आवर्ती सारिणी — Periodic Table
आवेश — Charge

ई

ईवी — eV

उ

उच्च-तुंगता — High altitude
उपकक्ष — Anteroom
उपगहन — Occultation

ऊ

ऊर्ध्वाधर — Vertical

क

कण-भौतिकी — Particle Physics
कार्य-योजना — Programme
कार्यवृत्त — Minutes
कार्यशाला — Workshop
क्रम विनिमय — Commutation
क्रिस्टल विज्ञान — Crystallography
क्षय — Decay
क्षिप्र — Rapid
क्षोभ-सिद्धांत — Perturbation theory

ख

खंडित — Breakup

खगोलिकी	Astronomy
खिंचाव	Tension

ग

गतिज	Dynamic
गोलक	Sphere

घ

घटक	Component, Part
घन-कोण	Solid angle
घूर्णन	Rotation
घूर्णी तरल	Rotating fluids

च

चिरसम्मत	Classical

ज

जगत्-रेखा	World-line
जटिलता	Complications
जरतुश्तं धर्म	Zoroastrianism
जैवभौतिकी	Biophysics
ज्यामितीय	Geometric

त

ताक	Shelf
तीव्रता	Intensity
त्रिआयामी	3-Dimentional
त्रिपक्षीय	Triangular
त्वरक	Accelerator
त्वरक-विहीन	Non-Accelerator

द

दमक	Flash
दिक्-काल	Space-time
दुर्बल	Weak
द्रव्यमान	Mass
द्वितीयक	Secondary

ध

धरोहर	Asset
धावन-पात्र	Wash-basin

न

नाभिकीय भौतिकी	Nuclear Physics
निम्न ताप स्थायी उपकरण	Cryostat
निरावेशित	Discharge
निरूपित	Represent
निर्गत	Emergent
निर्देशांक	Coordinate
निश्चर	Invariant
न्यास	Trust
स्व-ऊर्जा	Self-energy

प

परकोट	Boundary
परिघटना	Phenomenon
परिमाणित	Quantisation
परिरक्षक	Shield
पुनर्जागरण	Renaissance
पूर्णतावादी	Perfectionist
पूर्णांक	Integer
प्रक्रिया	Process, Reaction
प्रत्याशी	Aspirant
प्रबल	Strong
प्राथमिक	Primary
प्रक्षेप-पथ	Trajectory
प्रगत	Advance
प्रतिक्षेप	Recoil
प्रमापी	Gauge
प्रति-कण	Antiparticle
प्रग्रहण	Capture
प्रेक्षक	Observer
प्रसाधन-कक्ष	Lavatory
पाठ्यक्रम-आधारित	Course-based

फ

फलन Function

ब

बमबार Bomber

बमबार वायुयान Bomber Aeroplane

बाह्य जगत् Outer space

बीजगणित Algebra

बौछार Shower

ब्रह्मांड किरण Cosmic ray

भ

भंगुर Brittle

भारतीय उन्नत विज्ञान संस्था Indian Association for Cultivation of Science

भू-कालानुक्रम Geochronology

भू-चुंबकीय क्षेत्र Magnetic field of earth

भू-चुंबकीय Geo-magnetic

भूमध्य रेखा Equator

भेदनशील Penetrating

भित्ति चित्र Mural

भेदक Penetrating

भौगोलिक वितरण Geographical distribution

भू-विज्ञान Geology

भू-रसायन Geochemistry

म

मशीनन Machining

मूल कण Elementary particle

मूलभूत अनुसंधान Fundamental Research

मेघ-कोष्ठ Cloud chamber

म्यूऑन Muon

य

यांत्रिक Mechanical

युग्म-उत्पादन Pair production

र

रूपांतरण Transformation

रेडियो खगोलिकी Radio-astronomy

रेडियोधर्मी Radioactive

रोधन Insulation

ल

लचीलापन Flexible

लग्रांजी Lagrangian

व

विच्छेदन Cutting out

विकर्षण Repulsion

विद्युत्दर्शी Electroscope

विद्युत्-गतिकी Electrodynamics

विक्षेपित Deflected

विघटित Breakup

व्यवधान Breakdown

विधायक Senator

विरल Rarefied

वर्सेलेस Versailles

वायु-तालक Airlock

वास्तुविद् Architect

विचरण Straggling

वितरित Distributed

विचरण-नियम Variational principle

विलोपन Annihilation

विचित्रता Singularity

विक्षोभ Perturbation

विभेद्य Distinguishable

वृत्त Circle

वर्ग माध्यमान Mean square value

व्युत्पन्न Derivative

व्यंजक Expression

विपुलता Richness

विमोचन Release

श

शोषित Absorption

स

संसूचक	Counter, Detector
संरचना	Composition
संकल्पना	Postulate, Concept
संक्रमण	Trasnsition
संघात प्राचल	Impact parameter
स्थिर-द्रव्यमान	Rest mass
संकाय	Faculty
संक्रिया	Operation
संचरण	Propagation
संरोधन	Containment
संहति	Mass
संघटक	Organiser
संयोजन	Combination
सतत प्रभाज	Continuous fraction
सदृश	Analogue
समता	Parity
समता में व्यवधान	Breakdown of parity
समरूपता	Symmetry
समाकलन	Integerate
समुच्चय	Set
समूह	Group
सांख्यिकी	Statistics
सापेक्ष	Relative
सैद्धांतिकी	Theory
सैद्धांतिक भौतिकी	Theoretical Physics
सोपान-सिद्धांत	Cascade theory
सुविधा	Facility
स्वतः स्थानांतरण	Spontaneous transition

ह

हेक्टर बेर्लीयोज	Hector Berlioz

होमी भाभा के जीवन की कुछ विशेष घटनाएँ

1909	:	30 अक्तूबर को बंबई में जन्म
1927	:	उच्च-शिक्षा के लिए विदेश गमन
1932	:	राऊज बॉल भ्रमण अध्येयावृत्ति
1933	:	जर्मन भाषा में पहला शोधपत्र प्रकाशित
1934	:	पी-एच.डी. की उपाधि प्राप्त की
1934	:	आइजेक न्यूटन अध्येयावृत्ति
1937	:	1851 एक्जीबिशन शिक्षावृत्ति
1937	:	ब्रह्मांड किरणों के सोपानी सिद्धांत भाभा-हेटलर शोधपत्र प्रकाशित
1939	:	युकावा कण का नाम मेसॉन रखने का सुझाव दिया
1939	:	स्वदेश वापसी
1940	:	रमन विज्ञान संस्था में नौकरी शुरू भाभा समीकरण शोधपत्र प्रकाशित
1941	:	रॉयल सोसाइटी, लंदन के सदस्य मनोनीत
1943	:	ऐडम्स पुरस्कार
1944	:	12 मार्च को दोराब टाटा न्यास को पत्र लिखकर देश में विज्ञान संस्थान के गठन का प्रस्ताव दिया।
1945	:	1 जून को बंगलौर में टी.आई.एफ.आर. की शुरुआत
1945	:	19 दिसंबर को मुंबई के केनिलवर्थ भवन में टी.आई.एफ.आर. का उद्घाटन
1948	:	परमाणु ऊर्जा आयोग का गठन
1948	:	हॉपकिंस पुरस्कार

1949 : गेटवे ऑफ इंडिया के निकट ओल्ड याच क्लब भवन में टी.आई.एफ.आर. का स्थानांतरण

1953 : पहली बार देश में यूरेनियम धातु का उत्पादन

1953 : अंतिम शोधपत्र प्रकाशित

1954 : नेहरू द्वारा कोलाबा में टी.आई.एफ.आर. भवन की आधारशिला

1954 : 3 अगस्त को परमाणु ऊर्जा विभाग का गठन, जिसके अध्यक्ष बने

: ट्रांबे में परमाणु ऊर्जा अनुसंधान के लिए अलग संस्थान ए.ई.ई.टी. की शुरुआत

1954 : पद्मभूषण से सम्मानित

1956 : 4 अगस्त से अप्सरा रिएक्टर कार्यरत

1957 . ट्रेनिंग स्कूल का आरंभ

1959 : यूरेनियम ईंधन छड़ों का देश में पहली बार निर्माण

1960 : 10 जुलाई से सायरस रिएक्टर कार्यरत

1961 : 14 जनवरी से जर्लिना रिएक्टर कार्यरत

1962 : नेहरू द्वारा कोलाबा में टी.आई.एफ.आर. भवन का उद्घाटन

1963 : अंतरिक्ष अनुसंधान की शुरुआत

1965 : ईंधन पुनर्संसाधन संयंत्र का उद्घाटन

1966 : 24 जनवरी को जेनेवा जाते समय विमान दुर्घटना में मृत्यु

□□□